生徒が輝く おもしろ 授業シリーズ ②

公民数字の話題 すぐに使える

社会科授業研究会　編著

とうほう
東京法令出版

もくじ

第1部　政　治

1章　法律と政治の仕組み

世界では珍しい？　ドイツは51回で日本はゼロ　主要国の憲法改正の回数…10

どんな身分かが一目瞭然　35種類　国会で使われている記章の種類…11

身を削る政策？　約2万8000人　4年間で削減する国家公務員の人数…12

のしかかる重責　67人に1人　裁判員に選ばれる確率…13

意外と簡単？　5人　新しく政党をつくるのに必要な条件…14

いざというとき不安！　全国の約5分の1　警察官が不在になる「空き交番」数…15

マドンナ旋風吹き荒れた！　10人に1人　国会における女性議員の割合…16

まだまだ大きい？　スウェーデンの2分の1　日本の「政府の大きさ」…17

まだまだ減り続ける　全国の市町村数1821　10年間で1500減、合併で変わる市町村数…18

わかりやすい日本語に　約6割　憲法改正に賛成の人の割合…19

投票したくてもできない時代があった　国民のわずか1.1％　第1回衆議院総選挙で選挙権を持っていた人の割合…20

政治家にも塾がある？　480人中28人　衆議院議員における松下政経塾出身議員の数…21

多様な人材登用を　142人中わずか2人　最高裁判所の女性裁判官…22

もらってもうれしくないもの!?　12％　国民栄誉賞の受賞拒否率…23

ちょっと意外？　56人中7人　歴代首相のなかに占める山口県出身者の数…24

もうすぐなくなる？　5人のうち4人　自民党の派閥に所属している国会議員…25

バカヤローから郵政まで　60年で20回　戦後の衆議院解散回数…26

国会を支える仕事人　1秒間10文字　国会の論議を記録する速記者の速記速度…27

お金がないと議員になれない？　アメリカは0円、日本は300万円　衆議院小選挙区に立候補するのに必要な金額…28

少数意見の必死の抵抗　1人で約5時間半　長時間演説による議事妨害の日本最長記録…29

子は親の背を見て育つ？　18人中9人　第3次小泉内閣の世襲議員数…30

まずは仲間集めから　最低でも賛同議員を10人　議員立法の提出条件…31

縮まぬ1票の格差　東京都民の5人分　鳥取県民1人あたりの1票の価値…32

国会議員としての名誉？　395人分　永年在職議員として国会に飾られている肖像画…33

投票率を押し上げる？　約896万人　期日前投票制度の利用者…34

刑務所がパンク状態！　17％オーバー　刑務所の定員数における収容者の割合…35

2章　お金の行方

効果は未知数…　約12兆3000億円　首都機能を移転した場合にかかる経費…36

夢を売りつつもしっかり財源確保　4252億円　宝くじに占める地方財源の割合…37
日本は実は大赤字　1人あたり607万円　新規国債発行が膨らみ続ける日本の長期債務残高…38
どこに消えた？　1年で2億枚減　減少傾向にある二千円札の発行枚数…39
豪華すぎる旅費　1人あたり約250万円　国会議員の海外視察、ケタ外れの税金使い…40
居眠りしていたら怒ります　日給約10万円　年間実働日数211日の国会議員の日給…41
日本経済を苦しめた元凶！　ピーク時の4割　3年で25兆2800億円減少した不良債権残高…42
一度は訪れてみたい場所？　丸ビル建設費用の約2.4倍　国会議事堂の建設費用…43
老後のことまで考えられない？　未納者3人に1人　低迷を続ける国民年金保険料の納付率…44
地域ごとにこんなに違う　1.5倍　医療の地方分権によって生じている医療費の最大格差…45
カジノ特区は実現するか？　740億円　東京都にカジノを設置した場合の経済効果…46
お札の肖像　16人のうちたった1人　お札の肖像に描かれた女性…47
批判続出！　7割以上　国会議員年金における国庫負担の割合…48
無駄遣いはしないでほしい…　国民1人あたり250円分　317億円を超える政党交付金…49
思いやりにもお金がかかる？　25年で6倍増　在日米軍駐留経費負担額…50
投票へ行かないと損かも　1人あたり721円　2005年総選挙でかかった経費…51
まさに国家の応接室！　建設費435億円　2002年から使われている首相官邸…52
使い道どうする？　約8000億円　2007年度に発生する、道路特定財源の余剰金…53
ピーク時から半減　約7.5兆円　無駄の見直しが続く、公共事業関係費…54
総理大臣の給料は抑えぎみ？　月給222万円　賃上げの話も出ている首相の給料…55
動く首相官邸　2機で360億円　政府専用機購入代金…56
郵政民営化で変わるのはお金の流れ？　約330兆円　郵便貯金と簡易保険に集められている金額…57
金額に見合った仕事を！　1日で2億9452万円　立法をつかさどる衆参両院の運営経費…58
資金集めもアメリカ式に　142億円　過去最高を記録した政治資金パーティの収入額…59

第2部　経　　済

1章　市場経済

景気は回復傾向に　1日38件　2年連続で減少した企業倒産件数　10年ぶりの1万4000件割れ…62
売り上げも萌芽？　4110億円　企業戦略のターゲットとなっているオタクたち…63
意外な集客効果？　約4兆円　コンビニエンスストアでの公共料金の収納額…64
そろそろ来る？　57か月連続　戦後最長の好況が続いた期間…65
小泉効果で国民にも浸透　経済効果1000億円　百貨店の売り上げアップにも寄与したクールビズ…66
東海3県うれしい悲鳴　1兆2800億円　愛知万博の東海3県における経済効果…67
一夜にして世界最大　197兆円　経営統合した三菱UFJフィナンシャル・グループの総資産額…68

安定第一だけど…　アメリカ人の4分の1　家計に占める株や債券への投資の割合…69
ラジオを抜いた！　1年で50％増　インターネット広告の伸び率…70
バブル期以来　15年ぶりの上昇　東京23区の基準地価…71
新たな広告の形　味の素スタジアム5年で12億円　ネーミングライツの契約金…72
世界に誇る日本のブランド　日本で1位、世界で9位　1兆7500億円にものぼるトヨタの経常利益…73
記録的活況の立役者　全投資家の4分の1　420万人を超えたデイトレーダーの割合…74
あなたも社長になれる　2万413社　"1円起業"によって設立された会社の数…75
最近よく聞くあの言葉！　1年で2400件以上　過去最高を更新した企業のM＆A件数…76
リストラの対象に？　増やさない企業4割　法改正と現実の狭間で揺れる団塊の世代の再雇用…77
景気回復は本格化している　前年比10％減　10年ぶりに減少に転じた自己破産申し立て件数…78

2章　生活と経済

所得格差はまだまだ大丈夫!?　世界2位　日本の世帯ごとの所得格差…79
それでも英仏よりも2割安い　63％　分煙・値上げが進むたばこの税額…80
国とメーカーの思惑が交錯する　約50％　減税が検討されるビールの税率…81
サラリーマン年間平均給与の3年分　約1300万円　0歳から21歳まで、1人の子どもを育てる費用…82
苦肉の税収対策か？　年間2100円　新たに導入される環境税の1世帯負担額…83
やはり公務員がいちばん安定した職業か　最大73万円　45年後は倍以上にふくらむ公務員とサラリーマンの年金格差…84
高齢者の負担ズシリ　1割増　医療制度改革で引き上げられた70歳以上高齢者の医療負担…85
働けど暮らしは楽にならない…　439万円　7年連続で減り続けている民間給与…86
日本一はサラリーマン　年収100億円　2004年度の高額納税者1位の給与所得額…87
塾や習い事で大忙し！　年間9万6600円　過去最高を更新した公立小学校生の補助学習費…88
あくまでも「平均」　1692万円　富裕層が引き上げる1世帯あたりの貯蓄現在高…89

第3部　社会

1章　生活の変遷

予想より早くきた！　1万9000人減　調査開始以降はじめて日本の総人口が減少…92
ひとりっ子があたり前の世の中に　1.29　「過去最低」を記録し続ける合計特殊出生率…93
ブームをつくってきた世代　3年で約700万人　2007年からの3年で退職する「団塊の世代」の人口…94
とどまるところを知らない高齢化　5人に1人　世界一の長寿国・日本の高齢者の割合…95
女性リーダーを増やそう　15人に1人以下　日本の女性管理職の割合…96
日本からサザエさん家が消える？　3人以下　縮小し続ける日本の家庭の世帯規模…97
社会の支え手が高齢者に　6642万人　これからも減り続ける労働力人口…98

記録更新　2万5554人　過去最高を記録した100歳以上のお年寄り…99
離婚の多い時代を反映　122万5400世帯　100万の大台を突破した母子世帯 20年前と大きく異なるその理由とは？…100
皆で助け合おう　2025年には13.7％　総世帯数に占める独居高齢者世帯の割合…101
加速する活字離れ　50％以上　「1か月本を読まなかった」と答えた人の割合…102
社会問題化した「働かない若者」　約64万人　急増するニート　模索の続く支援策…103
熟年離婚も増加　2秒に1組　「性格の不一致」が理由の第1位　急増する離婚者数…104
急増する「キレる」小学生　約2000件　公立小学校の児童が1年間で起こした校内暴力…105
過去最高を更新　全国1万5000か所　事件と隣り合わせの社会に高まる学童保育施設のニーズ…106
小・中学生不登校数　3年連続減少　それでも不登校者出現率は依然高止まり状態…107
「無関心時代」の到来　5人に1人　大学を卒業してフリーターになる割合…108
ゲーム世代の産物か？　15％　小・中学生、死はリセットできるもの？…109

2章　現在の社会

大学全入時代へ…　定員割れ3割　2005年度の4年制私立大学入試…110
公共放送の意義問い直す　3件に1件　不祥事に伴う支払い拒否で増大した、NHKの受信未契約者数…111
人材の育成急げ！　アメリカの20分の1　人口10万人あたりの弁護士数…112
国民にも開かれた議論を　85％が賛成　女性天皇に賛成する人の割合…113
改善の兆しはあるが…　4.5％　若年層が数値を上げている完全失業率…114
保証のない労働　1割増　雇用形態の変化で増える非正社員…115
食生活の多様化　約938万t　減少し続ける米の年間消費量…116
減ってはいるものの不安は増すばかり　1日あたり7000件　2004年の刑法犯の認知件数…117
子どもを守れ　2年で約4.5倍増　防犯ボランティアの数と参加人数…118
若者への広がり深刻化　前年同期の10倍　急増する合成麻薬押収量…119
個人情報の扱いにピリピリ　半年で3200件　国民生活センターや消費者センターに寄せられた苦情相談件数…120
増えるボランティア　約2万5000　NPO法人の申請数　増加の一途をたどる…121
災害時のライフライン　10年で6割減　携帯電話の普及で激減する公衆電話施設数…122
いざというときのために！　10年で6割増　年間500万件を突破した救急車の出動回数…123
学力の低下に拍車をかける!?　1000時数以上減　小・中学校の授業時数、最長の時代と現在の比較…124
政策は進んでいるが…　30年連続1位　「ひったくり半減」を掲げた大阪のひったくり件数…125
まだまだこれから！　政府目標のわずか20分の1　男性労働者の育児休業取得率…126
60年で約22倍　年間8.9kg　日本人1人あたりの年間牛肉消費量…127
意外と少ない　7.2％　過去5年間にNPO活動に参加した経験のある人…128
先進国で最低レベル　アメリカの3分の1　輸入に頼る日本の食糧自給率…129
農業の危機を救え！　40年で半減　減少し続ける農家数…130

3章　健康と環境

子供よりも多い　5年連続で7万人超　ストレス社会を反映して急増する大人の家出…131
20年前の女児並み　9.69秒　「男の子」の50m走の平均記録…132
ヒートアイランド現象が生む熱帯夜　気温43℃　2030年、18時の東京の気温…133
いざというとき心配？　1000人に2人　地域格差も見られる医師数の全国平均…134
まずは身近な心がけから　世界4位　日本の二酸化炭素排出量　…135
まずは正しい知識を持つことから　3人に1人「関心がない」　HIVエイズに関する意識調査…136
高まる天災への不安　1万1000人　首都直下地震が起きた場合の死者の想定数…137
大きな落とし物　約25％増　急増するパソコンの不法投棄…138
憩いの場所はどこへ？　10年前から5％減　減少する東京23区内の緑地面積…139
一人ひとりの努力が必要　1日1人あたり約1kg　全国の一般ゴミ総排出量…140
危ぶまれる食の安全　アメリカの3倍以上　9000億t・kmを超える日本の「フードマイレージ」…141
やめたいけどやめられない？　喫煙者の7割　たばこを吸う人で、ニコチン依存症の人の割合…142
10年間で倍増　年間約1000人　アスベストが原因とされる中皮腫による死亡者数…143
一時は減少したものの…　10万件を突破　増加傾向にある、公害の苦情件数…144
目標達成は困難か!?　70項目中20項目　政府が推進する健康づくり計画「健康日本21」のなかの目標から遠のいている項目数…145
「飽食ニッポン」を反映する数字　48g　1人1日あたりの食べ残しの量…146
社会の歪み、反映か？　20人に1人　中学生の片頭痛、学校生活に支障が出る可能性も…147
カラスはなぜ増える？　約2万羽　東京都に生息するカラス…148
悩みを共有できる社会づくりが必要　1日平均90人　3万人を超える日本の自殺者数…149

4章　技術の進歩

これがなければ生きていけない？　3人に2人　累計加入数約8500万台を超えた携帯電話所持率…150
生活も変化　5人に3人　6年間で7倍にもなった、日本のインターネット普及率…151
発明大国ニッポン！　世界1位　日本の特許出願件数…152
注目される水の力　石炭火力の86分の1　水力発電1kWhあたりの二酸化炭素排出量…153
危険もともなうけれど…　世界3位　日本の原子炉保有台数…154
お財布いらず　ふたつ合わせて約2500万枚　便利な電子マネー、スイカとエディの発行枚数…155
手軽な自己表現の場　約335万人　自分のブログを開設した人…156
ドイツに抜かれて　世界2位　太陽光発電の年間設置量…157
21世紀の日本を支える！　世界1位　産業用ロボットの使用台数…158
日本発の世界潮流　4年で3.5倍増　13万台を超えた、日本のハイブリッド車年間保有台数…159
4年で16倍　約29万件　国民生活センターに寄せられたネット関連の相談件数…160
新聞離れは進んでいるけれど…　2人に1部以上　国民1人あたりの新聞発行数…161

第4部 国　　際

1章　国際化の波

角界でも進む国際化　幕内42人のうち12人　国技存続の危機？躍進する外国人力士…164

外国に渡航する日本人は多いが…　745万1000人　日本を訪れる外国人は日本人の海外渡航者の半分以下…165

国際貢献の大きな柱　世界2位　アメリカに次いで多い日本のＯＤＡ出資額…166

新たな世界へ　20年で5倍増　年間3万件を超えた国際結婚数…167

高まる反日感情　約8割　日本政府の歴史認識に異を唱える中国の大学生…168

期待される人的貢献　望ましい数の3分の1　国連事務局で働く日本の職員の数…169

日本語も立派な国際語　127の国・地域で236万人　30年で20倍になった、海外で日本語を学ぶ人の数…170

労働力としても必要に　20年で2倍増　日本における外国人登録者数…171

教育界にも"韓流"ブーム？　2位　高校の外国語科目、韓国・朝鮮語の開設が増加…172

過去最高を記録　約3000人　入国管理局に送致される、余罪ない不法滞在の外国人…173

2章　国際比較

女性の社会進出を妨げている現状　デンマークの6分の1　日本が保育施設にかける金額…174

世界に誇る日本の宝　50年で30人が目標　日本のノーベル賞受賞者の目標人数…175

人類最大の夢までもう少し　5分で1100万円　宇宙の入り口を体験する弾道飛行にかかる費用…176

海域を含むのは日本初　13件目　知床登録で増えた、日本の「世界遺産」登録件数…177

後退を続ける　11位　人間の豊かさをあらわす人間開発指数の日本の順位…178

白球の普及に一役買った　125人　青年海外協力隊の野球指導専門隊員数…179

海外と比べると低い？　スウェーデンの5分の1　日本と世界の消費税率…180

まだまだ働きすぎ？　フランスより7時間多い　日本人の実労働時間…181

「軍隊を持たない」は本当か　世界で5位　軍事大国・日本の軍事費…182

大切なのは順位ではないが…　3年で1位から6位へ後退　国際学習到達度調査における日本学生の学力…183

意外と高い？　世界で21位　2004年より改善した日本の汚職清潔度…184

公正中立な情報を　4年連続最下位　北朝鮮の報道の自由度…185

上位に名を連ねるも…　世界で12位　財政赤字や公的債務の悪化が指摘される国際競争力ランキング…186

本当に豊かな国？　世界2位　世界の15％を占める、日本のＧＤＰ…187

世界の夢のお値段は…　15か国で総額5兆円　国際宇宙ステーションの建設費…188

訴訟社会アメリカを象徴　42人中24人　6割近い弁護士出身のアメリカ大統領…189

険しい道のり　35歳以上＆14年　アメリカ大統領になるのに必要な条件…190

3章　国家と国際社会

BRICsって何のこと？　先進6か国の2倍　ブラジル、ロシア、インド、中国の平均経済成長率…191
目指せ21世紀の「鉄の女」　わずか10人　世界の女性国家指導者の数…192
先進国共通の悩み？　日本のほぼ2倍　欧州諸国の失業率…193
国全体ではイタリアを抜いたが…　世界107位　1人あたりで見ると途上国水準にある中国のGDP…194
もはや浪費の域？　世界全体の4分の1　世界における石油消費、トップを走るアメリカ…195
複雑な思惑からむ　4年で3倍　中国による北朝鮮への投資額…196
大国のエゴになるときも　計257回　国連安全保障理事会における拒否権発動回数…197
実は不満だらけ!?　60年で半減　アメリカの国連分担金負担率…198
4か国合計よりも高い　5分の1　国民総所得から算出した日本の国連分担率…199
国内証券市場の不整備が要因？　46％　世界的に際立って高い中国の貯蓄率…200
世界最大の政治経済統合体　25か国　拡大するEUの加盟国…201
経済ではアメリカより中国と仲よし　24兆9400億円　対アメリカ貿易総額を上回る、対中国貿易総額…202
世界中が不安に…　5年で2倍増　高騰する原油価格…203
EUを困らせる　ギリシャなど4か国　「財政赤字隠し」をするEU加盟国の数…204

4章　人類の課題

発展途上国が特に深刻　約1万4000人　HIVに感染した人数、約490万人を1日あたりで考えると…205
日本ではそろそろ減少しはじめるが…　8710万人　大部分はアフリカと南・西アジア　1年で増えた世界の人口…206
今も助けを求める人がいる…　世界で約920万人　世界中にいる難民…207
日本は冷たい国？　426人中わずか15人　2004年度の難民申請者における認定者の割合…208
備蓄分を入れると倍以上　約1万6000発　世界で実戦配備されている核弾頭の数…209
危険にさらされる子どもたち…　6人に1人　世界中で児童労働に従事している子どもたち…210
銃社会アメリカの暗い影　年間30万件以上　銃器を用いた犯罪件数…211
飢餓に苦しむ人は多いのに…　6人に1人　世界で「太りすぎ」といわれる人々の割合…212
全廃の道は険しい　約6000万〜7000万個　世界に埋められたままの対人地雷の数…213
10年でこれだけ減った　日本の国土の2.5倍　1990年代の10年間に減少した森林の面積…214
物にあふれている現代でも　7.5人に1人　世界で食糧危機に面している人々…215

第1部　政　治

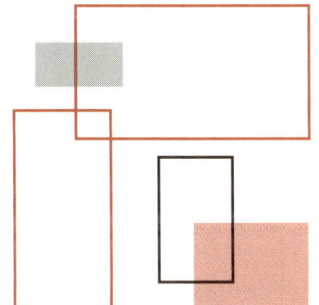

1章　法律と政治の仕組み
　　　　……10

2章　お金の行方……36

世界では珍しい？
ドイツは51回で日本はゼロ
主要国の憲法改正の回数

KEY WORD
- ●憲法改正
- ●国民投票法

コラム／成文憲法を持たない国イギリス

イギリスには成文憲法がない。といっても、憲法が存在しないわけではなく、イギリスには「憲法」という名のもとに編纂された法典がないという意味だ。イギリスの憲法の構成は、①議会制定法、②判例法、③憲法習律、④権威ある著作の4点からなる。

日本国憲法は、1946（昭和21）年に公布されて以来、ただの一度も改正されていない。それに対して諸外国では、自国の憲法を時代に即応したものにしようと、常に検討し、改正をおこなってきた。自民党の資料によると、**アメリカは1787年の制定以来18回**、**フランスは1958年の制定以来16回**、**イタリアは1947年の制定以来14回**、**ドイツ**にいたっては、1949年の「基本法」制定から**51回**も改正している。改正がゼロという憲法は、きわめて異例なことだ。

日本でも憲法改正の是非が論じられるようになって久しいが、日本の憲法改正回数がゼロという背景には、次のような点があげられる。

まず、日本国憲法は、96条で改正のためにふたつの大きな壁を設けている。ひとつは、**国会議員の3分の2以上の議決が必要**だということ。もう一点は、**国民投票で国民の過半数の賛成**を得なければならないということだ。

国民投票をおこなうには、投票をどのように実施するのかを決めた国民投票法が必要である。だが、憲法制定から60年近くたったいまでも、**国民投票法はつくられていない**。

その背景には、国民投票法を制定することは、改憲を強行しようとするのではないかという国民の強い警戒心があったため、自民党政権は同法をつくれずにきたことがある。また、憲法改正の議論によって、反対や批判の総攻撃を受けるためと、第9条にある**「戦争放棄」**が改悪されるのではないかという国民感情があることがあげられる。

一方、ドイツでは、たびたび改正が実施されてきた。その理由には、ドイツは改憲によって、当時、分断されていた東ドイツ国民を引き寄せようという政治的な狙いがあった。また、ナチスにより憲法違反の法律をつくられた過去の過ちから、自由、権利、人権を守るための基本法に対するドイツ国民の並々ならぬ関心があったことと、何事も詳細に憲法に定められていることを望むドイツ人気質があるともいわれている。

●主要国の憲法改正回数●

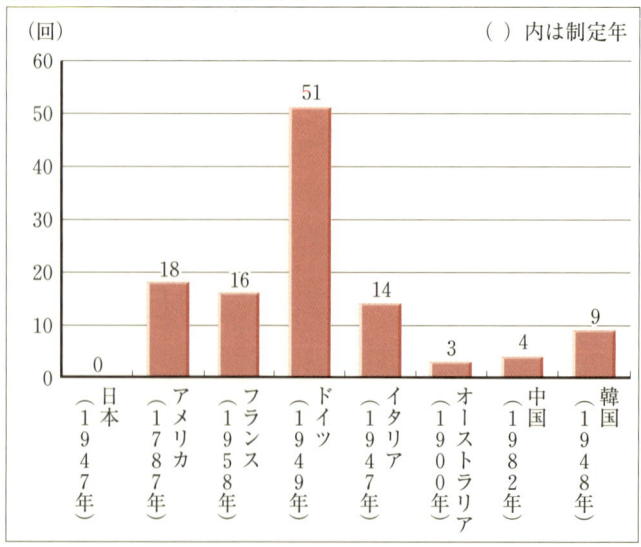

（自民党HPの資料より作成）

どんな身分かが一目瞭然
35種類
国会で使われている記章の種類

- ●国会
- ●議員バッジ

コラム／バッジのエピソード

1976（昭和51）〜1978（昭和53）年に首相を務めた福田赳夫氏は首相当時、国会議事堂に入るときに衛視に呼び止められたことがある。もちろん衛視は首相の顔を知っていたのだが、規則は規則。結局、首相はそばにいた官房副長官にバッジを借りて入ったという。

　国会では、現在、警備上の理由などから、国会に出入りする者に記章の着用を義務づけている。現職議員のバッジが主なものだが、議員に限らず、新聞記者やテレビ関係者などの報道機関、議員秘書、院内で店舗を開業している者など、**国会関係者すべてにバッジがあり、全部で35種類**にもなる。

　議員バッジの着用が義務づけられたのは1903年（明治36）のことで、その後何度か改正されて今に至っているが、1950年（昭和25）には**盗用を防ぐために意匠登録**もおこなわれている。

　議員バッジは国会議員に当選後、初登院の当選証書の対照の際に無償で1個交付されるが、これを紛失したり破損した場合は、再交付するためには実費が必要になる。『日本国の謎』（新講社）によると、2000（平成12）年11月現在、**衆議院バッジはタック・ピン止め型が1万500円、水雷型が1万円**で、**参議院は前者が1万2915円、後者が1万3440円**（いずれも税込み）だという。

　国会に入るには、このバッジが必要である。着用していないと、総理大臣、国会の最高責任者の議長、副議長、ＳＰ（警護の警察官）といえども国会議事堂の中には入ることができない。35種類あるバッジの種類によって、出入りできる場所も決められている。衆議院議員会館でも、国務大臣を除くほかは、このバッジを着用していないと、いっさい出入りできない。

　国会や議員会館に出入りするのに、バッジの着用に関してこれだけ厳しい決まりがある理由のひとつには、**近年のテロの多発などによって国会の警備の重要性**が高まっていることがある。しかし、国会議員のバッジも地方議員のバッジもよく似ていること、本物か偽造品かは区別しにくいこと、バッジは紛失したことにすれば実費を出して買えるため不正に入手することができることなど、議員バッジだけでは議員の認証を確実にできないとの意見もある。

　そこで衆議院では、2001（平成13）年から、選挙のたびに当選者に顔写真を入れた身分証明書を発行するなど、改善に努めている。

●35種類あるバッジの主なもの●

<衆議院職員バッジ>

<議員バッジ>

＊台がエンジ色は衆議院
紺色は参議院議員

<参議院職員バッジ>

<記者第一種>

身を削る政策？
約2万8000人
4年間で削減する国家公務員の人数

KEY WORD

●国家公務員

コラム／公務員数の国際比較

2003年のデータで、人口1000人あたりの公務員数を比較してみると、トップはフランスで96.3人、アメリカでは80.6人、イギリス73.0人に対して、日本は35.1人。ほかの国と比べると圧倒的に少ないが、公務員1人あたりの人件費をみると各国平均より5割以上高い。

●2006～09年度の各省庁の定員削減目標と06年度の増員要求●

省庁・委員会	4年間の削減目標数	2006年度1年間の増員要求
内　　　閣	31	35
内　閣　府	181	59
宮　内　庁	59	10
公正取引委	44	50
国家公安委	481	172
防　衛　庁	1993	397
金　融　庁	72	190
総　務　省	442	103
公害等調整委	2	2
法　務　省	3723	1335
外　務　省	449	174
財　務　省	5180	861
文部科学省	182	85
厚生労働省	5698	818
農　水　省	3129	114
経済産業省	649	256
国土交通省	5289	1254
環　境　省	77	37
合　　　計	27681	5952

＊単位＝人。増員要求は8月の来年度予算概算要求時
（「読売新聞」2005年10月4日より作成）

　国と地方を合わせた**公務員の総人件費は年間27兆円**におよぶ。これは**消費税率の10％分**あまりに相当する額である。そのため、政府は、自衛官を除く**国家公務員の定員**を、2006～2009年度の**4年間**で、2万7681人の削減を目標として掲げた。この数字は、2004年12月に閣議決定した行政改革方針の「2005年度からの5年間で、定員10％以上の削減」に従い、10％にあたる3万3230人から2005（平成17）年度の削減数5549人を引いて算出された。

　目標達成のためには、早期退職制度の設立や、行政需要の減った「農林統計」「食糧管理」「北海道開発」などの分野の縮小といったアイデアが出ている。また、ハローワークや給与計算業務などを民間委託する方法、森林管理や国立病院などを非公務員型の独立行政法人にするといったことも見当されている。

　しかし、2005年8月に提出された2006年度予算概算要求においては、新たな行政ニーズなどを理由に、5952人の増員の要求がなされた。退職者数などの自然減と合わせても、こうした要求が繰り返されれば、目標とする2万7681人もの削減は難しい。

　さらに、障壁となるのが、公務員の身分保障である。公務員は、労働基本権（ストライキの権利など）が制限されているかわりに身分を保障されており、**解雇することが難しい**。そのため、公務員においては、民間のような大胆な「リストラ」は不可能で、残された手段としては、**新規採用を大幅に控えるとともに、業務を整理して、民間委託**することが考えられている。

　しかし、そうなると、業務がなくなった担当者は、リストラされることはないが、増員需要のあるところに配置換えさせられることになる。専門性の高い業務が多いだけに、突然の配置転換に適応できるかどうかを懸念する声が上がっており、各省庁からの抵抗が強い。

のしかかる重責
67人に1人
裁判員に選ばれる確率

KEY WORD

● 裁判員制度

コラム／ブッシュ大統領も陪審員候補に

2005年12月、アメリカのブッシュ大統領がテキサスの郡裁判所から陪審員候補として呼び出しを受けたことが明らかになった。陪審員の候補は、選挙人名簿や運転免許取得者名簿などをもとに作成されたリストから無作為に選ばれるため、大統領といえども例外ではないのだ。

　2009年度までには、日本で**市民参加型の裁判制度**がはじまる。これは、殺人、放火、誘拐などの重大な刑事事件1件ごとに裁判員が国民の中から**抽選で選ばれて**、**裁判官と一緒に審理していく**制度である。対象は、20～69歳までで、候補者に選ばれた場合、必ず裁判所に出頭する義務が発生する。選ばれた候補者のなかから、事件の関係者や学生、重い病気、同居の家族の介護や養育などの理由がある者には辞退が認められるが、**仕事や「関わりたくない」という理由は認められない**。

　現在、この裁判員制度に該当する刑事事件は2002（平成14）年の場合で2814件。裁判員候補30人と仮定すると、裁判員の候補になるのは、20～69歳までの該当者で**13人に1人**の割合となる。実際には事件1件につき6名の裁判員が必要と仮定すると、**67人に1人**は、裁判員になる計算だ。しかしながら、「裁判員として裁判に参加したくない」と思っている人が**7割**もいるというのが現状だ。

　なぜ、裁判員制度の導入が決定されたのかと戸惑う人も多いだろうが、先進国では市民参加型の裁判が主流で、日本のように裁判官が裁く制度のほうが珍しい。民主主義社会においては、立法、行政、司法の三権分立が基礎で、どの分野でも主権は国民にあると考えられている。そのため、司法分野でも国民は参加する権利があり義務もあるとされているからだ。裁判員制度には、アメリカやイギリスが採用している**陪審員制度**と、フランス、イタリアが採用している**参審制度**がある。前者は、選ばれた市民が有罪か無罪を決め、裁判官が量刑を決める方法であり、後者は、政党などに推薦された市民が1年程度参審員として裁判官と一緒に審理する方法である。日本の場合は、これらふたつの折衷案といえる。ただし、裁判員制度がはじまると、裁判員となった人への日当だけで約**10億8000万円**の税金が使われることになり、これらの財源確保の問題などは、まだ解消されていない。

データを読む

● 参加したくないと思う主な理由 ●

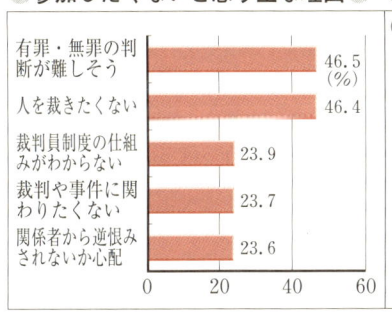

● 裁判制度における刑事裁判への意識調査 ●

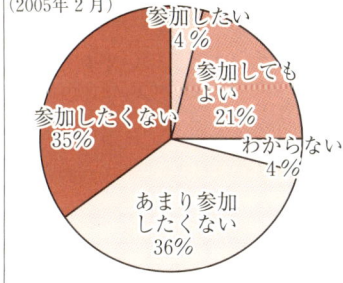

● 参加したいと思う主な理由 ●

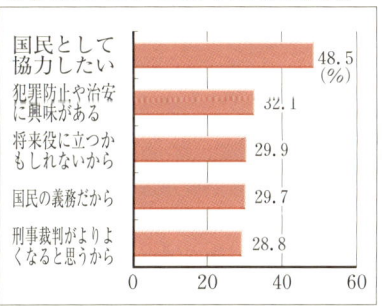

（内閣府ＨＰの資料より作成）

1章　法律と政治の仕組み　13

意外と簡単？
5人
新しく政党をつくるのに必要な条件

KEY WORD
- 政党
- 無所属

　現代の日本の政治は「**政党政治**」といわれているが、日本で本格的な政党が誕生したのは、1881年（明治14）の**自由党**が最初だとされている。1898年（明治31）には、わが国最初の政党内閣、**第1次大隈内閣**が誕生した。

　政党は同じ政治的意見の者が、その要求を表明し、実現を目指して集まったグループのことである。議会制民主主義では、政党は国民の要求や利益を政策にまとめ、法案をつくって国会に通し、有権者の支持を集めて選挙活動をおこない、大臣や政党幹部など政治的リーダーを育成する、政策を準備し、国民に示して広めるなどの役割がある。

　政党に入らず、無所属で立候補し、活動する議員もいれば、新しく政党を立ち上げて活動する議員もいる。では、政党を結成する要件は何かというと、政党助成法によって規定されている。

　同法によると、①衆議院議員か参議院議員が5人以上いる。②前回の衆議院議員選挙における小選挙区か比例代表選挙、前回または前前回の参議院通常選挙における小選挙区か比例代表選挙において、**全国を通じた得票率が2％以上**であるもの。以上2点のどちらかが満たされれば新党を旗上げすることが可能なのだ。

　2005年の総選挙では、「国民新党」や「新党日本」という新しい政党が誕生したのは記憶に新しい。いずれも5人という最少人数からスタートした政党だった。

　政党を結成する基本的な理由は、**政治が多数決で決まる**からである。政党を中心にして同じ考えの者がより多く集まったほうが、国会で意見を通しやすくなる。また、党所属の議員が増えれば増えるほど国会での質問時間を長くもらえる。政党に入っていれば、選挙の際に有利になるというメリットもある。比例代表制の選挙では、政党に入っていることが必要だ。政党の候補者は、ビラやポスターを使うことができ、テレビやラジオの政見放送でPRもできるなど、政党からの応援がもらえる。選挙の際、政党に入っていたほうが有利なことが、新政党結成の背景にあるといわれている。

　前出の総選挙では、480人の議員が選ばれた。そのうち**無所属**はわずか18人で、ほかの462人は何らかの政党に属している。

コラム／政党の誕生

　政党は欧米において、近代国家の統一を背景にして発生、イギリスでは18世紀の半ば、ドイツはイギリスに100年遅れてつくられた。アメリカでは1854年に民主党と共和党の二大政党が結成された。日本では1881年の自由党と、ついで1898年の大隈重信の本格的な立憲改進党で誕生をみた。

●政党交付金の交付対象となる政党の要件（1、2のいずれかに該当）●

1. 衆議院議員又は参議院議員を5人以上有する
2. 衆議院議員又は参議院議員を1人以上有し、次のいずれかで全国の得票率が2％以上である
   ①前回の衆議院議員総選挙における小選挙区選挙
   ②前回の衆議院議員総選挙における比例代表選挙
   ③前回又は前々回の参議院通常選挙における比例代表選挙
   ④前回又は前々回の参議院通常選挙における選挙区選挙

（総務省HPの資料より作成）

いざというとき不安！
全国の約5分の1
警察官が不在になる「空き交番」数

KEY WORD
- 交番システム
- 治安

コラム／世界に広がる日本の交番

世界に誇る日本の交番システムは、1874（明治7）年にはじめられた。現在はおもに都市部に置かれ、三交代勤務で地域の治安を守っている。この「KOBAN」はいまや国際語で、アメリカ、シンガポール、マレーシア、タイなどでもこの交番システムが導入され、成果をあげているという。

わが国の警察機能と**交番システム**は、世界でもトップレベルであり、日本は**治安**のよさを世界に誇ってきた。しかし、ここ10年の間に、日本の安全神話は崩れつつあり、治安の悪化が懸念されている。

日本の地域住民の治安を守ってきたのが「交番」である。警察庁の2004（平成16）年の調査によると、交番は全国に6509か所あったが、そのうち**1925か所は警察官が不在になる「空き交番」**であった。2005（平成17）年には交番数は6455か所、空き交番は1222か所に減ったが、実に交番数の約5分の1が、警察官不在だったのだ。

空き交番が増加した理由には、過去10年間で**110番件数が約1.8倍に増え**、これにともなって地域警察官が交番の外で事件・事故に対応する時間が増加したこと、**パトロールの強化に努めているため**、警察官が交番に不在になるケースが増加したこと、治安の悪化に伴い交番数を増やしてきたが、一方で警察官の増員配置ができず、交番に十分な警察官が確保されないことがあげられる。

そこで、警察庁では、交番は5人以下の配置（警視庁管轄の交番は7人以下）、1当務2人以上の配置を原則とし、パトロールカーの増加、交番相談員などによる補助体制を確立するなどして、**2007年春までに「空き交番ゼロ」**をめざしてさまざまな対策を講じている。

その対策のひとつである交番相談員は、警察官の身分を有していないが、警察業務に精通している警察官OBからなり、事件・事故の発生時の連絡、遺失物の届出などのほか、各種相談事に応じている。地域住民の治安維持のため、早急な「空き交番ゼロ」への体制強化が期待される。

データを読む

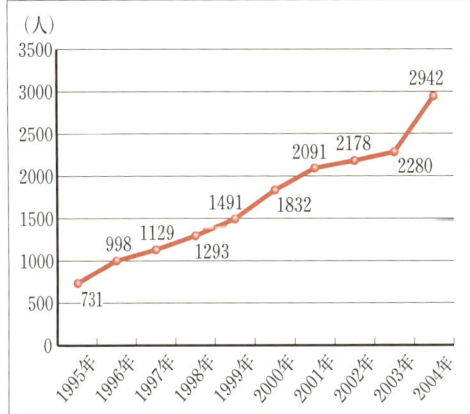

●交番相談員の推移
1995年 731
1996年 998
1997年 1129
1998年 1293
1999年 1491
2000年 1832
2001年 2091
2002年 2178
2003年 2280
2004年 2942

●交番の現状●
平成17年 6455か所
「空き交番」1222か所（18.9%）
例外類型 1196か所（18.5%）
原則 4037か所（62.5%）

原　則：一当務2人以上の交替制交番
例外類型：一当務2人以上の交替制交番ではないが、警察事象の少ない地域にあり、補完体制等により「空き交番」に該当しないもの

（警察庁HPの資料より作成）

マドンナ旋風吹き荒れた！
10人に1人
国会における女性議員の割合

KEY WORD
- 女性議員
- マドンナ旋風

コラム／これまで活躍した女性議員

女性国会議員の草分け的存在なのが市川房江。87歳で亡くなるまで、男女平等、男女同権を訴え実現させた。また、2005（平成17）年の衆議院選挙では落選したが、女性ではじめて社会党党首になった土井たか子は、女性初の衆議院議長になり、参議院では首相指名を受け、女性議員の活路を切り開いた。

　主な国の国会における**女性議員**の占める割合を比較すると、もっとも多いスウェーデンで45.3％、続いてノルウェー37.9％、フィンランド37.5％。福祉大国としても知られる北欧3国がトップ3となった。日本はというと、イタリアの9.8％に次いで低い11.3％止まりで、**約10人に1人**しか女性の国会議員がいないことになる。

　2005（平成17）年9月の衆議院選挙では、「**マドンナ旋風**」と言われたほど、女性の候補者が目立ち、また多く当選した。とくに、郵政民営化に反対した前自民党議員への対抗馬として立った女性候補者は、マスコミの注目を集め、連日テレビの画面に登場した。また、自民党は26人の女性候補者を擁立したが、この数字は、前回の選挙の2倍にあたった。彼女たちは、比例代表との重複立候補などの優遇措置を受けたため、**全員が当選**を果たした。自民党のこうした女性国会議員の増加にともない、**全体では女性候補者43人が当選**し、**約60年ぶりに女性国会議員の最多当選記録が塗り替えられた**。

　そもそも女性の国会議員が日本で最初に登場したのは、1946（昭和21）年。戦後すぐにGHQ（連合国軍総司令部）による民主化政策によって、女性も立候補できるようになった。しかし当時の新聞の社説では、「女性はよき妻よき母になれるが、社会的な生活のための教育は受けていない」といった、昔ながらの意見が主流で、女性が政治に参加することに否定的だった。この時の**投票率は72％**。女性の投票率のほうが、男性よりもわずかに多かった。女性候補者は、加藤シヅエ、山口シヅエ、戸叶里子、近藤鶴代など79人で、その約半数の39人が当選を果たした。背景には、GHQにより、それまで政権を牛耳っていた大部分の前議員が追放されたため、ほとんどが政治に縁のなかった新人候補者だったことがある。そうした追い風を受けて、やっと日本にも女性の国会議員が誕生することとなったのである。

主な国の国会における女性議員の占める割合

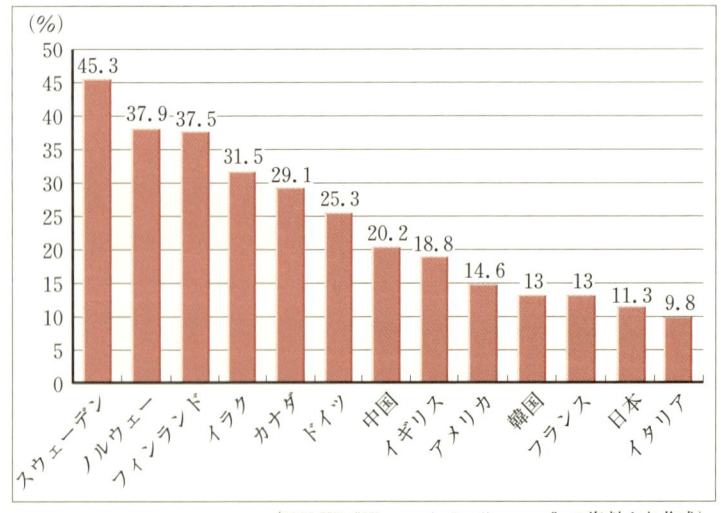

（IPU HP "Women in Parliaments"の資料より作成）

まだまだ大きい？
スウェーデンの2分の1
日本の「政府の大きさ」

KEY WORD
- 小さな政府
- 所得格差

コラム／小さな政府

政府の規模の大きさをはかる物差しのひとつとして、各国の国民負担率を見てみると、日本は36％。これはアメリカより3％高いが、スウェーデンの71％、フランスの64％、ドイツの54％に比べるとずいぶん低い数値となる。

郵政民営化を皮切りに、小泉政権が目指したのは、**小さな政府**だった。小さな政府とは、民間でできることは民間にやってもらったほうが、コストが下がるし、民間にとってもビジネスチャンスが広がるという考え方である。**国民の負担は低くなるが、その代わり福祉事業も最低限しかおこなわれなくなる。**

「小さな政府」という考え方ができたのは、1980年代、大幅な貿易赤字と高い失業率で不況となったアメリカで、歳出を大幅に削減し、大減税を断行して政府の役割を最小限にしたのが最初である。のちに、イギリスのサッチャー首相もこうした改革をおこなった。

日本においては、バブル崩壊後、経済の救済措置として、大減税と公共事業の拡大をおこなったが、景気回復に至らなかったため、「小さな政府」構想が持ち上がった。

実際、小さな政府を実践しているアメリカやイギリスは、経済成長率が高く、失業率が低い。反対に、**大きな政府で「高負担、高福祉」を実践しているスウェーデンでは、社会保障は充実しているが、その分、国民の負担が大きく、経済成長率も低い。しかし、2005年にアメリカの南部を襲ったハリケーン被害の例のように、小さな政府の場合は、最低限の社会保障を除いては自己責任となるため、所得の格差が広がり、弱者への政府の援助が十分に行き届かないなどのデメリットがある。

政府の仕事はできるだけ減らしたほうが、経済は発展して、その結果、国民の生活も豊かになる。しかし、福祉サービスや治安維持、教育分野まで最低限の行政サービスしかおこなわれなくなるのが、本当に国民の暮らしを豊かにすることになるのかなど、この考えを疑問視する声もある。

● 政府の大きさ各国比べ

※財務省の資料より作成
日本の国民負担率は2005年度見通し、それ以外は2002年

国民負担率
国内総生産に占める歳出の割合

国	国民負担率	歳出割合
日本	36%	38%
アメリカ	33	36
イギリス	48	42
ドイツ	54	49
フランス	64	53
スウェーデン	71	58

(「毎日新聞」2005年10月24日より作成)

まだまだ減り続ける
全国の市町村数1821

10年間で1500減、合併で変わる市町村数

KEY WORD

● 平成の大合併

● 地方交付税

2006（平成18）年3月末を目指して、特例法に基づく「**平成の大合併**」が進行し、合併で広い面積を持つ自治体や、町村から昇格した新しい市がいくつも誕生している。その結果、これまで3234あった**自治体数が、1821に減る**ことになっている。

過去にも、このような大合併がおこなわれたことが2回あった。**最初の大合併は明治時代**におこなわれ、7万以上あった町村が約1万6000に減り、2回目の**昭和28年から30年代**はじめにかけての大合併では、4000ほどまでに減少している。

明治時代におこなわれた大合併は、政府によって市制町村制が定められたことによるものだった。江戸時代までの、川や峡谷などによって生まれた集落を再編し、近代的な行政区画を整えるための合併である。

昭和中期のものは、第二次大戦後の新しい社会に合わせて行政事務の能率化をはかるため、市町村の規模が見直されたことによる。

今回おこなわれた平成の大合併の目的も、この延長線上にあるといっていいが、**最大の狙いは経済的**なものであった。莫大な赤字をかかえる国の財政負担を軽くするため、自治体を援助する**地方交付税の軽減化**をはかったのである。

地方交付税を減らされると税収の少ない自治体の運営は厳しくなる。そのため、規模が大きく、比較的税収の安定している自治体に、編入か、合併することによって効率化をはかるしかなくなった。車社会の発達により、生活圏が広い範囲にわたるようになったのも、政府が市町村合併をすすめる理由のひとつだ。政府は、**最終的に自治体数を1000にする**ことを目標にしている。今後も合併が続けば日本地図がいまとはまったく違うものになりそうである。

コラム／新自治体

いくつかの市町村が合併するとき、新しい名前をどうするかというのが住民の関心事。なかにはユニークさを求めてカタカナ市名にしたところもあり、山梨県の南アルプス市はその代表だ。これは住民の投票で最多数を獲得しての決定だった。

データを読む

● 市町村数の変遷 ●

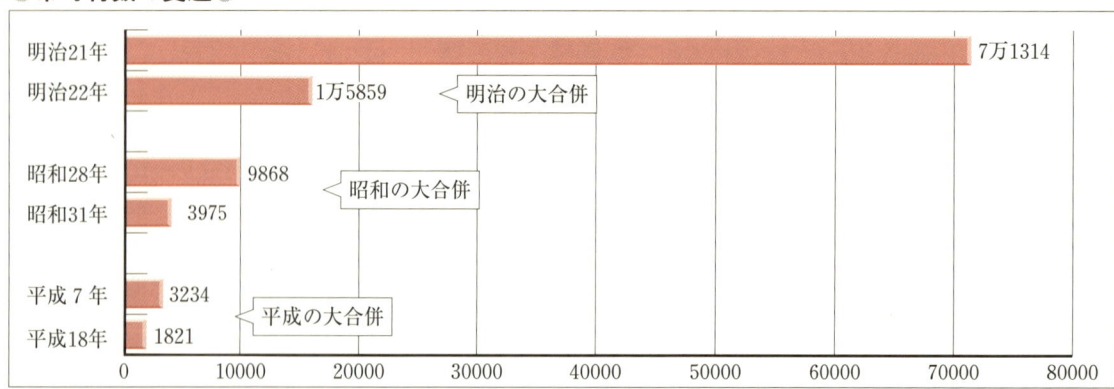

（総務省HPの資料より作成）

わかりやすい日本語に
約6割
憲法改正に賛成の人の割合

KEY WORD
● 憲法改正

戦後60年が経ち、**憲法改正の動き**が国会内で活発化している。2005（平成15）年に毎日新聞が憲法問題について世論調査をおこなったところ、「**改正に賛成**」が58％と約6割にもなった。「改正反対」は、34％だった。

「改正に賛成」の理由としては、「憲法の文章をわかりやすい日本語にしたい」と「首相を国民の直接選挙で選べる首相公選制の導入」が、ともに43％で、もっとも多かった。「**憲法をわかりやすい日本語に**」との意見が出ているのは、現行の日本国憲法が、敗戦後まもなくGHQの起草により制定されたものの、表現が翻訳調であり、文体に違和感を生じるためだ。首相公選制については、**アメリカの大統領制のように**、**直接選びたい**といった国民の意識の高まりがある。

「改正に反対」の理由としては、「戦争放棄や戦力の不保持、交戦権の否定を明記した9条の改正につながる恐れがある」が最多だった。

さて、改正賛成の国民があげた、改正したい理由が、改正に熱心な議員たちに届いているのかというと、疑わしい。自民党は2005年に新憲法草案を発表したが、そこでの最大の焦点は9条であり、戦争放棄の1項は維持するが、戦力不保持を定めている2項を全面改定し、自衛軍の保持、集団的自衛権の行使や国際協力での武力行使を容認するというもの。しかし、世論調査では**集団的自衛権**の行使に賛成と答えた人は**15％**で、国民の意識とはズレがあるようだ。また、一時は国民の新たな義務要項も盛り込んだが、これに関する国民の賛成は11％程度で、見送られた。このようなことから、憲法改正を目指してはいるものの、政府の方向性と国民の望むものとでは、少なからずギャップがあるといえる。先に国民の改正賛成派があげた首相公選制に関しては、小泉首相は就任直後、検討に意欲を見せたが、反対論が多く、衆院の憲法調査会の報告書でも、議員内閣制との兼ね合いを理由に慎重論が多数を占めた。

コラム／憲法改正の手続きの認知度

憲法改正をおこなうには、衆参両院の総議員の3分の2以上の賛成で発議し、国民投票で過半数の賛成を得られなければならない。これは憲法96条に明記されているが、2005（平成17）年に市民団体がおこなった調査では、この手続きを正しく理解していたのは16％。手続きを知らなかった人は65.3％だった。

データを読む

● 改正反対の理由 ●
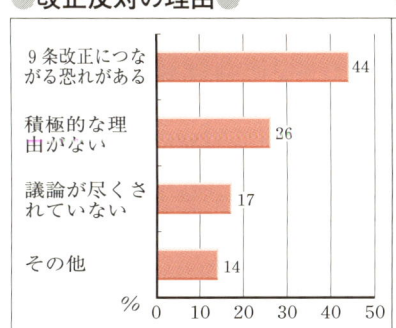

● 憲法改正の賛否 ●
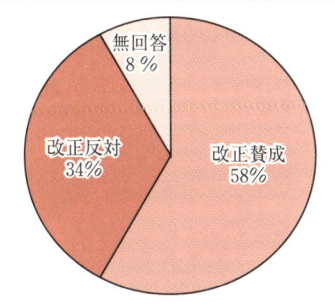

● 改正賛成の理由 ●
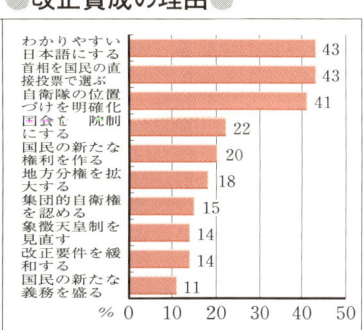

（「毎日新聞」2005年10月5日より作成）

1章　法律と政治の仕組み

投票したくてもできない時代があった
国民のわずか1.1%
第1回衆議院総選挙で選挙権を持っていた人の割合

KEY WORD

- 参政権
- 普通選挙

コラム／選挙年齢引き下げ案

現在、世界各国では「18歳選挙権」が大勢を占めている。18歳に選挙権がないのは、サミット参加8か国（アメリカ、イギリス、フランス、ドイツ、カナダ、イタリア、ロシア、日本）のなかで、日本だけである。

総務省の調査によると、日本の有権者数は、2005（平成17）年の第44回衆議院議員総選挙で、**約1億人**であった。これは、日本の総人口の**約80％**に達している。日本の選挙制度では、満20歳以上の国民は誰でも衆議院と参議院の選挙権を持つ。ただし、地方選挙においては、3か月以上その地域に住んでいることが必要だ。

選挙権は、国民の持つ基本的権利であり、**最も重要な参政権**である。しかし、現行の普通選挙が実施されるまでには、幾度かの法改正が必要であった。

はじめて日本で選挙がおこなわれたのは、1890（明治23）年の第1回衆議院議員選挙であった。このときの有権者数は、人口約4000万人に対し、約45万人ほどで、当時の人口の約1.1％にしかすぎなかった。**直接国税15円以上を納めている満25歳以上の男子**に限るという厳しい要件があったからだ。

その後、しだいに制度は改正されていき、1925（大正14）年には納税要件がなくなり、満25歳以上のすべての男子に選挙権が与えられた。ただし、まだこのときは、**女性には選挙権がなかった**。

1928（昭和3）年にはじめて男子普通選挙による衆議院議員選挙がおこなわれた。有権者数は1890年の第1回選挙時の45万人から1241万人、国民の20％に増加した。

婦人参政権が認められ、満20歳以上のすべての国民によるはじめての**完全普通選挙**が実施されたのは、**1946（昭和21）年の第22回衆議院議員選挙**である。ここに至るまでに第1回選挙から50年以上もかかっている。

近年、現行の選挙権年齢が満20歳以上という制度を、見直そうという動きが活発になってきた。選挙権が満20歳以上という国は世界でもわずかで、いまは**18歳以上の選挙権が世界の大勢**になっている。

今後は、選挙権の18歳引き下げや、海外に住む日本人、日本に住む外国人への選挙権の拡大などの検討が急がれている。

データを読む

衆議院総選挙の有権者数の推移

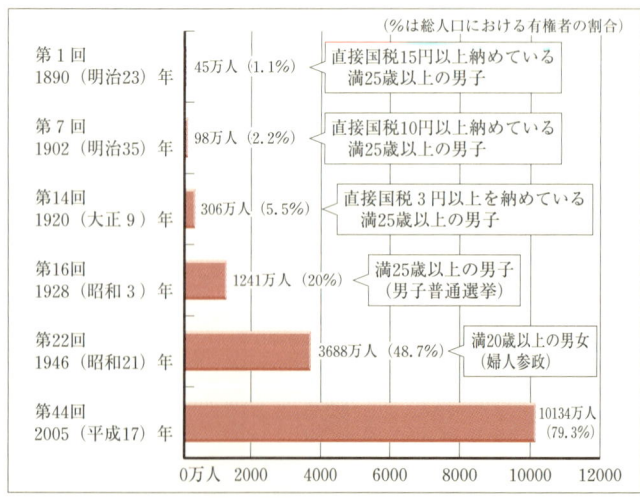

（『明るい選挙50年の歩み』財団法人 明るい選挙推進委員会、総務省HPの資料より作成）

政治家にも塾がある？
480人中28人

衆議院議員における松下政経塾出身議員の数

KEY WORD
- 国会議員
- 松下政経塾

コラム／松下幸之助

「経営の神様」といわれ、多くの経営者の日標とされた日本を代表する実業家。現在の松下電器産業の礎を築いた。1894年、和歌山県の生まれ。わずか9歳で丁稚奉公に出て、16歳で現在の関西電力に入社。ソケットの開発から現在の松下電器産業である松下電気器具製作所を興した。

近年、国会議員に**松下政経塾の出身者**が増え、注目を集めている。松下政経塾は、1979（昭和54）年に、松下電器産業の創業者・**松下幸之助**が設立した社団法人。新しい国家経営を担う指導者の育成が必要だと感じた彼は、私財70億円を投じて塾をはじめた。

2005（平成17）年9月の総選挙では、**松下政経塾出身者が45人出馬し、28人が当選した。衆議院議員480人中28人**という多さだ。その内訳は、自民党が13人、民主党が15人。参議院議員の2人を合わせると30人となり、公明党の31人に迫り、新党でも結成できそうな勢力である。そのほか、神奈川県知事、横浜市長をはじめ首長に6人、県議や地方議員は30人にのぼる。

このように、政界に松下政経塾出身者が多い理由のひとつは、松下政経塾の斬新な研修制度にある。全寮制で入塾者は寝食をともにし、3年間の研修をおこなう。「自修自得」「現地現場」「切磋琢磨」などをモットーとし、理想の国家経営を、現場での体験を重ね、仲間と研鑽を積みながら体得していくのである。

卒塾後は理想の実現に向け、政界、財界のみならず、マスコミ界など各界で活躍、その進路は、政界に94人、経済界に60人、研究・マスコミ界に37人、その他22人となっている。

塾出身の政治家には、前民主党代表の前原誠司氏、野田佳彦氏、高市早苗氏、原口一博氏、山本朋宏氏などがおり、若い力として注目されている。このような政界進出のもうひとつの理由には、世襲議員と違い、**非世襲を売り物にした**選挙スタイルで支持者を獲得したことが大きい。世襲議員が自民党に集中しているのに対し、**塾卒者は民主党に多いのが特徴**だ。

将来、塾卒者で新党を結成するのでは、という声もまことしやかに囁かれているが、松下幸之助の経営理念を政治に転化するのは容易なことではないといわれる。逆に松下ブランドが日本の政界を掌握するようでは、日本政治の将来は危ういという意見もある。

松下政経塾卒塾生の進路

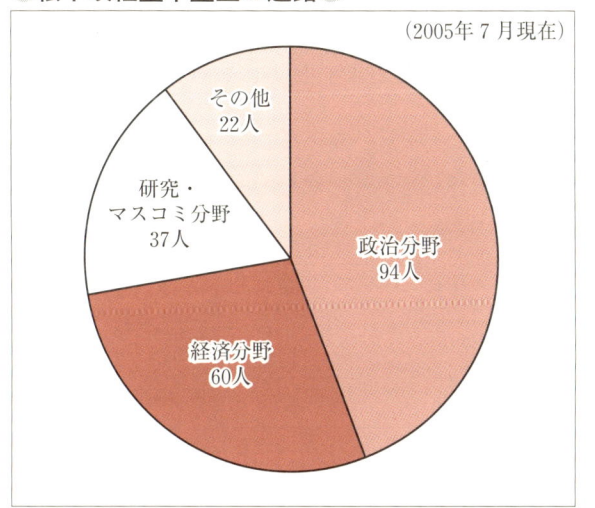

（2005年7月現在）
- その他 22人
- 研究・マスコミ分野 37人
- 政治分野 94人
- 経済分野 60人

（松下政経塾HPの資料より作成）

1章　法律と政治の仕組み

多様な人材登用を
142人中わずか2人
最高裁判所の女性裁判官

KEY WORD
- 女性裁判官
- 男女雇用機会均等法

　世界各国で女性の社会進出はめざましいものがあり、日本でも1986（昭和61）年に「**男女雇用機会均等法**」が施行され、雇用の分野における男女の均等な機会と待遇が認められている。しかし、戦前は1936（昭和11）年に弁護士法が改正されるまで、弁護士や検察官、裁判官などの法曹界への道は女性に閉ざされていた。

　法務省によると、弁護士法改正後、1940（昭和15）年にはじめて**女性弁護士が3名誕生した**。女性の司法試験合格者が増えはじめたのは、1970年代に入ってからで、男女雇用機会均等法の制定後は、**司法試験合格者に占める女性の割合は、5％から20％に増加**した。司法にたずさわる女性の比率は、裁判官（最高裁判所判事、高等裁判所長官、簡易裁判所判事を含む）で13.2％（2004年4月現在）、検察官で8.6％（2004年3月31日現在）に達している。

　しかし、最高裁判所の裁判官となると、これまで任命された**142人の裁判官のうち、女性はわずか2人**である。第1号は労働省（当時）出身の高橋久子氏で、1994（平成6）年から1997（平成9）年まで在任した。

　2人目は、2001（平成13）年に病気のために退官した大出峻郎裁判官の後任として任命された横尾和子氏だ。彼女は、厚生省老人保健福祉局長、社会保険庁長官、駐アイルランド大使などを歴任し、2人目の最高裁判所の女性判事となった。

　女性の裁判官が少なかった理由のひとつには、女性に刑事裁判のような凄惨な事件の裁判官はつとまらないという**偏見**があったこと、司法試験制度の偏向があったことなどがあげられる。

　しかし、法曹界にも女性の視点と知恵は必要不可欠であり、司法の場に女性が存在することにより、法制度への国民の信頼を高めることができると期待される。人材としての女性を法曹界で有効活用することは、今後はますます重要になる。雇用の機会均等の正義を追求する意味においても、法曹界での女性の活躍は期待されている。

コラム／男女雇用機会均等法

　雇用における募集、採用、配置、昇進、教育訓練、福利厚生、定年退職、解雇に、男女の差別を禁止するとともに、職場におけるセクシュアルハラスメント防止への配慮・義務も規定している。1985年に制定され、翌年施行された。

データを読む

●**女性裁判官比率の推移**●

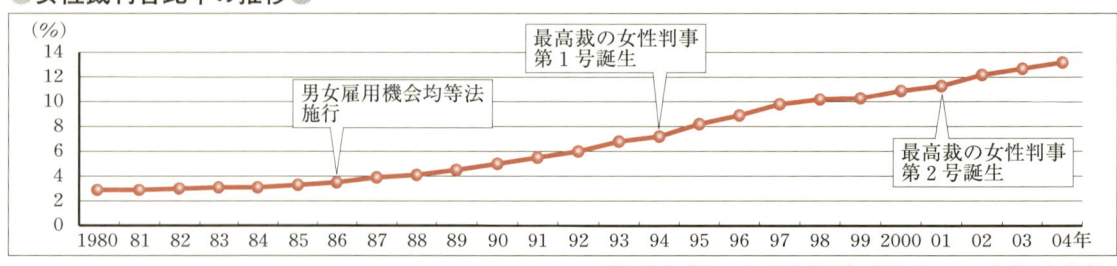

（財団法人「せんだい男女共同参画財団」ＨＰの資料より作成）

もらってもうれしくないもの!?
12%
国民栄誉賞の受賞拒否率

● 国民栄誉賞
● 受賞拒否

コラム／現在までの受賞者

国民栄誉賞の目的が「広く国民に愛され、社会に希望を与えることに業績を残した人を称える」というものであることからか、受賞者の顔ぶれをみるとスポーツ選手や芸能人が多い。スポーツ界では王選手をはじめ衣笠祥雄選手、柔道の山下泰裕選手、横綱千代の富士、芸能界では美空ひばりや藤山一郎が受賞している。

　巨人の王貞治選手がプロ野球ホームラン世界記録を達成した1977（昭和52）年、当時の**福田赳夫内閣は国民栄誉賞を創設し、その第1号として王選手を受賞**させた。

　王選手が受賞を決める1か月前に福田首相が急きょ設けた賞で、王選手の新記録達成が目前に迫っていたため、彼を表彰するという話題づくりの口実から設けた賞だとささやかれたりした。当時支持率の低かった福田内閣が、王選手にあやかった人気取りだというわけだ。

　この第1号授与の唐突さから、以来、国民栄誉賞受賞者が出るたびに、首相や内閣の話題づくり、人気取りという陰口がついてまわるようになった。さらに**宮沢喜一内閣のときには、立て続けに3人も受賞**したため、政治的な賞という印象をよりいっそう強めている。

　それというのも、国民栄誉賞の選考基準があいまいで、いわば首相の判断のみで受賞者が決められるからだ。賞の名称に「国民」と入っているので立派に聞こえるものの、あくまで**首相個人からの表彰**にすぎない。

　国民栄誉賞が創設されてから29年、現在までに**15人が同賞を受賞**している。ところが、受賞を打診されたにもかかわらず、**受賞拒否をした人物が2人**いる。それは、1983（昭和58）年にプロ野球で当時の**世界最多盗塁記録をつくった福本豊選手**と、2001（平成13）年にアメリカのメジャーリーグで**首位打者となったイチロー選手**である。受賞拒否の理由は、福本選手の場合、「そんなものをもらったら立ちションベンもできなくなる」とのことから、イチロー選手の場合は、「まだ若すぎるから」とのことかららしい。

　国民栄誉賞といえども、誰もが受賞を喜ぶものではないようだ。結局いままで17人の授賞が検討されたが、そのうち15人が受賞、2人が辞退ということで、国民栄誉賞を拒否する人の割合は約12％ということになるわけだ。

● 歴代国民栄誉賞受賞者と贈呈時の首相 ●

受賞年月日	受賞者	職業	当時の首相
1977年9月5日	王貞治	プロ野球選手	福田赳夫
1978年8月4日	古賀政男	作曲家	福田赳夫
1984年4月19日	長谷川一夫	俳優	中曽根康弘
1984年4月19日	上村直己	冒険家	中曽根康弘
1984年10月9日	山下康裕	柔道選手	中曽根康弘
1987年6月22日	衣笠祥雄	プロ野球選手	中曽根康弘
1989年7月6日	美空ひばり	歌手	宇野宗佑
1989年9月29日	千代の富士	大相撲横綱	海部俊樹
1992年5月28日	藤山一郎	歌手	宮沢喜一
1992年7月28日	長谷川町子	漫画家	宮沢喜一
1993年2月26日	服部良一	作曲家	宮沢喜一
1996年9月3日	渥美清	俳優	橋本龍太郎
1998年7月7日	吉田正	作曲家	橋本龍太郎
1998年10月1日	黒澤明	映画監督	小渕恵三
2000年10月30日	高橋尚子	陸上選手	森喜朗

（首相官邸ＨＰの資料より作成）

ちょっと意外？
56人中7人
歴代首相のなかに占める山口県出身者の数

KEY WORD

- 首相経験者
- 長州藩

コラム／首相輩出県の県民性

戦前の原敬、戦後の鈴木善幸ら4人の首相を生んだのが、岩手県。この地は冷害や津波など厳しい自然環境のため、粘り強く協調性に富む県民性を育てたといわれる。それが首相への道につながったようだ。

2006年現在、日本の**小泉純一郎首相**は、**第89代**にあたる。たとえば吉田茂のように、ひとりの人物が何期にもわたって首相を務めることもあるので、実際に**首相になったのは56人**である。

彼ら首相経験者たちの、それぞれの出身地を調べると、意外にも山口県出身者がいちばん多かった。人口がいちばん多い東京都出身者が目立ちそうなものだが、**東京都出身の首相経験者は4人**。一方、**山口県出身の首相経験者**は、現在までに**7人**にのぼる。

山口県は、初代首相の伊藤博文をはじめ5人が戦前に首相を務め、戦後も岸信介、佐藤栄作という2人の首相を生んでいる。安倍晋三議員が首相になれば、8人目の首相が誕生ということになる。

山口県がこれほど首相を輩出するのは、**明治維新**のときに、当時の**長州藩**が活躍したことが背景にある。新政府が誕生してしばらくたち、官制改革で現代のような内閣制度に変わったとき、伊藤博文が初代に就任したのもそんな事情だった。伊藤の初代内閣には、首相のほかにも4人の長州出身者が内閣入りを果たしている。

当時は、倒幕に功績のあった長州（山口県）と薩摩（鹿児島県）が権力の座にあり、首相の座も**初代の伊藤に続いて2代が黒田清隆（薩摩）、3代が山県有朋（長州）、4代が松方正義（薩摩）**と、交互に持ちまわりをするほどだったのである。

ただ、西南戦争で薩摩の優秀な人材が失われたり、薩摩出身者が政争を避ける傾向を見せはじめたこと、倒幕のために動いた公家出身の政治家たちも、内閣制への官制改革で力をそがれていったことが相まって、長州の一人天下といっていい状態が、日本の近代政治の幕開け時代に起こっていた。

歴代首相に山口県出身者が多いのは、こうした歴史的土壌に培われたものが根強くあったためだ。

●歴代首相の出身地●

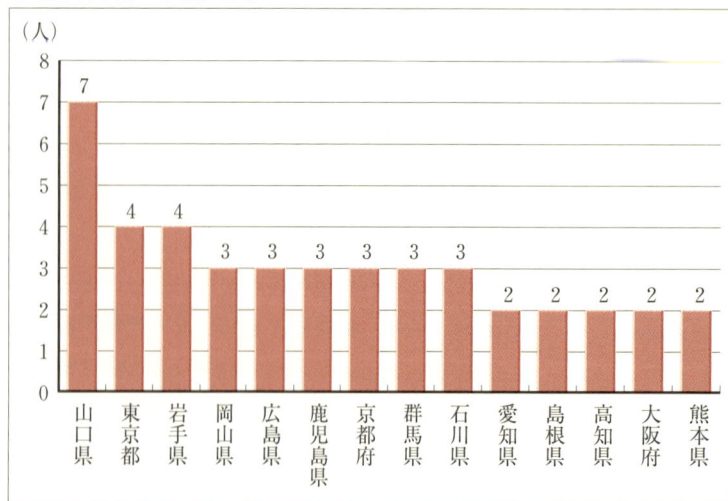

（『歴代首相物語』新書館より作成）

もうすぐなくなる？
5人のうち4人
自民党の派閥に所属している国会議員

KEY WORD

- 派閥
- 自民党

コラム／派閥の役割

かつての派閥は、政治資金を集める集団であり、そのカネの分配と閣僚人事で派閥均衡が保たれるよう働きかけていた。その双方のメリットがほとんど失せた派閥だが、ポスト小泉で派閥力学復活を待っているのも事実である。

小泉首相は、「自民党をぶっ壊す」と宣言して自民党総裁選に立候補、当選して首相の座を手に入れた。その彼が「ぶっ壊す」といった**自民党を象徴するのが派閥**である。

自民党内の派閥は烏合の衆などと揶揄されながら離合集散を繰り返すものの、連綿と続いて自民党を支えてきた。

勉強会、政策研究会といった形をとっていても、要するに**資金と地位の配分に大きな力を持つ集団が派閥**である。そんな派閥が、いまだになくならずに、2005（平成17）年末の時点で、最大派閥の森派をはじめ、9つもあるのが現状だ。衆参両院あわせて407人いる自民党の国会議員のうち、**326人が派閥に属している**。これは、**5人のうち4人**という割合である。派閥所属はなんらかの形のメリットがあると考えてのことなのだ。たしかに新人議員に対しては育成機関という名目がある。人脈づくりの基礎になるし、政局の動きも派閥に入っていれば自然に耳に入ってくる。

それが、2005年の衆議院解散総選挙で、小泉チルドレンと呼ばれる初当選者の大量誕生を見て、構造が変わりそうな気配をうかがわせた。党が派閥でなく自前で新人教育を試したのだ。加えて、しばらくはどこの派閥にも属さないようにという首相の発言もあった。

自民党内の派閥の力学に辟易していた国民に歓迎の声もあるが、逆に「小泉派」の誕生を懸念する他派閥もある。派閥の力が弱まったとはいえ、新人議員も、30人ほどが既存の派閥入りしているという事実もある。

ただ、かつては派閥順送りといわれた人事は、小泉政権下では首相の独断が強く働いて瓦解している。派閥の縦割が崩れたのだ。さらに小泉チルドレンたちのうち派閥入りしなかったメンバーで同期会ともいうべき勉強会も立ち上げられている。**自民党のニューウェーブ**となるのかもしれない。

データを読む

自民党国会議員の勢力構成

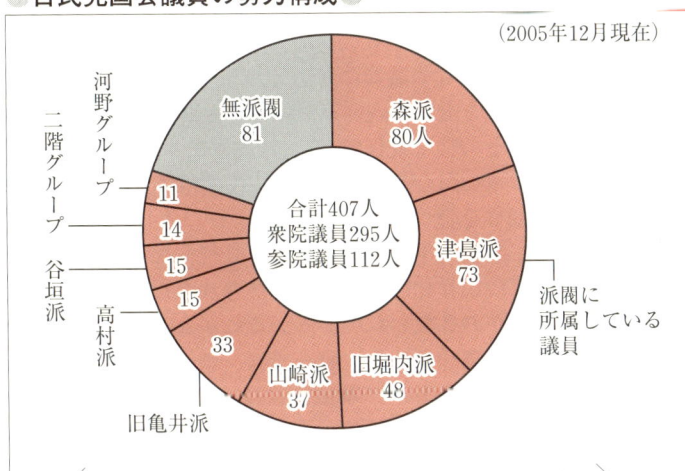

（2005年12月現在）

合計407人
衆院議員295人
参院議員112人

- 無派閥 81
- 森派 80人
- 津島派 73
- 旧堀内派 48
- 山崎派 37
- 旧亀井派 33
- 高村派 15
- 谷垣派 15
- 二階グループ 14
- 河野グループ 11

派閥に所属している議員

新人衆院議員は83人。このうち約30人が派閥に加入した。河野衆院議長、扇参院議長は除いて集計した。各派閥の人数は公表している数で、派閥離脱中の武部勤幹事長ら党幹部は出身派閥に含めた。

（「朝日新聞」2005年12月21日より作成）

1章　法律と政治の仕組み　25

バカヤローから郵政まで
60年で20回
戦後の衆議院解散回数

- ●衆議院解散
- ●内閣不信任案
- ●伝家の宝刀

コラム／「郵政解散」で生まれた流行語

小泉首相の独断により発生した「郵政解散」後の総選挙では、小泉首相の率いる自民党の圧勝におわった。マスコミを巧みに利用した小泉首相の選挙活動は「**小泉劇場**」と非難されることもあったが、この言葉は2005年の流行語大賞を受賞している。

年月日	解散名	解散時の首相
1948年12月23日	「馴れ合い解散」	吉田茂
1952年 8月18日	「抜き打ち解散」	吉田茂
1953年 3月14日	「バカヤロー解散」	吉田茂
1955年 1月24日	「天の声解散」	鳩山一郎
1958年 4月25日	「話し合い解散」	岸信介
1960年10月24日	「安保解散」	池田隼人
1963年10月23日	「所得倍増解散」	池田隼人
1966年12月27日	「黒い霧解散」	佐藤栄作
1969年12月 2日	「沖縄解散」	佐藤栄作
1972年11月13日	「日中国交正常化解散」	田中角栄
1979年 9月 7日	「増税解散」	大平正芳
1980年 5月19日	「ハプニング解散」	大平正芳
1983年11月28日	「田中判決解散」	中曽根康弘
1986年 6月 2日	「死んだふり解散」	中曽根康弘
1990年 1月24日	「消費税解散」	海部俊樹
1993年 6月18日	「嘘つき解散」	宮沢喜一
1996年 9月27日	「争点なき解散」	橋本龍太郎
2000年 6月 2日	「神の国解散」	森喜朗
2003年10月10日	「構造改革解散」	小泉純一郎
2005年 8月 8日	「郵政解散」	小泉純一郎

（「All About」ＨＰより作成）

　衆議院議員の任期は4年、参議院議員の任期は6年となっている。しかし、衆議院の場合、4年の任期を待たずして議席を失うこともある。それが衆議院の解散だ。解散すると衆議院に席を置いている議員全員が議席を失う。これは、内閣総理大臣から当選1期目の新人議員まで、例外なく同じである。解散の決定は内閣のみが持つ権限であり、「伝家の宝刀」といわれることもある。

　解散はふたつの原因からおこなわれる。ひとつは**衆議院が内閣不信任案を提出したとき**だ。その際、首相が辞めるべきなのか、それとも首相に反対する衆議院議員が辞めるべきなのかを国民に問うために解散総選挙がおこなわれる。もうひとつは、**議会が紛糾したときに解散**し、国民にどの政策を推す議員が望ましいのかを、あらためて選挙というかたちで問いかけるときだ。

　このようにして起きる衆議院の解散は、戦後約60年の間に20回起こっており、それぞれの解散には通称がつけられている。

　戦後初の解散は、第二次吉田茂内閣のときである。このときは野党が提出した内閣不信任案に与党まで賛成、可決という事態になったため、「**馴れ合い解散**」と呼ばれている。

　「馴れ合い解散」後の選挙で圧勝した吉田茂は第三次内閣を組閣した。ところが、鳩山一郎を中心とする勢力が吉田の退陣を暗に求めるようになり、政局が混乱してきたため、不意をつくかたちで解散をおこなった。そのため「**抜き打ち解散**」と呼ばれている。

　この次に起きたのが有名な「**バカヤロー解散**」だ。衆議院予算委員会の席上で、興奮した吉田首相が野党の議員に対してバカヤローと言ったことに端を発して内閣不信任案が提出、解散に至った。

　その後「安保解散」「沖縄解散」「消費税解散」「小選挙区解散」など、時代の情勢をあらわした通称を持つ解散が見られた。

　2005（平成17）年に、小泉純一郎首相が掲げる郵政民営化関連法案が否決されたため、解散総選挙がおこなわれている。これがもっとも新しい解散総選挙になる。現在では一般的に「**郵政解散**」と呼ばれるが、解散直後は「花火解散」「わがまま解散」「自爆解散」などと呼ぶ人もいた。なお、1976（昭和51）年の三木内閣のときに「ロッキード解散」と呼ばれるものがあった。これを含めると戦後の**解散回数は21回**となるが、実際には解散したのではなく、任期満了に伴う総選挙であったので、ここでは解散回数に含めない。

国会を支える仕事人
1秒間10文字
国会の論議を記録する速記者の速記速度

- 速記者
- 国会

　テープレコーダーやビデオフィルムをはじめとして、人間の発言の記録は、いまや機械に頼ればこのうえなく正確なものが得られる。

　それにもかかわらず、国会ではいまなお**速記者**という人間の手による記録で議事録がつくられている。衆参両議院の演壇の正面下、半円形のブースのなかにいるのが速記者だ。演壇に対して直角になる位置に並んで2人ずつ、**4人が向き合う形で着席**している。

　彼らは議場で繰り広げられる議論を、それこそ一字一句もらさず書き残す。4人が同時に記録していくのではなく、**2人1組になって5分間分の記録**を担当すると、時計の合図があり、もう1組が記録をはじめる。2人1組なのは、1人だと聞き間違いや聞き取れなかったという恐れがあるからだ。

　こうして交互に5分ずつ記録すると、会議終了後にすぐ速記から普通の文字に書き起こし、おおよそ**2日後には議事録として印刷**される。

　これだけの仕事をこなすために、彼らは速記者養成所の入所試験を経て、2年半の訓練を積む。訓練の成果は**速記技能1級の資格**である。ただ資格を取得しても、そのまま国会の速記者になれるわけではない。両議院の採用試験があり、それに合格してはじめて国会速記者という国家公務員になれる。だいたい**5分間に3000から4000文字を記録**できる技能が求められるというから、1秒間に書き取っているのは10文字以上ということになる。

　速記者は、衆参両議院合わせて約200人いるが、そのうちの多くは女性だ。几帳面さの求められる仕事なので、女性向きといえるが、かなりハードな仕事でもある。とくに会議中は絶対に席をはずせないから、ひとたび乱闘国会にでもなれば、危険がともなう。本会議だけでなく、予算委員会などの仕事もあり、紛糾の場に立ち会うことも多い。発言者や委員長の席に向かって反対派の議員が駆け寄ったりすれば、彼らも巻き込まれる。それでも速記は続けるが、その際**ヤジのような発言は記録せず**、正当な発言者と委員長の言葉だけを記録するから、聞き分けも難しい。ときには速記原本を奪い取ろうとするような議員もあらわれるので、用紙を守らなければならない。

　2006（平成18）年、参議院では紙と鉛筆による速記を廃止し、**パソコン入力に変える方針**を決めた。すでに衆議院も養成所の募集を停止しており、衆議院もいずれ同じことになると思われる。

コラム／速記録の歴史

発言された言葉を特殊な符号で表す速記は、1890（明治23）年の第1回帝国議会以来、議事録製作のために使われてきた。衆参両議院がそれぞれに養成所を持つが、使われる記号は両議院の間で少し異なる。

1章　法律と政治の仕組み

お金がないと議員になれない？
アメリカは0円、日本は300万円
衆議院小選挙区に立候補するのに必要な金額

KEY WORD
- 国会議員
- 立候補
- 供託金

コラム／被選挙権の喪失

日本国籍を持ち、年齢条件だけ満たせば誰でも被選挙権を得られるわけではない。成年被後見人や禁固刑以上の刑を執行中の人は立候補できないし、公職における収賄罪、選挙犯罪や政治資金規正法で刑の対象となった場合も、期限を定められて被選挙権を喪失する。

衆議院なら満25歳以上、参議院なら満30歳以上になれば、国会議員選挙に立候補できる。これは、日本国民なら誰にでも認められた権利である。ところが、実は**完全に平等とはいえない**。

不平等を生み出しているのは、**公職選挙法に定められた供託金**という制度である。この金額が準備できなければ国会議員選挙に立候補できない。供託金とは、立候補に際して法務局あてに提出するもので、現金あるいは相当額の国債を預けるよう、選挙ごとに法定金額が定められている。

これは、議員になりたいという明確な意志がなく、したがって当選を目指さず、ただ売名行為のためだけ、あるいはほかの立候補者の当選妨害のためだけに出馬する者を阻止するために設けられている制度だ。**供託金制度がないのは、町村議会議員選挙**だけだが、これは、もともと身近な人たちの間でおこなわれるので、あまり売名効果が高くないと判断されたからのようだ。

あくまで不純な動機による立候補防止策の供託金は、選挙結果である程度の得票数があれば、まじめに選挙運動をおこなったと見なされ当落に関係なく返却されるが、定められた数より少ない得票の場合は没収される。

たとえば、**衆議院の小選挙区なら、300万円の供託金が必要**で、有効投票数の10分の1未満の得票しかないと没収されることになる。

参議院の場合だと選挙区の有効投票数を改選議員数で割った数字の**8分の1以下の投票数だと没収**される。

このような供託金制度を持つ国はほかにもあるが、イギリスで10万円、カナダでは8万円と日本と比べて大幅に低い金額となっている。アメリカ、ドイツ、イタリアなどは供託金制度自体がなく、かつては2万円が必要だったフランスも1995年から不要と決めるなど、被選挙権の行使にお金が必要になることはないという。

データを読む

●日本の供託金制度●

選挙	金額
衆議院小選挙区	300万円
衆議院比例代表	600万円
参議院選挙区	300万円
参議院比例代表	600万円
都道府県知事	300万円
都道府県議会議員	60万円
指定都市の長	240万円
指定都市の議会の議員	50万円
指定都市以外の市の長	100万円
指定都市以外の市の議会の議員	30万円
町村長	50万円
町村の議会の議員	（供託金なし）

●主な国の供託金制度●

日本	衆院小選挙区	300万円
	参院選挙区	300万円
	衆参比例代表	1人600万円
イギリス		10万円
カナダ		8万円
アメリカ		供託金制度なし
フランス		
ドイツ		
イタリア		

少数意見の必死の抵抗
1人で約5時間半
長時間演説による議事妨害の日本最長記録

- ●牛歩戦術
- ●国会審議
- ●議事妨害

　国会における与野党の攻防は、さまざまな戦術を生み出している。よく知られているのが、ひとつの法案の議決に際して投票に進む議員たちが一歩ずつ時間をかけて歩く牛歩戦術だ。遅々とした歩みが、まるで牛の歩き方のようだというところからの命名である。

　こんな子どもじみた戦術が生まれたのは、国会の開会期間と議決の関係からだ。国会での審議は、賛否両論、与野党のやりとりにより積み重ねていく。しかし、いくら論議を重ねたところで、双方が納得できるとは限らない。しかもいつか採決の日がやってくる。となると、与党案には、いくら野党が反対したところで、数の論理で勝てるはずがない。

　そんなとき野党は、**時間切れによる廃案**をねらう。国会の会期中に提出されて審議された議案は、その会期中に議決されなければ自動的に廃案になるとの決まりがある。反対の議決が通せないのなら、むりやり廃案にしてしまえばいいというのが野党の目論見で、会期末の本会議で使われる手法である。

　こうした採決に至る前の、審議の段階での時間稼ぎとなると、意見陳述の時間をできるだけ長くとる戦術が存在する。国会は議論の府であることを大義名分に、反対派が自分の主張を兼ねた演説を長々とおこなうのである。

　たとえば、本会議での審議の前に、各法案は該当する委員会で論議され、可決されたうえで本会議提出という手順を踏んでいる。その本会議では、法案の審議より人事が優先するという決まりがあるため、法案反対の野党は、まず担当した委員会の委員長の解任議案を提出する。

　本法案の前に、その解任議案の審議がはじまると、さらにその動議の理由を長時間演説するのである。法案の審議に入るのをできるだけ遅らせるのだ。もちろん法案審議になっても、その反対意見を長々と演説する。

　アメリカでは、**フィリバスター**と呼ばれるこの長時間演説がおなじみという。議事妨害の手法には違いないが、少数党にとっては唯一といっていい国会での戦法だ。語源はオランダ語で「略奪者」の意味を持ち、貴重な国会の時間を略奪したこれまでの**最長記録は、24時間18分**という。

　日本では、1929（昭和4）年に**小武富済**という**議員が、約5時間半**という記録を残している。近年では1999（平成11）年の通信傍受法の審議で、民主党議員が**委員長解任議案を発議して2時間55分**をかけたというのが長いものだった。

　ただ、いくら長時間演説と牛歩戦術をとられても、与党には**強行採決**という対抗手段が残されており、強引に可決に持ち込むことも多い。

コラム／牛歩戦術の最長時間

　牛歩戦術で立ち止まったり足踏みをしたりして時間を稼ぐが、あまりにも立ち止まっている時間が長いと投票の意志がないと見なされ、棄権として扱われる。そのため少しずつ前進していく。こうやって稼いだ時間で最たるものは、1992（平成4）年の第123回通常国会で、国連平和維持活動（ＰＫＯ）協力法案の審議に際し、委員長問責決議案の審議に13時間8分かけたのが最長だ。とはいえ、結局は可決されている。

子は親の背を見て育つ？
18人中9人
第3次小泉内閣の世襲議員数

KEY WORD

● 世襲政治家
● 三バン

父母や祖父が国会議員で、その選挙地盤を継承した**世襲議員**が、1976（昭和51）年の三木内閣から急増しはじめてきた。ここ10年来は、森喜朗、橋本龍太郎、小渕恵三、小泉純一郎と、**首相も世襲政治家**が続き、非世襲はむしろ少数派である。

第3次小泉内閣の閣僚も、小泉首相をはじめ、麻生太郎外務相、谷垣貞一財務相、小坂憲次文部科学相、中川昭一農林水産相、安部晋三官房長官など、**18人中、なんと半数の9人が世襲政治家**である。

最近では、2世議員どころか、小泉首相、安部官房長官のように3世、鳩山由紀夫氏、小坂憲次氏らのように、**4世議員**も増えている。

この急増の理由には、政治の世界で第一世代が引退期を迎え、世代交代が進んだこと、国会議員にとって重要な個人後援会が確立され、世襲議員は、その地盤を継承できることがあげられる。

そのほか、世襲有利の理由は、「**地盤、看板、カバン**」の「**三バン**」といわれるが、地盤を継承できることは大きい。さらに、若いうちから政治家になるチャンスに恵まれていること、さまざまな役職を経験できること、早い時期から政治家としての技量を身につけられることなどのメリットがある。

反対に、デメリットとしては、似たような環境で育った政治家が多くなる、国民の意識や現実に対する思慮に欠ける、スケールの大きい冒険心のある政治家が育たず、**小粒な政治家**が増えることなどがあげられ、有用な人材の登用をせばめ、政治の崩壊につながる恐れすらあると危惧されている。

日本の世襲議員の多さは世界でも突出している。イギリスも中世以来、世襲の貴族議員が多く、上院は751人と全体数1330人の半数を占めていたが、1999年にブレア首相が廃止に踏み切った。海外ではほかにフィリピンが目立つくらいで、日本の世襲議員の多さは、血統を重視する日本の政治の風潮を物語っている。

> **コラム／2005年9月の総選挙で当選した世襲議員の比率**
>
> 2005年9月に実施された総選挙では、世襲議員162名が立候補し、そのうち132名が当選した。これは、立候補者数の82％にあたる。また、当選者全体に占める世襲議員の割合は、28％にのぼった。

● 3・4世議員の家系別勤続年数ランキング ●

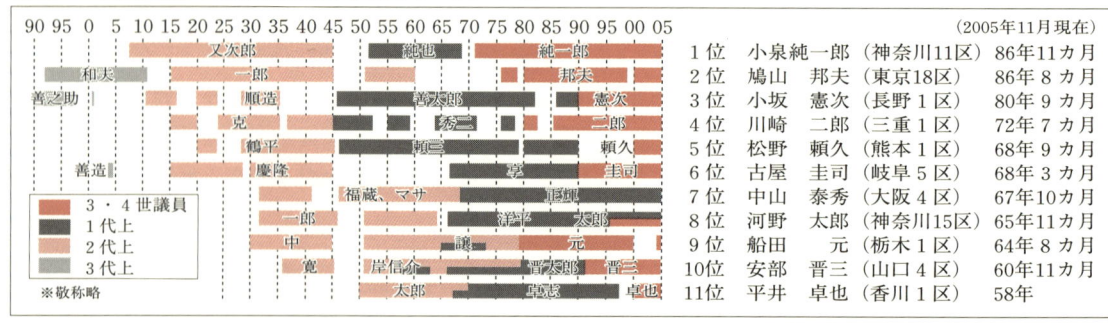

（『日本の論点2006』文藝春秋より作成）

まずは仲間集めから
最低でも賛同議員を10人
議員立法の提出条件

KEY WORD
- 議員立法
- 閣法
- 国会

日本国憲法により、**国で唯一の立法機関と定められているのが国会である**。通常国会は毎年1回、1月中に衆参両議院を召集し、150日間の会期のなかで活動している。そこでは提出された法案の審議がおこなわれ、その法案を成立させるか廃棄するかが決められる。こうして成立した法案が、日本の法律として人々の生活に影響を与えていくのだ。

国会に提出される法案を出すのは、おもに内閣と国会議員である。各省庁の官僚が立案し、**内閣を通じて出される法案のことを内閣提出法律案（閣法）**、**議員が提出する法案のことを議員提出法律案**（その議員が衆議院議員なら衆法、参議院議員なら参法）と呼んでいる。このうち議員提出法律案については、**議員立法**とも呼ばれている。

実際に出された法案が、どの程度成立するのかについてだが、実は成立する法案の大半が内閣により提出された法案だ。議員立法により提出される法案の数はかなり少なく、また提出しても成立にこぎつけるものは多くない。たとえば2001（平成13）年の通常国会で成立した法案の割合を見てみると、**閣法が92.9%**であるのに対し、**議員立法は20.9%**にすぎない。

しかも、重要な法案はほとんど内閣の提案によるもので、議員立法は補助的な位置にとどまっている。その理由は、議員が法案を提出するには、衆議院の場合だと20人以上の、参議院の場合だと10人以上の賛成議員が必要になるからだ。さらに、予算を必要とするような法案の場合だと、衆議院なら50人以上、参議院なら20人以上の賛同議員を集めなければならない。これほど多くの議員の賛同を集めるのは、なかなか難しいだろう。とくに重要な法案の場合だと、各議員の考え方以前に、所属政党の政策が大きくかかわってくるので、成立うんぬんよりも、**法案の提出すら難しい**と思われる。

コラム／アメリカの議員立法

日本同様に、国会における本会議の前に、専門の委員会で法案審議をおこなうシステムのアメリカでは、議員立法は1人だけでも可能だ。そのため年間に提出される法案は1万件を超えるといい、各委員会で活発な議論がおこなわれている。

しかし、環境問題や福祉問題など、議員個人の考え方に左右されがちなものに関しては、議員立法がおこなわれやすい。たとえば1997（平成11）年に提出された**臓器移植法案**は、与野党の議員が共同で提出した法案である。また、2005（平成17）年の通常国会においては、議員立法の成立確率が36.7%と、前年の18.1%と比べて急激に上昇している。これは、社会の発展が省庁だけでは扱えない問題を生んだからである。環境、情報、国際協力などは特定の官庁だけでは処理できず、多岐にわたる問題を抱えている場合、特定省庁の意向が反映される内閣提出では問題が解決されにくい。そんなとき議員立法の形で法案提出がなされることが多くなったためだと考えられている。

データを読む

●内閣提出法案と議員提出法案の成立率の推移●

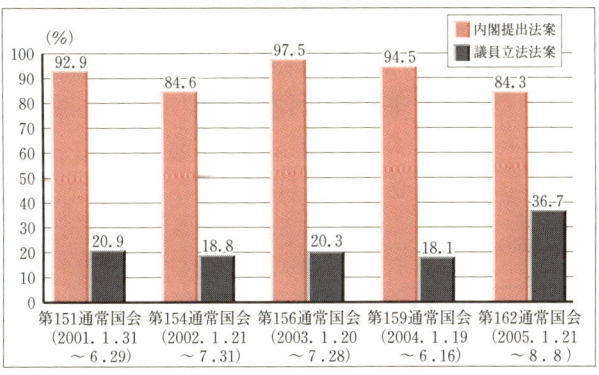

（『imidas2006』集英社より作成）

縮まぬ1票の格差

東京都民の5人分

鳥取県民1人あたりの1票の価値

KEY WORD

● 1票の格差
● 選挙区

コラム／1票の格差に関する各国の対応

アメリカでは、人口比で議員の配分を決めるのが原則。地域性など、ある程度の差は認められるが、それでも10％以内が限度。イギリス、ドイツ、フランス、イタリア、カナダにしても、1票の格差が認められる偏差は0.85～1.15の範囲内。つまり、最大でも1.35倍までである。

　憲法第14条に「すべての国民は法の下に平等」と謳われている。しかしながら、選挙に関しては、1人1票は同じでも、その価値は有権者の住んでいる場所によって差が生じている。2005（平成17）年の衆議院選挙では、もっとも有権者が多い東京6区ともっとも有権者が少ない徳島1区では、「**1票の格差**」が**2.18倍**になった。前回の選挙では、最大格差は2.15倍だったから、その差が開いたことになる。また、同様に参議院選挙区で調べてみたところ、もっとも有権者の多い東京都と最少の鳥取県では、**最大4.969倍**になり、2004（平成16）年度の調査に比べて0.055ポイント差が広がった。

　1票の重みに格差が生じるのは、選挙区の区割りにある。たとえば衆議院の小選挙区300の定数に関しては、**まず各都道府県に1議席**ずつを割りあて、残る253議席を人口に比例して配分する。この"人口に関係なく、まず「各県に1議席」を配分"をするために、有権者の多い選挙区では、人口に比べて輩出できる国会議員の数が少なくなる。逆に、有権者の少ない選挙区では、人口比よりも国会議員を多く輩出できる。

　2001（平成13）年の参議院選挙では、最大格差が5.06倍にも広がり、違憲ではないかとして訴えられた。最高裁判所の判決では合憲とされたが、6名の裁判官は「違憲である」とし、「違憲ではない」とした裁判官9名のうち4名が「今後もこのような格差が続くならば、違憲としての余地がある」と述べた。このことから、**最大格差5倍を大きく超えた場合、「違憲」との判断が出される可能性もあり**、早急な格差是正対策が望まれている。

　ただし、参議院に関しては、半数ずつの改選のため、「どんな県にでも**最低2議席の定数は欲しい**」という主張もあり、衆議院の小選挙区に比べて、格差是正は難航しそうである。

　与党は、2007年の参議院選挙から、有権者の多い選挙区を4定員増やし、有権者の少ない選挙区を4定員減らす「四増四減」案を2005（平成17）年12月に国会に提出した。

衆議院と参議院の1票の格差

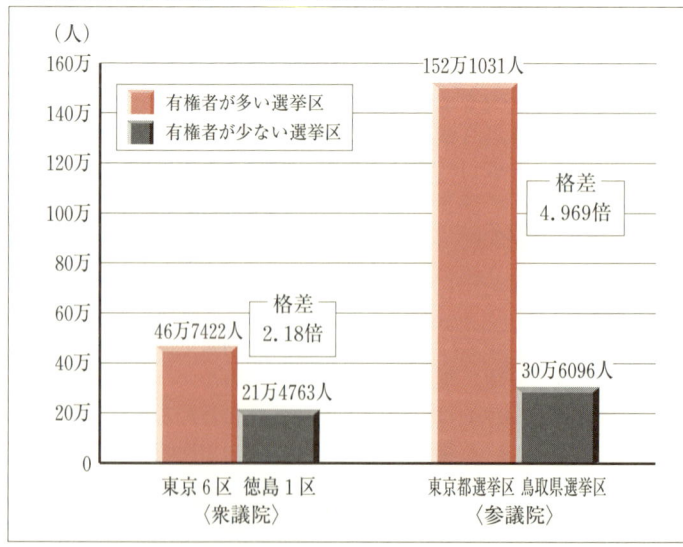

（「朝日新聞」2005年8月30日、「1票の格差を考える会」HPより作成）

国会議員としての名誉？
395人分
永年在職議員として国会に飾られている肖像画

●永年在職議員
●国会

　永年にわたり議員として、憲政のために力を尽くしてきた人は、「**永年在職議員**」として表彰される。この慣例は、帝国議会時代からのもので1935（昭和10）年に衆議院本会議で**尾崎行雄議員ほか5名が表彰**されたことに端を発する。当時の基準では、在職30年以上であったが、1941年からは**25年以上**に短縮された。戦後の国会でも、この慣習は引き継がれ、今でも表彰はおこなわれている。さらに、**在職50年以上**になると、あらためて特別表彰を受ける。この特別表彰を受けたのは、中曽根康弘元内閣総理大臣など**5名（2003年4月現在）**だけである。在職25年のお祝いとして、議員は**肖像画**を委員室に飾ることが許されるため、かつては肖像画を国会内に飾ることが国会議員のステータスとされてきた。肖像画の費用のうち100万円までは公費負担の特典や、特別交通費の支給もあった。在職50年以上の特別表彰では、**憲政功労年金の支給**という特典もついていた。

　バブル崩壊後は、国会内外で、公費負担で肖像画をつくることへの批判が相次いだ。また、活力のある国会にするために、若い議員に活躍の場を与える改革を断行しようとするときに、25年以上の在職を目指すベテラン議員が障害になったのも事実である。1997（平成9）年、当時厚生大臣だった**小泉純一郎首相がはじめて表彰を辞退し、肖像画もつくらなかった**。その後、2002（平成14）年3月には、**肖像画の公費負担が廃止**された。小泉首相のように、表彰を辞退する議員が増え、国会議員の間にも新しい価値観が根づく一方で、ベテラン議員の中には「ぜひとも肖像画を国会内に飾りたい」とする人も多く、結局、自費負担による肖像画なら飾ってもよいというルールが、2004（平成16）年に設けられることになった。もっとも、衆議院とともに、公費負担による肖像画の掲額を廃止した参議院では、こうした議論は起こっていない。永年在職議員の肖像画は、両院で395人（そのうち衆議院議員は290人）あり、第一委員室を除く委員室に飾られているが、すべてを飾ることはできないので、**古いものから順に憲政記念館に収蔵**されている。

　肖像画を飾ることができるのは永年在職議員だけではない。**議長**になれば、在職25年の記念とは別に議長サロンと第二、第三の委員室の壁に肖像画が飾られる。サイズは、議長サロンには30号の小型のもの、委員室には100号の大きなものとなっている。副議長になると、100号の大きな肖像画を第四、第五委員室の壁に飾られる。議長は、ベテラン議員から選ばれることが多いので、議長としての肖像画と永年在職議員の肖像画の2種類を飾られる人は多いが、副議長としての肖像画を合わせた3種類の肖像画を飾られているのは、戦後では2人しかいない。

コラム／国会議員最長在職記録

　国会議員最長在職記録保持者は尾崎行雄で、在職日数は2万1677日。1890（明治23）年から1953（昭和28）年まで、明治、大正、昭和の三世代、足かけ64年にもなる。尾崎行雄は「憲政の神様」と称され、本文の肖像画の掲額も、尾崎への議員有志からの贈呈がきっかけとなった。

1章　法律と政治の仕組み

投票率を押し上げる？
約896万人
期日前投票制度の利用者

KEY WORD

● 期日前投票制度

● 不在者投票

コラム／オーストラリアの義務投票制度

オーストラリアでは、原則として選挙の投票は義務とされている。そのため、オーストラリアでは1925年以降の連邦選挙において、投票率が90％を下回ったことがない。一方、日本においては50％台から60％台あたりを推移している（ただし、戦後まもない23回の総選挙までは平均70.5％）。

選挙の投票は、投票日に所定の場所へ行っておこなうのが一般的だが、選挙日前であっても投票できる制度が「**期日前投票制度**」である。期間は、選挙日の公示日または告示日の翌日から選挙日の前日までで、各市町村に設けられた期日前投票所でおこなう。投票日と同じように、直接自分で投票箱に入れることができる（ただし投票日に投票できないと見込まれるとする宣誓書の提出は必要）。同制度は、2003（平成15）年に成立した公職選挙法改正で導入された。導入されて２回目の全国規模の国政選挙となった2005（平成17）年の衆議院総選挙では、期日前投票者数は896万3000人となった。これは、全国の有権者の8.67％にあたり、**投票者総数の12.9％を占める**に至った。はじめて導入された2004（平成16）年の参議院議員選挙の717万1400人と比べても、180万人近く上回った。

期日前投票制度が導入される前にも、選挙当日、出張や仕事で投票できない人のために「**不在者投票**」という制度はあったが、こちらは、投票用紙は内封筒と外封筒で二重にし、外封筒に署名をしなければならないなど、事務手続きが複雑だった。それに比べて、**投票日と同じ方法で投票できるという手軽さ**が利用者増につながった。一方、選挙管理委員会側から見ても、「不在者投票」では、その投票を受理するか不受理にするかの判断（不在投票者はその場で選挙管理人に投票用紙を入れた封筒を手渡しした）や、厳重に封をされた投票用紙の開封作業など、雑多な事務処理が簡素化されたため負担が軽減された。期日前投票制度が導入される前の2003（平成15）年衆議院選挙の不在者投票数（洋上投票などを除く）608万3200人と比べると、2005年の衆議院選挙の896万3000人は、**47.34％の増加**になった。

このほか投票方法には、なるべく多くの人が参加できる工夫がされている。たとえば、身体障害者手帳か戦傷病者手帳を持っていれば**郵便による投票**が、指定船舶の船員なら、**ファクシミリを使った不在者投票が可能**である。

データを読む

● 期日前投票制度導入後の利用者数と投票率の推移 ●

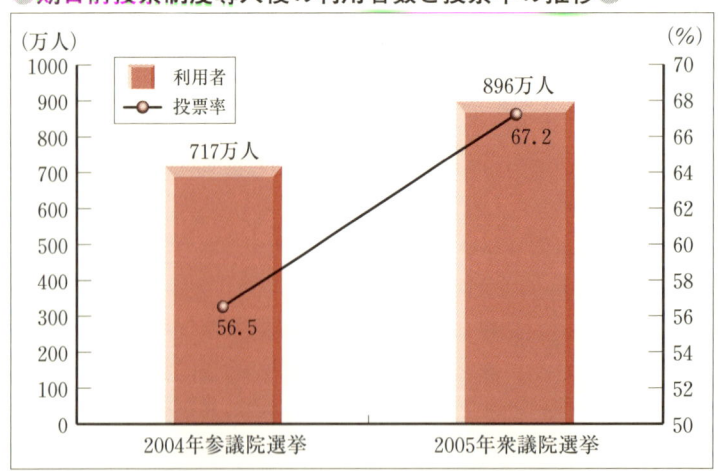

（総務省ＨＰの資料より作成）

刑務所がパンク状態！
17％オーバー

刑務所の定員数における収容者の割合

KEY WORD
- 刑務所
- 収容率

　日本の**刑務所**は、1999（平成11）年までは、収容率が100％以下であった。しかし、2000（平成12）年にはじめて100％を超え、2003（平成15）年には**116.6％**にまで**超過**した。背景には、犯罪情勢が悪化したことのほか、公判請求相当または実刑相当と見られるような事案が増加していることがあげられる。凶悪事件の増加により、実刑刑期が長くなり、1人の収容者が長く刑務所に留まることも、刑務所の空きがないことの一因である。さらに、出所しても不景気で職がないために、**軽犯罪を犯しては繰り返し収監される高齢犯罪者**もいる。

　刑務所では、6名定員の部屋に2段ベッドを設置し7、8名で使ったり、独居房に2名を収監したり、倉庫・教室・集会室など、本来は雑居房ではない場所を改装して収監したりといった工夫をして対応しているのが現状だ。

　過剰収容は、受刑者の居住環境を著しく悪化させ、ストレスの原因になることや、管理運営面から見てもスムーズな管理ができないなどの弊害がある。また、刑務所は**罪を償うところ**であると同時に**矯正施設の役割**を持つが、過剰収容のため、**適切な矯正教育ができない**といった支障も出ている。受刑者の動作時間の運用の柔軟化など、ソフト面でのストレス軽減策を講じているが、抜本的な改善が必要である。

　政府は2005（平成17）年12月に、過剰収容状態が続く刑務所の定員を約1500人増員し、約6万8000人にすることを決め、2006年度予算の財務省原案と補正予算案に412億円を盛り込んだ。これにより収容率は116.6％から107％に減少する見込みで、かなりの改善が見られると期待されている。

　そのほか、受刑者の環境悪化の原因に、不況により企業からの仕事依頼が減ったことをあげる関係者もいる。受刑者にとっては、単純作業の仕事であっても、仕事をすることへの意義は大きいという。しかし、人件費が安い海外の工場へ発注する企業が多くなってしまい、協力企業が大幅に減っているのが現状である。

コラム／外国人受刑者の増加

　グローバル化にともない、外国人の受刑者が急増した。たとえば府中刑務所では、受刑者約2900人のうち約500人が外国人である。言葉、食べ物、生活習慣が違うための苦労も多く、府中刑務所では使用言語が32か国語にもおよび、通訳の調達だけでも大変な作業になっている。

データを読む

●行刑施設の収容動向●（年末収容定員及び年末収容人員）

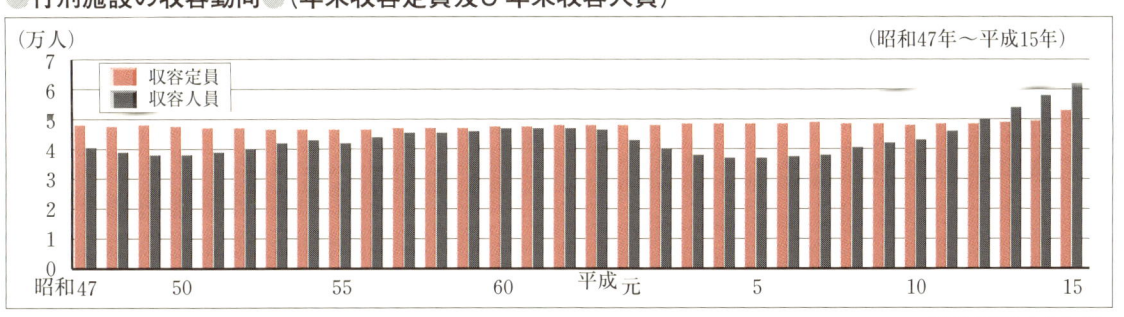

（昭和47年〜平成15年）

凡例：収容定員／収容人員

（法務省HPより作成）

1章　法律と政治の仕組み

効果は未知数……
約12兆3000億円
首都機能を移転した場合にかかる経費

KEY WORD
- 首都機能移転
- 東京一極集中

コラム／世界の首都移転
世界の国々のなかには、国の発展のためという名目で首都移転した例がいくつかある。19世紀のアメリカがフィラデルフィアからワシントンD.C.に移したのがその代表だ。20世紀もオーストラリアやブラジルがそれぞれメルボルンからキャンベラへ、リオデジャネイロからブラジリアへ首都を移転させている。

データを読む

●首都機能移転の費用内訳（国会等移転審議会試算）

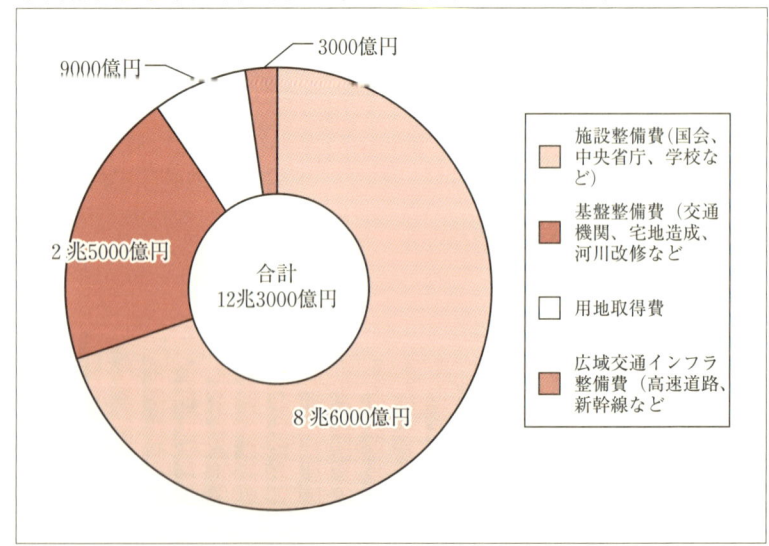

- 施設整備費（国会、中央省庁、学校など）：8兆6000億円
- 基盤整備費（交通機関、宅地造成、河川改修など）：2兆5000億円
- 用地取得費：9000億円
- 広域交通インフラ整備費（高速道路、新幹線など）：3000億円
- 合計：12兆3000億円

（国会等移転審議会の資料より作成）

　日本の首都を、東京からほかの土地へ移そうという議論がおこなわれるようになってからずいぶんたった。具体的な候補地もあげられており、三重・畿央、栃木・福島、岐阜・愛知という3地域に絞り込まれている。

　そもそも**首都移転論**が出てきたのは、**東京一極集中による偏りの是正**だった。日本では東京都千代田区霞ヶ関を中心に、国会関連から行政府、官公庁の偏在がきわだっている。また、**その過密ぶりから、災害時などは機能がスムーズに働かないという弊害**がいわれることもあった。そこで、衆参両議院の立法府と、それらにかかわる事務局などの移転が、最初に具体的な移転対象となっている。

　1992（平成2）年度には国会開設100年を期して「国会等の移転に関する決議」もおこなわれるまでに至った。

　しかし、具体化までの歩みは遅い。議員立法として「移転法」も成立しているが、「国会等移転調査会」、「国会等移転審議会」を経て、衆参両院に「国会等の移転に関する特別委員会」が誕生し、ようやく本会議で中間報告がおこなわれた段階である。

　首都移転が論じられるなか、政治改革路線が定まり、地方への権限委譲も含めて新しい首都機能の形までを論じることになったのだから、時間がかかって当然だ。そのうえ、国会等移転審議会の試算によると、**移転にかかる費用の総額は最大で12兆3000億円**にのぼる。国会議事堂や議員会館等、移転先に新たに建設しなければならない施設整備費などに8兆6000億円、新首都の都市基盤の整備費に2兆5000億円、用地取得費に9000億円、交通等のインフラ整備費に3000億円が必要とのことだ。

　一方、**東京都の試算では、総額20兆1000億円**にのぼるとされており、いずれにせよ莫大な支出となるのは避けられない。

夢を売りつつもしっかり財源確保

4252億円

宝くじに占める地方財源の割合

KEY WORD
- 宝くじ
- 地方自治体

コラム／時効当せん金は247億円

宝くじの当せん金の時効は、支払い開始日から1年である。2003年度中の時効当せん金は247億円にもなり、2002年度販売総額の1兆924億円の約2.3％にも相当する。時効当せん金の内訳を見ると、約77％がもっとも下の賞金を含む中間賞金だが、1000万円以上のものもなんと93本もあった。

データを読む

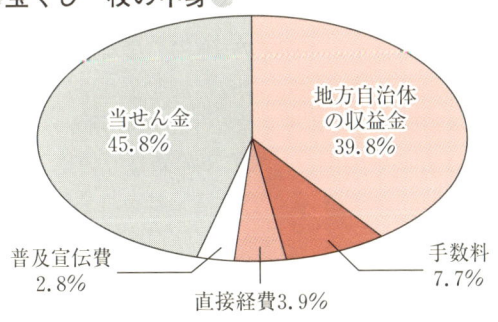

●宝くじ一枚の中身●

- 当せん金 45.8%
- 地方自治体の収益金 39.8%
- 普及宣伝費 2.8%
- 直接経費 3.9%
- 手数料 7.7%

当せん金	当せん金として当せん者に支払われる
普及宣伝費	日本宝くじ協会などを通じた公益事業に対する助成等による宝くじの普及宣伝のために使われる
直接経費	宝くじ券印刷費、宣伝費、抽せん会費などの経費として使われる
手数料	売りさばき手数料、当せん金支払い手数料にあてられる
地方自治体の収益金	収益金として地方自治体に納められ、公共事業などに使われる

　宝くじの販売元は、全国都道府県と13指定都市、つまり**地方自治体**である。これは、1948（昭和23）年に施行された「当せん金付証票法」に定められている。

　地方自治体は総務大臣の許可を得て宝くじを販売し、販売に関する事務は銀行などに委託している。宝くじは、地方自治体の財源確保の一手段でもあり、販売総額のうち、賞金と経費などを除いた**約4割が地方自治体へ納められ、公共事業などに使われている**。

　たとえば、宝くじを3000円分買った場合、そのうちの39.8％は地方自治体へ入るから1194円は地方財源となる。当せん者への当せん金が占める割合は45.8％だから、1380円が当せん者の元へ行く。そのほか、印刷経費などの直接経費（3.9％）・普及宣伝費（2.8％）・銀行など委託機関への手数料（7.7％）が426円かかる計算になる。

　2003（平成15）年度の宝くじの発売実績額は1兆695億円で、**収益金は4252億円**。収益金の使途は、発売元によって違うが、教育設備、道路、橋梁、公営住宅、社会福祉施設等の建設改修費等がおもなものである。

　1945（昭和20）年に最初の宝くじが発売されて以来、1等賞金は大型化の一途をたどり、1978（昭和43）年1000万円だった1等賞金の上限は、1999（平成11）年には2億円に増え、翌年には法定当せん金が4億円の「ロト6」が発売されている。それとともに総売り上げは右肩上がりに伸び、**1998（平成10）年に比べると2003年は2600億円（32％）も増加**している。

　2004（平成16）年度に日本宝くじ協会が世論調査をおこなったところ、宝くじを過去に一度でも購入したことがある人は68.4％で推定約7150万人。また、最近1年間に月1回以上購入した人は11.0％で、推定約1150万人。いずれも過去最高となった。宝くじ購入経験者の性別の比較では、**男性が73.7％、女性が63.4％**で、男性のほうが多い。しかし、前回よりも女性の率が4.8％増加していることから、男女の開きは小さくなってきている。年齢別では、30代、40代、50代がいずれも70％台だった。

2章　お金の行方

日本は実は大赤字
1人あたり607万円

新規国債発行が膨らみ続ける日本の長期債務残高

KEY WORD
- 国債
- GDP

　日本の財政は借金に借金を重ね自転車操業どころか、火の車の状況に陥っている。2006（平成18）年度予算の財務省原案によると、**国と地方の長期債務残高の合計は、06年度末で775兆円**。前年度に比べ5兆円増え、日本の財政赤字は過去最大を更新している。**国民1人あたりに換算すると607万円の赤字**である。国債の利払い費は8兆6000億円。1日あたり237億円、1時間に10億円もの利息を払っている換算だ。

　2006年度予算では、小泉首相が財政再建の目標として掲げた「**国債30兆円枠**」を達成し、新規国債発行は29兆9730億円となった。しかし、緊縮財政を掲げながら、毎年新たに借金をしていることには変わりない。

　財政が急速に悪化し始めたのは、バブルが崩壊した1992（平成4）年からだ。景気が落ち込み税収が減ったことに加え、景気回復を促すための公共投資を柱とする総合経済対策が打ち出された。とくに、1999、2000年の小渕内閣では、約70兆円にものぼる大量の新規国債が発行された。国債は60年で償還するが、実際に一般市場での国債は60年の長期では資金調達ができず、5年や10年満期の国債として調達する。そのため、過去の国債の利払いや元本支払いのために借り換えなくてはならず、残高は膨らみ続けている。

　国内総生産（GDP）に対する長期債務残高の比率は、2006年度末で150.8％。EU加盟国で70％前後、アメリカで65％だから、先進国中で飛び抜けて財務状態が悪いのが日本である。全世界の開発途上国の累積債務の総額が約316兆円（2003年末現在）なのに対し日本は**1国で775兆円の借金**を抱えており、その赤字の大きさはほかに類をみない。本来なら、長期金利が上昇する要因であるが、「**経済大国の日本が破綻するはずがない**」との信用から、1.5～1.6％で推移している。もっとも、いつ上昇しても不思議はない。1％上昇するだけで、利払いが1兆5000億円増加するといわれており、早急な借金依存体質の打破が求められている。

コラム／日本の格付け

　1998（平成10）年中頃までは、世界の格付け機関による日本への評価は最上級であった。しかし、財政赤字の膨らみと共に評価は下がり始め、2002（平成14）年5月には、アメリカのムーディーズによって2段階も引き下げられ、先進国では最低となった。今後も赤字が拡大すれば、さらなる引き下げの可能性もある。

データを読む

●増加する国及び地方の長期債務残高●

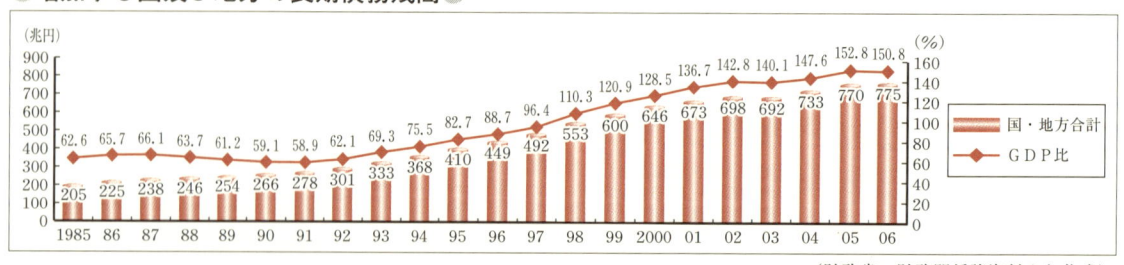

年度	国・地方合計（兆円）	GDP比（％）
1985	205	62.6
86	225	65.7
87	238	66.1
88	246	63.7
89	254	61.2
90	266	59.1
91	278	58.9
92	301	62.1
93	333	69.3
94	368	75.5
95	410	82.7
96	449	88.7
97	492	96.4
98	553	110.3
99	600	120.9
2000	646	128.5
01	673	136.7
02	698	142.8
03	692	140.1
04	733	147.6
05	770	152.8
06	775	150.8

（財務省・財務関係諸資料より作成）

どこに消えた？
1年で2億枚減
減少傾向にある二千円札の発行枚数

KEY WORD
- 二千円札
- 発行枚数

コラム／首里城
那覇市にある琉球王国の城で、14世紀末に創建された。グスクと呼ばれる沖縄の城独特の建築様式で、沖縄の歴史、文化を象徴する代表的な城。1945年の米軍の攻撃で全焼し、現在の首里城は復元されたもの。2000年、世界遺産に登録された。

　二千円札は、沖縄サミット開催を記念して2000（平成12）年7月1日に発行された。表には沖縄を代表する首里城の守礼門、裏には源氏物語の絵巻物の図柄が描かれ、一時は話題になったがその後は**発行枚数**は減少。日銀金融経済統計によると、2004（平成16）年9月のピーク時には、発行数は5億1000万枚を超えたが、以後減少を続け、2005（平成17）年9月で3億1000万枚と、**1年で2億枚も減少**した。

　発行当時の2000年7月から1年近くは、二千円札の発行数は横ばいであったが、2001（平成13）年後半から急増し、2003（平成15）年には五千円札の発行枚数を上回った。さらに増加が続き、2004年9月には、最高の5億1000万枚を突破した。しかし、2004年12月からはその人気も消え、発行数は急落を続けている。

　国民の間でも、二千円札の流通、存在感は薄いという声が多い。その理由として、**2004年11月に一万円札、五千円札、千円札の3種の新紙幣が刷新**されたため、これらの新札に一般の人気が集中したことと、日銀も二千円札より、新札発行に力を入れざるをえなかったことがあげられる。

　さらに、市場に二千円札の流通量が少ないので、消費者も使わない。使わないから流通しない。流通しないから企業も機械を対応させない。機械で使えないから不便なので消費者は使わない、という悪循環に陥っている。また、二千円という数字が、使用するのに中途半端で不便だという消費者の先入観も大きい。このように日本では、2という数字が不便という声が多いが、海外ではアメリカの20ドル札（シェア24.5％）、イギリスの20ポンド札（同36.1％）など、「2のつくお金」は生活に欠かせないものだ。

　日銀では、二千円札なら、**支払いのときに紙幣の枚数を少なくできるという利便性**があること、それまでにない偽造防止技術が使われていること、**首里城と源氏物語絵巻の斬新なデザインであること**などをあげて、今後も二千円札流通に向け力を入れ取り組んでいく方針だ。

データを読む

●五千円札と二千円札の流通量●

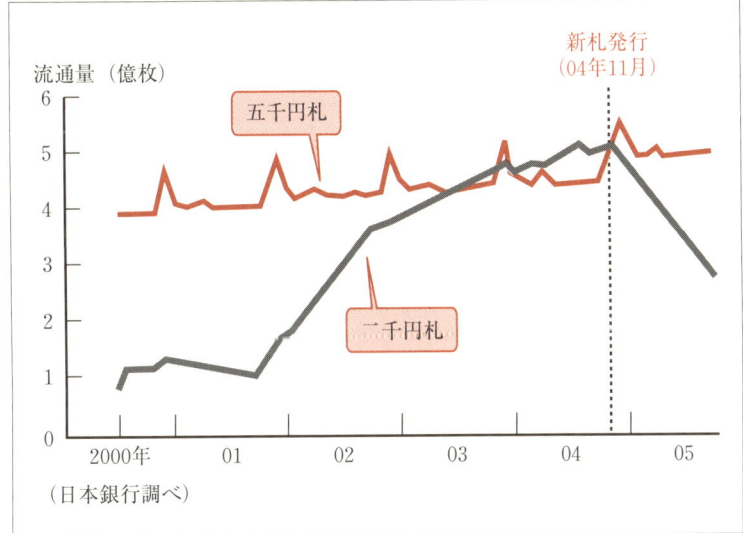

（「朝日新聞」2005年12月11日より作成）

2章　お金の行方　39

豪華すぎる旅費
1人あたり約250万円
国会議員の海外視察、ケタ外れの税金使い

KEY WORD
- 海外視察
- 国会議員

コラム／地方議員の海外視察の実態

秋田県では、2000（平成12）〜2004（平成16）年の5年間で、県議による海外調査費として4356万円を支出した。この調査には延べ45人が参加しており、1人あたりの費用は97万円にのぼる。東京都では、都議が海外視察をおこなう場合には5万3900円の支度金や1日1万円程度の費用弁償が、報酬とは別に支給されている。

データを読む

●国会議員の海外視察費の推移●

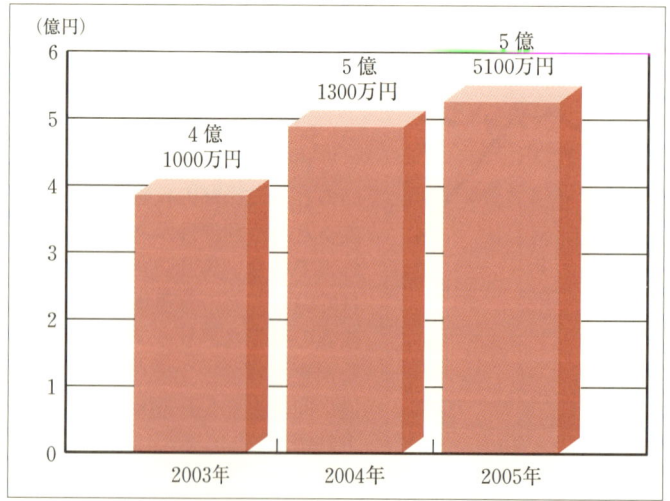

- 2003年：4億1000万円
- 2004年：5億1300万円
- 2005年：5億5100万円

（「産経新聞」、『税金ムダ喰いのカラクリ』樺嶋秀吉　光文社の資料より作成）

　産経新聞の調べによると、衆議院・参議院議員で、2005（平成17）年度に**海外視察**を実施、または予定の人は225人にのぼった。ただし、これはあくまで一般議員の数字で、大臣や副大臣として入閣している議員は含まれていない。これらの視察にかかる予算は、**総額約5億5100万円で、議員1人あたりに換算すると、約250万円**の税金が使われたことになる。

　海外視察予算は**前年度比で3800万円も増額**しており、その内訳は、衆議院予算が約3億5500万円で前年度比約2700万円増、参議院予算が約1億9600万円で前年度比約1100万円増となった。予算削減を目指すなかにあって、海外視察費の増加が認められた理由として、参議院の場合、ODA（政府開発援助）調査団の費用に重点を置いたためだという。また、全体としては、原油価格の高騰による旅費等の値上げを考慮したためとなっている。

　しかし、国会議員の海外視察には、国会職員が随行し、報告書などの作成は国会職員がする場合が少なくない。また現地では、日本の在外公館のスタッフが通訳や案内を務めることが多く、**1人250万円もの経費**がはたして必要なのか、疑問視する声もある。

　さらに、参議院の倍近くの経費を支出している衆議院の議員による海外視察経費は非公開で、日程や報告書が議事録に記載されることもなく、報告書を議長に提出するだけでいいことになっている。この点、参議院においては、議員運営委員会の議事録に記載されているものの、こうした実態を把握している国民は少ない。

　なかには、外交上、秘密裏に外国の要人との接触を図っているということも考えられるが、一般には莫大な経費を使って、どれだけの効果が上がったのかといった**費用対効果がわかりにくく不透明な点**があることは否めない。

居眠りしていたら怒ります
日給約10万円
年間実働日数211日の国会議員の日給

KEY WORD
- 国会議員
- 通常国会
- 臨時国会

コラム／国会以外の議員の仕事

議員の本職は国会活動であるが、そのほか、党本部の勉強会を兼ねた朝食会に参加したり、官や経済界での人脈づくりのためのパーティ出席など、その活動は幅広い。また、地元の人の陳情の処理や、週末は地元の選挙区に帰っての選挙区まわりなど、次の選挙へ向けての活動にも余念がない。

　国会議員の仕事場である国会には、4つの種類があり、各年度によって国会が開かれる会期も変わってくる。毎年1月に召集されるのが**通常国会**で、会期は150日である。つまり、これが最低の国会の日数ということになる。そのほか、内閣や各議院のいずれかの**総議員の4分の1以上の要求により開かれる臨時国会**、総選挙後に開かれる**特別国会**、衆議院議員選挙期間中の緊急時に開かれる参議院の**緊急集会**がある。通常国会以外は、会期もそのときに応じて決まる。また、通常国会や臨時国会では延長という措置がとられることもある。

　こうした事情のため、国会の会期は、各年度によって違う。たとえば、2004（平成16）年度の国会会期は、通常国会が延長なしの150日、臨時国会が延長1回の61日で計211日であった。「国会議員法」では、国会議員の歳費（給与）は、約2359万円。これを、国会会期の211日で割ってみると、**1日あたり約10万円**となった。ただし、これは国会に皆勤賞の議員の場合である。国会には必ず出席しなければならないというわけではないので、都合により欠席する議員も多い。また、通常国会の会期は150日とあるが、会期中は毎日国会が開かれているわけではない。**国会は完全週休2日制で、祝祭日は必ず休み**になる。単純計算で150日間を5か月として、そのうち土日が1か月のうち8日間とすると、5か月では計40日は少なくとも休日となっている。となると、**国会議員の日給は10万円よりもはるかに高くなる**。そのうえ、**JRのグリーン車は乗り放題**、国会議事堂近くという**好立地の議員宿舎に格安で入居**できるなどの手厚い待遇もある。

　もっとも、財政赤字を反映して、2006（平成18）年度からは**国会議員の歳費を1.7％削減する法案**が可決した。しかしながら、2002（平成14）年度〜2004（平成16）年度まで続いた「1割削減」と比べると、その削減率はかなり低いものといえる。

データを読む
● 国会議員歳費の内訳（2004年度）●

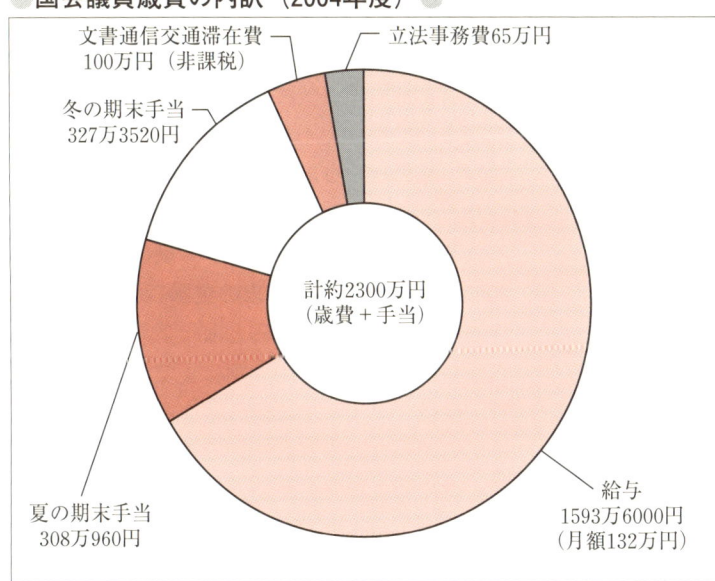

- 文書通信交通滞在費 100万円（非課税）
- 立法事務費 65万円
- 冬の期末手当 327万3520円
- 夏の期末手当 308万960円
- 給与 1593万6000円（月額132万円）
- 計約2300万円（歳費＋手当）

2章　お金の行方

日本経済を苦しめた元凶！

ピーク時の4割

3年で25兆2800億円減少した不良債権残高

KEY WORD

- 不良債権
- バブル

コラム／バブルの語源

バブル経済、バブルの崩壊という日本経済を表現する言葉は、泡のようにふくらんでパチンとはじけて跡形もないという状況を言い当てている。しかしこの言葉には前例があり、17世紀オランダで、チューリップ球根の価格が高騰・暴落した経済事象について使われたのが最初だった。

データを読む

●7大金融グループの不良債権残高と不良債権比率の推移●

不良債権比率 (%)

年月	不良債権残高（兆円）	不良債権比率(%)
2002年3月末	27.19	8.45
03年3月末	20.84	7.24
04年3月末	14.01	5.18
05年3月末	7.69	2.95

（「読売新聞」2005年5月26日より作成）

　近年まで長引いた不況の元凶といわれていたのが**不良債権**である。不良債権とは、銀行がお金を貸した会社（債務者）の経営が悪化し、約束どおりに返済してもらえなくなったことをいう。銀行は企業や個人に貸し付け、その返済の際の利子で利益を得ている。しかし、お金を貸した会社が倒産すれば、当然、返してもらえない不良債権が膨らむ。

　1990年ごろの**バブル**といわれた時代に、銀行は大量のお金を企業に貸し付けた。値上がりを続ける土地を担保にすれば、いくらでも貸し付けできたのだ。ところが、株価の暴落によるバブル崩壊で不況に襲われ、企業の返済が滞り焦げ付いたままになってしまった。株価暴落にともない地価も下落、貸付金額の半額にも満たない担保であることが明白であっても、銀行自身のメンツのために不良債権を隠し続けた。

　貸し渋り・貸しはがしといわれる中小企業に不利な方法で経営の軽量化を図ったのも、いつか景気回復とともに、焦げ付いた債権の回収が可能になり、経営も好転するという期待があったためだった。

　しかし結果的には、銀行は自分の首を絞める結果になった。1997（平成9）年に破綻した「たくぎん」のように、**増え続ける不良債権により経営が悪化する銀行**が増えたのである。そこに救いの手を伸べたのが政府の**公的資金導入**であった。銀行の破綻は住民にパニックを招き、それでなくても疲弊している日本経済は混乱を極めることになる。それが公的資金投資の理由だった。

　政府主導の不良債権処理がおこなわれることで明らかになった不良債権の総額は、**2002（平成14）年のピーク時には43兆2070億円**に達していた。金融再編などの処理策も功を奏したのか、不良債権は着実に減り続け、金融庁が発表した**2005（平成17）年3月末の全国126行の不良債権残高は、17兆9270億円**と前年より8兆6670億円減り、**ピーク時の約4割**にまで減少。主要銀行・金融7グループに限れば7兆6900億円と、前年同期からは半減した。

　金融庁の目標としていた減額に成功して光明が見えたということは、景気が回復傾向にあるという観測も、間違いないものであるようだ。

一度は訪れてみたい場所？
丸ビル建設費用の約2.4倍
国会議事堂の建設費用

KEY WORD
- 国会議事堂
- 赤じゅうたん

　一般人でも無料で見学できることから、東京の観光名所のひとつにもなっている永田町の**国会議事堂**。建築デザインは一般公募によって選ばれた宮内省技手の渡辺福三氏の手による。1920（大正9）年に着工し、17年もの歳月をかけて1936（昭和11）年に完成したが、その費用は**当時で2580万円、現在の価値に換算すると約1500億円**にもなった。これは、話題になった丸ビルの建設費用の約2.4倍にもあたる。

　なぜ、これほどの費用がかかってしまったのだろうか。国会議事堂は敷地面積10万3001㎡、建物面積1万3358㎡（延べ5万3466㎡）といった広大なものだが、莫大な費用の原因になったのは**「国産」へのこだわり**だった。鉄骨、木材、大理石など、建築資材は、日本各地から集められた。もちろん最高級の品質のものばかりである。その量は膨大で、外壁に使われた石材だけでも、積み上げてみると、富士山の30倍の高さになるほどだった。また、建築に携わる職人も国内から熟練者が集められ、大理石ひとつを磨くのも、専門の職人が担当した。本会議場に施された木彫りのみごとな出来映えからも、当時の職人の技がうかがえる。**工事に携わった人は述べ254万人**にものぼった。

　さらに、議事堂の「**赤じゅうたん**」においては、わざわざ専用の織り機まで製造した。当時、高級じゅうたんといえば、輸入するのがあたり前だった。そんな時代に、正面玄関から天皇の御休所まで続く一枚織りのじゅうたんの注文を受けた三越百貨店では、まず、前代未聞のじゅうたんを織ることのできる織り機の製造からはじめなければならなかったのだ。

　ちなみに、国会議事堂の見学をするなら、ぜひじっくり見たいのが**御休所**。**建築費の10分の1を注ぎ込んだ**といわれる贅沢な部屋である。

コラム／各地から集められた豪華な建築材料

　国会議事堂の建設には、国内各地から最高級品の資材が集められた。とはいうものの、台湾、樺太、韓国、中国からも調達した。「国産」にこだわった日本政府らしくないが、じつは当時は、これらの地域は日本の領土とされていたため、りっぱな「国内産」だったのだ。

データを読む

● 国会議事堂と主なビルの規模 ●

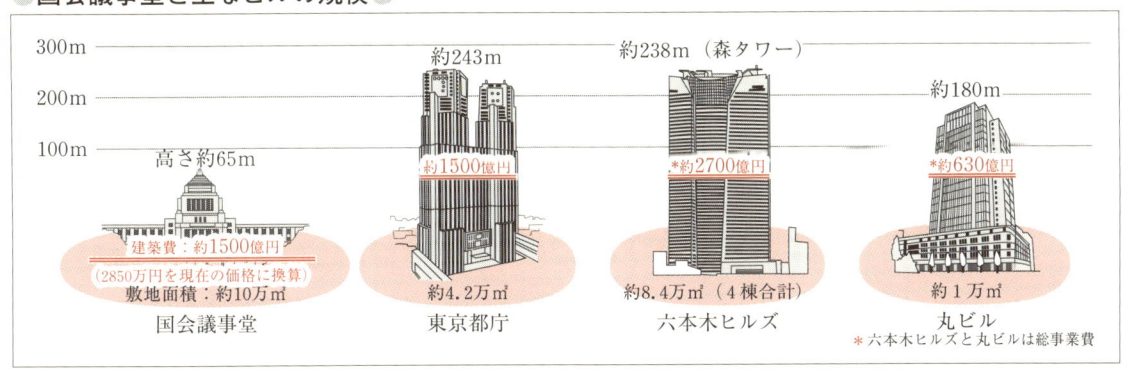

- 国会議事堂：高さ約65m／建築費 約1500億円（2850万円を現在の価格に換算）／敷地面積：約10万㎡
- 東京都庁：約243m／約1500億円／約4.2万㎡
- 六本木ヒルズ：約238m（森タワー）／＊約2700億円／約8.4万㎡（4棟合計）
- 丸ビル：約180m／＊約630億円／約1万㎡

＊六本木ヒルズと丸ビルは総事業費

（『国会へ行こう！』かんき出版、東京都庁HP、六本木ヒルズHP、丸ビルHPより作成）

老後のことまで考えられない？
未納者3人に1人
低迷を続ける国民年金保険料の納付率

KEY WORD
- 国民年金
- 未納

コラム／うっかり未納に注意

国民年金未納者の中で意外に多いのが、保険料納付の手続きを知らなかった「うっかり未納者」である。会社員の場合、退職や転職にともない、厚生年金から国民年金へ移るが、この手続きは自分でおこなわなければならない。それを怠った（知らなかった）ために、未納になる人である。

現在の年金制度は、3つに分けられている。まず、民間の会社に勤めている人が入る**厚生年金**と、役所に勤めている公務員が入る**共済年金**。そして、20歳以上60歳未満のすべての国民が対象で、主に自営業者の人が加入する**国民年金**がある。

よく知られているように、現在、国民年金の納付率は年々下がっている。**2004（平成16）年度の納付率は63.6％**。つまり**約3人に1人は未納**である。

未納率が上がる背景には、まず保険料の負担の大きさがあげられる。国民年金は、所得に関係なく一律に定められているため、**低所得者ほど負担が大きい**。しかも、**2017年度の1万6900円**に至るまで、段階的に引き上げられることが決まっている。未納の理由として、65％もの未納者が、「保険料が高い」をあげていることからもわかる。

また、国民年金制度そのものの問題点も指摘されている。国民年金制度とは、自分の老後のためにコツコツと保険料を払い、ためるというものではない。いま保険料として納めたお金は、そのまま現在の有受給資格者の国民年金として使われる。つまり、**働いている人が、退職した高齢者層の生活費を出している構造**なのだ。

そのため、少子化やフリーター増加によって未納者が増えてくると、年金制度そのものが維持できないのではないかといった**不信感**が根強い。少子高齢化の加速による年金財源不足などから、保険料として払った分のお金が本当に年金として返ってくるのかを心配する人が多いのだ。

保険料未納者の中には、公的年金よりも、民間の生命保険や個人年金に加入して、老後の生活の準備は自分自身でする人も多い。そのほか、国会議員の年金未納問題や年金保険金の無駄遣いの発覚など、さらに不信感をあおるような出来事も、未納率の上昇に拍車をかけているといえる。

データを読む

●国民年金保険料の納付率●

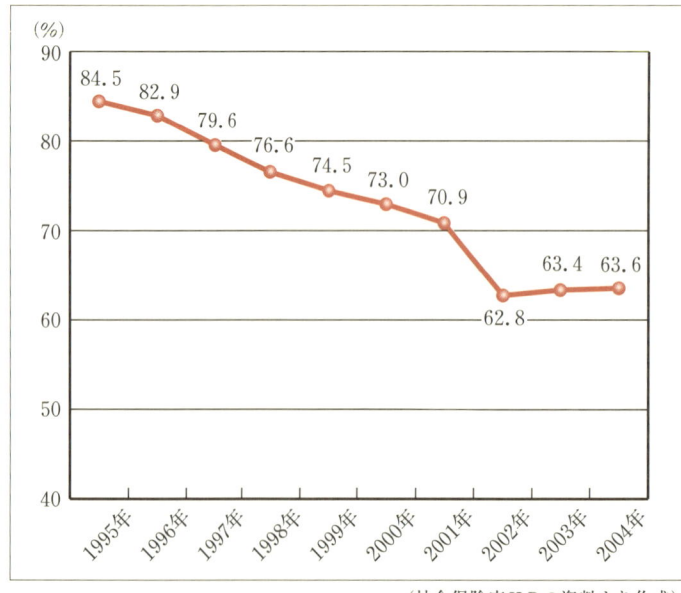

年	納付率(%)
1995年	84.5
1996年	82.9
1997年	79.6
1998年	76.6
1999年	74.5
2000年	73.0
2001年	70.9
2002年	62.8
2003年	63.4
2004年	63.6

（社会保険庁HPの資料より作成）

地域ごとにこんなに違う
1.5倍

医療の地方分権によって生じている医療費の最大格差

KEY WORD
- 老人医療費
- 地域格差
- 医療の地方分権

コラム／老人医療費とは？

75歳以上、または障害認定を受けた65歳以上の人にかかる医療費。現行の老人保険制度では、受給対象者が10％、国・都道府県・市町村が30％、健康保険組合・国民健康保険などの医療保険が70％の割合で負担する。今後の超高齢化社会での老人医療費の増加は必至であるため、1人あたりの医療費をどう抑えるかが課題となっている。

　高齢化が進むなか、**老人医療費**は依然として増加傾向にあるが、その医療費を地域ごとにみてみると大きな格差があることがわかる。国民健康保険中央会によると、都道府県別2004（平成16）年度の1人あたりの老人医療費は、最高額が福岡県の年間96万813円、最低額が長野県の63万6801円で、**その差は約32万円、医療費の格差は1.5倍**にもなる。

　厚生労働省の「04年医療施設（動態）調査・病院報告の概況」によると、老人医療費の高い、福岡、北海道、高知、長崎、広島5県の、人口あたりの病床数、平均入院日数の平均値は、全国平均を大幅に上回る。さらに、2000年の国勢調査によると、高齢者の単独世帯率でも全国平均を上回っている。

　これとは対照的に、老人医療費の低い長野、新潟、山形、静岡、千葉は、これらすべての項目で全国平均数値を下回っている。過剰な病床数は、必ずしも必要ではない入院や入院日数を増やす一方で、1人暮らしの高齢者は、介護にあたる家族や入居できる介護施設がないなどの理由で病院に頼る傾向があり、結果として医療費の高額化という現状を生み出しているのである。

　2006（平成18）年2月に国会に提出された医療制度改革関連法案は、老人医療費の**地域格差**を生み出す要因に着目し、構造を是正する役割と責任を各都道府県に与えた。この改革が**「医療の地方分権」**と呼ばれる所以である。

　各都道府県は、病気別の入院日数の短縮、長期入院病床の有料老人ホームへの転換など、具体的な目標数値を盛り込んだ5年間の**「医療費適正化計画」**を作成しなければならない。しかし都道府県は、最大の問題点である過剰な病床数を減らす権限を持たず、代わりに診療報酬を設定できる権限を与えられた。治療費基本料の引き下げで医療費の抑制もできるのだが、**診療報酬の設定は専門的な知識や医師会・市町村との調節などが必要**となる。国でさえおこなうのが難しいのが実情なのに地方にできるはずがないなどと、現場からは不満の声も上がっている。

データを読む

● 1人あたりの老人医療費

●高い県

1位	福岡県	96万 813円
2位	北海道	94万9458円
3位	高知県	90万3207円
4位	長崎県	90万 611円
5位	広島県	90万 176円

●低い県

1位	長野県	63万6801円
2位	新潟県	65万9005円
3位	山形県	66万7687円
4位	静岡県	67万 632円
5位	千葉県	67万7333円

（04年度国保中央会のデータより作成）

カジノ特区は実現するか？
740億円
東京都にカジノを設置した場合の経済効果

KEY WORD

● カジノ構想
● 経済効果

　カジノは、刑法第185条の賭博罪と、186条の常習賭博罪によって、日本では禁じられている。しかし、国からの給付金が大幅に削減された地域財政再建の切り札として、構造改革特区に「**カジノ構想**」を提案している自治体は、静岡県熱海市、大阪・堺商工会議所、三重県鳥羽市の自治体、石川県珠洲市の民間研究会など、現在全国約10か所に及ぶ。そのさきがけとなったのが、1999（平成11）年に東京都知事が提案した「カジノ構想」である。

　東京都は、2001（平成13）年11月策定の「観光産業振興プラン」で、正式にカジノ設置を重要課題のひとつに掲げた。当初は「1兆円の経済波及効果」と銘打って発表されたが、2002（平成14）年に公表された東京都の報告書によると、カジノハウス単体だけでは、年間150万人の入場者が見込まれ、300億円の売り上げ、**約740億円の経済波及効果**があり、さらに**約4500人の雇用が創出できる**と試算している。また、カジノにほかの娯楽施設やホテルを併設した場合は、**最大で2246億円の経済効果**と、**約1万4000人の雇用が生まれる**としている。また、都市型・リゾート型の観光資源として、外国人観光客の増加にも寄与するとの見方もある。

　カジノ設置によって経済の活性化を遂げた例は、世界に数多くある。アメリカ・ラスベガスのカジノは、1931年の大不況の際、ネバダ州が復興政策の一環としてギャンブルを公認して生まれたという経緯を持ち、年間約500億円がカジノから納税されている。

　日本の隣国の韓国も同様である。韓国は観光客の誘致を目的として、1960年代から外国人の観光客のみを対象としてカジノの運営を開始。1990年代には、韓国を訪れる外国人観光客の約18％にも及ぶ年間50〜60万人がカジノを訪れ、年間約300億円の売り上げとなっている。

　しかし現実問題として、カジノの解禁による青少年育成への悪影響、ギャンブル依存症の増加、治安悪化などのさまざまな弊害も予測されている。2004（平成16）年6月、国政レベルでは初の、カジノ容認へ向けての構想案「ゲーミング（カジノ）法基本構想案」が、自民党の「国際観光産業としてのカジノを考える議員連盟」によって発表された。米国や韓国の事例を参考にし、地域風俗環境や青少年の育成にも支障がないことを考慮にいれ、**国際的規範・基準にのっとった「成人のための複合娯楽施設」**と定義し、カジノからの税収の一部は、ギャンブル依存患者の予防や治療などの体制作りにあてるとしている。

コラム／カジノが公認されている国

　現在、カジノを公認している国は112か国で、公認していない国を大幅に上回る。主要先進国ではほとんどがカジノを公認しており、有名な都市では、アメリカのラスベガスやモナコ公国、中国のマカオなどがある。公認していない国は69か国で、多くがイスラム教圏や発展途上国である。日本は、先進国のなかでも数少ないカジノ非公認国である。

お札の肖像
16人のうちたった1人
お札の肖像に描かれた女性

KEY WORD
- 日本銀行券
- 偽造
- 肖像画

コラム／偽造防止に効果的なヒゲ

一目みただけで顔の印象をつかみやすく、偽造するにも手間がかかるという意味で、ヒゲを持つ人物が肖像画に選ばれることが多い。その代表ともいえるのは聖徳太子だろう。ただ原版に細密に彫刻を施す作業が必要になり、原版制作には半年以上かかるという。

2004（平成16）年に、それまで20年間使われてきたお札がリニューアルされた。

一万円札は以前と同じ福沢諭吉のままだったが、五千円札は新渡戸稲造から樋口一葉へ、千円札は夏目漱石から野口英世へと、お札に描かれる肖像画の人物が変更になった。実は、樋口一葉は、日本銀行発行のお札に、**女性としてはじめて肖像画が描かれた人物**である。

ただ、現在の**日本銀行券**とは別に、明治初年に短期間だけ発行された政府紙幣に、神功皇后像が使われたことはある。とはいえ、**日本銀行券としては樋口一葉が第１号**だ。

お札に**肖像画**が使われるのは、**偽造防止が第一の目的**である。人間は、日頃から人物の顔を見分けることに慣れているため、少しでもズレていたりボケていたりする部分があれば、「偽札だ！」と気づきやすいのである。いくら国民に親しまれているとはいえ、富士山のような風景画だと、多少の変形があっても見分けがつきにくい。

また、簡単に複製ができないようにするため、お札の肖像になる人物は特徴の多い顔の人が選ばれることが多い。そのため、顔の彫りが深く、ヒゲをはやした中年以上の男性に決められがちだった。それゆえに、今回若い女性の樋口一葉に白羽の矢が立ったのは、画期的といえる。

なぜいままでとは違い女性が選ばれたのだろうか。日本銀行によると、**女性の社会の進出が進展している昨今の状況にかんがみてのことらしい**。しかし、やはりヒゲやしわなどといった特徴のない一葉の顔を図案化するのは難しかったようで、**新札の発行が４か月ほど延期**になっている。

データを読む

●お札に描かれた人物

	人物名
日本銀行券	（戦前） 菅原道真、和気清麻呂、武内宿禰、藤原鎌足、聖徳太子、日本武尊 （戦後） 二宮尊徳、岩倉具視、高橋是清、板垣退助、聖徳太子、伊藤博文、福沢諭吉、新渡戸稲造、夏目漱石、樋口一葉、野口英世

（日本銀行ＨＰより作成）

2章　お金の行方

批判続出！
7割以上
国会議員年金における国庫負担の割合

KEY WORD
- 議員年金
- 年金改革

コラム／年金未納と未加入

年金議論のなかで明らかになったのが、国民年金が未納だった議員の存在。議員の国民年金加入が義務づけられたのは1986年のことだ。それ以前に未納だった議員は、「未納」というよりもそもそも国民年金に加入していなかった、未加入議員ということになる。

データを読む

●国会議員年金の支出額の推移●

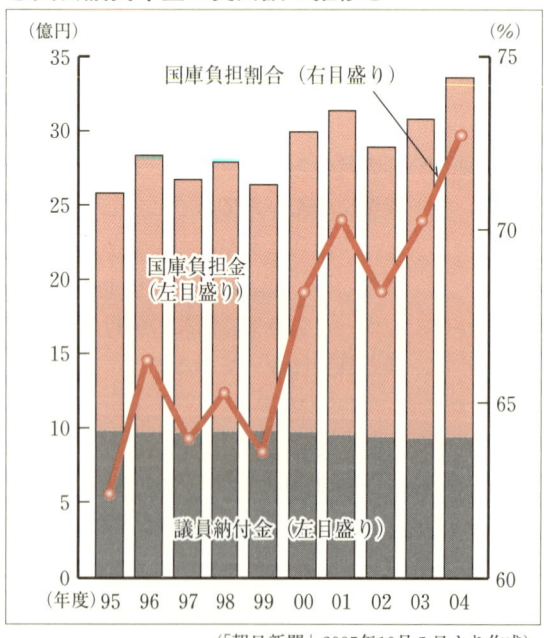

（「朝日新聞」2005年10月5日より作成）

　一般的な会社員なら厚生年金、自営業者には国民年金といった、老後の生活のための年金制度は、出生率の低下とともにほころびを見せはじめている。現役の年金納付者からの徴収金で受給者に支払いをするというシステムが、少子高齢化により破綻することは確実だからだ。

　国民がこうした将来に不安を抱えているなか、悠々自適の老後が保証されているのが国会議員たちである。彼らは自営業にあたるから、国民年金の納付義務があるが、それとは別に議員だけの年金制度も定められているからである。

　「国会議員互助年金」というこの制度では、議員になると保険料を納め、議員離職後に受け取ることになる。ほかの年金制度となんら違いがないようだが、一般国民の年金制度に比べて有利な点が多い。

　まず国民年金や厚生年金なら、少なくとも25年間納め続けないと受給資格が得られないが、議員互助年金は**10年で受給資格が得られる**。**保険料率も、厚生年金の納付額が、年収の13.58％に対して6.09％と低く抑えられている**。

　確かに年間保険料は年収が多いだけに約126万6000円と高くなるが、10年納め続ける前に議院バッジをはずしたとしても、**3年以上の在職期間があれば8割が戻ってくる**というから、ほかの年金のように掛け捨てではない。

　在職期間が10年を超えたとき受け取れる基礎年金額は412万円。これに50年を限度に、在職期間が1年増えるごとにつき**8万2400円ずつ加算されていく**から、なかには**現役のサラリーマンより高額の年金を受け取る人も出てくる**。

　問題はこの高額ぶりだけではない。04年度で946人の離職議員たちに支払われた約33億5719万円という年金額の**7割以上**が、税金でまかなわれているという点だ。ほかの年金では不足分を補うのに使われている税金は3分の1程度でしかない。こうした点が明らかになるにつれ、議員年金を見なおそうという声が上がっていたが、**2006（平成18）年4月1日には改正**されている。

無駄遣いはしないでほしい……
国民1人あたり250円分
317億円を超える政党交付金

KEY WORD
- 政党交付金
- 献金

コラム／宣伝事業費の急増

政党交付金のおもな使い道に、テレビCMや新聞広告などの宣伝事業費が挙げられる。これは、2000（平成12）年の総選挙で党首のCMで話題を呼んだ自由、社民両党が議席増となったことを受け、党主導の宣伝戦略が選挙の大きな柱となったため、2004（平成16）年度の宣伝事業費は自民党で43億4200万円にのぼった。

政治活動には一定のお金がかかることから、企業・団体からの**献金**への依存度を減らす目的で、**政党助成法**が1994（平成6）年に制定された。これにより、国庫助成金から政党へ交付金が支給される。**政党交付金**の狙いは、特定の企業・団体への献金依存度を低くすることで、公平で健全な政治を実現させようというもの。交付金は、**国民1人あたり250円**で算定され、2005（平成17）年度の総額は約317億円だった。

交付金の支給額は、2通りの算出方法が用いられる。**総額の半分は議員数割りで配分される。残りの半分は、国政選挙での得票率に応じて配分される**。2005（平成17）年9月の衆議院議員選挙で大勝した自民党は、政党助成金が一気に増額された。具体的には、4月時見込み額より3億7500万円多い157億9400万円となり、主要政党では唯一の増額となった。一方、議席を大幅に減らした民主党では4億1800万円少ない117億7300万円、公明党は2400万円少ない29億4600万円となった。なお、**共産党だけは、この法案成立時に反対したため、受け取りを拒否している**。また、所属議員が5人未満の政党や、国政選挙での得票率が2％未満の政党については、交付金は支給されない。

政党助成法が施行された当初は、政党自身が党員を募るなどの資金集めの自助努力も必要との見解から、交付金は前年の実収入の3分の2を上限とするといった規定があったが、制限すると資金集めのパーティーなどを助長するとして廃止された。

政党交付金については、使途を明らかにする義務があり、収支報告書を公表しなくてはならない。自民党の例をあげると、所属議員への盆暮の餅代や中元、党の運営費、人権費の一部、国会対策費や夜の会合費となっている。なかには、組織活動費、選挙対策費など、項目だけでは使途がよくわからないものもあり、実態の把握には至っていない。

データを読む

●2005年の政党交付金の各政党の割合●

- 社民党　10億2300万円
- 国民新党　6000万円
- 新党日本　4000万円
- 公明党　29億4600万円
- 民主党　117億7300万円
- 自民党　157億9400万円

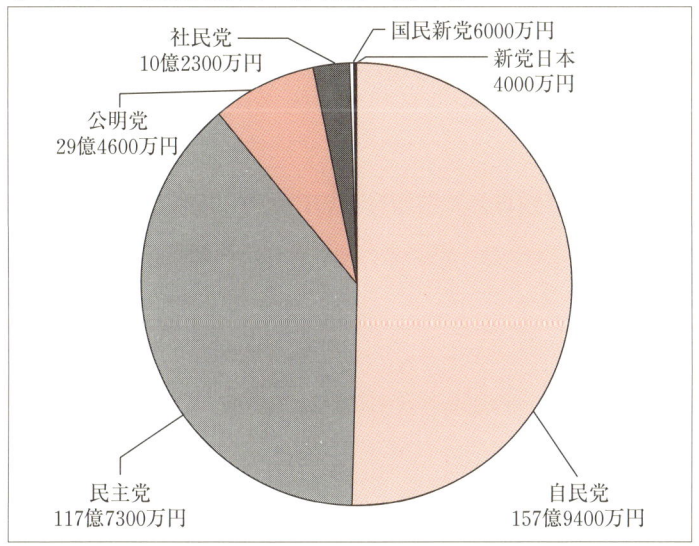

（「読売新聞」2005年9月14日より作成）

2章　お金の行方

思いやりにもお金がかかる？
25年で6倍増
在日米軍駐留経費負担額

KEY WORD
- 思いやり予算
- 在日米軍

日米間で**在日米軍**の駐留経費の削減をめぐり、ここ数年、対立が続いている。日本は1978（昭和53）年より在日米軍の駐留経費の一部を負担し続けており、これは、「**思いやり予算**」と呼ばれている。78年当時の金丸信防衛庁長官が、在日米軍基地で働く基地労働者の人件費62億円を、「思いやりをもって対処する」との観点から負担したことにはじまる。

政府は5年ごとに締結する特別協定に基づき、基地従業員の人件費や光熱費・水道料を負担している。つまり、5年ごとに見直されるのだが、防衛庁によると、78年以来、毎年費用は拡大し、2005（平成17）年度は、約2380億円に達した。1980（昭和50）年時には374億円であったことと比べると、**25年間で6倍以上の増加**となっている。

その内訳は、従業員の人件費に1436億円、提供施設の整備費に689億円、光熱水料に249億円、訓練移転費に4億円となっている。

日本が負担している米軍駐留費用は、これだけにとどまらない。基地地主への施設借料、住宅防音工事などの周辺対策費、漁業補償などの費用、沖縄の基地移転・集約費、さらに地元自治体への基地交付金、国有地の推定地代などを合わせると、**2003年度の日本の負担は総計6644億円で、在日米軍駐留費の80％**にものぼる。

これは、米軍が駐留しているほかの国と比較しても、**突出して高い負担**である。2006（平成18）年、日本に駐留する米軍は約4万7000人だが、約6万人の米兵が駐留する**ドイツ**では、**負担額は1520億円で、全体の26％**にすぎない。ほかのNATO諸国はゼロに近い。

日本政府は、日米特別協定が期限切れになる2006年3月に向け、大幅削減を要求してきたが、米国側は、「在日米軍は日本の平和と安全に寄与している」として猛反発、両者の主張は折り合わず、2007年まで現行協定を延長せざるをえなくなった。だが、「思いやり予算」には撤廃を求める声も強く、政府は2007年の改定作業で再び縮小を進める方針である。

> **コラム／韓国の思いやり予算**
>
> 韓国内にも米軍が駐留している。そして、日本と同じように、在韓米軍の駐屯費用に多額の出費を求められている。2006年には、4億3290万ドル（約500億円）の思いやり予算を計上している。

データを読む

●在日米軍駐留経費負担の推移●

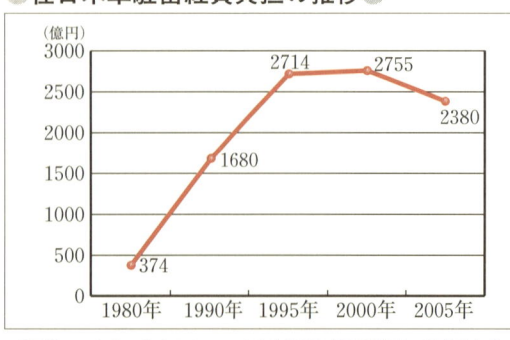

（億円）
- 1980年: 374
- 1990年: 1680
- 1995年: 2714
- 2000年: 2755
- 2005年: 2380

（『図説　ひと目でわかる！アメリカ大統領』学習研究社の資料より作成）

●在日米軍駐留経費の内訳（2005年度）●

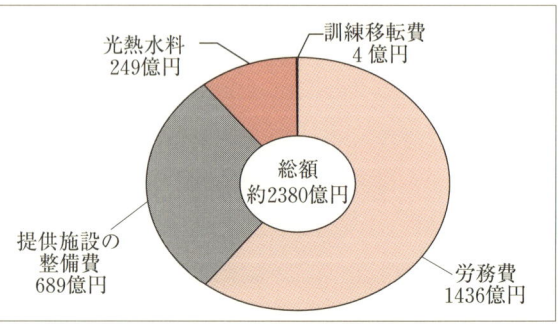

総額 約2380億円
- 労務費 1436億円
- 提供施設の整備費 689億円
- 光熱水料 249億円
- 訓練移転費 4億円

（防衛庁ＨＰの資料より作成）

投票へ行かないと損かも

1人あたり721円

2005年総選挙でかかった経費

KEY WORD
- 選挙
- 選挙費用

コラム／電子投票システム

開票作業を省力化して経費を節約するために、電子投票を導入することも検討されている。有権者が投票所へ足を運び、用紙に記入するかわりに投票端末機のタッチパネルで候補者名をチェックする。あとは投票機内の電磁記録が開票所に送られ自動集計がおこなわれるというシステムだ。

　日本にもいよいよ自民・民主の二大政党制が誕生するのかと期待した人も少なくなかった、2005（平成17）年夏の解散総選挙は、自民党の大敗という当初の予想に反して、自民党の大勝に終わった。この選挙にかかった費用は**約745億円**。もちろん**全額が税金**でまかなわれた。

　これだけの費用がどのように使われたかというと、大きく4つに分けることができる。その最たるものが**総選挙に必要な直接経費**で、投票用紙の印刷代のほか大半が、実際に投票準備に携わる地方自治体に委託費として支払われている。

　各選挙管理委員会がポスターを貼る掲示板を立てたり、有権者に投票所入場券を郵送したりする費用にあてるわけだ。ほかには、投票日告知の新聞広告費なども含まれる。

　二番目が**開票速報に必要な経費**で、こちらも実際の作業をおこなう自治体への委託という形で支出される。三番目は有権者に投票を促す目的で使われる**啓発推進費**。最後のひとつが、総選挙と同時におこなわれる**最高裁判所裁判官の国民審査のために必要な経費**である。

　745億円という額は、20年ほど前から比べると3倍近い数字である。これだけ高額になったのは、小選挙区制の導入によって従来の比例区に小選挙区を加えた2票が投じられるようになったため、開票作業に時間がかかるのが大きな要因という。開票作業にあたる自治体の職員たちの拘束時間が長くなり、その手当だけでも膨大なものになるようだ。

　選挙費用の総額を有権者数で割ると、**1人あたり721円の経費**がかかっている計算になる。投入されているのが税金であることを考えると、**投票を棄権するのはもったいない**かもしれない。

データを読む

●増える経費、下がる投票率●

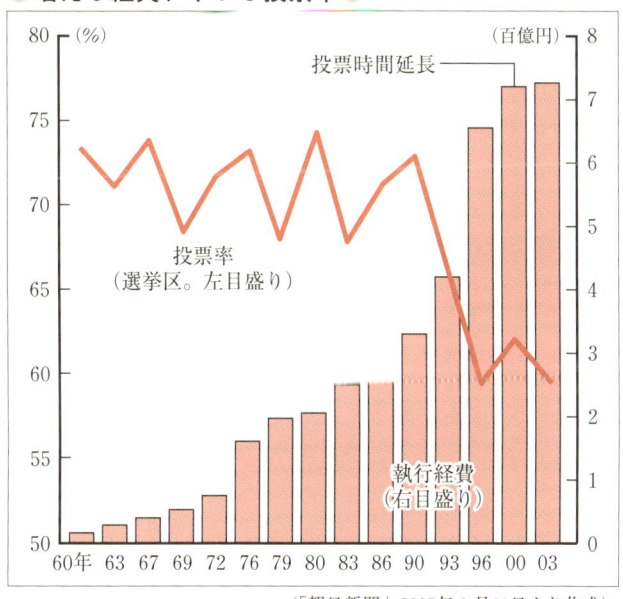

投票時間延長

投票率（選挙区。左目盛り）

執行経費（右目盛り）

60年 63 67 69 72 76 79 80 83 86 90 93 96 00 03

（「朝日新聞」2005年9月11日より作成）

2章　お金の行方

まさに国家の応接室！
建設費435億円
2002年から使われている首相官邸

KEY WORD
- 首相官邸
- 議員宿舎

　国会議員になると、国政をあずかる者として、さまざまな特典が付与される。その際、地の利もよく家賃も安価な**議員宿舎**が例にあげられることが多いが、その頂点にあるのが**首相官邸**といえるだろう。

　総理大臣になれば住むことのできる、いわば官舎で、逆にいえば日本最高の公人たる首相の執務のために、住むことを義務づけられる家といえる。もちろん生活のためのプライベートゾーンもあるが、首相の職務を遂行するうえで必要な施設のほとんどがそろっている。

　総理大臣の執務室のほか、内閣官房長官室および内閣官房関係の執務室が置かれ、**閣議が開かれるのもこの官邸**においてである。予算案や法律改正などの議論の場は国会議事堂だが、**基本的に日本の政治はこの首相官邸を中心に動いている**といえる。

　そんな首相官邸が古くなって現代の情報化社会に対応できないとの理由から新しい建物が使われるようになった。この新官邸は2002（平成14）年の4月から使用されている。

　旧官邸は総理大臣を補佐するスタッフの執務室がなく、彼らの席は内閣府に置かれていた。会議を開くスペースもなく、なにかあればホテルなどの会場を手配しなければならず、外国からの賓客を招いて首相主催の晩餐会を開く際にも、十分な役目を果たすことができなかった。また70年間も使われていた旧官邸は、OA時代を迎えても、必要な分の機器を設置することもできないという不便さもあった。

　そこで政府は、1998（平成10）年に新官邸の整備方針を決定し、これらを改善すべく、**435億円をかけて地上5階、地下1階の建物**を完成させたのだった。

　旧官邸にはなかった**ヘリポートを屋上に設け**、地下には危機管理センターも置かれている。天然素材を生かした和風建築の正面玄関前には人工池があしらわれたが、これも実は緊急時に水を抜いてヘリポートになる仕掛けになっているという。

　もちろん、これまで外部施設に頼っていた国賓や公賓のためのパーティルームやレセプションルームもつくられたほか、茶室なども設け、**迎賓施設としての機能**も存分に備えられている。まさに新世紀を迎えて、新しい日本の応接室の完成を見たといえる首相官邸である。

コラム／首相官邸の内側

　首相の執務室は5階にある。5階にはほかにも官房長官や官房副長官の執務室がある。4階には閣議室。3階に入り口の玄関ホール、2階にレセプションホール、1階に記者会見室がある。テレビで官房長官が記者会見をおこなっているのは、官邸の1階ということになる。

使い道どうする？
約8000億円

2007年度に発生する、道路特定財源の余剰金

KEY WORD
- 道路特定財源
- 一般財源

コラム／一般財源と特定財源

一般財源とは、国家の収入（歳入）のうち、使い道が特定されておらず、どのような経費にも使うことができる資金のことを指す。一方、使い道が特定されている資金のことを、特定財源と呼んでいる。

　政治改革を錦の御旗に首相の座についた小泉首相が、郵政・道路公団の民営化とともに力を入れたのが、**道路特定財源の見直し**だった。これはある種の税から得られる収入を道路建設だけのために使うとして50年ほど前に誕生した税制で、**収入源となるおもなものはガソリン税、自動車重量税**などである。これらを道路特定財源と呼ぶ。

　この税収は、景気に関係なく安定した数字を出すことで知られ、**年間およそ5.7兆円**を生み出してきた。財政再建策の一環として公共事業費が削減された小泉政権下では、本来の道路整備に使う額も圧縮され余剰金を生み出すことに成功した。

　この余剰金を本州四国道路公団の債務返済などにあててきたが、その返済も2006年度に終了する。そうすると07年度からは、数千億円の余剰金が出ることが見込まれており、ある試算によれば、その額は**7000億～8000億円**にも達するという。

　2002年度から補正予算を組んで、本来は道路建設のためだけに使うはずのこの税からの余剰金を、ほかの政策実行への財源にあてたりもしている。しかし、本格的な余剰金の誕生は、関係省庁の思惑もからみ、その使い道が注目を集めることになった。

　赤字国債を抱える財務省は、この余剰金の**一般財源化**で税制整備を目指しているが、道路管理担当の国土交通省は、税負担の公平性、受益負担を前面に出し本来道路建設のために徴税したものをほかにまわすのはいかがなものかと、道路特定財源の意義の確認を訴えるというような綱引きが続いている。

　しかし、車の利用者である国民は、道路整備にあてない余剰金が出るなら、暫定税率が用いられている**ガソリン税を下げるべき**だと声を上げることになる。その間隙をついてきたのが環境省だ。同省は税率引き下げはガソリン消費拡大を招き、環境悪化を促進しかねないから、一部を環境税に切り替えて地球温暖化対策費用にしたいと主張している。一般財源化の方向に進みはじめてはいるが、省庁の綱引きは続きそうだ。

データを読む

●国の道路特定財源の使い道●

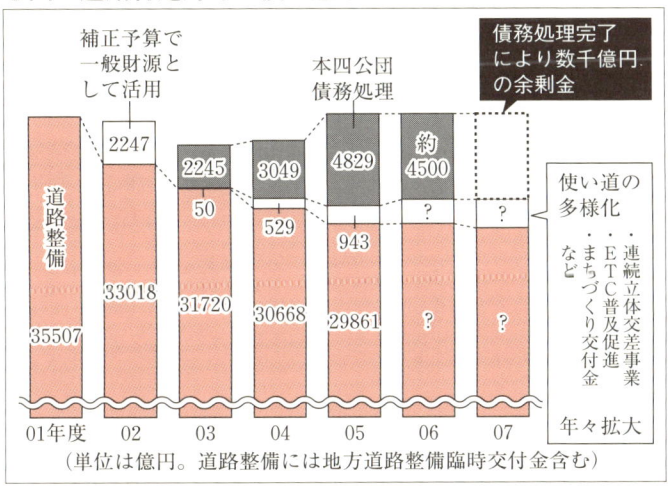

年度	道路整備	本四公団債務処理	補正予算で一般財源として活用
01年度	35507		
02	33018		2247
03	31720	2245	50
04	30668	3049	529
05	29861	4829	943
06	?	約4500	?
07	?	債務処理完了により数千億円の余剰金	?

使い道の多様化
・連続立体交差事業
・ETC普及促進
・まちづくり交付金
など　年々拡大

（単位は億円。道路整備には地方道路整備臨時交付金含む）

（「朝日新聞」2005年11月9日より作成）

2章　お金の行方

ピーク時から半減
約7.5兆円
無駄の見直しが続く、公共事業関係費

KEY WORD
- 公共事業
- 公共事業関係費削減

コラム／3月の予算消化

省庁は、組まれた予算を当該年度に使いきってしまわなければ、翌年の予算は削られる。今年は節約して来年に回し、より充実した事業にということはできない。そこで、年度末になると使いきりのために必要もない工事に着手してでも予算を消化しようとするのである。

　毎年3月になると、いたるところで道路工事がおこなわれるという。実際、工事による渋滞が頻発するのもこの時期だ。これは年度ごとに各省庁へ配分された予算を、その**年度内で使い切ろう**とすることから起こる。そのため、**公共事業の見直し**をはかろうという声がしばしば聞こえる。

　そうした声を受けてか、小泉政権が誕生すると、公共事業の削減がおこなわれている。

　その結果、ピーク時の1998（平成10）年度には14.9兆円にまで肥大化していた公共事業関係費が、**2005（平成17）年には約半額の7.5兆円**にまで圧縮されている。これは**2001（平成13）年に小泉内閣が発足して以来、連続して公共事業関係費が削減**された結果を受けてのものである。

　とはいえ、2005年度の予算案には北海道新幹線の新青森～新函館間の新規着工など、建設費用の割に利用者が少ないと思われる事業への支出が計上されており、いまだ公共事業の見直しが徹底していないとの意見もある。

　一方で、いたずらに公共事業費を削減することを疑問視する向きもある。そもそも公共事業とは、民間による投資が望めないが、人々がよりよく暮らしていくためには欠くことのできないモノやサービスを提供することに主眼を置いているものだ。たとえば、過疎地域における道路や橋など、決して収益をあげられるわけではないが、地元の人々にとっては、その地で暮らしていくうえで、必要不可欠な場合もある。そうしたものを含めて、一律に公共事業関係費を削減するのはどうか、という意見である。

　2006（平成18）年度の予算案では、公共事業関係費は前年比4.4%減となっている。なにが必要でなにが必要でないかを見極めるのは難しいが、限られた予算のなかで、いかに有意義な公共事業をおこなえるかが、政治家や官僚に課せられた仕事なのかもしれない。

データを読む

●公共事業関係費の推移●　●一般会計に占める公共事業関係費の割合の推移●

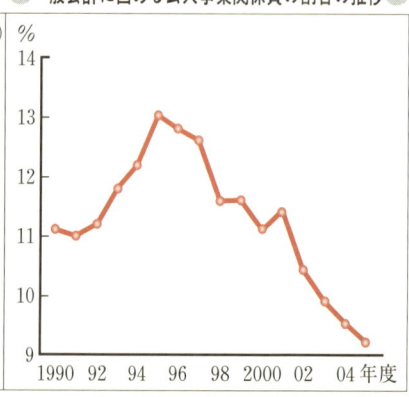

（「読売新聞」2005年9月8日より作成）

総理大臣の給料は抑えぎみ？
月給222万円
賃上げの話も出ている首相の給料

KEY WORD
- 首相の給料
- 幹部公務員の給与体系

コラム／地方自治体首長の給料

東京都の首長、すなわち都知事の年収は、2004（平成16）年は約2796万円だった。一方、同年のニューヨーク州知事の年収を見てみると、1863万円となっている。

　総理大臣というと、なにか特別な職業であるかのような印象が強い。しかし**内閣職というのは国家公務員**であり、そのトップでもある総理大臣も、**国家公務員特別職**という地位に相当する。

　そのため首相には、公務員としての給料が支払われることになっている。**月給で222万円**がその額で、もちろん全公務員中の最高額である。首相にはほかの公務員同様に年3回の賞与があり、諸手当もつく。総額にすると、年収約4165万円になり、これは約4284万円のアメリカ大統領とほぼ同額である。

　ところが、さらにこの額を上げようという動きがある。外国のトップとの比較からではなく、**日本国内のほかの給料と比べて安すぎる**というのが賃上げの理由だ。

　ここでは、大学新卒の銀行員の給料と比較してみる。首相の給料に関しては「**幹部公務員の給与体系**」が特別に定められていて、1948（昭和23）年の創設時が4万円だった。これは当時の新卒の行員初任給が500円だった時代のことで、**首相の給料の1.2%**でしかない。

　1958（昭和33）年には、占領下の特殊事情見直しを理由に給与体系が改められているが、そのとき決まった首相の月給は15万円だった。昭和30年代初頭、大卒銀行員の初任給が5000〜6000円だった時代である。

　現在、**大手銀行の大卒男子初任給は、2007年度募集要項によれば17万4000円**だ。これは現在、小泉首相の受け取っている222万円の**約8%**にあたる。

　給与体系が創設された当時の比率とまではいかなくても、バランス上もう少し首相の給料が高くてもいいのではないかと賃上げ賛成派は主張している。

データを読む

●内閣総理大臣の月給と大卒銀行初任給の比較●

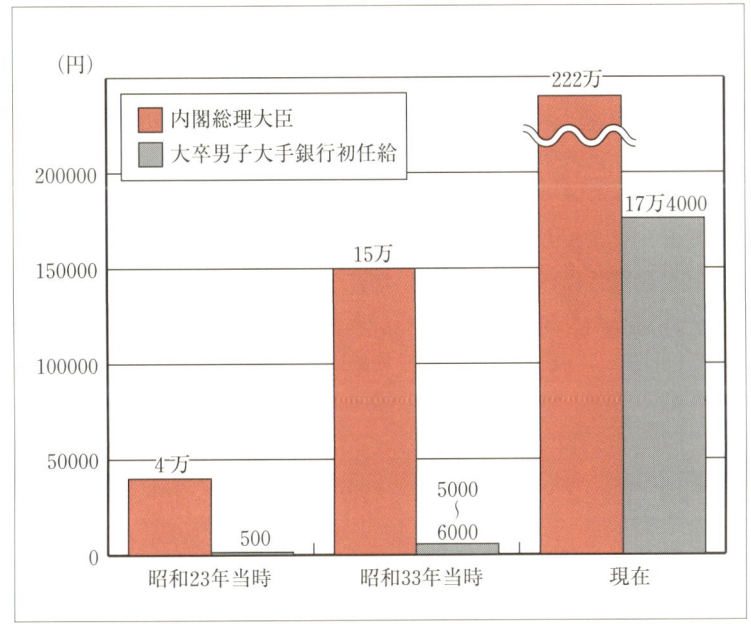

	昭和23年当時	昭和33年当時	現在
内閣総理大臣	4万	15万	222万
大卒男子大手銀行初任給	500	5000〜6000	17万4000

（首相官邸HP、三菱東京UFJ銀行HPより作成）

動く首相官邸
2機で360億円
政府専用機購入代金

KEY WORD

- ●政府専用機
- ●対米貿易黒字

ハリウッドスターのなかには、出演作のプレミア出席で海外へ出向く際に、**自家用ジェット機**を使うという例が少なくない。ところが日本の場合だと、かつては**天皇や首相ですら、海外へ移動するのに民間機**を使っていたのである。

もちろん定期便ではなく専用機として借りあげたものだが、航空大手二社の民間機が、交互にその役目にあたっていた。日本がはじめて**政府専用機**を購入したのは、1987（昭和62）年のことだ。

実際の購入の動機は、**当時の対米貿易黒字を削減する**ためだった。アメリカのボーイング社から購入した政府専用機は通称「ハイテクジャンボ」と呼ばれるボーイング747-400で、一般旅客に使われるものと同じである。

ただし尾翼にはしっかり日の丸が描かれ、内部は、皇族や首相の利用に合わせて改装、事務室が併設され、同行記者団との会見用の演壇つき部屋まで設けられている。まさに空飛ぶ首相官邸になるわけだ。

政府専用機の購入価格は**2機で360億円**だった。2機購入したのはなぜかというと、1機を予備機として、万が一の故障などに備えて乗り換えが利くよう常に同行飛行させるためである。

贅沢な買い物のようだが、日本が購入を決めたときに**政府専用機**を所有していなかったのは、**先進国**のなかでは**日本**だけだった。当時、アメリカは大統領専用機を19機、西ドイツは14機、英国は5機所有していたのだから、遅すぎるくらいである。

実際に専用機の運航にあたるスタッフは、全員が航空自衛隊に所属する自衛官だ。機長をはじめとするメカニックスタッフだけでなく、機内サービス担当のキャビンアテンダントも女性自衛官が務める。彼らは、ふだんは北海道の航空自衛隊千歳基地で「特別航空輸送隊」に所属している。

政府専用機の初飛行は1992（平成4）年、2度の訓練飛行のあと、当時の渡辺副総理の渡米であった。実際に首相が乗ったのは、2か月後の宮沢首相訪米のときで、さらに5か月後、天皇皇后両陛下の訪欧でヨーロッパに向けて飛び立っている。

コラム／専用機の室内

特別に改装された機内は、前方に居室が2室あり、ホテル並みの内装がほどこされているという。中央部には会議室や事務室があり、後方に同行者用の客席が設けてある。ビジネスクラス並みのシートで、ゆったり座れるとのことだ。

郵政民営化で変わるのはお金の流れ？

約330兆円

郵便貯金と簡易保険に集められている金額

KEY WORD

- 郵政民営化
- 財政投融資
- 構造改革

コラム/財政投融資

以前は、郵便局に集められた資金は公共機関や特殊法人に対して融資、運用されていた。名目ではこれらに融資することにより、そこから生じる利子などによる利益で資産を増やすとされてきた。ところが実際には運用により赤字が生じることのほうが多く、そのことが郵政民営化を推進する理由の一つにもあげられていた。

　長引く不況を打開すべく、従来の日本のあり方を変えようと試みたのが、小泉首相の「**構造改革**」である。その一環として、とくに首相が力を注いだのが**郵政民営化**だ。

　しかし、郵政民営化に反対の意を表明した国会議員も少なからず存在した。また、賛成派の議員のなかにも、小泉首相の民営化論の一部に否定的意見を持つ人がいた。

　彼らが問題視しているひとつに、現在**郵政公社が抱える330兆円にものぼる巨額の資金の運用**がある。従来の郵政事業は、郵便、郵便貯金、簡易保険の3つの分野に分けることができた。このうち、郵便貯金、簡易保険に関しては、国が運営する郵便局だからという安心感もあってか、広く国民から資金を託されており、その額は2005年3月末の時点で、郵便貯金が210兆円、簡易保険が120兆円、計330兆円にものぼっていた。

　この巨額の資金は**財政投融資**という形で、特殊法人への融資や、各都道府県・市町村などへの地方債として運用されていた。つまり、「官」に向けて運用されていたわけである。日本郵政公社金融総本部によるその内訳を見ると、たとえば簡易保険の場合、約50％が国債の購入に、約16％が地方公共団体への貸付金にあてられていた。郵便貯金の場合も、約56％が国債の購入にあてられていたのである。資金の大部分が「官」へ流れていたことになる。

　ところが、郵政が民営化されると、この資金の流れが民間にも向けられることになる。すると、**金融破綻などがおきた場合、民間に投資された資金が回収できないような事態が生じる可能性がある**。さらに、これまでは預けた金額は全額保証されていたにもかかわらず、民営化後はほかの金融機関と同じように、**元本1000万円とその利息までしか保証されなくなる**。そうしたことを問題視して、郵政民営化に反対する議員も存在したのだ。

データを読む

●郵便貯金と簡易保険の規模●

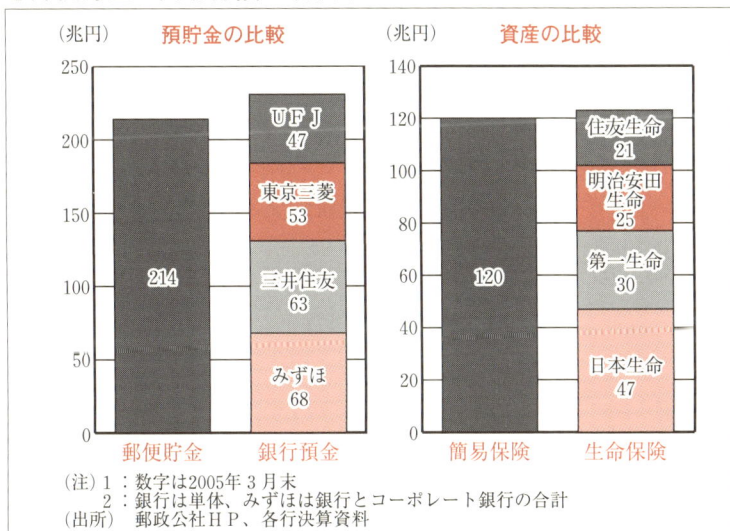

預貯金の比較（兆円）

- 郵便貯金：214
- 銀行預金：UFJ 47／東京三菱 53／三井住友 63／みずほ 68

資産の比較（兆円）

- 簡易保険：120
- 生命保険：住友生命 21／明治安田生命 25／第一生命 30／日本生命 47

（注）1：数字は2005年3月末
　　　2：銀行は単体、みずほは銀行とコーポレート銀行の合計
（出所）郵政公社HP、各行決算資料

（『すっごくよくわかる日本経済』日本実業出版社より作成）

金額に見合った仕事を！
1日で2億9452万円

立法をつかさどる衆参両院の運営経費

KEY WORD
- 国会
- 運営経費

コラム／参議院の存在意義

世界で2院制を採用している国は、182か国中68か国と4割ほどだが、人口5000万人を超える先進国は100％、2院制を採用している。参議院は解散がないので、長い時間をかけてじっくりと議論ができるなどのメリットがある。ドメスティックバイオレンス防止法はそうした過程で生まれた。

「国会は国権の最高機関であって、国の唯一の立法機関」と、憲法41条に謳われているように、ここで国会議員は国民のために政策を考え、法律を作成する。もちろん立法だけでなく、国会では予算審議や内閣総理大臣の決定、条約承認、内閣の監督、裁判官の弾劾、憲法改正の発議など、重要な仕事が憲法で規定される。

では、**国会にかかる経費は1年間**にどれくらいなのだろうか。2005年度予算によると、なんと**年間で1317億3851万円**にもおよんでいる。ここには、衆議院、参議院のほか、国立国会図書館、裁判官訴追委員会、裁判官弾劾裁判の経費も含まれる。衆参両院の運営費だけに限ってみても約1075億円で、単純計算で1日あたりに換算すると、2億9452万円にもなる。そのうち、衆議院の経費は666億4250万円。内訳は、議員秘書手当125億7200万円、議員歳費107億1952万円、職員の給与86億8858万円など**人件費がもっとも多い**。

一方、参議院の経費は409億26万円で、議員歳費54億1439万円、職員給与70億4570万円となっている。こちらも人件費がもっとも高く、なかでも両院ともに**議員秘書手当がいちばん高い**。国会議員は専属スタッフとして公設秘書を3人まで雇うことができ、秘書給与は税金で賄われているのである。

ほかにも、法律をつくるためや行政を監督するために「国政調査」ができるとされており、衆議院では23億6993万円の「国政調査活動費」が計上されているが、細かな使途については不明である。

さらに、職員の人件費の中には、「国会特別手当」というものもあり、総額約7億円も計上している。「国会が忙しいから」というのが支給の理由だが、このような**国会議員や職員の好待遇が莫大な経費につながっている**といえる。

データを読む

● 国会経費の内訳（2005年度予算）●

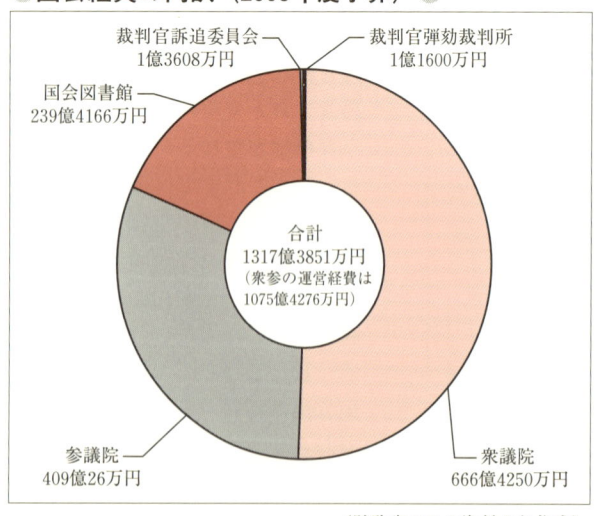

- 裁判官訴追委員会 1億3608万円
- 裁判官弾劾裁判所 1億1600万円
- 国会図書館 239億4166万円
- 参議院 409億26万円
- 衆議院 666億4250万円
- 合計 1317億3851万円（衆参の運営経費は1075億4276万円）

（財務省HPの資料より作成）

資金集めもアメリカ式に
142億円
過去最高を記録した政治資金パーティの収入額

KEY WORD
- 政治資金パーティ
- 政治団体

コラム／寄付の制限

政治資金規正法により、政治資金パーティの対価の支払いに、限度額や質的制限を定めている。たとえば、個人は同一の者への寄付は150万円以内、本人名義以外の名義や匿名による対価の支払いは禁じるなど、細かい規制がある。

　総務省の2004（平成16）年分の政治資金収支報告書によると、報告書を提出した4088団体の収入総額は約1381億円で、2003（平成15）年に比べて約20億円減少した。これは、統一地方選、衆院選が続いた前年より1.4％減で、バブル期以後の国政選挙のおこなわれた年としては、もっとも低い数字になった。

　しかし、一方で、2004年の**政治資金のパーティ収入額は142億円**で、前年より13億円、約9.9％も増加。報告が義務づけられた1993（平成5）年以降では、**過去最高**になった。政治団体の収入全体に占める比率も10.3％と、**はじめて10％を超えた**。政治資金パーティを開催して収入を得た団体は407団体で、前年より34団体の増加を示し、収入が1億円以上あった団体も22を数え、前年より2団体増えている。

　この報告書で、**政治団体が、いかに政治資金パーティを資金集めの手軽な手段として活用し、依存しているか**の実態が明らかにされた。

　政治資金パーティの収入がもっとも多かった団体は、旧橋本派の政治団体「平成研究会」の3億6930万円。2004年4月に東京プリンスホテルで開かれたパーティ券を7386の人・団体が購入し、当時の最大派閥の勢力を見せつけた。つぎは、平沼赳夫前経済産業相の「平沼会」で、2か月おきに計5回のシンポジウムを開き、計2億8681万円を集めた。製薬産業政治連盟は、6回のセミナーで、大手製薬会社を中心に、計1億7836万円を集めたと報告されている。

　こうした政治資金パーティが手軽な収入源として大盛況なのは、ひとつは、**企業献金は5万円を超えると献金元を公開**しなければならないが、パーティ券の購入ならば、**20万円までは社名を公表せずにすむため、企業献金の抜け道として利用されている**ことがあげられる。集めた収入は、政治資金として使うという目的があるため、**税金がいっさいかからない**ことも大きなメリットである。

　しかし、選挙直前になると、あちこちの政治団体がパーティを相次いで開催して資金を集めたり、セミナーという名目で何回も開催したりして、企業献金がおこなわれる恐れもあると危惧されている。

データを読む

●政治資金パーティ収入額と政治団体の収入全体に占める比率

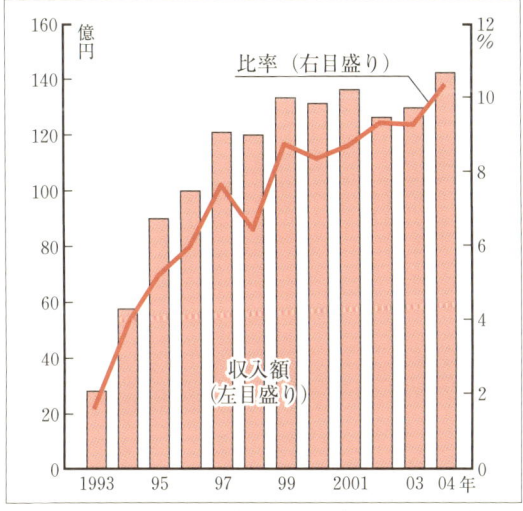

（「読売新聞」2005年9月30日より作成）

2章　お金の行方

第2部　経　済

1章　市場経済……62
2章　生活と経済……79

景気は回復傾向に
1日38件

2年連続で減少した企業倒産件数　10年ぶりの1万4000件割れ

KEY WORD
- 倒産
- 景気

全国の企業の**倒産**が、2002（平成14）年以来、減少している。帝国データバンクの全国集計によると、2004（平成16）年度の企業の倒産件数は1万3837件で、これは1日あたり38件の計算になる。総数では前年より16.8%減少した。2年連続の減少で、**1994年以来10年ぶりの1万4000件割れ**となった。件数の多い順では、戦後24番目に落ち着き、前年比では、戦後5番目に大きな減少件数を示した。

負債総額は7兆9273億9200万円で、前年より大幅にダウンし、32.6%減となった。これは、4年連続の前年比減少で、**1996（平成8）年以来8年ぶりの10兆円割れ**となった。負債1000億円以上の大型倒産が4件にとどまり、1996年以来8年ぶりの一桁台となるなど大型倒産が減って**倒産規模が小型化**したからだ。すべての業種で前年比減少となり、とくに、**建設業、製造業、卸売業、小売業の減少**が顕著であった。

企業倒産が減少した背景には、**2002年から続いている景気回復**がある。政府の経済財政白書によると、日本経済は、2002年の1～3月を底に緩やかな回復局面を続けてきた。2004年後半から景気の踊り場に入り一時的に停滞したが、その後、踊り場を脱却し、再び回復に向かっている。

一方、帝国データバンク情報部では、企業倒産件数の減少が、企業業績の増大、景気回復に直結するかというと、そうはいいきれないと分析する。従来ならば、倒産するような企業でも、再生を手がけるファンドなどが現れるケースが多くなったからだ。また、地域の商工会議所なども、財務状況が悪くても、収益力のある企業は破綻処理するよりも再生させようと、支援に乗り出している。いまは業績が悪くても、収益の上げられる見通しのある企業は、再生させたほうが、融資した銀行の負担も小さい。そこで、日本のメガバンクも**企業再生ビジネス**に参入し、地方銀行と組んで再生ファンドを設立する地方自治体も出てきた。倒産件数の減少は続いても、数字上の動向だけで景気拡大と判断するのが難しい時代になったと分析されている。

コラム／民事再生法

「再建型倒産手続き」といわれ、債務者が事業を継続しながら債務を弁済していく方法。法人、個人ともに制度の利用は可能。2000年4月から施行。他の破産法、会社更生法では、債務者は経営権がなくなり、管財人が事業再建にあたるが、民事再生法では経営者が事業を継続できる。

データを読む

● 倒産件数・負債の推移 ●

（帝国データバンクHPより作成）

売り上げも萌芽？
4110億円

企業戦略のターゲットとなっているオタクたち

KEY WORD
- オタク
- 経済効果

コラム／電車男

インターネットの掲示板に書き込まれた、オタク青年の純愛を書籍化（新潮社刊）。100万部突破のベストセラーとなり、映画やドラマ化もされた。青年に声援を送るネット仲間の善意や青年の純粋な思いに、多くの読者・視聴者から共感が寄せられた。

野村総合研究所市場規模調査で、2004（平成16）年のオタクの経済効果は**4110億円に達する**との結果が出た。オタクとは、強いこだわりを持つ分野に、お金や時間をつぎ込む人たちのことで、**推定172万人**にも上るという。オタクが興味を持つ分野をコミック、アニメ、芸能人などの12分野に分けたところ、**もっとも人口が多いのがコミックで35万人、市場は830億円**にもなった。**アニメは11万人、市場は200億円、芸能人は28万人、市場610億円**である。これらのデータを踏まえて、野村総研では「オタクは企業のマーケティング戦略において無視できない存在である」と指摘している。

また、同調査では、オタク層に共通する行動・心理特性をもとにオタクを5つのタイプに分類した。もっとも多いのが「家庭持ち仮面オタク」（25％）。隠れオタクで、既婚者が多く、限られた小遣いの範囲で趣味に没頭するタイプである。次が「我が道を行くレガシーオタク」（23％）。独自の価値観を持っており、メカやアイドルが好きな独身男性に多い。3位は「情報高感度マルチオタク」（22％）。こだわる分野は多岐に渡り、男女の偏りがなく、ネットオークションなどのネット好きな人に多い。もっとも執着心の強いタイプで「趣味はやめられない」と答える確率も高い。4位は、「社会派強がりオタク」（18％）。『ガンダム』など、過去に流行したものの価値観をいまでも持っている30代男性に多い。このタイプは、自分の趣味に他人を誘う面がある。5位は「同人女子系オタク」（12％）。20～30代の女性でアニメキャラクターへの憧れが強く、同人誌フリークで、もっとも拠出金額が高い。

このほか、オタクという意味をもう少し広く解釈すると、**オタク層は延べ646万人、経済効果は1兆4080億円にも達する**との見方もある。**個人が自分なりの価値観で判断して消費をおこなう**という観点からすれば、**日本人が徐々にオタク化しつつある**といえるかもしれない。

データを読む

国内主要12分野のマニア消費者層の2004年市場規模推計

分　野	人口（※1）	金額（※2）
コミック	35万人	830億円
アニメーション	11万人	200億円
芸能人	28万人	610億円
ゲーム	16万人	210億円
組立PC	19万人	360億円
AV機器	6万人	120億円
携帯型IT機器	7万人	80億円
自動車	14万人	540億円
旅行	25万人	810億円
ファッション	4万人	130億円
カメラ	5万人	180億円
鉄道	2万人	40億円
合計	延べ172万人	4,110億円

（※1）各分野の人口は重複もあるため、合計は延べ人数
（※2）NRIのインターネットアンケートによってわかった、1人あたりの1か月の平均消費額をベースに、業界ヒアリング、関連文献調査などから算出

（野村総合研究所HPより作成）

意外な集客効果？

約4兆円

コンビニエンスストアでの公共料金の収納額

KEY WORD
- コンビニエンスストア
- 公共料金

コラム／コンビニを訪れる人の数

現在、コンビニエンスストアの全店売上高は約7兆円。店舗は全国で4万店と見られている。1日の来客数は上位10社だけで延べ3000万人におよぶ。

近年、ガスや電話、電気、水道などの代金をコンビニエンスストアで支払う人が増えている。口座で引き落としている人を除くと、約7割の人が**公共料金をコンビニエンスストアで支払っている**と見られる。コンビニエンスストアによる公共料金の収納代行は、1987（昭和62）年にセブン－イレブンがはじめた東京電力の電気料金が最初である。その後、各社が参入し、扱う項目も増え、2003（平成15）年度からは、地方税や国民健康保険料などの公金も取り扱うようになった。

セブン－イレブン、ローソン、ファミリーマート、サークルKサンクスの大手4社の、2005（平成17）年度2月期時点での収納代行取扱総件数は4億8806万件、取扱額は4兆2195億円にも達した。これに対して、たとえば大手銀行の旧ＵＦＪ銀行（現・東京三菱ＵＦＪ）の2004（平成16）年度の取扱件数は1億5400万件だから、**コンビニ1社あたりの代行件数は、大手銀行に匹敵する規模**である。

公共料金の収納代行が、銀行からコンビニエンスストアへと移行した背景には、**銀行の統廃合によって支店や窓口が減って**きたことがあげられる。また、支払う側の利便性を考えても、時間が制限される銀行の窓口よりは、夜間や休日も開いているコンビニエンスストアのほうが行きやすいということも影響している。

コンビニエンスストアにとっても、収納代行はメリットが多い。まず収納代行をおこなうと、**1件につき50～100円程度の手数料が入る**。この額は、おにぎり1個の売上利益に相当するもので、ローソンの場合、2004（平成16）年度で**総額67億6800万円**にもなった。第二のメリットは、**集客効果**である。公共料金を支払いに来たお客が、ついでに買い物をしていくのである。とくに、それまではコンビニエンスストアにあまり立ち寄る機会のなかった主婦層の来店につながっているという。

データを読む

●コンビニ大手4社での収納代行の取扱金額と件数の推移●

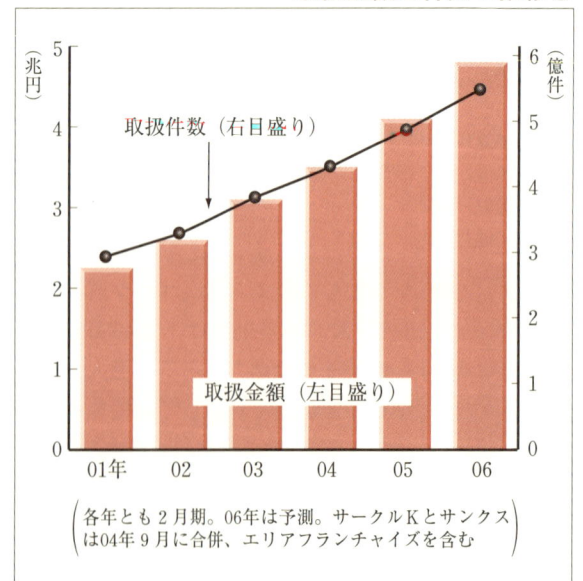

各年とも2月期。06年は予測。サークルKとサンクスは04年9月に合併、エリアフランチャイズを含む

（「朝日新聞」2005年10月23日より作成）

そろそろ来る？
57か月連続
戦後最長の好況が続いた期間

KEY WORD
- 景気
- 三種の神器

　日本経済に明るい展望が見えはじめている。内閣府の経済財政白書によると、2002（平成14）年から続いている景気回復は、2006（平成18）年1月現在で、48か月目となり、戦後何回かあった好景気のなかで、3番目の長さとなった。このまま2006年10月まで景気拡大が続けば、「いざなぎ景気」と呼ばれた戦後最長の好景気の57か月に並ぶことになる。

　「いざなぎ景気」とは、1965（昭和40）年10月から1970（昭和45）年7月まで、57か月にわたって続いた**戦後最大の好景気**で、カラーテレビ、クーラー、乗用車（マイカー）の「3C」が**三種の神器**といわれ、飛ぶように売れた。乗用車の生産量は急増し、いわゆる「マイカー時代」が到来する。自動車産業は花形産業になり、自動車生産額は世界第3位になった。1968（昭和43）年には、日本のGNP（国民総生産）は自由諸国では世界第2位につける。

　戦後の好景気はほかに1954～57年の「**神武景気**」、1958～61年の「**岩戸景気**」、1961～64年の「**オリンピック景気**」がある。好況と不況には景気循環の波があって繰り返されるが、2002（平成14）年から続く景気回復は、その波に乗っている。

　この理由として、利益増加の見通しが立ちはじめた企業が増え、**設備投資が拡大**されていること、それが**消費拡大**をもたらしていることがあげられる。また、企業の正規雇用の採用が増えはじめ、**平均賃金が上昇に転じている**ことが、さらに消費拡大をもたらし、非製造業の売り上げ拡大の原因となっている。

　さらに、昨今の原油価格の高騰を反映して、燃費のよい日本車に対する世界的需要が高まり、生産能力を増強している。その波及効果は鉄鋼、化学分野をはじめ、さまざまな分野の増産や設備投資をもたらしている。IT、デジタル分野も回復局面に入っている。

　GDP統計によると、2005年の個人消費は1～3月に4.9％増。4～6月は2.4％増。設備投資も1～3月は12.8％増。4～6月は15.4％増と拡大している。今回の景気の波が、戦後最長の57か月を超える可能性は高い。

> **コラム／新三種の神器**
> 最近売れ行きが好調な薄型テレビ、ハードディスクつきDVDレコーダー、デジタルカメラの3機器のこと。薄型テレビは液晶テレビとプラズマテレビを含む。この新三種の神器が、景気回復の一翼を担っている。

データを読む

●戦後の好況・不況の移り変わり●

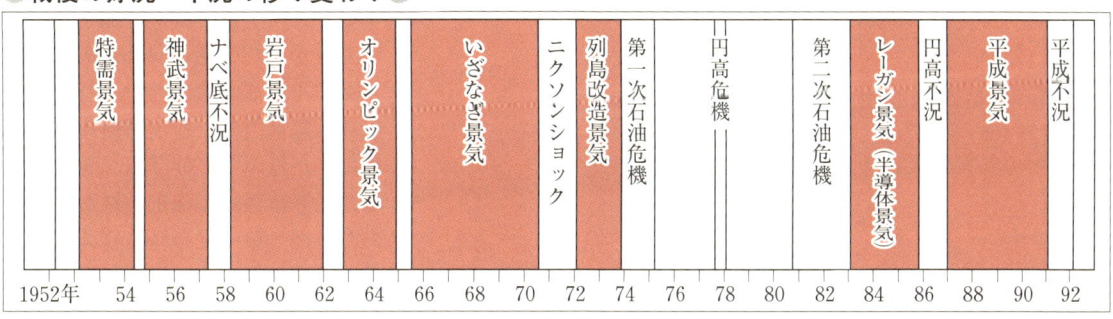

年	景気
1952～	特需景気
54～	神武景気
57～	ナベ底不況
58～	岩戸景気
61～	オリンピック景気
65～70	いざなぎ景気
71～	ニクソンショック
72～	列島改造景気
73～	第一次石油危機
78～	円高危機
79～	第二次石油危機
83～	レーガン景気（半導体景気）
85～	円高不況
87～91	平成景気
91～	平成不況

（『一般教養の天才』早稲田経営出版より作成）

小泉効果で国民にも浸透
経済効果1000億円
百貨店の売り上げアップにも寄与したクールビズ

KEY WORD
- クールビズ
- 地球温暖化防止

コラム／ウォームビズ

クールビズに続いて、2005年から2006（平成18）年の冬にかけて提唱されたのがウォームビズだ。やはり電力消費量削減のための暖房の設定温度を20度にし、保温下着などの着用が推奨された。

　「クールビズ」という言葉が2005（平成17）年の流行語大賞に選ばれた。**地球温暖化防止策**として電力消費量を削減すべく、政府主導により取り組まれたキャンペーンだ。

　クールビズは、冷房温度をわずかだけ高めに設定したオフィスでも、暑さを感じないで快適に働けるファッションとして推進されたものだった。日本経団連のアンケートによると、実際に導入した企業は**8割**を超え、電力消費量は減少している。東京電力管内の調べでは6～8月の**3か月**で約**7000万kw/h**の節減に成功していて、これは27万世帯の1か月の電力消費量に相当するという。全国の電力会社10社で試算すると、同時期で**2億1000万kw/h**、世帯数なら**72万世帯**が消費する電力量だ。

　もちろん電力消費だけでなく、**二酸化炭素削減効果**も得られたわけで、こちらは**7万9000t**、一般家庭の年間排出量に換算すると、**1万4000軒分**にあたるという。

　このように環境問題に端を発したクールビズだが、副産物として思わぬ経済効果を生むことになった。

データを読む

●百貨店紳士服売り場の売り上げ前年同月比率●（2005年）

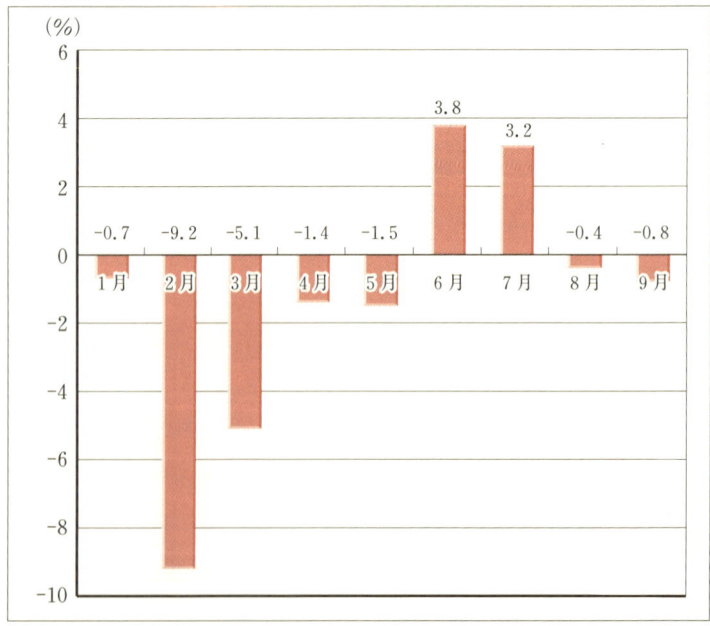

月	比率(%)
1月	-0.7
2月	-9.2
3月	-5.1
4月	-1.4
5月	-1.5
6月	3.8
7月	3.2
8月	-0.4
9月	-0.8

（日本百貨店協会HPの資料より作成）

　ビジネスマンのスーツの軽装化が薦められたおかげで、紳士服の売り上げ増が見られたのである。かつてクールビズと同じように、政府によって「**省エネルック**」が推進されたことがあったが、このときの浸透度はいまひとつだったことと比べると大きな成功といえる。

　省エネルックのときは、当時の首相がみずから身に着けて普及をはかった。今回も小泉首相がモデル役となって、ちょうど選挙期間中の遊説をクールビズ・ファッションで通した効果が大きかったと見る向きもある。

　クールビズ商戦に力を入れた百貨店紳士服部門の、前年同期比で見られた16か月ぶりの伸びは、売り上げの長期低落傾向に歯止めをかけるものだった。第一生命経済研究所は、その**経済効果は1000億円**にのぼると試算している。

東海3県うれしい悲鳴
1兆2800億円
愛知万博の東海3県における経済効果

KEY WORD
- 愛知万博
- 経済効果

コラム／愛知万博の数字いろいろ

愛知万博には121か国、4国際機関が参加した。パビリオンや施設などは123か所におよび、入場者の平均滞在時間は6時間53分。人気の高いパビリオンの待ち時間は最高8時間で、全期間使える入場券による平均入場回数は10.08回にもおよんだ。そのほか、迷子505人、落とし物は2万6939件だった。

　21世紀初の国際博覧会・**愛知万博**（愛・地球博）の入場者は、目標としていた1500万人を大幅に上回り2200万人に達した。入場券の販売収入も575億円を計上し、目標額よりも150億円も上回った。万博の大成功は、地元経済への貢献も大きく、民間調査機関の共立総合研究所によると、**東海3県で1兆2822億円の効果**との試算が出た。また、1997（平成9）年度からの9年間を対象とした**万博全体の経済効果は、博覧会協会によると、約7兆7151億円**にもおよんだ。これには、開催準備、会場建設、入場者の交通・宿泊費、万博にともなう中部国際空港や広域幹線道路などの基盤整備の費用も含まれる。経済効果は、中部地方だけではなく、関東地方、近畿地方などにもおよんでいる。その規模は大きく、万博開催により、**2005年度だけで、国内総生産（GDP）を0.2％押し上げる**効果があった。

　万博の成功要因としては、開催に合わせて中部国際空港開港、第二東名・名神高速道路の整備などインフラ整備を連携させたことと、地元企業であるトヨタ自動車の全面的なバックアップがあげられる。インフラの整備により、オフィス需要が喚起され、**名古屋駅前の基準地価が前年比30％アップする**など、**地域の価値を上げる**ことに成功した。トヨタは、約60億円投入といった資金面だけではなく、スタッフとして最多の13人を出向させ、会長自ら内外の要人の接待にあたったほか、最先端の技術力を駆使したパビリオン運営など、**ヒト・金・技術**の3分野にわたりサポート体制を敷いた。

　そのほか、万博の開催は、民間企業にとっては、リニアモーターカー「リニモ」の実用化やトヨタの燃料電池バス、ヒト型ロボットなど、新技術のお披露目やテストの場として絶好の機会となり、今後の日本経済への効果も大きい。もっとも、万博閉幕後、半年間に蓄積したノウハウや人脈、国際交流などの無形財産を、どのように生かせるかが課題となっている。

データを読む

●国内で開催された万博の経済効果の比較（準備期間を含めた試算）

（兆円）
- 2005年愛知万博：7兆7151億円
- 1985年つくば万博：4兆2659億円
- 1970年大阪万博：4兆9509億円

（「読売新聞」2005年11月10日より作成）

1章　市場経済

一夜にして世界最大
197兆円
経営統合した三菱ＵＦＪフィナンシャル・グループの総資産額

KEY WORD
- 銀行
- 経営統合

　竹中平蔵経済財政・金融相が進めてきた**金融再生プログラム**により、日本の大手都市銀行は**３大金融グループ**に分かれたが、2005（平成17）年10月１日には、三菱東京フィナンシャル・グループとＵＦＪホールディングスが統合し、**三菱ＵＦＪフィナンシャル・グループ**が発足した（システム統合の遅れから東京三菱銀行とＵＦＪ銀行の合併は2006年１月）。**これによりグループの総資産は197兆円に達し、世界最大の金融グループ**となった。

　同グループの銀行口座数は約4000万で、個人預金残高だけでも約60兆円となった。これは、残りふたつの金融グループである、みずほ、三井住友グループの約２倍近くにあたる。2005（平成17）年９月の中間連結決算によると、三菱ＵＦＪフィナンシャル・グループの税引き後の利益は7117億円になり、トヨタ自動車の5705億円を抜いて、国内企業トップだった。利益が上がった背景には、貸出企業の倒産に備えていた引当金が、景気回復にともない不要になったことがあげられる。

　しかし、問題点もある。規模としては世界的なメガバンクと肩を並べているが、欧米の有力銀行に比べて、**収益力**では劣っている。預金で集めた資金を運用して利益を出す「預貸金利ざや」は、**欧米の銀行が３～６％もあるのに対して、日本の大手銀行は1.7％前後**しかない。今後、三菱ＵＦＪフィナンシャル・グループでは、統合による国内一の個人口座数を武器に、個人向けの金融商品やローンの融資を拡大したり、旧東京銀行が持っていた世界的なネットワークを使った有利な資金運用に力を入れる。さらに、高度な技術をともなった収益性の高い金融商品の開発や手数料ビジネスの強化なども視野に入れている。

　もっとも、財務体質は優れているが規律が厳しい**官僚的**な三菱東京と、**効率重視**のＵＦＪでは行風がまったく正反対。不良債権処理に対する対応ひとつにしても考え方が違い、どのように意見を調整していくかが課題だ。

コラム／ライバルは郵貯銀行

　2007年10月には、郵政民営化により郵便貯金銀行が誕生する。郵貯銀行の総資産は265兆円。197兆円の三菱ＵＦＪを大きく上回る。そのほか、口座数は約１億1800万口座で約３倍。現金自動預け払い機（ＡＴＭ）も約２万7000台で約３倍となり、最大のライバルとなる。

データを読む

●世界の金融グループの総資産●
（億ドル）　※１ドル＝113円換算（05年６月末）

三菱ＵＦＪ	UBS（スイス）	シティ・グループ（米）	HSBC（英）	みずほフィナンシャルグループ	クレディ・アグリコル・グループ（仏）	BNPパリバ（仏）	ＪＰモルガン・チェース（米）
17433	15330	14841	12726	12725	12430	12339	11572

●世界の金融グループの時価総額●
（兆円）

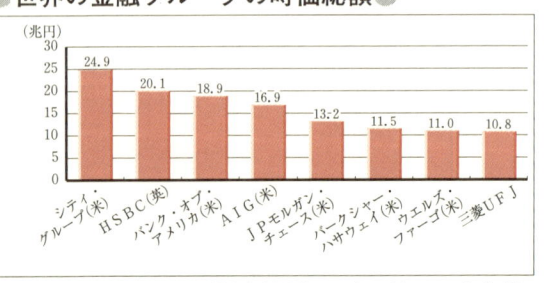

シティ・グループ（米）	HSBC（英）	バンク・オブ・アメリカ（米）	AIG（米）	ＪＰモルガン・チェース（米）	バークシャー・ハサウェイ（米）	ウェルズ・ファーゴ（米）	三菱ＵＦＪ
24.9	20.1	18.9	16.9	13.2	11.5	11.0	10.8

（「読売新聞」2005年10月３日より作成）

安定第一だけど……
アメリカ人の4分の1
家計に占める株や債券への投資の割合

KEY WORD
- 株取引
- 預貯金

　日本では、21世紀に入ってから株の年間出来高が増え続けているという。その数字はバブル期をしのぐほどといわれ、これは**個人の投資家が増えた**ためだと考えられている。

　インターネットでの売買が盛んになり、手数料も安いため、小口から気軽に売買してみようという人たちが急増したのである。

　それでも、あくまで短期の利殖、マネーゲームとしての売買で、**株や債券を資産**だとする意識は**日本人には薄い**ようだ。それがわかるのは、金融資産に占めている株や債券の投資額の割合が低いからである。

　日本銀行が2005（平成17）年9月の時点での統計を発表しているが、**日本では家計資産の53.2％が預貯金で、株式と投資信託の割合が15.8％**にとどまっている。これに比べて**アメリカでは、株式と投資信託だけで52.6％**を保有している。株式の投機性に不安を抱いていて、元金が保証されている預貯金に安心感を抱くのが日本人の心情なのかもしれない。

　それでも、間もなく定年を迎える団塊の世代が、金融資産に対する価値観を変える可能性を見せている。

　というのも、シンクタンクによる彼らへのアンケートで、セカンドライフでは旅行やインターネットでのショッピングと並んで、資産運用を楽しみたいという回答が多かったのである。

　その動きに対応するかのように、銀行や郵便局といった株式の販売窓口の増加が見られる。2005年8月には、株高という後押しもあって、預貯金残高が減少している。**投資へのシフトがはじまっているのは確実**といえそうだ。

> **コラム／団塊世代の株経験**
>
> 2005年8月におこなわれたシンクタンクの調査に回答を寄せた団塊の世代のうち、金融資産の運用に関心があるとした人は59.2％と半数を超えた。また、すでに運用経験があると答えた人も、株式で54.6％、投資信託で30.4％、外貨預金で20％とかなりの数にのぼっている。

データを読む

●日本人とアメリカ人の金融資産の構成比較●

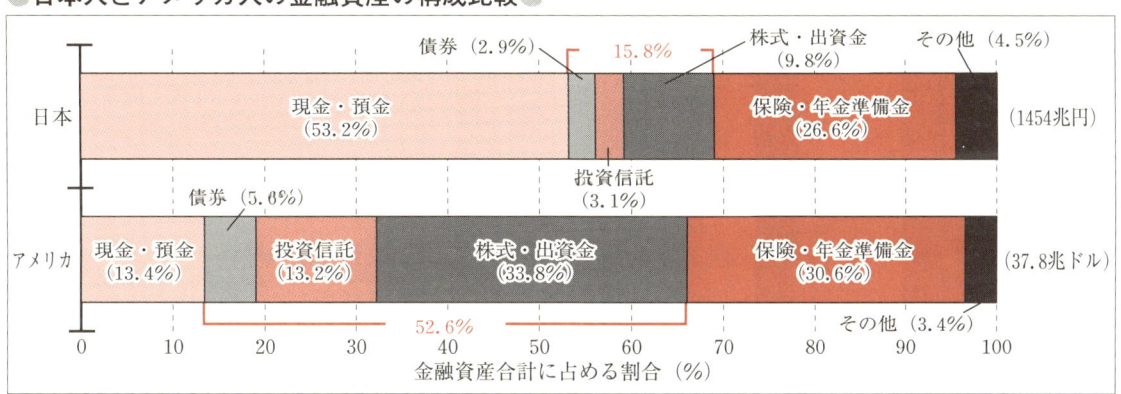

日本（1454兆円）：現金・預金（53.2％）／債券（2.9％）／投資信託／株式・出資金（9.8％）／保険・年金準備金（26.6％）／その他（4.5％）　株式・投資信託計 15.8％

アメリカ（37.8兆ドル）：現金・預金（13.4％）／債券（5.6％）／投資信託（13.2％）／株式・出資金（33.8％）／投資信託（3.1％）／保険・年金準備金（30.6％）／その他（3.4％）　株式・投資信託計 52.6％

金融資産合計に占める割合（％）

（日本銀行HPより作成）

1章　市場経済

ラジオを抜いた！
1年で50%増
インターネット広告の伸び率

KEY WORD

● インターネット広告
● 広告費

コラム／ネット広告のいろいろ

インターネットを使った広告方法には、さまざまな試みがなされている。広告メールを送るメール広告のほか、数行のテキスト広告をメールマガジンに掲載したり、画像の配信をともなうブロードバンド広告、あるいはキーワードと連動させた検索広告など、その種類は豊富だ。

　ＩＴ企業がラジオ・テレビ局会社の株を買い占めようとする買収問題がニュースをにぎわした2005（平成17）年だったが、現実はもっと駆け足でＩＴ産業が放送業界を追い抜いていたという事実を示す数字も発表されていた。

　同年7月に大手広告代理店・電通が発表した広告市場の調査結果で、前年のインターネット広告費がラジオ広告費を上回っていたことがわかったのである。ラジオの1795億円に対して、**インターネット広告費は、前年比53.3％の伸び率を見せて1814億円に達していた。これは、21世紀に入ってから3年間で、2.5倍という驚異的な伸び**である。

　もともとラジオは、新聞・雑誌・テレビと並ぶ4大媒体として、日本の広告費全体の60％を占めていた業界のひとつだ。この4大媒体の広告費が、頭打ちを続けているなかで、インターネット広告費の伸び率は、その一角を崩す勢いである。

　国内総広告費も、21世紀に入ってずっと減少傾向にあったが、2004年には前年比3％の伸びを見せており、これもインターネット広告のおかげということができる。

　インターネット広告費が急伸したのは、広告を出す企業がインターネットを総合メディアと位置づけ、媒体としての効果に注目したからにほかならない。

　ネット広告は、企業と顧客の距離を縮め、消費者のニーズを掌握することを容易にした。**広告効果**をそのヒット数からすぐに知ることができるうえ、**広告商品への印象や購買意欲を知る**手がかりにもなる。そのため、一般消費財のメーカーが、キャンペーンなどに利用するケースも増えている。

　広告費用が、中小企業でも広告掲載を可能にする金額である点も、**はじめて全国規模の広告を利用**するような企業の需要を掘り起こしたといえそうだ。

データを読む

● インターネットとラジオの広告費 ●

（億円）

年	インターネット	ラジオ
2001年	735	1998
2002年	845	1837
2003年	1183	1807
2004年	1814	1795

（『2006年　日本はこうなる』講談社より作成）

バブル期以来
15年ぶりの上昇
東京23区の基準地価

KEY WORD
- 地価上昇
- 景気回復
- ミニバブル

　国土交通省が年に1回の調査で発表する基準地価で、**2005（平成17）年、東京23区の地価が上昇していることがわかった。**バブル崩壊後の長引く不況がようやく回復期に入ったという、明るい兆しのあらわれかもしれない。

　上昇率は、住宅地で0.5％、商業地では0.6％。**23区内の住宅地と商業地それぞれが、バブル経済崩壊後15年間続いた地価下落から脱け出したことになる。**全国平均では住宅地が3.8％、商業地が5.0％下落しているが、下落幅は、前回調査時より住宅地で0.8ポイント、商業地で1.5ポイント縮小しており、**全国的にも下げ止まりがはじまっていることをうかがわせた。**

　東京23区での地価上昇は、都市の再開発という背景を受けてのもののようだ。規制緩和が進み、商業用地の容積率が引き上げられるなどの条件で、民間資本による大型ビルの建設が見られたことが大きい。

　また、そうした景気回復を織り込んで、不動産ファンドの投資活動が活発になっていることも背景にある。都市生活者も現在の景気回復傾向と超低金利を受けて、都心回帰を目指したという事情も影響しているようだ。

　同様の傾向は名古屋、大阪などの大都市圏にも見られ、東京・名古屋・大阪の三大都市圏に限ってみると、住宅地・商業地の地価上昇ポイントは前年の80か所から520か所へと増え、点から面へと広がりを見せている。

　その一方、地価の格差は広がって二極化の傾向にあり、都市と地方といった差ばかりでなく、同一都市内にも見られるようになっている。この格差をどのように是正するかが、今後の土地政策の課題になりそうだ。また、都心の地価上昇は、今後**ミニバブル**といった様相を呈してくるのではないかとの懸念を表する向きもある。

コラム／基準地価

　国交省の公表する「基準地価」は、毎年7月1日におこなわれる調査結果で、土地取引の目安にされる。周辺の取引事例、土地の収益性などをもとに不動産鑑定士らが1㎡あたりの地価を算定したもので、調査対象地域は全国2万6521地点にものぼる。

データを読む

● 三大都市圏と地方圏の地価（住宅地）の推移 ●

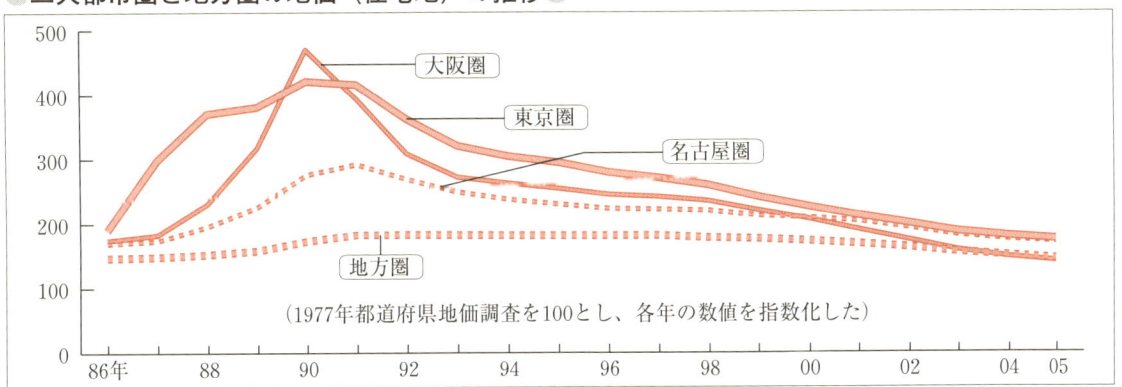

（1977年都道府県地価調査を100とし、各年の数値を指数化した）

（「朝日新聞」2005年9月21日より作成）

1章　市場経済　71

新たな広告の形
味の素スタジアム5年で12億円
ネーミングライツの契約金

KEY WORD
- ネーミングライツ
- 広告宣伝

コラム／企業の社会的責任（CSR）

ネーミングライツにより、人々の日常生活においてそれまでなじみのなかった企業の場合でも、その存在がより身近になった感がある。しかし最近では、さらに環境への配慮や雇用の確保、地域への貢献などを企業活動に組み込んで、社会と関わっていこうという動きがある。

データを読む

●命名権ビジネスの例●

施設の主な用途	企業名
●野球	インボイス、フルキャスト、ヤフー
●サッカー	味の素、日産自動車
●水族館	エプソン販売
●映画施設	メルシャン
●アイスホッケー	サントリー
●文化ホール	三和酒類、シャネル

（「読売新聞」2005年6月21日より作成）

ネーミングライツという耳慣れない言葉が日本で最初に使われたのは、2001（平成13）年、東京都調布市にある公共のサッカースタジアム、東京スタジアムが、その導入を決定したときだ。

ネーミングライツは**日本語では「命名権」と訳され、自社が所有しているわけではない施設に、特定の企業がその企業名を入れることを許される権利**のことである。アメリカでは、1980年代以降からプロスポーツ施設にスポンサー企業がつき、自社名や商品ブランド名を施設につけて広告宣伝の一環とする手法がおこなわれてきた。

日本では東京スタジアムが初導入として注目され、味の素がスポンサーとなり、以後「味の素スタジアム」と呼ばれることになった。そのときの契約金は、**5年間で12億円**だった。

高い買い物か安い買い物かは、スポンサーとなった企業の判断によるが、その企業の名が人目に触れる機会は広がる。試合を告知するポスターやテレビの番組欄には、試合のおこなわれるスタジアムの名が入るし、試合結果を伝えるスポーツ新聞は、やはりどこで試合があったかを記載するものだからだ。それを宣伝と考えれば、5年分の広告代金というわけだ。ある試算によると、**新聞や雑誌、テレビに出た時間等を広告費に置き換えると、年間66億円になる**という。

味の素スタジアムに続き、プロ野球界で福岡ソフトバンクホークスのホームスタジアムが「ヤフードーム」（2005年から5年契約25億円）へと、ネーミングライツによって改名している。

ネーミングライツは、なにもスポーツ施設に限ったものではない。水族館の品川アクアスタジアムがネーミングライツにより、エプソン品川アクアスタジアムと呼ばれることになった。

ネーミングライツ獲得は、知名度を高めたい企業が施設に広告機能を求める場合のほか、**自社のイメージチェンジに利用できたり、社内の求心力を高める効果が得られるメリットもある。

世界に誇る日本のブランド
日本で1位、世界で9位
1兆7500億円にものぼるトヨタの経常利益

KEY WORD
- 経常利益
- カンバン方式

長い不況に襲われていた日本にあっても、優良企業の屋台骨はゆるがないもののようだ。2004（平成16）年に**自動車メーカーのトヨタは、経常利益1兆7500億円を超えて国内1位**だった。世界でも9位にランクインして、トヨタ・ブランドの強さを見せつけている。

トヨタ好調の秘密は、海外での売り上げの拡大にある。2005年9月期の中間決算でも引き続き好調を保ち、売上高は過去最高を示し、**2000年度からのわずか5年で、販売台数を約250万台も増やした**。

とくに**北米での売り上げ増**が好成績をもたらしており、米国1位の自動車会社ゼネラル・モーターズとの差も縮まっていて、アメリカ三大メーカー、フォード、ダイムラー・クライスラーの一画に、しっかりくさびを打ち込んだ状態だ。

上昇を続ける原油高の影響もあり、燃費のよい日本車の人気に結びついているが、なんといってもプリウスが代表するハイブリッドカーでのブランド力が小型車にも影響し、**販売台数前年比10.5％増**へとつながった。06年には850万台を超えるという見通しもある。

しかし、トヨタの好成績は売り上げ増だけがもたらしたものではない。**徹底的にムダを省く「カンバン方式」といわれるトヨタ独自の生産方式**のたまものでもある。

さらに、アメリカのテキサス工場、中国・広州の合弁工場に加え、ロシア、カナダなどでも生産能力の向上を図っての投資をおこなっている。

資源に恵まれない日本では、技術力・開発力と経営戦略で勝ち抜くしかないのである。

コラム／カンバン方式

トヨタを日本一にまで押し上げた生産方式で、徹底してムダを省くために取り入れた。カンバンと呼ぶ品名や数を記した札が、すべての指示のもとになる。そのカンバンどおりのものを調達することで在庫を減らし、効率のよい生産体制が図れるのである。

データを読む

●日本の経常利益ランキング● （2004年連結決算）

順位	名称	経常利益
1	トヨタ自動車	1兆7546億円
2	日本電信電話（ＮＴＴ）	1兆7233億円
3	ＮＴＴドコモ	1兆2882億円
4	日産自動車	8557億円
5	みずほフィナンシャルグループ	6575億円
6	ホンダ	6568億円
7	三菱ＵＦＪフィナンシャル・グループ	5933億円
8	キヤノン	5521億円
9	ジェイエフイーホールディングス	4607億円
10	武田薬品工業	4421億円

●世界の経常利益ランキング● （2005年11月公表分）

順位	名称（国・業種）	経常利益
1	エクソンモービル（アメリカ・石油）	253億ドル
2	ロイヤルダッチ（オランダ／イギリス・石油）	185億ドル
3	シティグループ（アメリカ・銀行）	170億ドル
4	ＧＥ（アメリカ・コングロマリット）	166億ドル
5	ＢＰ（イギリス・石油）	157億ドル
6	バンクオブアメリカ（アメリカ・銀行）	141億ドル
7	シェブロンテキサコ（アメリカ・石油）	133億ドル
8	ファイザー（アメリカ・薬品）	114億ドル
9	トヨタ（日本・自動車製造）	111億ドル
10	ＡＩＧ（アメリカ・保険）	109億ドル

（「フォーブス」世界の経常利益ランキング 2005年11月公表分より作成）

記録的活況の立役者
全投資家の4分の1
420万人を超えたデイトレーダーの割合

KEY WORD
- デイトレーダー
- インターネット

コラム／株の誤発注問題

2005年12月、みずほ証券が「61万円で1株売り」のジェイコム株を「1円で61万株」と誤って発注してしまった。このときあらためて注目されたのが、デイトレーダーの存在だ。ネット上の情報で目ざとく見つけた彼らは、大量にジェイコム株を購入。その結果、個人投資家以外の取引も含め、みずほ証券は400億円もの損失を計上した。

　東京株式市場は、2005（平成17）年4月から12月までの間に記録的な活況を呈し、**日経平均株価は終値ベースで20.3％も上昇**した。11月8日には、東証1部の出来高が、史上初めて40億株台にのり、**平均株価は1週間で700円以上も急上昇**。バブル絶頂期の1989（平成元）年でさえ、1日の平均出来高は10億株程度であったことと比べても、記録ずくめの大商いが続いたことがわかる。

　株式市場の活況の最大の立役者となっているのが「デイトレーダー」と呼ばれる個人投資家である。ここ数年、**インターネット専業証券を通じて、1日に何度も株取引を繰り返して、1円、2円の細かな利ざやを稼ぐデイトレーダー**が急増し、株式市場の様相を大きく変えている。

　日本証券業協会の発表によると、デイトレーダーの取引は国内市場の売買代金全体の4分の1を占めるまでに成長し、最近の株価上昇の大きな要因になっている。

　インターネット調査会社のネットレイティングスの2005年11月度の調査によると、インターネットで株取引をおこなうオンライン証券サイトの利用者が急増し、420万7000人となり、**前年11月の288万6000人から46％も増加**した。

　デイトレーダーが急増した原因は、**売買単位である単元株の引き下げ**などで、10万円以下でも手軽に株が買えるようになったことが、まず大きい。さらに、インターネット証券は、売買の手数料を大幅に安く抑えているので、投資家は手数料分を気にせず、1日に何回も売買を繰り返し、手軽に利ざやを稼いでいる。

　株式投資が非常に身近になり、デイトレーダーには、主婦やサラリーマンなども多く見られる。彼らはネット上の情報を見ながら「5分で7万円儲けた」「30分で20万円稼いだ」など、戦果をネット上で報告し合っているという。

　手軽に誰にでもできる半面、ゲーム感覚の投資家も多く、どういう企業かも知らずに売買しており、株価が調整局面に入ると、大損することもある。不公正な取引が広がる可能性もあり、デイトレーダーには、危険が伴うことも問題視されている。

データを読む

●インターネット取引の売買代金と全体に占める割合の推移

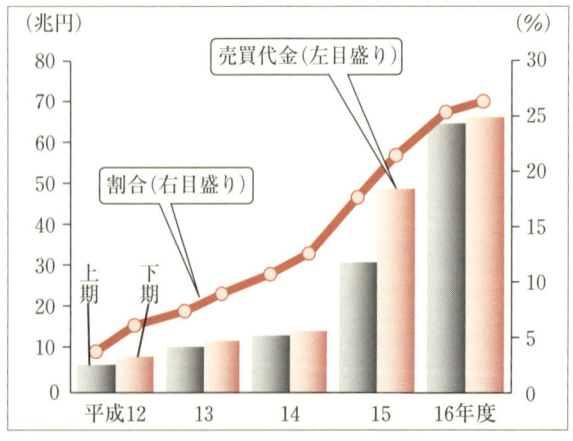

（「産経新聞」2005年10月28日より作成）

あなたも社長になれる
2万413社
"1円起業"によって設立された会社の数

KEY WORD
- 新会社法
- 中小企業挑戦支援法

コラム／増える設立会社数

1円起業制度が創設された2003（平成15）年から、会社の設立数自体も増えている。施行前1年間の設立会社数が8万4800社だったのに対し、施行1年目は9％増の9万3900社、2年目は10万社を超え、12％も増加した。

データを読む

●設立会社数に占める「1円起業」の割合●

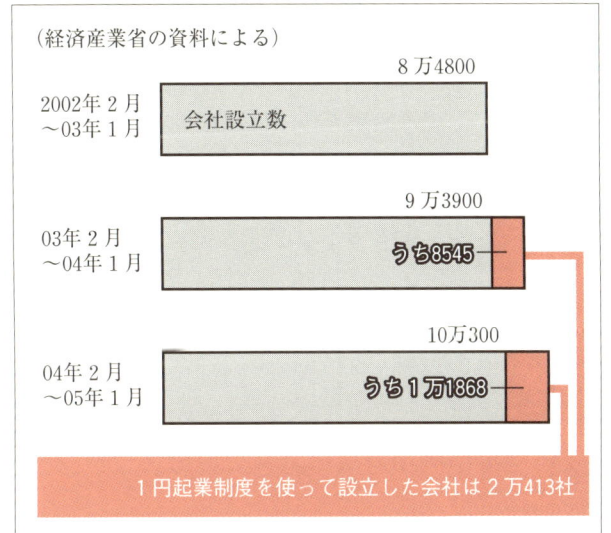

（経済産業省の資料による）

期間	会社設立数	うち1円起業
2002年2月～03年1月	8万4800	
03年2月～04年1月	9万3900	うち8545
04年2月～05年1月	10万300	うち1万1868

1円起業制度を使って設立した会社は2万413社

（「読売新聞」2005年7月19日より作成）

　これまでの会社法では、株式会社なら1000万円、有限会社なら300万円の最低資本金が必要だった。しかし、2006（平成18）年度からの**新会社法**施行により、**資本金1円で起業**することが可能となった。

　これは、2003（平成15）年の「**中小企業挑戦支援法**」によって5年間の期間限定ではじめた「1円起業」が好評なため、この制度を恒久化したものである。1円起業とはその名があらわすとおり1円で起業でき、5年間の猶予期間のうちに旧会社法で定められた最低資本金を用意することができればいいという仕組みだ。この制度を利用して起業した数は、**2003（平成15）年からの2年間で2万413社**に達した。このなかの約1800社は、最低資本金増資に成功している。もっとも新会社法の施行によって、最低資本金の増資の壁はなくなった。

　「1円起業」の発端は、バブル崩壊によって、日本経済が大きなダメージを受けたことにある。**1999（平成11）～2001（平成13）年の平均「開業率」は3.8％**、それに比べて「廃業率」は4.2％にもなり、「廃業率」が「開業率」を上回った。このままでは経済は停滞し、雇用拡大の見込みもないということで、活性化の起爆剤として導入された。背景には、**日本企業の半分以上は中小企業で、そのうち約190万社が有限会社であること**も見逃せない。つまり、日本の大半の企業は、資本力が小さいのである。そのため、資本金の規定を撤廃すれば、それだけ起業の機会が増えるだろうとの構想だった。

　「1円起業」の狙いはみごとに成功したが、これにより起業しやすくなる半面、実態のない「ペーパーカンパニー」の設立による悪用も懸念されている。また、起業したものの、資本金がないために運転資金が底をつき、すぐに廃業を迫られるケースも予想される。日本経済の活性化のためには、起業家の経営手腕を養成するようなサポート体制が必要になる。

1章　市場経済　75

最近よく聞くあの言葉！
1年で2400件以上
過去最高を更新した企業のM＆A件数

KEY WORD

● M＆A

コラム／M＆Aの基礎用語

「合併」には、どちらかだけが存続する「吸収合併」と新会社を設立する「新設合併」がある。経営権を握ることを目的に市場で株を買い付ける制度を「公開買い付け（TOB）」という。ターゲットの経営陣が同意しない場合は敵対的TOBと呼ばれる。営業にかかわるすべてを譲ることを「営業譲渡」という。

ライブドアのニッポン放送買収劇、村上ファンドの阪神電鉄株の大量買い、楽天とTBSの問題など、新勢力の企業による既存企業への買収問題が話題になった。このような企業の合併や買収を**M＆A**（merger and acquisition）と呼ぶ。M＆Aというと、日本では企業の乗っ取りといったイメージがあり否定的な見方をする人が少なくないが、国際競争力をつけるためには、企業が合併して規模が大きくなることや、それぞれの強みを生かした企業体になることが必要となってきている。話題のライブドアや楽天といったITベンチャー企業をはじめとして、M＆Aに取り組む企業が日本でも増えてきた。

M＆Aの魅力は、ゼロから会社をつくり上げなくても、すでに業績を上げている会社を買ったほうが、**手っ取り早く収益を上げられる**ことにある。企業側でも、採算のあまりよくない事業は切り離したいので買ってくれるところがあれば売りたい、自社の得意部門をさらに拡大するために、あの会社の技術が欲しい、放送や電鉄事業などの認可事業に進出するためには、あらためて認可を申請するよりも、既存の会社を買収したほうが早いなど、さまざまな思惑がからむ。

また、フランスのルノーが日産自動車を傘下におさめたように、海外からのM＆A組も多い。M＆Aは、企業戦略の柱となってきていて、**買収だけでなく、業務提携や出資などの事業戦略を総称してM＆Aとすることもある**。2005（平成17）年の日本企業がらみのM＆Aは11月までで2400件以上にのぼり、過去最高となった。

企業がお互いの得意分野を伸ばし企業価値を高める理想的なM＆Aがある半面、M＆Aと称しながらも買い集めた株式を転売して利ざやを稼ぐだけの例もある。マネーゲームのターゲットになったり、吸収合併されたりしないような対抗策を講じる必要性も論じられている。

データを読む

●M＆Aの件数と公表金額●

（レコフ調べ。2005年は1月～11月の数値）

公表金額（右目盛り）
M＆Aの件数（左目盛り）
2450件
9兆8400億円

2000　01　02　03　04　05年

（「読売新聞」2005年12月5日より作成）

リストラの対象に？
増やさない企業4割
法改正と現実の狭間で揺れる団塊の世代の再雇用

KEY WORD
- リストラ
- 団塊の世代
- 改正高年齢者雇用安定法

コラム／2007年問題とは

団塊の世代（1947＝昭和22～1949＝昭和24年生まれ）の中でも1947年生まれが2007年に60歳を迎え、大量に退職する。ベテランの一挙退職により、高度な技術やノウハウの継承が途絶えたり、退職金の増加による企業体力の低下など、企業が大きなダメージを受けることが予想されている。

現在、ほとんどの企業が60歳定年を採用している。このうち7割の企業に、勤務延長や退職後再雇用などの継続雇用制度があるが、実際に60歳を超えてからも雇用が継続されるのは3割に満たない。**7割以上は60歳で定年を迎えているのが現実である。**

しかし、2007年問題に代表されるように、**団塊の世代**（1947～49年生まれ）の大量定年がやってくる。一挙に団塊世代が退職した場合のデメリットを考慮して、2006（平成18）年から「**改正高年齢者雇用安定法**」が施行され、これにより、**企業には65歳まで働ける環境を整備する義務が生じる**ことになる。具体的には、①定年を65歳までに引き上げる、②定年を設けない（定年制度の廃止）、③退職後の再雇用などの継続雇用制度を導入する、のうちいずれかの実施である。

では、「改正高年齢者雇用安定法」により、60歳代の雇用はどれほどの拡大を得られるのだろうか。施行後2年程度の期間に60歳以上の人の雇用を「増やす予定」と回答した企業は1割にとどまった。反対に、**「増やす予定はない」と回答した企業が36％で、約4割にものぼった。** 依然として、60歳以上の人の雇用は厳しいという結果である。企業によると、60歳以上の人の雇用に消極的なのは「高年齢者に適した仕事がないため」で、60歳定年制を敷いてきたために、そもそも職場に高年齢者の活用の場が存在しないのだという。また、「高年齢者は体力、健康面で無理がきかない」と考えており、戦力としても魅力が薄いこともあげている。高年齢者の雇用については、**中小零細企業ほど消極的な傾向がある**のも、体力面の懸念が影響しているとの指摘がある。高年齢者の雇用拡大には、法律の施行だけではなく、高年齢者が多様に働けるような仕事や仕組みを構築する必要があり、これは民間企業だけでなく官民一体の取り組みが求められている。

データを読む

●60歳以上の雇用に対する企業の積極度●

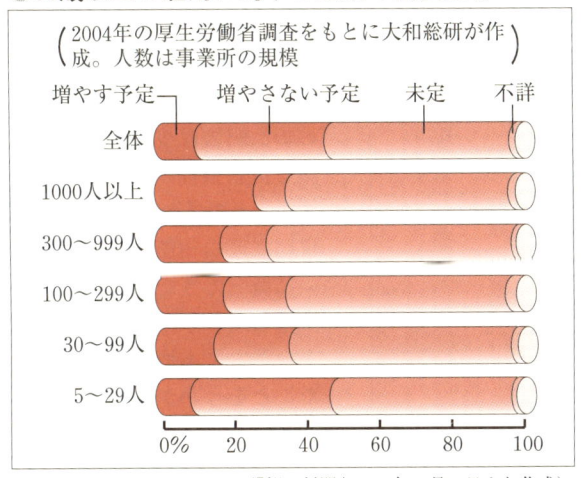

（2004年の厚生労働省調査をもとに大和総研が作成。人数は事業所の規模）

凡例：増やす予定／増やさない予定／未定／不詳

全体／1000人以上／300～999人／100～299人／30～99人／5～29人

（「朝日新聞」2005年10月16日より作成）

1章　市場経済

景気回復は本格化している
前年比10％減
10年ぶりに減少に転じた自己破産申し立て件数

KEY WORD
- 自己破産
- 多重債務
- 債務整理

コラム／自己破産による資格制限

免責決定までを待つ期間、司法書士・弁護士・公認会計士・税理士・弁理士・行政書士・社会保険労務士・宅地建物取引主任者・旅行業務取扱主任者・司法修習生の資格は停止され、その業務をおこなうことはできない。

　バブル経済の破綻後、増え続けていた**個人による裁判所への自己破産申し立て件数**が、2004（平成16）年には21万1400件あった。これは前年に比べると、**10％（約3万件）少ない数字**である。

　前年まで9年連続で増加し、3年連続20万件を超えて自己破産数の最高記録を更新し続けていた自己破産が減少に転じたことは、景気が回復傾向にあることの証明ととらえていいのかもしれない。

　それより前、2003（平成15）年には、企業の破産申し立て数も減少に転じていて、その変化が個人への影響となってあらわれたもののようだ。

　自己破産申し立て件数の減少は、逆に破産手前の個人再生手続き申し立て件数の増加という形になってあらわれてもいる。返済に行き詰まって破産する前に、なんとか再生のめどが立つことがわかったというケースである。

　個人事業主が、機械のローンに追われながら、親会社の倒産のあおりで借金の返済に苦しむといったような例では、下請け仕事の新規開拓でなんとか立ち直りの道が見つかるといったことが起きつつあるのだ。

　もともと自己破産というのは、**借金が多重債務になったりして返却不能になったとき、返済能力のないことを裁判所に申し立てて、免責してもらうこと**をいう。土地・家屋などがあれば換金して債権者に配当するが、その限度を超えての返済は免責となるし、生活必需品まで根こそぎ売り払うようなことはしなくてすむ。

　自己破産申し立てをしてから、免責の決定が出るまで少し時間がかかるので、いくつかの公的資格が停止され職業につけなくなる場合があるものの、実害は少ない。自己破産と債務整理の手続きを担当することの多かった弁護士も、自己破産の相談者の数がしだいに減ってきた実感があると証言しており、景気回復傾向がいよいよ本格的にはじまったことをうかがわせる。

データを読む

●自己破産申し立て件数の推移●

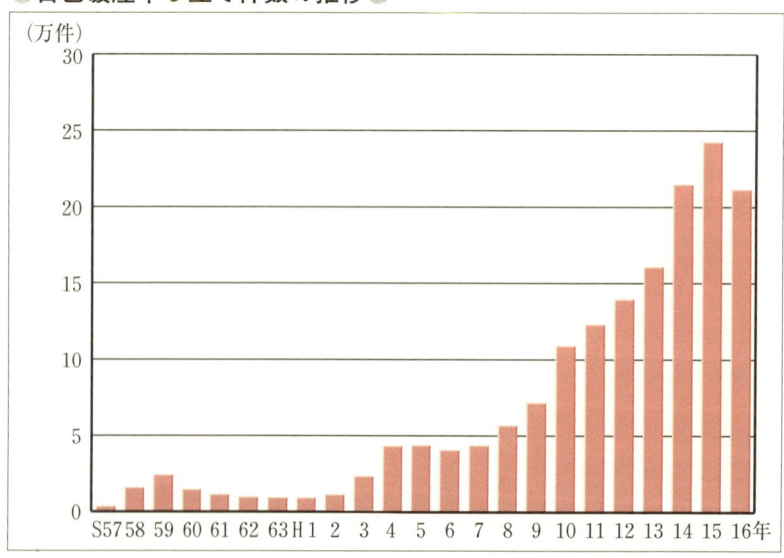

（全国貸金業協会連合会ＨＰより作成）

所得格差はまだまだ大丈夫!?
世界2位
日本の世帯ごとの所得格差

KEY WORD
- ジニ係数
- 所得格差

　日本は、「一億総中流」といわれてきたが、近年では少しずつ世帯ごとの格差が広がっている。世界銀行が1993年から2002年にかけて調べたところによると、**所得格差をあらわすジニ係数は、世界平均で0.41**。ジニ係数では、1に近づくほど所得格差が広がり、0に近づくほど格差が少ないとされる。
　日本のジニ係数は0.249となっている。これは、デンマークについで低い数値であり、**世界で2番目に平等な社会**だといえる。
　日本におけるジニ係数は、太平洋戦争終結時から下がり続け、その傾向は1980年代まで継続された。ところが、1990年代に入ると、徐々に上昇しはじめた。最近しばしば所得格差の問題が論じられるが、ジニ係数を見るかぎり、**すでに90年代以降から日本は少しずつ所得格差が広まっていたことになる**。
　所得格差の広がりの原因としては、高齢者世帯の増加があげられる。公的年金は所得として計上されないので、高齢者世帯の所得額が実際の所得よりも低く計算されるからだ。
　また、単身世帯も一般的に低所得の世帯が多いが、この単身世帯の増加も数値上の所得格差を広げているものと思われる。
　以上のことよりも、さらに実感としての所得格差を生み出しているのが、企業の賃金制度の変革だろう。日本独特の年功序列型賃金制度をやめ、個人の能力によって賃金が変動する成果主義を導入する企業が増えた結果、同じ企業の社員でも所得の格差が広がってきた。
　「社会階層と移動」全国調査（1995年）によると、**親が高収入の子どもは高収入に、親が低収入の子どもは低収入になる傾向がある**という。これは、高収入の親は子どもの教育に多額のお金をかけられるが、リストラや倒産にあった親の場合、生活が苦しく子どもに十分な教育をさせてやれないからだ。また義務教育においても、公立と私立の学力差は広がる一方で、高収入の親でなければ私立にやれないことが学力の差を生み出しているとの指摘もある。さらに、低所得の高齢者ほど健康状態がよくないといった報告もなされている。

コラム／ジニ係数
ジニ係数は1936年に、イタリアの統計学者ジニが考案した、所得分配の不平等さを示す指数のことである。

データを読む
●ジニ係数の低い上位10か国●

1位	デンマーク	0.247
2位	日本	0.249
3位	ベルギー	0.250
〃	スウェーデン	0.250
5位	チェコ	0.254
6位	スロバキア	0.258
〃	ノルウェー	0.258
8位	ボスニア・ヘルツェゴビナ	0.262
9位	ウズベキスタン	0.268
10位	フィンランド	0.269

（『今がわかる時代がわかる世界地図（2006年版）』成美堂出版より作成）

2章　生活と経済

それでも英仏よりも2割安い
63%
分煙・値上げが進むたばこの税額

KEY WORD

● 禁煙
● たばこ税

近年、**禁煙**の流れが急速に進んでいる。飲食店などで終日禁煙となっている店が増え、なかには居酒屋ですら全面禁煙とする店も登場している。そうした流れを受けてか、路上での喫煙を禁止する自治体も増えてきた。

日本のたばこの価格は、ほかの先進諸国に比べてかなり安い。2005（平成17）年1月現在の円換算で比べると、イギリスの「ベンソン＆ヘッジス」982円、フランス「ゴロワーズ」621円に対して、日本の「マイルドセブン」は半値以下の270円。たばこにかかる税にしても、「ベンソン＆ヘッジス」758円、「ゴロワーズ」499円、「マイルドセブン」171円で、**税の割合もイギリス、フランスが8割前後なのに対して、日本は63％で2割も安い**。

2006（平成18）年からたばこ税が1本1円引き上げられるが、それでも世界の基準からすればまだまだ安いほうだ。たばこ増税に関しては、2005年12月21日の与党の税制調査会幹部との会談で、小泉首相が「1本5円、10円上げてもよかった」と語っている。

2005年の自民党厚生労働部会では「たばこ増税をして喫煙による健康被害を防止できれば、医療費の抑制にもつながる」「ほかの国に比べて、日本はたばこが安すぎる」などの意見が出され、たばこ税の税率を上げて、増税により増えた分の税収を生活習慣病対策にあてるとする要望を党の税制調査会へ出すことを決定した。日本医師会からも「たばこ税を大幅に引き上げることで、喫煙者は2～3割減るが、値上げ分で税収自体は増える」として値上げの要望があった。

増税したい財務省にとっては、歳出が増大する一方の医療制度改革とも結びつく意見は歓迎のはずだが、いまのところ動きはない。背景には、財務省幹部の天下り先のひとつである日本たばこ産業（JT）に配慮しているのではないかとの見方もあるが、「**禁煙するためにたばこの増税を**」との世論が高まれば検討する余地も生じるのではないかと見られている。

コラム／たばこの箱の警告表示

2005年7月から、国内販売されるすべてのたばこの警告表示が大きくなった。箱の警告表示が「健康を損なうおそれがあります」から「喫煙はあなたにとって肺がんの原因の一つとなります」といった具体的なものに、表示場所も箱の側面から、表・裏それぞれの3割以上を占くことが義務づけられた。

データを読む

● たばこ1箱あたりの価格 ●　● たばこ税の仕組み ●

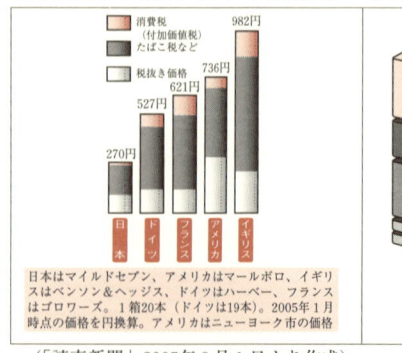

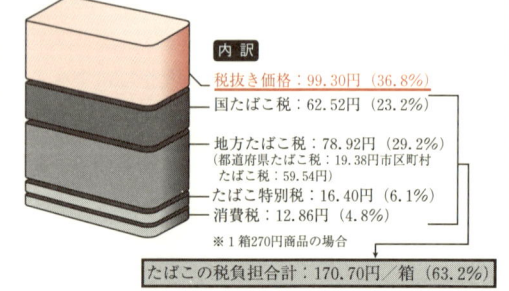

日本：270円　ドイツ：527円　フランス：621円　アメリカ：736円　イギリス：982円

日本はマイルドセブン、アメリカはマールボロ、イギリスはベンソン＆ヘッジス、ドイツはハーベー、フランスはゴロワーズ。1箱20本（ドイツは19本）。2005年1月時点の価格を円換算。アメリカはニューヨーク市の価格

（「読売新聞」2005年8月1日より作成）

内訳
税抜き価格：99.30円（36.8％）
国たばこ税：62.52円（23.2％）
地方たばこ税：78.92円（29.2％）
（都道府県たばこ税：19.38円　市区町村たばこ税：59.54円）
たばこ特別税：16.40円（6.1％）
消費税：12.86円（4.8％）
※1箱270円商品の場合
たばこの税負担合計：170.70円／箱（63.2％）

（JTHPより作成）

国とメーカーの思惑が交錯する
約50%
減税が検討されるビールの税率

KEY WORD
- 酒税
- ビール

コラム／海外のビールの税率

欧米では、ウイスキーなどの蒸留酒が高税率、ビールやワインなどの醸造酒が低税率なのが一般的だが、日本は逆だ。ビールの税率を比べてみると、日本はアメリカの約10倍、ドイツの20倍となっている。そのため、日本のビールの小売価格は世界でも屈指の高価格である。

現行の酒税法では、製造方法の違いや原料の種類・分量によって、税率が10種類に分けられている。たとえば350mlで比べても、**ビールの酒税は約78円、発泡酒は約47円、第三のビールは24～28円ぐらい、ワインは約25円**になる。政府は、2006年度の税制改正で、現在細かく分かれている酒税体系を3、4分類程度に簡素化する方針だ。具体的には、果実酒、清酒などの「醸造酒」、ウイスキー類や焼酎などの「蒸留酒」、ビールや発泡酒などを「ビール類」などにまとめる。これは、現行の酒税法の間をぬって、税金が安くなるビール風味のアルコール飲料などの新商品が出るたびに課税強化をするといった攻防を避ける狙いがある。酒税法が改正されると、たとえばビール類では、**今までもっとも税率の高かったビールの税率は下がるが、もっとも低かった第三のビールの税率は引き上げられる**。

酒税の改正が大きな関心を呼んでいるのは、政府にとって酒税は貴重な財源であるためだ。たとえば、現在ビールの酒税率は50%弱で、ビールの2本に1本は税金ということになる。これほど税率が高くなるのは、**ビールにかかる税金は酒税として43.78%、さらに消費税として5.0%が加算される、二重課税になっている**からだ。

1989（平成元）年、自動車、貴金属、電化製品などの高額商品にかかっていた物品税が廃止され、そのかわり広く薄く税金がかかる消費税が導入されたが、アルコールとたばこは依然として「贅沢な嗜好品」という扱いで、消費税とは別に独自の税がかけられたままである。なかでも、購入数量・購入金額ともに第1位になっているビールがもっとも高い税率になっており、これは直接家計を圧迫している。酒税法が改正されれば、ビールの税率は下がるので、一見、消費者にとっては歓迎すべきことのように思われるが、**低価格の実現のためにメーカーが開発した発泡酒、第三のビールの購買欲を損なうとして、酒業界からは反発を招いている**。

データを読む

2003年度酒類各種の課税額（合計1兆6792億円）

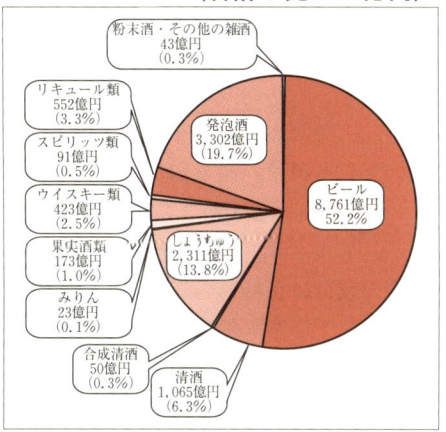

- ビール 8,761億円（52.2%）
- 発泡酒 3,302億円（19.7%）
- しょうちゅう 2,311億円（13.8%）
- 清酒 1,065億円（6.3%）
- リキュール類 552億円（3.3%）
- ウイスキー類 423億円（2.5%）
- 果実酒類 173億円（1.0%）
- スピリッツ類 91億円（0.5%）
- 合成清酒 50億円（0.3%）
- 粉末酒・その他の雑酒 43億円（0.3%）
- みりん 23億円（0.1%）

（国税庁「酒のしおり」（平成17年2月）より作成）

レギュラー缶（350ml）1缶あたりの酒税（2003年5月1日から）

ビール	77.70円
発泡酒（麦芽使用率50%以上）	77.70円
発泡酒（麦芽使用率25%以上50%未満）	62.34円
発泡酒（麦芽使用率25%未満）	46.98円
第三のビール	24～28円

2章 生活と経済

サラリーマン年間平均給与の 3 年分
約1300万円

0歳から21歳まで、1人の子どもを育てる費用

KEY WORD
- 出生率
- 養育費

コラム／社会全体の子育て費用

内閣府は、2005年版「少子化社会白書」のなかで、「18歳未満の子どもを育てるのに社会全体で約38兆5000億円かかる」という試算をまとめた。その内訳は、教育費が約20兆3000億円、生活費約12兆7000億円、家庭内育児活動費が約8兆1000億円である。

データを読む

●1人の子どもを育てる費用の内訳●

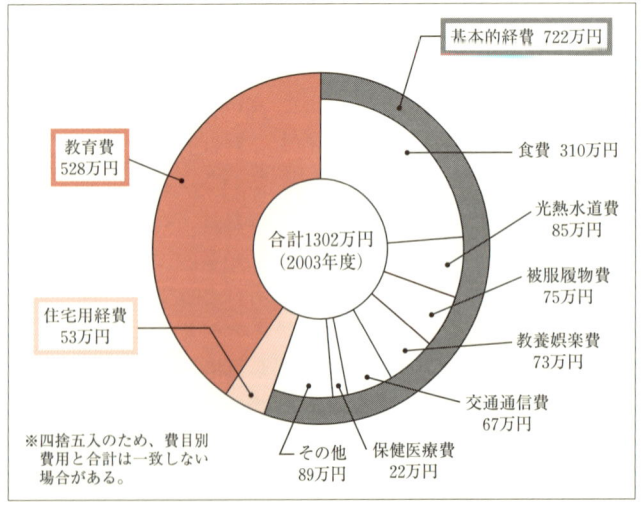

- 基本的経費 722万円
  - 食費 310万円
  - 光熱水道費 85万円
  - 被服履物費 75万円
  - 教養娯楽費 73万円
  - 交通通信費 67万円
  - 保健医療費 22万円
  - その他 89万円
- 教育費 528万円
- 住宅用経費 53万円

合計1302万円（2003年度）

※四捨五入のため、費目別費用と合計は一致しない場合がある。

（『厚生労働白書』の資料より作成）

　日本の出生率は年々低下し、**2005年**にはついに**総人口**が**減少**に転じた。人口の減少は経済や社会保障、労働問題に深刻な影響を及ぼすと予想されている。しかし、なぜ日本の出生率は低下の一途をたどっているのだろうか。国立社会保障・人口問題研究所がおこなっている出生動向調査によると、その大きな理由は、子育てや教育に莫大な費用がかかるという**経済的問題**にありそうだ。

　2005（平成17）年の国民生活白書によると、0歳から21歳までに**1人の子どもを育てる費用は約1300万円**にもなる。その内訳は、基本的経費が約722万円。教育費が約528万円、住宅用経費が約53万円となっている。基本的経費に含まれるのは食費、光熱水道費、被服履物費などである。

　2人目の子どもは1人目の8割、3人目は6割と少しずつ子育てに関する費用は減少する。だが、民間の調査では、教育機関を大学まですべて国公立とした場合の**教育費**だけでも、**1100万円**かかるというデータもあり、いかに教育にお金が必要かがわかる。年齢別では、0〜21歳のうち15〜17歳から教育費が増加し、18〜21歳で子育て費用がピークに達する。世帯主と同世代の、**子どもがいない家庭**と比べると、**支出額は30％弱も上回る**。

　1人の子どもを育てる費用の過去5年間の動向を見ると、ほぼ横ばいになっている。その内訳の変化を見ると、住宅ローンの返済額が大きく増加しているほか、交通、通信費の増加が目立つ。子どものいない世帯に比べて、子どもがいる世帯では、持ち家率が高く、また、携帯電話やパソコンなどの情報通信機器が子どもの生活に浸透してきていることをうかがい知ることができる。

　しかし、これらの経費をまかなう子育て世代の実質所得は、過去10年間伸びていない。とくに、20代を中心として若年層では、パート、アルバイトで働く母親が急増しているが、**収入は正社員の3割程度**で、これでは安心して子どもを産み育てることができないと考え、子どもを産まない選択肢をとる人も出ていると思われる。

苦肉の税収対策か？
年間2100円
新たに導入される環境税の1世帯負担額

KEY WORD

- 環境税
- 地球温暖化

コラム／日本の二酸化炭素排出量

日本の温室効果をもたらすガスの総排出量は、2003（平成15）年現在で13億3910万t。このうち、二酸化炭素量は12億59万tで94％を占める。これは、京都議定書の規定基準年1990（平成2）年と比べると、1人あたりの排出量で8.3％の増加にあたる。

データを読む

●単位量あたりの税率●

	税率（円／単位）
石炭（kg）	1.58
灯油（ℓ）[1]	0.82
重油（ℓ）	1.80
天然ガス（kg）	1.76
ＬＰＧ（kg）	1.96
都市ガス（㎥）[2]	1.38
電気（Kw/h）[2][3]	0.25
揮発油（ℓ）	1.52
軽油（ℓ）	1.72
ジェット燃料（ℓ）	1.61

揮発油、軽油、ジェット燃料については、当分の間、適用停止。
(1)灯油については税率を一律2分の1軽減。
(2)都市ガス、電気については、原燃料課税分が電気料金、都市ガス料金にすべて転嫁された場合の税率に相当する率。
(3)電気に係る排出係数は、全電源平均をとったもの。

（環境省ＨＰより作成）

産業革命以降、石油などの化石燃料の使用が急激に増えたため、大気中の二酸化炭素の濃度が増し、地球の平均気温が上がる「**地球温暖化**」が進んでいる。このまま二酸化炭素濃度が上昇すると、2100年には、1990年の気温に比べて、**1.4～5.8℃も上昇する**との報告があり、地球温暖化への対策を決めた京都議定書（2005年2月発効）により、日本は**6％削減**を義務づけられている。

こうした流れの中で、温暖化問題への取り組みのひとつとして、日本政府が打ち出したのが**環境税**である。環境税とは、**二酸化炭素の排出量に応じて、企業や国民から徴収する税金**である。具体的には、ガソリン、石炭、灯油、軽油、重油、ガスなどの化石燃料と電気を使うたびに、環境税がかかる。

税額は、ガソリンで1ℓあたり1.52円、灯油1ℓあたり0.82円、LPガス1kgあたり1.96円、都市ガス1㎥あたり1.38円、軽油1ℓあたり1.72円、電気1Kw/hあたり0.25円である。原油の高騰を配慮して、当面は、ガソリン、軽油、ジェット燃料では徴収しない。

実施は、2007年1月からで、環境省では年間の税収入として3700億円を見込んでいる。これは、**1世帯あたり年間2100円の負担**となる。

環境税で徴収したお金は、森林資源の整備や保全、家庭や企業の省エネ促進活動など、温暖化対策に全額あてることになっている。こうした取り組みは、温暖化対策費の確保というだけでなく、国民に「**温暖化**」の深刻性を認識してもらい、**省エネ意識の拡大を図る**意味でも重要であるというのが、環境省の主張である。

一方で、経済界からは、「日本企業の国際競争力を低下させる」といった反発が出ているが、小泉首相は、ガソリンなどにかかる税金の使い道が道路建設などに限られている現行の「道路特定財源」を見直したい考えがあり、その論議のなかで、この環境税が台頭してくるのではないかといった見方が出てきている。

やはり公務員がいちばん安定した職業か
最大73万円
45年後は倍以上にふくらむ公務員とサラリーマンの年金格差

KEY WORD
- 年金
- 厚生年金
- 共済年金

年金制度改革の問題が注目されている。少子高齢化の時代を迎え、現在の日本の年金制度では安心した老後の暮らしは約束できないという批判が多い。そんななか、サラリーマンと公務員の年金額の差が大きいことが、2005（平成17）年、厚生労働省などの調査により明らかにされた。

サラリーマンと公務員の年金を比較すると、**2005年現在、公務員世帯のほうが、年間54万～73万円多く、45年後の2050年には年間114万～152万円に差が拡大する**と発表されたのである。

日本の公的年金は、20歳以上60歳未満のすべての人が加入を義務づけられている国民年金が土台になっていて、加入者は、老後に基礎年金を受け取ることができる。建物の1階、2階で説明されるが、自営業者は公的年金はこの基礎年金の1階部分だけ。サラリーマンの厚生年金、公務員の共済年金は、その上に乗った2階部分となっており、老後は基礎年金のほかに厚生年金や共済年金が支給される。

さらに、サラリーマンと公務員の年金には違いがある。それは国家公務員や地方公務員の共済年金には、**職域年金という3階部分が加算される特典**があることだ。このため、夫婦ふたりの老齢年金は、**2005年は月額でサラリーマン世帯が23万3000円なのに対して、国家公務員は27万8000円、地方公務員が29万4000円となり、4万5000～6万1000円多い**。さらに、45年後の2050年には、サラリーマンが月額49万1000円なのに対して、国家公務員は58万6000円、地方公務員は61万8000円と、**月額で9万5000から12万7000円に差は拡大する**計算である。この拡差の原因は、**公務員の職域加算と、平均年収がサラリーマンよりも高いことがあげられる。**

共済の支払いには、1兆8000億円の税財源が投入されている。2003（平成15）年には、「追加費用」という名目で、国家公務員に5187億円、地方公務員に1兆3352億円が投入された。今後政府は、**格差是正のための官民の年金一元化を、年金改革の柱とし掲げていく。**

コラム／約2兆円の税財源投入

2005年現在、共済年金の支払いには約2兆円の税財源が投入されている。共済年金制度が導入される以前は、公務員の退職後は税財源による恩給制度で保障してきた。その経緯から「追加費用」として今も税財源があてられている。

データを読む

●共済年金と厚生年金●

	公務員	サラリーマン
3階	職域相当部分（上乗せ年金）	企業年金（企業が任意で設ける厚生年金基金など）
2階	共済年金	厚生年金
1階	基礎年金（国民年金）	基礎年金（国民年金）

●サラリーマンと公務員の年金格差●

	厚生年金	国共済	地共済
平成17年(2005)	23.3万円	27.8万円	29.4万円
62年(2050)	49.1万円	58.6万円	61.8万円

（夫婦ふたりの年金月額、基礎年金含む、共済は職域加算部分を含む）

高齢者の負担ズシリ
1割増

医療制度改革で引き上げられた70歳以上高齢者の医療負担

KEY WORD
● 小さな政府
● 医療費抑制

> **コラム／医療費改革の圧縮効果**
>
> 医療費を含む社会保障費は、2006年度の予算では約8000億円増が見込まれていて、政府はこれを3000億円程度に抑えることを目指していた。しかし、自己負担を求める今回の改革では、最終的に約350億円の圧縮効果しか得られないことになる。

これからの日本が目指すものとして、**大きな政府から小さな政府へ**という表現が使われることが多い。小さな政府とは、改革の象徴のようにいわれる郵政民営化などのように、国がおこなう事業の縮小のことばかりではない。なにもかもを政府が抱え込むのではなく、**国民一人ひとりができることは自分でしなくてはならなくなる**ということなのだ。

その小さな政府を目指した結果が、すでに**医療費抑制**という形になってあらわれ、健康保険の自己負担率の見直しが論じられている。

現在70歳以上の老人世帯では、自己負担率は1割、現役並みに夫婦世帯で620万円以上の年収がある場合の窓口負担率は2割だ。これが2006年10月から、**620万円以上の年収世帯では3割に引き上げられる**ことが、すでに決定している。現行では風邪などで診察を受けた場合は2割負担のところが、3割と一気に1割増になるのだ。

さらに、もし糖尿病のような慢性疾患での長期入院となると、食費や光熱費のような、**医療費以外の費用は全額自己負担**となる。おまけに2年の猶予期間を置き、2008年には年収620万円という限度が520万円に引き下げられることになっている。

限度引き下げ後、これだけの年収があるのは、70歳以上の老人世帯の11％程度になると予測されているものの、新たな医療費改革案として国会に提出される。

厚生労働省が作成している試案には、65歳未満3割、65〜74歳2割、75歳以上1割とするものなど3案あるが、いずれにしても年金に収入を頼る高齢者の負担増になることは確実である。

たしかに少子高齢化社会の到来で、増える一方の医療費の財源確保は難しくなっている。新たな高齢者医療制度を設けて運営を市町村に移管するという改革案も浮上しており、小さな政府は国民にとって大きな負担を強いるものにもなりそうだ。

データを読む

●増える高齢者の窓口負担●

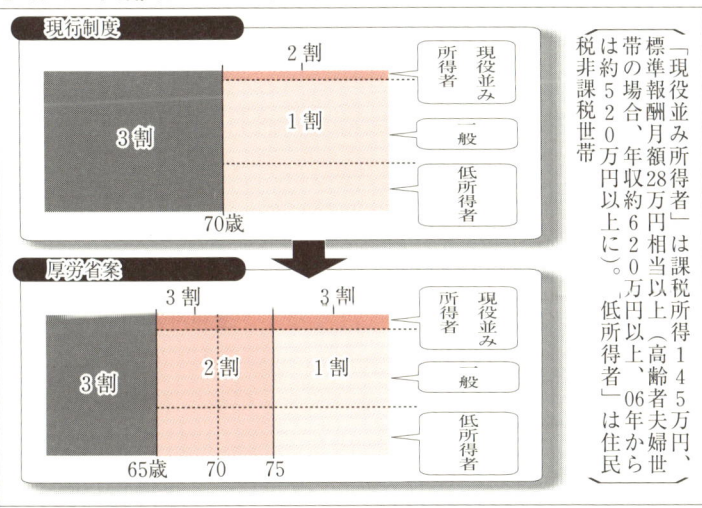

現行制度		
3割	2割（現役並み所得者）	
	1割（一般）	
	（低所得者）	
〜70歳		

↓

厚労省案			
3割	3割（現役並み所得者）	3割	
	2割（一般）	1割	
		（低所得者）	
〜65歳	70	75	

「現役並み所得者」は課税所得145万円以上（高齢者夫婦世帯の場合、年収約620万円以上）に相当。「低所得者」は住民税非課税世帯（標準報酬月額28万円以上）。06年から。

（「朝日新聞」2005年10月20日より作成）

働けど暮らしは楽にならない……

439万円

7年連続で減り続けている民間給与

KEY WORD

● 平均給与

コラム／雇用における法整備

「男性は基幹労働者、女性は補助労働者」と位置づけられていた不平等感をなくすために、1985年に「男女雇用機会均等法」を制定。教育、福利厚生、退職などでの性による差別が禁止された。1997年の改正では、前項目に加え募集・採用・昇進等においても性差別が禁止された。

景気は緩やかな回復傾向にあるといわれているが、サラリーマンの給料にはまだ反映されていないようだ。国税庁の「民間給与実態統計調査」によると、2004（平成16）年の**民間企業の平均給与額（年間）は、438万8000円**で、前年を5万1000円（1.1％）下回り、**7年連続で減少した**。平均給与の内訳は、給料・手当として370万円、ボーナスが69万円だった。前年に比べて、給与・手当で3万7000円（1.0％）の減収、ボーナスで1万4000円（2.0％）の減収である。

男女別では、男性が541万円で前年比0.6％の減、女性が274万円で0.4％の減だった。階級別分布を見ると、男性では年間給与額400万円超500万円以下が18.0％ともっとも多いのに対して、女性は100万円超200万円以下が26.1％を占めている。**女性の場合、パートや契約社員といった雇用形態で働いている割合が多いことがわかる。**

2004年に、1年間を通じて民間企業に勤めた給与所得者は4453万人で、前年度より13万人（0.3％）も減り、3年間続けて減少している。一方で、同年の源泉徴収による所得税納税者の割合は85.5％程度、所得税額は8兆7988億円だった。これは、いずれも4年ぶりの増加だが、所得税の配偶者控除（最大38万円）の一部廃止によるもので、給与所得そのものが増加したためではない。

平均給与を事業所の規模別で見ると、従業員5000人以上の事業所では536万円（男性721万円、女性267万円）と高い水準にあるのに対し、従業員10人未満の事業所では344万円（男性432万円、女性243万円）とかなり低い。とくに男性では、収入の差は歴然としている。平均給与を業種別で見ると、**もっとも高いのは化学工業の562万円で8年連続のトップ、2番目は金融・保険・不動産業の548万円で、もっとも低いのは農林水産・鉱業の306万円だった**。このように、給与所得は、性別・事業規模・業種などによってかなりの差が見られる。

データを読む

● 平均給与及び対前年伸び率の推移 ●

年（平成）	平均給与（万円）	対前年伸び率（％）
6	456	0.7
7	457	0.4
8	461	0.8
9	467	1.4
10	465	▲0.5
11	461	▲0.8
12	461	0.1
13	454	▲1.5
14	448	▲1.4
15	444	▲0.9
16	439	▲1.1

（国税庁「民間給与実態統計調査」より作成）

日本一はサラリーマン
年収100億円
2004年度の高額納税者1位の給与所得額

KEY WORD
- 成果主義
- 高額納税者番付

コラム／納税者番付廃止の是非

高額納税者の公示を個人情報保護の観点から、2006（平成18）年度より中止する方針が政府によって決められたが、これには賛否両論が出ている。番付掲載者は誘拐などのリスク回避につながると歓迎するが、脱税予防など第三者の監視の目を求めるためという、公示の当初の目的がないがしろにされてはいないかとの声もある。

データを読む

●成果主義的な人事制度の導入率●

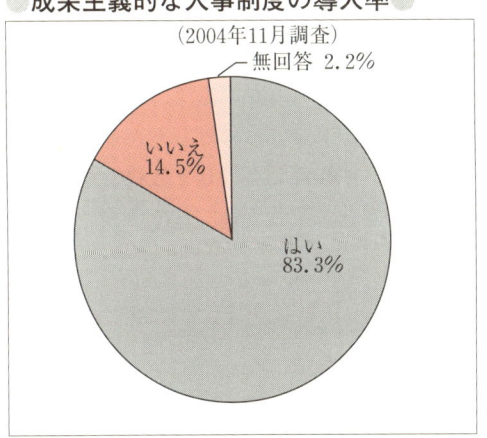

（2004年11月調査）
- 無回答 2.2%
- いいえ 14.5%
- はい 83.3%

（日本能率協会HPより作成）

　毎年5月に発表され、長者番付として新聞・ニュース番組をにぎわせる**高額納税者番付**。3月までに確定申告を終えて、前年度の収入に対する所得税額が決定した時点でランキングがおこなわれ、納税額が1000万円を超えた人のみ国税庁が公示する。

　この番付では、たいてい当該年度に所有していた土地や株を処分したり、巨額の資産を相続したりなどというような、一時所得の多かった人たちがトップを占めるものだが、2005年の公示では異変が見られた。1位になったのが、なんとサラリーマンだったのである。

　サラリーマンといっても、高額な給与所得の地位にまでのぼりつめた社長というのではない。投資顧問会社の46歳（当時）の部長だった。

　このような結果になったのは、その投資顧問会社の給与体系が**成果主義**だったためだ。この46歳の部長は企業年金の運用ファンドの責任者として、102%という利回りを上げたことが評価され、推定100億円もの給与を得たのである。

　日本の企業の給与体系は、**年功序列型**を守ってきた。遅れず・休まず・働かずと揶揄されたこともあったが、大過なく働いていれば**年齢とともに基本給が上がり、地位が上がればそれに見合う手当がつく**というものだった。

　一方、欧米型の成果主義は、**実務であげた成果に応じて、賞与の形で給与に上乗せ**がおこなわれる。46歳の部長は、勤務先の投資顧問会社が外資系で、成果主義の給与体系だったこともあり、2004（平成16）年にこの賞与で膨大な額を受け取っていたわけだ。

　こうした成果主義を導入する企業は、日本の企業でも増加中だ。成果主義の第一歩は、まず**目標を掲げてその達成に向けて働く**ことだが、総務・人事・経理など管理部門では目標を掲げにくい。導入の方法は企業によってさまざまだが、年功序列制の給与体系が、日本の企業から消えていく趨勢はここしばらくつづくかもしれない。

2章　生活と経済

塾や習い事で大忙し！
年間9万6600円

過去最高を更新した公立小学校生の補助学習費

KEY WORD

●補助学習費

●ゆとり教育

コラム／エンジェル係数

家計の消費支出総額中に占める食料費の割合を「エンゲル係数」というが、野村證券は、家計中の子育て費の割合を「エンジェル係数」として発表している。野村證券によると、2005年のエンジェル係数は28％。これはエンゲル係数の23％よりも高い数字である。

少子化の原因のひとつに、**子育てにかかる費用の高額化**があるといわれているが、2004（平成16）年に文部科学省のおこなった調査で、実際に子どもの養育にはお金のかかることがわかった。

調査内容は、学校にかかる費用のほかに、子どもの参考書購入、塾通いや通信教育、家庭教師などのような補助学習費としていくら使ったかというものである。たとえば公立小学校に在学中の子どもを持つ親は、年間平均9万6600円を支出していた。

これは2年前の同じ調査と比べて16.4％増であり、**過去最高額**だった。同じく過去最高を記録した公立中学校在学生の親の支出は、平均23万4700円だった。

補助学習費の上昇は、文科省が提唱した小学校対象の「**ゆとり教育**」の開始とともに見られるようになった。親が子どもの学力低下におそれを抱き、**学校以外での学習の必要性を感じた結果**と見ることができる。

同じ調査で出した統計で、公立小学校における学年別の補助学習費の額を見ると、学年とともに高額化している。

一方、子どもの校外活動にかける費用は変化していて、水泳教室やピアノのようなレッスン費用を含むが、補助学習費の上昇に反比例して減額している。塾とレッスンの掛け持ちから生じる忙しさのなか、勉強のほうに比重がかかっていく過程が読み取れるものだ。

親がゆとり教育の実態に不安を抱いているのと同様、現場の教師たちの間からもゆとり教育の見直しを求める声は上がっている。2004年の国際学力調査の結果、**日本の子どもたちの学力低下がはっきりした**からだ。そのため、**ゆとり教育にあわせて教科書から削除された記述も、復活**されてきている。

データを読む

●学校別補助学習費の推移●

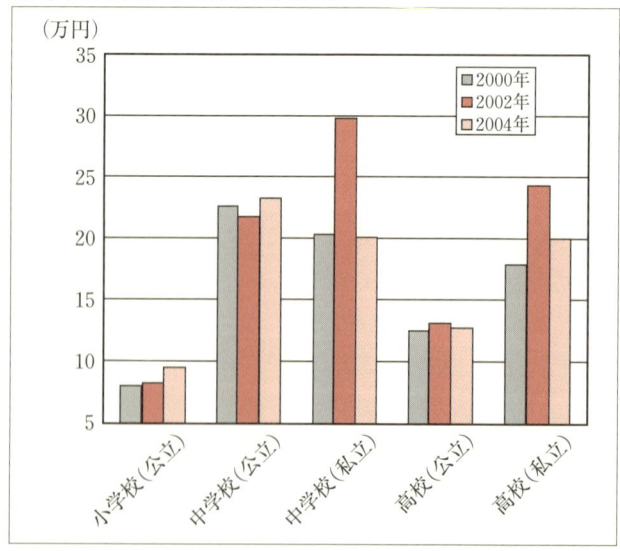

(文部科学省HPより作成)

あくまでも「平均」
1692万円
富裕層が引き上げる1世帯あたりの貯蓄現在高

KEY WORD
- 貯蓄
- 景気

コラム／負債現在高

「家計調査」によると、2004年の全世帯での負債の平均は524万円。負債のうちの88.4%は、土地・住宅のためで463万円だった。勤労者世帯では負債の平均は655万円。負債の92.4%は土地・住宅のためのもので605万円である。ただしこれは平均であり、負債ありの世帯だけを見ると平均負債額は1223万円に跳ね上がる。

かつては「貯蓄大国」といわれた日本だが、最近の**貯蓄率の低下**は著しい。貯蓄率とは年収から税金・社会保険料を差し引いた可処分所得のうちで貯蓄にまわされる割合である。

欧州中央銀行（ECB）と経済協力開発機構（OECD）によると、1991（平成3）年から2002（平成14）年の貯蓄率を比較したところ、**日本は13.8%から5.2%に低下**した。貯蓄率が低いことで知られる**アメリカでは、7.5%から2.4%の低下**だった。このままの傾向が続けば、**日本の貯蓄率は2010年には3%程度になり、アメリカと並ぶのではないか**との試算もある。貯蓄額が減少すれば、企業への融資の原資が減ることになり、景気に影響を与える恐れもある。

貯蓄率低下の原因としては、景気が低迷し収入が減ったために、貯蓄に回すだけのゆとりが家計になくなったことに加え、高齢化があげられる。高齢となり年金で暮らすようになると、家計が苦しく、貯蓄を切り崩して補填するからである。

このように貯蓄率は低下しているのだが、総務省の「家計調査」では、2004（平成16）年の1世帯あたりの貯蓄現在高の平均は1692万円、前年比0.1%の増だった。年間収入の平均額が650万円なので、貯蓄年収比は260.3%にもなった。これを勤労者世帯に限定すると、1世帯あたりの貯蓄現在高は1273万円となり、年間収入の平均額が730万円、貯蓄年収比は174.4%である。

貯蓄現在高を全世帯の階級別で見ると、もっとも世帯数の多い階級は200万円未満で13.8%。さらに、平均値である1692万円を下回る世帯が67.2%におよび、**3分の2の世帯は平均額より少ない**。勤労者世帯に限定しても、もっとも世帯数の多い階級は200万円未満で16.2%となり、平均値である1273万円を下回る世帯が67.9%を占めていて、全世帯と同じような傾向となった。

このことから、貯蓄現在高の平均額は、**少数の富裕層によってかなり押し上げられている**ことがわかる。実際には、全世帯の貯蓄現在高で世帯全体を二分する中位数は「1024万円」、勤労者世帯では「805万円」であり、平均としてはじかれる額よりも相当に低いのである。

データを読む

●貯蓄現在高階級別世帯分布（全世帯）●

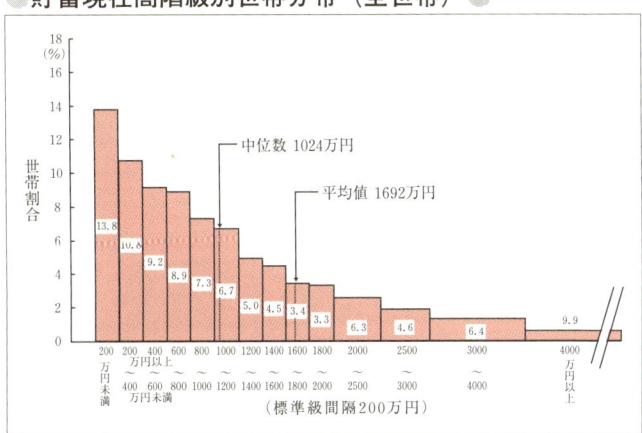

階級（万円）	世帯割合(%)
200万円未満	13.8
200～400万円未満	10.8
400～600	9.2
600～800	8.9
800～1000	7.3
1000～1200	6.7
1200～1400	5.0
1400～1600	4.5
1600～1800	3.4
1800～2000	3.3
2000～2500	6.3
2500～3000	4.6
3000～4000	6.4
4000万円以上	9.9

中位数 1024万円
平均値 1692万円

（総務省「2004年家計調査」より作成）

2章 生活と経済

第3部　社　　会

1章　生活の変遷……*92*

2章　現在の社会……*110*

3章　健康と環境……*131*

4章　技術の進歩……*150*

予想より早くきた！
1万9000人減

調査開始以降はじめて日本の総人口が減少

KEY WORD

● 出生率
● 人口減

コラム／ひのえうま

日本は40年前に急激な出生数の減少を経験している。1966（昭和41）年、その年は「ひのえうま」にあたっていた。「ひのえうま」とは、古代中国の暦法で、60年に1度めぐってくる。この年に生まれた女性は気が強いといわれ、この迷信を信じる夫婦が多かったため、同年の出生数は極端に減少したのである。

　女性1人が産む子どもの数の平均を**合計特殊出生率**というが、現在の人口を維持するには出生率が「**2.1**」なくてはならない。日本では、1974（昭和49）年から、この2.1を下回り、その後も下がり続けている。

　そして、ついに2005（平成17）年の国勢調査ではじめて日本の総人口が減ったことがわかった。2005年10月1日現在で、日本の総人口は**1億2775万6815人**で、2004（平成16）年より約**1万9000人の減少**となった。

　総人口の減少は、第1回国勢調査がおこなわれた1920（大正9）年以来はじめて（終戦年の1945年は除く）である。当初、国立社会保障・人口問題研究所は、日本の総人口は**2007（平成18）年**から減少すると予測していたが、**予測よりも2年早くはじまった**。

　国連の推計によると、日本の総人口は世界で**第10位**となった。前回調査の2000年には9位だったナイジェリアに抜かれ、順位をひとつ下げてしまったわけである。

　国立社会保障・人口問題研究所によると、いまのままのスピードで少子化が進むと、日本の人口は**2100年には6400万人**に半減するという。人口の減少は、労働力不足や社会保障分野での現役世代の負担を重くするなど、さまざまな問題を生む。出生率を上げて少子化に歯止めがかけられれば、人口減のペースを落とすことができ、長い時間をかけて経済・福祉の分野などでの対応策をとることができる。

　しかし、このまま歯止めがかからなければ、人口減は急速に進み、有効な対応策もないままに社会構造が変わってしまうと考えられる。にもかかわらず、政府の少子化対策は予算が少なく、自治体や企業に努力を促すばかりで、子どもを育てやすい社会にする政策が出ていないとの批判もある。たとえば女性が子どもを産んでも仕事ができる環境の整備などが急務とされている。

データを読む

日本の人口の推移

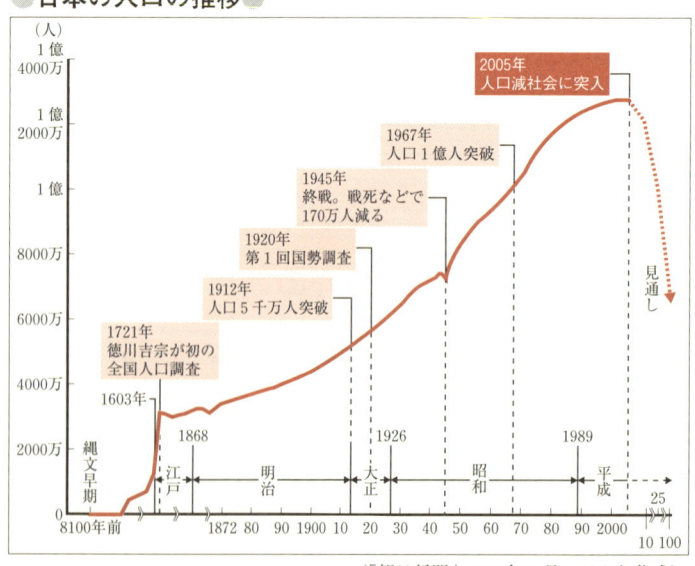

- 1721年 徳川吉宗が初の全国人口調査
- 1603年
- 1912年 人口5千万人突破
- 1920年 第1回国勢調査
- 1945年 終戦。戦死などで170万人減る
- 1967年 人口1億人突破
- 2005年 人口減社会に突入

（「朝日新聞」2006年1月1日より作成）

ひとりっ子があたり前の世の中に
1.29
「過去最低」を記録し続ける合計特殊出生率

KEY WORD
- 少子化
- 合計特殊出生率

　１人の女性が一生の間に産む子どもの数を「合計特殊出生率（以下、出生率）」という。人口に対して生まれた子どもの数をあらわす指標のひとつである。日本のように婚外子が少ない場合、現在の人口を維持するのは、夫婦２人から２人以上の子どもが生まれなければならず、**人口減少を食い止めるには、出生率が約2.1は必要**とされている。

　日本では、1947（昭和22）年から1949（昭和24）年に第１次ベビーブームを迎え、1949年には約270万人の子どもが生まれた。その頃の出生率は4.0を超える勢いだった。その後は、出生率2.1前後で推移している。

　1971（昭和46）年から1974（昭和49）年に第２次ベビーブームが訪れ、約200万人の子どもが生まれたが、その後は減少に転じた。以降、人口維持ができるとされる出生率2.1を下回ったままである。それでも、80年代半ばまでは出生率1.8台をキープしていたが、2003（平成15）年には、**戦後はじめて1.3を下回る1.29**になった。2004（平成16）年も1.29だったが、正確には、2003年が1.2905であり、2004年は1.2888なので、さらに出生率は下がったことになる。国立社会保障・人口問題研究所の「日本の将来推計人口」（2002年発表）によると、2014年の出生率はもっとも低く見積もった場合、1.12にまで下がるとされている。出生率の低下は、一部の国を除いた経済協力開発機構（OECD）加盟国の多くが抱えている問題である。

　韓国や台湾、香港、シンガポールなど、いわゆるNIESでも**少子化が深刻化**しており、実は日本よりも急速な少子化に悩まされている。2003年の各国の出生率を見てみると、台湾が1.24、シンガポールは1.26、韓国は02年で1.17である。香港に至っては0.94という数値である。これらの国々が少子化になった背景は日本と同様であり、家族構成の変化や、**女性の社会進出**、そして、**教育費など子育てにかかる費用の高騰**があげられる。

コラム／出生率の低いシンガポールの苦肉の策

2001年４月から、第二子が誕生した際には「ベビーボーナス」として年額500シンガポール・ドル（約３万2500円）、３人目にはその倍額が６年間支給されている。とはいえ、生活水準の高いシンガポールでは、この程度の金額ではそう効果がないらしく、2003年には過去最低の出生率1.26にまで低下している。

データを読む

●出生数及び合計特殊出生率の推移●

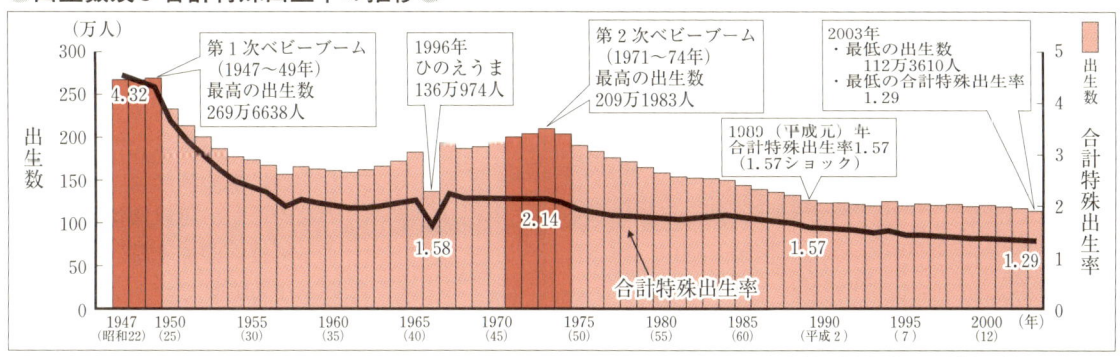

- 第１次ベビーブーム（1947～49年）最高の出生数 269万6638人
- 1996年 ひのえうま 136万974人
- 第２次ベビーブーム（1971～74年）最高の出生数 209万1983人
- 1989（平成元）年 合計特殊出生率1.57（1.57ショック）
- 2003年
  ・最低の出生数 112万3610人
  ・最低の合計特殊出生率 1.29

1947年 4.32 → 1.58 → 2.14 → 1.57 → 1.29

（厚生労働省「人口動態統計」より作成）

1章　生活の変遷

ブームをつくってきた世代
3年で約700万人
2007年からの3年で退職する「団塊の世代」の人口

KEY WORD

● 団塊の世代
● 2007年問題

ナビ／団塊の世代の名付け親

作家の堺屋太一が著した『団塊の世代』に由来するが、団塊とは鉱業用語で、堆積層の中で周囲とは成分の異なる要素の塊を指す。人口構成比が高く、常に多数になるため、他者を圧倒して「非」を「是」に変えられるほどのパワーがある。

　「団塊の世代」は、1947（昭和22）～1949（昭和24）年の第1次ベビーブームに生まれた人たちのことを指す。第二次世界大戦が終わって兵士が帰国し、その結果として生まれる赤ちゃんが一気に増えた。この3年間に生まれた子どもは**約806万人**にのぼり、1949年のピークには約270万人が誕生している。この現象は日本だけにとどまらず、アメリカではその年代に生まれた人を「ベビーブーマー」と呼んでいる。

　彼らは受験戦争、全共闘時代を経て社会に出ると、高度経済成長の流れに乗った。結婚すればニューファミリーとなり、子どもが生まれると団塊ジュニアと呼ばれ、常に時代時代をつくってきたのだった。さらに経済成長の果ての1990年以降のバブル崩壊、不景気によるリストラという波に洗われた世代であった。そんな彼らが、2007年からの3年で一気に定年を迎える。

　団塊という名前のとおり、いつもひとつの「かたまり」としてとらえられてきたこの世代の、日本の人口に占める割合は5.4％。**3年間での退職予定者と見られるのは約700万人**にもおよぶ。

　団塊世代のいっせい退職は「2007年問題」と呼ばれ、彼らの退職によって、企業活動の根幹部分を支えてきた専門的な知識・技術を有する年代がいっせいに会社を去り、企業活動自体が停滞してしまうと懸念されている。財務省の総務総合政策研究所の試算によると、団塊世代の定年退職によって、日本の経済は**2010年度には約16兆円ものGDPを失う**という。一気に増える年金生活者への支払いで、先行きが危ぶまれる**年金制度が破綻する可能性**も否定できない。

　しかし、こうした悲観的な見通しばかりではない。彼らの行動パターンが、無意識のうちにブームと呼ばれることになってきたことを考えると、定年後の生活ぶりは、また新しい時代の流れの方向性を見せるのではないかという予測がなされているのである。退職金を使って楽しむ生活に臨めば経済の活性化につながるし、再就職することによって社会参加を続けたり、ありあまる元気でボランティアに励めば、高齢化社会の一助にもなるかもしれない。

データを読む

● 世代別の人口
（2005年9月10日現在）

年代	人口（万人）
0～4歳	566
5～9歳	589
10～14歳	602
15～19歳	658
20～24歳	754
25～29歳	850
30～34歳	980
35～39歳	877
40～44歳	807
45～49歳	775
50～54歳	884
55～59歳	1018
60～64歳	850
65～69歳	741
70～74歳	660
75～79歳	523
80～84歳	338
85歳以上	291

● 団塊世代は何にお金をかける？

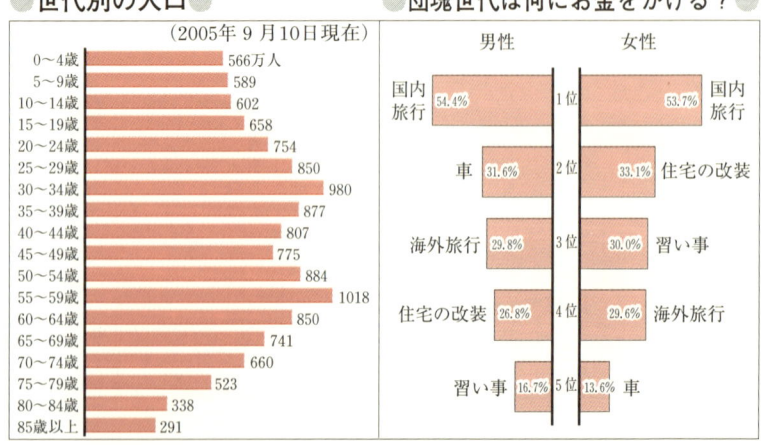

男性	順位	女性
国内旅行 54.4%	1位	国内旅行 53.7%
車 31.6%	2位	住宅の改装 33.1%
海外旅行 29.8%	3位	習い事 30.0%
住宅の改装 26.8%	4位	海外旅行 29.6%
習い事 16.7%	5位	車 13.6%

（『すっごくよくわかる日本経済』日本実業出版社より作成）

とどまるところを知らない高齢化
5人に1人
世界一の長寿国・日本の高齢者の割合

KEY WORD
- 高齢化
- 出生率

コラム／高齢者は何歳から？

内閣府が60歳以上の男女を対象にした2004（平成16）年の「高齢者は何歳からか」の調査によると、「70歳以上」が46.7％で半数近くを占め、「75歳以上」は約2割、「80歳以上」も約1割あった。1999年の調査と比べると、「65歳以上」は18.3％から14.0％に。高齢者の定義は徐々に年齢が高くなっている。

データを読む

●総人口に占める高齢者の割合●

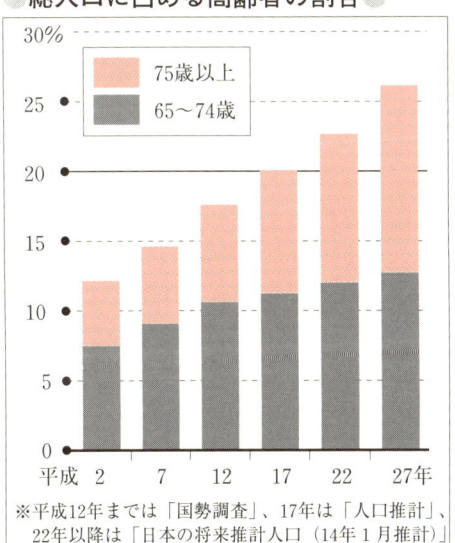

（グラフ：75歳以上、65〜74歳、平成2・7・12・17・22・27年）

※平成12年までは「国勢調査」、17年は「人口推計」、22年以降は「日本の将来推計人口（14年1月推計）」

（総務省統計局HPより作成）

日本は、世界のなかでも例を見ない速さで人口の**高齢化**が進んでいる。高齢人口の急増と若年人口の減少が、同時かつ短期間に起こる現象は、かつてないことで、世代構成や就業構造に大きな変動が起こりはじめている。

総務省が2005（平成17）年に発表した統計調査結果によると、同年の65歳以上の高齢者人口は2556万人で、前年よりも71万人増え、過去最高となった。総人口に占める割合も、**20.0％**で、**5人に1人**が高齢者。国立社会保障・人口問題研究所では、10年後の2015年には**26.0％**と、**4人に1人**以上が高齢者になると推計している。

諸外国と比較すると、イタリア19.2％とほぼ横並びだが、それを除くとアメリカ12.4％、カナダ13.0％、イギリス5.9％などより高く、**日本は先進諸国のなかでも群を抜いている**。男女別では、男性は1081万人で前年よりも32万人増。女性は1475万人で前年より40万人増となった。

この急速に進む日本の高齢化の大きな要因は、世界のトップをいく**長寿化**と、1973（昭和48）年以降、長期にわたって続いている**出生率の低下**による。また、現在の高齢者は、昭和一桁生まれの世代が中心であるが、10年後の2015年には、戦後のベビーブーム世代が65歳以上となるため、高齢者人口が一気に増加するからだ。この世代は、20年後の2025年には、要介護リスクの高くなる75歳以上の後期高齢者に達する。

一方、高齢者人口と、それを支える生産年齢人口の比率は、国立社会保障・人口問題研究所によると、2005年の**1人対3.3人**から、2015年は**1人対2.4人**に、2025年には**1人対2.1人**になると予測された。

また、世帯主が65歳以上で無職の「高齢無職世帯」の家計が厳しいことも総務省の発表で明らかにされた。2004年の1か月の家計赤字額は4万6586円で、前年より1万1032円増であった。

高齢者が健康でいきいきと暮らせる社会の実現のため、**年金をはじめとする社会保障制度、介護問題などの改革が急務**になっている。

1章 生活の変遷

女性リーダーを増やそう
15人に1人以下
日本の女性管理職の割合

KEY WORD
- 女性管理職
- 女性雇用管理基本調査

コラム／ジェンダー

生物学的性別ではなく、社会の通年や慣習の中で培われた「男性像」「女性像」のこと。男女の偏見を生み、男女共同参画を阻害する元凶とされている。ただしジェンダーフリーと称して、中性化を目指したり、家族間の男女の役割を否定した教育は行き過ぎとの批判が出て、社会問題となった。

1999（平成11）年4月に施行された改正**男女雇用機会均等法**により、募集・採用・配置・昇進について、男女の別なく均等な取り扱いが規定になったが、厚生労働省の2003（平成15）年度「**女性雇用管理基本調査**」によると、**管理職全体に占める女性の割合は5.8%**だった。2000年度におこなった前回の調査よりは0.7ポイント増えたが、それでも世界各国に比べると少ない。2001年度調べではあるが、アメリカでは45.1%、カナダ35.1%、スウェーデン28.8%、ドイツ26.3%となっている。日本をさらに細かく見ると、部長担当職で1.8%、課長担当職で3.0%、係長担当職で8.2%と、同じ管理職でも上へ行くほど、女性の占める割合が低くなる。

ただし、**女性管理職がいるという企業は62.5%**に上り、そのなかで部長担当職がいる企業は6.7%、課長担当職がいる企業は20.2%、係長担当職がいる企業は32.0%となっている。管理職全体での割合は少ないが、女性の管理職を置く企業は増えていて、今後は、女性の能力を積極的に活用する企業でないと生き残るのは難しいかもしれないといった意見もある。

女性の管理職がいない、または少ない企業に、その理由を尋ねると、「管理職としての必要な知識や経験、判断力等を有する女性がいない」がトップで48.4%にもなった。以下、「勤続年数が短く、管理職になる前に退職する」が30.6%、「将来、管理職になる可能性のある女性はいるが、現在は管理職になるだけの在職年数等を満たしていない」が27.6%だった。そのほか、「上司・同僚・部下となる男性が女性管理職を希望しない」「顧客が女性管理職をいやがる」といったものや「女性がいやがる」といったものなど、多岐にわたった。

政府は2006〜2010年度における「**第2次男女共同参画基本計画**」案を策定し、社会のあらゆる分野で2020年までに指導的地位にある女性の割合を30%程度になるような取り組みを推進することや、実態把握のための指標を開発するなどの項目を掲げている。

データを読む

●役職別管理職に占める女性の割合の推移●

年度	部長	課長	係長
平成元年度	1.2	2.1	5.0
4年度	1.2	2.3	6.4
7年度	1.5	2.0	7.3
10年度	1.2	2.4	7.8
12年度	1.6	2.6	7.7
15年度	1.8	3.0	8.2

管理職全体（役員含）に占める女性の割合: 12年度 5.1、15年度 5.8

※ 当該役職がある企業に占める割合である。
（厚生労働省HPより作成）

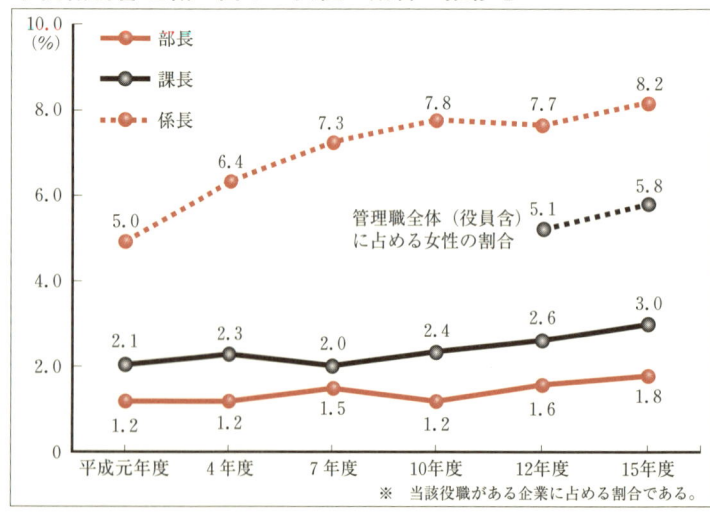

日本からサザエさん家が消える？
3人以下
縮小し続ける日本の家庭の世帯規模

KEY WORD
- 1世帯あたりの平均人員数
- 核家族化

コラム／やがて世帯人員数は2人以下に

平均世帯人員数の減少傾向はとどまるところがないようで、やがて2人以下になると予測されている。東京ではすでに2.21人にまで減っており、2025年には全都道府県で、独居老人を含む単独世帯数が最多割合を占めるまでになりそうだという。

　2005（平成17）年、人口統計ではじめて年間の死者数が誕生した乳児の数を上回り、**日本の人口減少がはじまった**ことが報じられた。少子高齢化時代といわれ続けてきたが、現実に数字をつきつけられたことになる。

　しかし、2005年以前から、少子化の波がゆるやかに押し寄せていることをうかがわせる数値が存在していた。国勢調査などの結果からわかった世帯数と人口の変化である。

　第二次大戦後、人口は徐々に増え、それにともない世帯数も増え続けた。それが1960（昭和35）年頃を境に、**世帯の増加率が人口の増加率を上回る**ようになる。これは、1世帯あたりの規模、つまり世帯の構成人員数が減ってきたということをあらわしている。

　総務省統計局の国勢調査によると、**1960年の1世帯あたりの平均人員数は4.54人**だった。それから10年後の1970（昭和45）年になると、1世帯あたり平均3.69人となる。その後も平均人員数は下がり続け、2005（平成17）年におこなわれた国勢調査から算出すると、同年の**1世帯あたり平均2.58人**となっている。両親、子ども、孫という**三世代同居**が減り、**核家族化**が進行したことがわかる数値である。

　日本の典型的な家族を描いたマンガ「サザエさん」の一家は7人家族。戦後まもない1946（昭和21）年の新聞連載開始時でも、このサザエさん一家は多い世帯人員数だった（1950年の1世帯あたりの人員数4.97人）。1969（昭和44）年にテレビアニメの放映がはじまった頃には3.69人に減少。アニメ番組は変わらず放映されているが、2005年に3人を下回る数値を示している。

　子どもにとって、他人とのコミュニケーションはその後の人格を形成するうえで重要である。しかし、家庭に両親以外に人がいないという生活を送ると、コミュニケーションがあまり得意でなくなってしまい、学校や社会生活にとまどう子どもたちが増えるのではないかと懸念されている。

データを読む

●1世帯あたりの平均人員の推移●

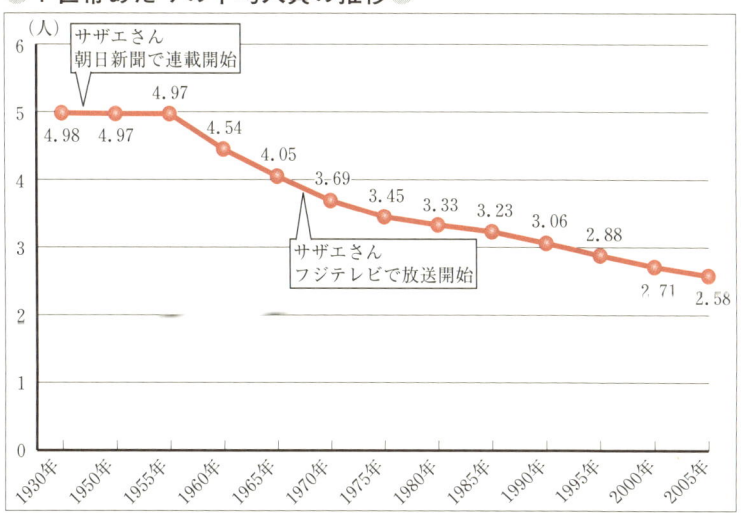

年	1930	1950	1955	1960	1965	1970	1975	1980	1985	1990	1995	2000	2005
人数	4.98	4.97	4.97	4.54	4.05	3.69	3.45	3.33	3.23	3.06	2.88	2.71	2.58

- サザエさん朝日新聞で連載開始（1946年頃）
- サザエさんフジテレビで放送開始（1969年頃）

（総務省統計局の資料より作成）

1章　生活の変遷

社会の支え手が高齢者に
6642万人
これからも減り続ける労働力人口

KEY WORD
- 労働力人口
- 高齢化

コラム／働きたい高齢者

総務庁の1998（平成10）年の意識調査によると、40歳以上の8割以上が少なくとも65歳までは働く意欲を持っている。現在、企業の定年は60歳が主流だが、定年後も働きたいという高齢者が多い。高齢者の知識、経験を生かした職場の確保が今後の高齢化社会では重要なことが明らかにされた。

データを読む

●年齢別にみた労働力人口と非労働力人口●

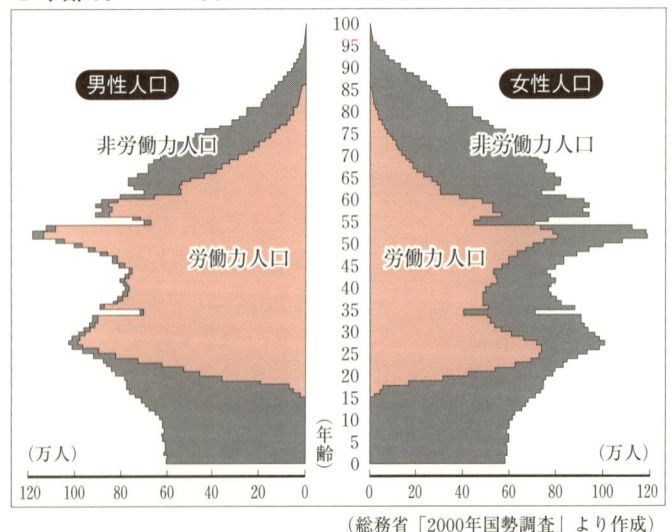

（総務省「2000年国勢調査」より作成）

　出生率低下による日本の人口減少と高齢化が問題にされているが、2005（平成17）年の総務省の人口調査では、2006（平成18）年の**1億2774万人**をピークに、以後、長期の人口減少に入り、2050年には約1億60万人に減少すると予測されている。

　「社会の支え手」と呼ばれる15歳から64歳の**生産年齢人口は、1996（平成8）年から減少過程**に入っている。いよいよ、**人口減少と超高齢化**による労働力人口の低下が現実問題になり、対策が急務となっている。

　労働力人口とは、総務省によると、15歳以上の人口のうち、就業者と失業者の合計で、15歳以上で働く意思や能力のない者、学生や専業主婦は非労働力人口とされる。2004（平成16）年の統計で、15歳以上の人口1億990万人に対して、**労働力人口は6642万人**と発表された。

　日本の労働力人口は1960年代後半に5000万人を超え、その後は増加を続け、1998（平成10）年には6793万人に達しピークとなった。その後は減少に転じ2003年には6666万人に減った。年率で見ると、1997年の63.7％をピークに減少を続け、2004年は**60.4％**と、約3％減少した。

　労働力人口の減少だけでなく、世代構成も激変する。現在、総人口の2割を占める65歳以上の高齢者は、2040年には33％を超える。また、労働力人口に占める60歳以上の高齢者の割合は、2010年には20％に迫り、**労働者の約5人に1人が60歳以上の高齢者**になる。

　労働力人口の減少と、世界でも稀な高齢化は、改革を誤れば、経済の停滞と縮小を招き、この1～2年がその分かれ道といわれる。そこで**厚生労働省**は、「みんなで働き支え合う社会」を掲げ、賃金労働だけでなく、ＮＰＯ活動や地域貢献なども含め、若者の自立支援、女性の就業促進、高齢者の能力を生かす工夫をすることが重要だと発表した。

　しかし、税、年金などの社会保障や税制の改革が具体的に示されないと明確な対策が見えないとの批判もある。みんなで働き支え合う社会をどう構築していくか、国の対策が迫られている。

記録更新
2万5554人
過去最高を記録した100歳以上のお年寄り

KEY WORD
- 長寿番付
- 福祉政策
- 年金制度

2005（平成17）年の敬老の日を前に、厚生労働省が100歳を超える長寿者名簿を発表した。名簿に掲載された、同年の9月末までに100歳以上になる高齢者数は、2万5554人で、前年より2568人の増加。日本では35年間最高記録を更新し続けている。

いわゆる**長寿番付**の掲載者の**85％が女性**で、その数2万1775人、残りの3779人が男性だ。長寿日本一は福岡県に住む女性で、1893（明治26）年生まれの112歳。男性の最高齢者は110歳で鹿児島在住というから、統計を見る限り、沖縄をトップに西日本のほうが長生きの傾向にあるといえそうである。

長寿番付のための集計は、**老人福祉法**が制定された1963（昭和38）年からはじめられたが、そのとき100歳以上の人数は153人だった。その後は1万人を超えるまでに35年かかっているが、そこからはわずか5年後の2003年には2万人を突破というスピード達成だった。近年の増加ぶりを見ると、3万人に達するのもそう遠くないと思われる。

日本で100歳以上の高齢者が人口に占める割合は、10万人あたり20.01人と、世界でもトップレベルにある。もうひとつの長寿の指針である平均寿命も、2005年のWHOの発表では日本人が**世界1位**だった。

戦争や紛争と縁遠い国情、経済成長にともなう生活環境の改善が進んだことが長寿大国になった理由だといわれている。さらに、公衆衛生を含む医療と年金制度などの**社会福祉**の充実、たとえば国民皆保険といわれる**健康保険制度**、国民が全員なんらかの年金を受け取る制度に加えて、生活保護のような福祉政策までが、世界の水準を上回るものだったための結果である。

ただ、少子高齢化社会を迎えて、年金改革、医療費の自己負担率引き上げなど財政難解消のための施策は、これからは高齢者にとって厳しい環境になることをうかがわせている。

コラム／長寿の長野モデル

長寿番付で日本一を誇る沖縄県は平均寿命でも女性トップの座にあるが、近年その地位を脅かしているのが長野県だ。1人あたりの老人医療費が全国一少額で、県をあげての地域医療に取り組んだ結果、「健康で長生き」という成果を手に入れたのである。

データを読む

●100歳以上高齢者数の推移●

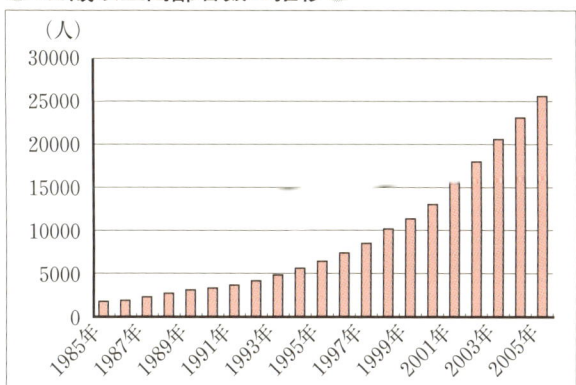

（棒グラフ：1985年～2005年、単位：人、0～30000）

●都道府県別100歳以上高齢者比率●
（人口10万人あたり）

上位5都道府県	
沖縄県	51.43人
高知県	48.57人
島根県	44.46人
熊本県	35.21人
鹿児島県	34.14人

下位5都道府県	
茨城県	13.75人
青森県	13.22人
千葉県	12.25人
愛知県	12.25人
埼玉県	9.73人

（厚生労働省HPの資料より作成）

1章　生活の変遷

離婚の多い時代を反映
122万5400世帯

100万の大台を突破した母子世帯　20年前と大きく異なるその理由とは？

KEY WORD
- 母子家庭
- 児童扶養手当

コラム／母子家庭支援法

2008年3月までの時限立法。国や都道府県に対して、母子家庭の就業支援に特別に配慮するように求めている。具体的には、国や自治体、公益法人、社会福祉施設などの非常勤職員を新規採用する際に、やる気や能力が同じなら、母子家庭の母親を優先雇用するよう促している。

離婚件数の増加にともない、**母子世帯**が多くなっている。厚生労働省の「全国母子世帯調査」によると、2003年（平成15）年の母子世帯の総数は**122万5400世帯**。前回の調査（1998年）から28.3％増加して、はじめて100万世帯を突破した。**母子世帯になった理由の約8割が「離婚」**である。1983（昭和53）年には理由の4割近くを占めていた「死別」は、2003年には12.0％にまで減少している。また、「未婚の出産」も前回よりも1000世帯増え、約7万世帯となった。

同省の「国民生活基礎調査」（2002年）では、**母子世帯の平均収入は、一般世帯の平均（602万円）の約4割**の243万5000円にとどまり、父親からの養育費を受け取ったことがない世帯が6割を超えるなど、苦しい家計の状況が浮き彫りになった。母子家庭の母の85％は就業しているが、そのうち常用雇用者は51％で、臨時社員・パートが38％。完全失業率は8.9％で、一般世帯の5.3％に比べ、3.6ポイントも高い。

母子家庭の収入の低さの背景には、子どもがいるとなかなか働けない、常用雇用者になりにくくパート勤務に頼らざるをえずリストラの対象になりやすいなどがある。母子家庭の41％が「生活が大変苦しい」、41％が「やや苦しい」と回答しており、**約8割以上が生活に困っている**という深刻な結果になった。

政府は、母子家庭にさまざまな保護と優遇策を施してきたが、1998（平成10）年、**児童扶養手当**の支給対象の上限を年収407万円から300万円へと大幅に引き下げ7万4000人が支給停止になった。2002（平成14）年には上限が年収360万円に引き上げられたが、年収130万円以上は年収が1万円増えるごとに支給額を2000円削減するという条件付きである。

離婚や未婚の出産による母子世帯の増加は、財政を圧迫し、福祉行政の面からも頭の痛い問題になっている。そこで厚生労働省では、就労に不利とされる母子世帯の母親の就労支援に乗り出している。

データを読む

母子世帯になった理由の内訳と総数の推移

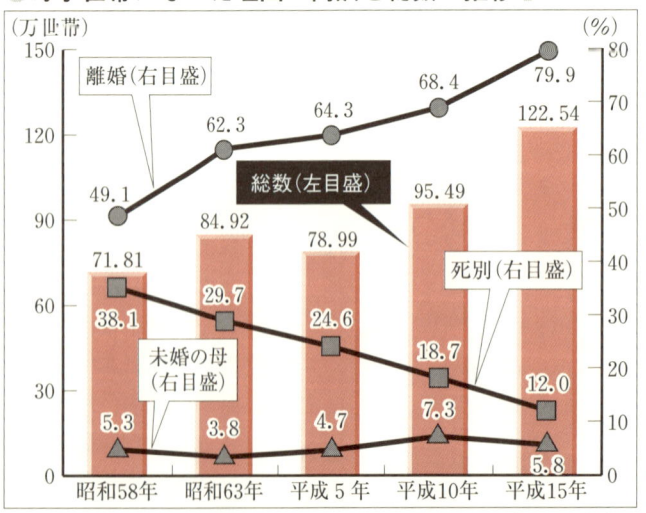

	昭和58年	昭和63年	平成5年	平成10年	平成15年
総数（左目盛・万世帯）	71.81	84.92	78.99	95.49	122.54
離婚（右目盛・％）	49.1	62.3	64.3	68.4	79.9
死別（右目盛・％）	38.1	29.7	24.6	18.7	12.0
未婚の母（右目盛・％）	5.3	3.8	4.7	7.3	5.8

（厚生労働省「平成15年度　全国母子世帯調査」より作成）

皆で助け合おう
2025年には13.7%
総世帯数に占める独居高齢者世帯の割合

KEY WORD

- 核家族化
- 独居高齢者

コラム／ポットで安心確認

高齢者が自宅で電気ポットを使うたびに、離れて暮らす家族のパソコンや携帯電話に信号が送られる。これにより高齢者が元気でいることがわかるといったサービスを象印マホービンが提供。家族からは「親の生活リズムがわかって助かる」、高齢者からは「毎日電話されるわずらわしさがない」と好評だ。

戦前の日本の一般的な家族形態は3世代以上が同居する「大家族」だった。高度経済成長期以後、親と子の2世代、または夫婦だけという「**核家族**」へ**移行**した。最近では、未婚率、離婚率の上昇とともに、核家族がさらに分かれ、1人暮らし世帯が多くなった。東京では全世帯の3分の1が1人暮らし世帯である。さらに、深刻な問題となっているのが、高齢者の1人暮らし世帯である。国立社会保障・人口問題研究所は、2000（平成12）年に、総世帯数に占める65歳以上の**独居高齢者世帯は6.5%**に過ぎなかったものが、2005（平成15）年には**7.9%に上昇**。2025年には13.7%に急増するとの試算を発表した。

独居高齢者世帯では、家族という安全弁がないため、犯罪者に狙われるケースが多く、詐欺事件や強盗事件も頻発している。また、誰にも看取られずにひっそりと亡くなるお年寄りも多い。こうした家族形態の変化により、元来家族が担ってきた高齢者への庇護を、国や地域ぐるみで取り組まなくてはならなくなってきた。国は、家族の介護負担を減らすために2000（平成12）年度から**介護保険制度を導入**した。これは、原則65歳以上の高齢者に一部自己負担で介護が受けられるサービスである。

このほか、千葉県松戸市の常磐平団地では、「**孤独死ゼロ作戦**」と名付けた団地内の連携活動を展開し、緊急時の連絡網づくりや、高齢者宅への気配りなどをおこなっており、近所の人の通報で、餓死寸前の高齢者が助かるなどの効果を上げている。

また、北欧で普及している「**グループリビング**」の導入も検討されている。これは、健康な高齢者が同じ屋根の下で食事や家事をともにする暮らし方だ。いまのところ日本での実践例は少ないが、手段のひとつとして注目されている。

データを読む

総世帯数に占める65歳以上の独居高齢者世帯の割合の推移

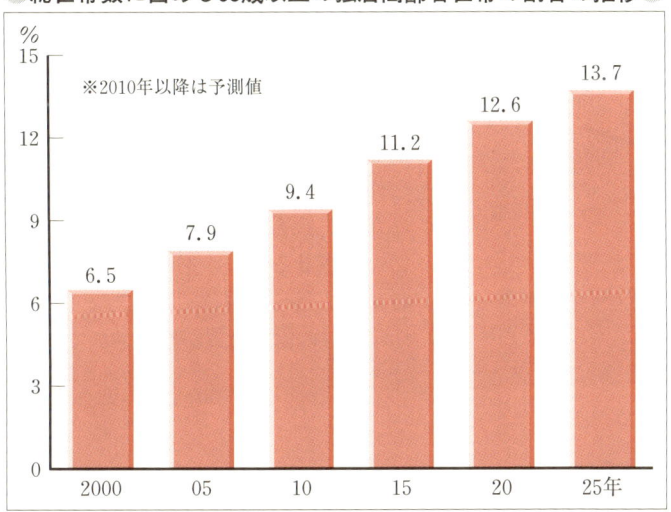

※2010年以降は予測値

年	割合(%)
2000	6.5
05	7.9
10	9.4
15	11.2
20	12.6
25年	13.7

（「毎日新聞」2005年8月26日より作成）

加速する活字離れ
50％以上
「1か月本を読まなかった」と答えた人の割合

KEY WORD
- 活字離れ
- 読書量

コラム／ネット販売
活字離れが進むなか、インターネットを通じての出版物の売り上げは、2004（平成16）年で約420億円と27％増だった。読売新聞の調査でも、ネットで本を買った経験者は20～30歳代の若者に多く、年ごとに増える傾向にある。一方、必要な情報は本からではなくネットだけですませるという若者も増加している。

　新聞は購読しているが、見るのはラジオ・テレビの番組欄だけ、本を買うといってもグラビアのある週刊誌かマンガ雑誌だけという人たちが、若者の間に増えている。いわゆる「活字離れ」である。その実態を浮き彫りにしたのが、2005（平成17）年の読書週間前に読売新聞がおこなった調査の結果だ。
　第1の質問で、「この1か月間に、雑誌を除いて本を読んだか？」という質問に対して、**読まなかったという答えが52％**あった。1980（昭和55）年から毎年同時期におこなわれているこの調査で、前年から2ポイント増、**過去3番目に高い数値**だった。
　10年前からすでに1か月間に本を1冊も読まなかった人が半数を超えてはいたが、その割合は50％前後で推移していた。それからわずか2ポイント増とはいえ**20年前と比べると11ポイントも増加しており、活字離れが確実に進んだ結果**となっている。
　さらに本を読んだ人に対しての質問、「この1か月で何冊読んだか？」の回答は1冊が17％で最多だった。これは過去のデータと比べて変化のない順位でも、こと学生に限ってデータを見ると、若者の活字離れは顕著になっている。
　読まなかったと答えた学生は4割もおり、20年前の1割から急増している。**読書量**も、4冊以上という学生が20年前は4割いたが、2割と半減していた。
　読まなかった人への質問では、読まない理由を「時間がなかった」とした人が最多で49％を占めた。少なくとも読む意思はあることをうかがわせる。そのためかどうか、本を読んだ人の約90％が、読んだ本の内容に程度の差こそあれ満足したと答えているのだ。
　古くは、教育の基本を「読み・書き・そろばん」とした。読解力をつけることから、知識の高まりがはじまるとするなら、読書の習慣を幼いときから身につけさせる工夫が必要である。読書の時間を学校教育に組み込むといった活字離れの歯止め策が期待されている。

データを読む
●「この1か月に何冊くらい本を読んだか」の回答の推移●

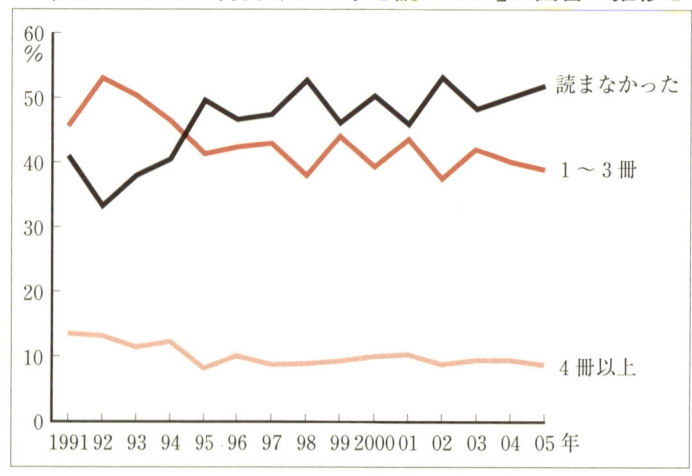

（「読売新聞」2005年10月28日より作成）

社会問題化した「働かない若者」

約64万人

急増するニート　模索の続く支援策

KEY WORD
- ニート
- 高齢化

社会や人間関係の複雑化や高学歴化などにともない、フリーター、引きこもり、パラサイトシングルなどの若者の生き方が社会問題化しているが、最近ではさらに深刻な問題として、ニートの存在が注目されている。

ニート（NEET）は、イギリスで生まれた言葉。「Not in employment, education or training」の略で、「職業を持たず、教育も受けず、進学および就業へ向けての活動をしていない」若者を指す。厚生労働省では「若年層無業者」ととらえ、「非労働力人口のうち15～34歳で通学や家事をおこなっていない者」と定義している。同省の「労働白書」によると、2004（平成16）年のニートは、約64万人にものぼると推計されている。2000（平成12）年は44万人、2001（平成13）年は49万人で、2001～2002年にかけて急増している。年齢層別では、25～34歳が2002年の35万人から毎年1万人ずつ増加する「高齢化」が見られた。ニートには高校・大学中退者が多いのが特徴で、在学時に「仲のよい友達が多くいた」としたのはわずか23％（正社員は55％）と、学校時代から孤立する傾向があったことがわかる。ニートの若者は学業にも職業にもつかず、家事もせずただ1日を無為に過ごす。就職の意思がまったくない点が、正社員にはなりたくないが働く意思のあるフリーターとは異なり、フリーターより問題は深刻といわれている。

ニートが急増した原因はいろいろ分析されているが、子どもから大人になるプロセスが以前より長期化し、経済力を持つようになった親に依存する期間が長くなったこと、高学歴社会のなかで自分の望む進学や就職ができず、社会に出なくなったこと、テレビゲームやビデオ世代で自分で創意工夫する体験がなく、仕事に就く自信をなくしていることなどがあげられている。

働く意思のないニートの急増は、若者の職業能力の低下、社会の労働力の不足につながると懸念されており、政府は「若者自立塾」や「ジョブカフェ」などの**自立支援対策**をはじめたが、効果は疑問視されている。

コラム／ニートの分類

労働政策研究・研修機構の小杉礼子研究員の分析に基づくと、次の4つに分類される。

①非行型　中学、高校中退者が多く、親も豊かではない。②引きこもり型　不登校や引きこもりを体験し、人間関係を結ぶのが苦手。③自己実現追求型　大卒に多く、就職活動で考えすぎて行き詰る。④自信喪失型　一度は就職するがすぐに退職。職探しに躊躇する。

データを読む

●ニートの推移●

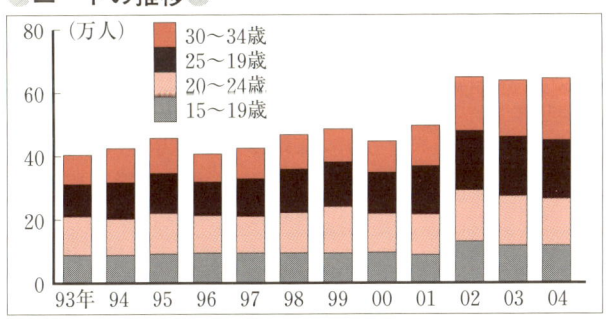

（総務省統計局「労働力調査年報」より作成）

●求職活動をしたことがない理由●
（複数回答、上位のみ抜粋）

「人づきあいなど会社生活をうまくやっていく自信がない」	43.1%
「自分に向いている仕事がない」	29.2%
「自分の能力・適性がわからない」	27.7%
「なんとなく」	24.6%
「求職活動の仕方がわからない」	18.5%
「健康上の理由」	18.5%

（03年UFJ総研「若年者の職業生活に関する実態調査」より作成）

1章　生活の変遷

熟年離婚も増加
2秒に1組
「性格の不一致」が理由の第1位　急増する離婚者数

KEY WORD
- ●熟年離婚
- ●年金受給権分割

コラム／離婚の理由
夫・妻双方とも1位は「性格の不一致」。夫が申し立てる場合は、2位「不倫・不貞」、3位「浪費癖」、4位「異常性格」、5位「性的不満」。妻の申し立てでは、2位「暴力をふるう」、3位「不倫・不貞」、4位「浪費癖」、5位「性的不満」だった。

　厚生労働省の人口動態統計によると、2002（平成14）年度の離婚件数は約29万組にのぼった。**約2秒間に1組が離婚している計算になる**。2003（平成15）年度の離婚件数は28万6000件。同年の婚姻件数が73万7000件だから、**単純比較すると結婚した夫婦のうち約3分の1が離婚**しているわけだ。

　離婚件数は、1990年代からは増える一方だったのだが、2003年で減少に転じると、続く2004（平成16）年も減少となり、2年連続減となっている。この減少が見られるようになった背景には、2007年4月1日に施行される「**専業主婦の年金受給権分割待ち**」があると考えられている。

　従来、厚生年金の受給権は、被保険者にしかなかった。サラリーマンの妻で専業主婦の場合、夫は厚生年金を受け取れるが、妻にはその権利がなかったというわけだ。そのため、熟年離婚をすると、妻には基礎年金しか支払われなかった。

　ところが、2004年の**公的年金制度改革**で、離婚時の厚生年金の分割と第三号被保険者期間の厚生年金の分割が実現した。施行は2007年からである。これにより、「配偶者の同意または裁判所の決定があれば、離婚時に厚生年金を分割できる」ことになった。つまり、妻は離婚時に、厚生年金受給の権利を分割してもらえるようになったのだ。2003年の熟年層の離婚が減ったのは、この権利を行使するために、妻が一時的に離婚を控えているのではないかといわれている。

　また2007年には、団塊世代が定年退職を迎えはじめる。離婚するなら、夫の退職金と年金受給権をもらって生活費を確保してからと考える妻もいるだろう。妻は夫の退職金に関し、勤続年数のうち婚姻していた期間については、その**2分の1に相当する額**を財産分与として請求することができる。一説には、2007年の離婚件数は40万件にもおよぶのではないかとの推測もある。熟年離婚が増加すれば、**1人暮らしの高齢者世帯が増える**ことにもなり、その影響が懸念されている。

データを読む
●離婚件数と離婚率の推移●

離婚率（右目盛）（人口1000人あたり）
離婚件数（左目盛）
2002年 28万9836組と過去最高
2004年 27万815組

（厚生労働省「人口動態統計」より作成）

急増する「キレる」小学生
約2000件
公立小学校の児童が1年間で起こした校内暴力

KEY WORD

- 校内暴力
- 低年齢化

コラム／小学生の補導件数

　警察庁によると、刑法に触れる犯罪で補導された小学生は、2004年中で5029人にのぼった。このうち窃盗犯が3692人ともっとも多く、続いて暴行や傷害が184人、殺人や強盗といった凶悪犯は114人であった。1995年をピークに2001年までは減少していたが、2002年からは3年連続で増加している。

データを読む

●公立の学校内での暴力件数●

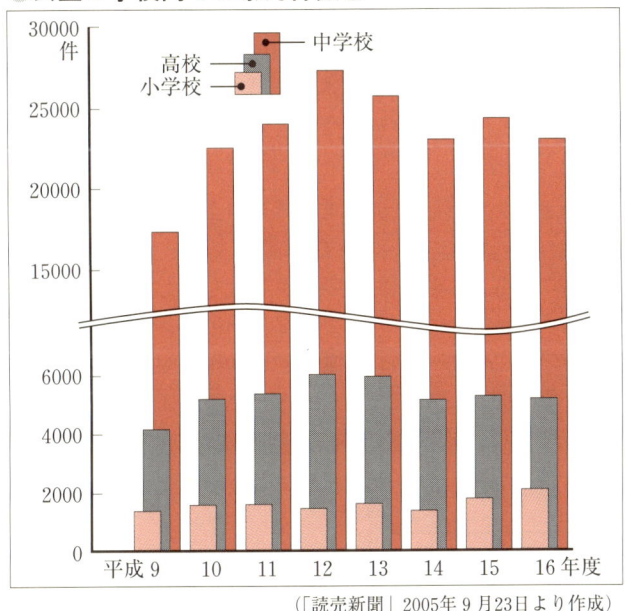

（『読売新聞』2005年9月23日より作成）

　校内暴力の低年齢化が進み、キレる小学生が増加していると公表され、教育関係者や親に警告と衝撃を与えている。

　文部科学省は2005（平成17）年9月、全国の公立の小学校2万3160校、中学校1万317校、高校4093校を対象に、暴力行為やいじめなどの子どもの問題行動を調査した「生徒指導上の諸問題の現状」を発表した。この調査結果によると、**全国の公立小学校の児童が2004（平成16）年度に起こした校内暴力は1890件で、前年度の1600件を18.1％上回って、過去最悪となった**ことがわかった。

　小・中・高の合計では、校内、校外合わせて3万4022件で、前年度の3万5392件を下回った。内訳は、小学校の1890件に対して、中学校では2万3110件、高校5022件である。中学校の件数が多いのは変わらないが、前年度の比較では、**中学校が5.5％減、高校が3.7％減**で、小学校の急増ぶりが明らかになった。

　校内暴力の内容は、**児童間暴力**がもっとも多く992件だが、**対教師が336件で、前年度の253件から32.8％も増えている**。校内でカッターナイフを振り回す、授業中に歩いたり教室外に出る、教師やほかの生徒に嚙みつく、椅子を振りまわすなどの行為が多いという。

　校内暴力は20年前の1980年代にピークとなり社会問題化されたが、この頃は中学校と一部高校で発生していた。それが今回の調査で、キレる子どもが小学生にまで低年齢化し、指導に苦悩する小学校の現実を浮き彫りにした。

　同省の児童生徒課では、小学校で感情のコントロールのきかない子が増え、**忍耐力や自己表現力、人間関係を築く力が低下している**、とみている。

　この傾向の大きな理由として、家庭での親との会話が不足し、教師に思いを発散している、心の疎通なく育ち重い心を抱えた子どもたちが、無気力に陥ったり暴力におよぶ、ゲームに熱中して外で遊ぶことが減りエネルギーを発散できない、などと分析している。

1章　生活の変遷

過去最高を更新
全国1万5000か所
事件と隣り合わせの社会に高まる学童保育施設のニーズ

KEY WORD
- 学童保育
- 鍵っ子

コラム／学童保育
共働き・一人親家庭の、おおむね10歳未満の児童に、放課後や土曜日、あるいは春・夏・冬休みなどの学校休業日に生活や遊びの場を提供する事業のこと。

「鍵っ子」と呼ばれることもあった、共働き家庭の小学生。彼らは学校が終わると、誰もいない家に帰宅して自分でドアを開けて入るために、鍵を持って登校した。

現在では、かつての鍵っ子たちと同じ境遇にある子どもたちのなかには、放課後を**学童保育**で過ごす子どもも多い。そのための施設数が、2005（平成17）年5月には1万5309か所を数えるに至った。2004（平成16）年から05年にかけてだけでも631か所の増加である。**児童福祉法が改正**されて、学童保育が法定化された1997（平成9）年以降、年間500か所を上回るペースで増え続けている。

法定化以前も、文部省（現・文部科学省）のかけ声で**留守家庭児童対策**として児童館事業がおこなわれていたが、2005（平成17）年5月の時点で、全国の2033市区町村に設けられた学童保育施設の入所児童は65万人にも達している。

この数字の背景には、共働き家庭やシングルマザー、シングルファーザーの増加がある。しかしそればかりではない。幼い子どもを巻き込む事件の増加という社会環境の変化で、放課後の子どもの安全を願う親のニーズが高まってきたのである。

こうしたニーズの高まりは、1か所で40人を超える児童を抱える施設を44％も生むことになり、100人近い児童を抱える施設が300か所にまで達しようとしている。結果的に、**学童保育指導員が不足**して、子どもたちが快適に放課後を過ごせないというしわ寄せも目立ちはじめている。

そこで厚生労働省は、経験豊富な主婦などが小学生を預かる「**生活塾**」システムを提案、その普及を打ち出している。一方で文部科学省は、学校の空き教室などを利用して地域住民との交流などを支援する「**地域子ども教室推進事業**」を試みるなど、新しい対策が模索されている。

データを読む

●全国の学童保育数の推移●

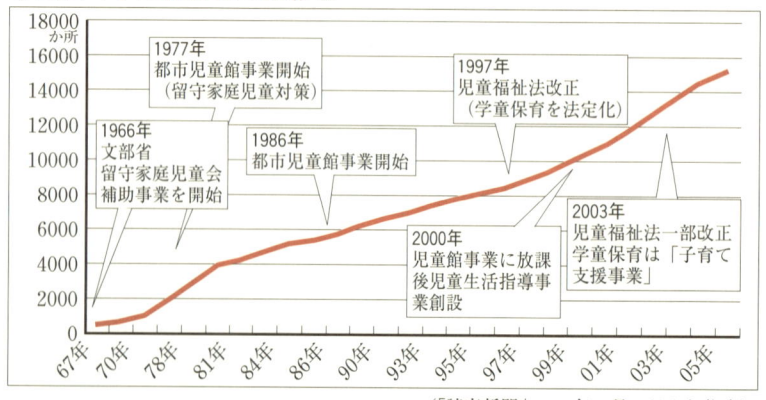

- 1966年 文部省留守家庭児童会補助事業を開始
- 1977年 都市児童館事業開始（留守家庭児童対策）
- 1986年 都市児童館事業開始
- 1997年 児童福祉法改正（学童保育を法定化）
- 2000年 児童館事業に放課後児童生活指導事業創設
- 2003年 児童福祉法一部改正 学童保育は「子育て支援事業」

（「読売新聞」2005年10月6日より作成）

小・中学生不登校数
3年連続減少
それでも不登校者出現率は依然高止まり状態

KEY WORD
- 不登校
- スクールカウンセラー

コラム／フリースクール

不登校になった子どもたちを受け入れる学校以外の施設にフリースクールの存在がある。子どもが自ら選んで参加する自主性を重視する姿勢が、従来の学校にはない新たな教育機関として、近年注目を集めている。

　1980年代から90年代にかけて、校内暴力、イジメといった学校の荒廃がニュースをにぎわしている陰で、ひそかに進行していたのが、**小・中学校の不登校児童・生徒の増加**だった。その数が、21世紀を迎えた年をピークに、減少に転じた。

　義務教育での不登校だけに、事態の打開策としてさまざまな試みがなされ、文部科学省が設けた**スクールカウンセラー制度、教育支援センター（適応指導室）対策**などが効果を上げたものと見られている。

　スクールカウンセラーが児童宅を訪問して登校を促したり、電話をかけたり、不登校を未然に防いだりというのは確かに成功している。おかげで2004（平成16）年度中に30日以上の不登校欠席のあった児童・生徒数は、前年比約2900人減の12万3317人になった。これは**ピーク時よりも1万人減**である。

　とはいえ、この数字の変化から、不登校児が減ったようでも、不登校者の出現する確率が下がったわけではなく「増加傾向に歯止めがかかっただけ」と評する声も少なくない。ニュースを報道した新聞も「高止まり」「下げ止まり」と表現していて、けっして好転とはしていない。不登校が減っているのは事実だが、同時に小・中学生自体の絶対数が減っているため、**全児童生徒に占める不登校者の割合にはほとんど変化がない**。

　カウンセリングや適応指導に効果があるとしても、それで復帰する児童・生徒がいる以上に、不登校者が出現しているということだ。指導の効果も、学校へ引き戻す、ただの強制によるものでしかないという見方がされることもある。そうすると、いまは登校していても、彼らの将来は高校卒業後には**ニートへと転じる可能性**も秘めている。

　不登校の理由について、文部科学省は教師の視点からの調査に終始していて、子どもたちが不登校におよぶ原因をすくい上げているとはいいがたい。根本的な解決策に着手しなければ、次の10年には不登校だけではなく、ニートの増加にも頭を悩ませることになるかもしれない。

データを読む

●全児童、生徒数に占める「不登校」（30日以上）の比率●

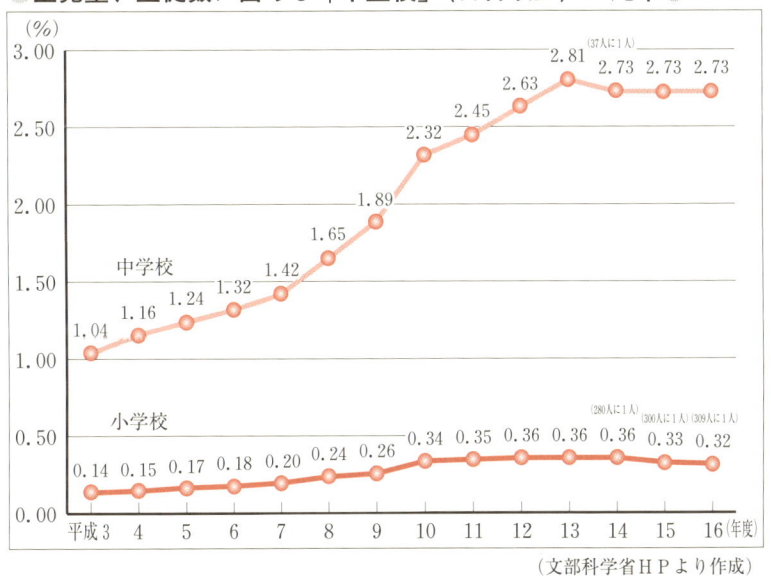

年度（平成）	小学校	中学校
3	0.14	1.04
4	0.15	1.16
5	0.17	1.24
6	0.18	1.32
7	0.20	1.42
8	0.24	1.65
9	0.26	1.89
10	0.34	2.32
11	0.35	2.45
12	0.36	2.63
13	0.36	2.81 (37人に1人)
14	0.36	2.73 (280人に1人)
15	0.33	2.73 (300人に1人)
16	0.32	2.73 (309人に1人)

（文部科学省HPより作成）

1章　生活の変遷

「無関心時代」の到来
5人に1人
大学を卒業してフリーターになる割合

KEY WORD

- フリーター
- 就職率

コラム／フリーターは生涯賃金も低い

　ＵＦＪ総合研究所によると、正社員として働いた場合の生涯賃金は２億1500万円（年収387万円）で、フリーターの場合は5200万円（年収106万円）と4.2倍の格差があると推計。年金受給額も正社員の夫婦が月額21万2000円なのに対し、フリーターの夫婦は13万2000円としている。

　かつては学校を卒業したら就職するのがあたり前だったが、バブル崩壊後は、コスト削減で人件費を削るため企業の新卒者採用が減った。そのため卒業後も就職せずに派遣社員や**フリーター（無業者）**になる若者が増えてきて、社会問題となっている。

　文部科学省と厚生労働省の調査によると、2004（平成16）年春の大卒者の就職希望者は**63.5％**で、そのうち男子学生に限定すると60％にも満たなかった。また、就職を果たしても３年以内に離職する若者が、中卒者では70％、高卒者では50％、大卒者では30％に達していて、**若者（19～24歳）の失業率は9.2％（2004年度）**にもなった。

　また、文部科学省の「学校基本調査」によると、2004年の大卒者のうち「**無業者」は20％**となり、５人に１人が職に就いていなかった。1991（平成３）年の調査時には5.2％だったから、10年あまりで実に４倍にまで膨れ上がったことになる。そのほか、アルバイトやパートなどの「一時的な仕事に就いた者」は4.5％。こちらも、年々増加傾向にある。

　大卒者が就職しない背景には、企業側の新卒募集の激減があるが、そうした厳しい状況のなか、「どうせ就職活動をしても無駄だ」「プライドを傷つけられるようなことはしたくない」というように就職活動をおこなう前にやめてしまうケースも多い。ある大学の就職課によると、「粘りのない学生が目立つ」という。大卒者の就職率低下は、進学しない、就職もできない、いわゆるフリーターを大量に生み出す結果となっている。

　厚生労働省の「労働経済白書」によると、15歳から34歳の未婚の若者で「ニート」と呼ばれる無業者は、2004年で推計52万人、フリーターの217万人と合わせると、260万人にもなった。かつてのフリーターは、あえて自分のライフスタイルとしてフリーターという職種を選んでいた傾向があったが、現在ではフリーターの７割は正社員を希望している。このまま就労形態が改善されない場合、フリーターのまま高齢化し、**2021年には35歳以上のフリーターが200万人を超える**とＵＦＪ総合研究所は予測している。

データを読む

●大学卒業者のうち無業者の状況●

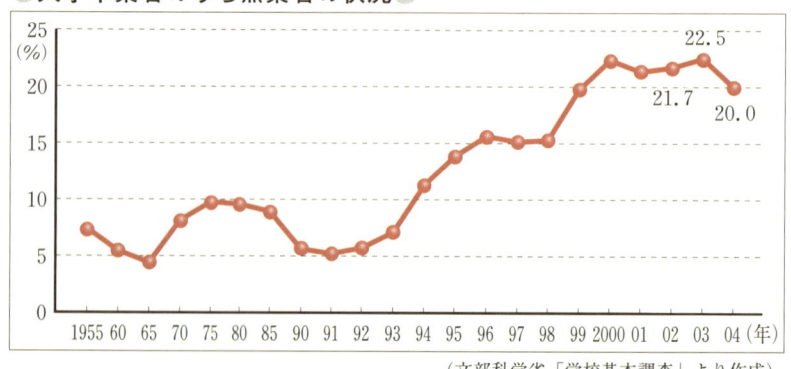

（文部科学省「学校基本調査」より作成）

ゲーム世代の産物か？
15%
小・中学生、死はリセットできるもの？

KEY WORD
● 倫理観の変化

　長崎県教育委員会が、小・中学生約3600人を対象に調査をおこなったところ、**「死んだ人が生き返る」**と思っている子どもが555人、15.4％にものぼった。この調査は、長崎県内全域から、小学4年生、6年生、中学2年生を抽出し、無記名で、質問に対して2択方式で回答させたもの。「死んだ人が生き返る」と答えた子どものうち、小学4年生は14.7％、6年生で13.1％、中学2年で18.5％だった。**小学生よりも中学生のほうが、生き返ると答えた率が高い結果となった。**

　そう思う根拠として、もっとも多かったのが、「生き返る話を聞いたことがある」で49.3％、次いで「テレビや映画で生き返るところを見た」の29.2％だった。そのほか、「肉体はなくなっても、心（魂）は残る」「よいことをすると生まれ変われる」などがあげられた。中学生では、「クローン技術の発達によって生まれ変われる」といった回答もあった。また、ゲームとの関係では、「ゲームではリセットできる」という理由をあげたのは7.2％にとどまったが、**ゲームの影響によって、現実と仮想世界の区別がつきにくくなっている**面も否定できない。

　現代の子どもたちは、以前に比べて、出産や葬儀、ペットの死などに直に接する機会が少なくなっている。そのため、生や死を身近で体験することがなく、テレビやゲーム、本、人の話などの情報によってしか感じたことのない子どもも少なくない。たとえば、全体として身近な人が生まれた喜びを経験したことがない子どもが26.5％、身近な人が死んだ悲しみを経験したことがない子どもが18.7％となっている。

　この調査から、県教育委員会では、人や動物の生や死に直面する体験をさせ、喜びや悲しみ、ほかの生き物を思いやる心を育てることが大事であり、**飼育や栽培などの体験活動を教育の現場で重視したい**との見解を示した。

コラム／テレビゲームで遊ぶ時間

　小学5年〜中学3年生までを対象に、放課後、テレビやビデオを見たり、テレビゲームで遊ぶ時間を調査したところ、もっとも多いのは「2〜3時間未満」で30.1％にもなった。「3時間以上」も29.7％にものぼり、8割以上の子どもが「1時間以上」との結果となった。

データを読む

● 「死んだ人が生き返ると思う」と答えた児童・生徒の学年別の割合 ●　（2004年）

	全体	小学4年生	小学6年生	中学2年生
(%)	15.4	14.7	13.1	18.5

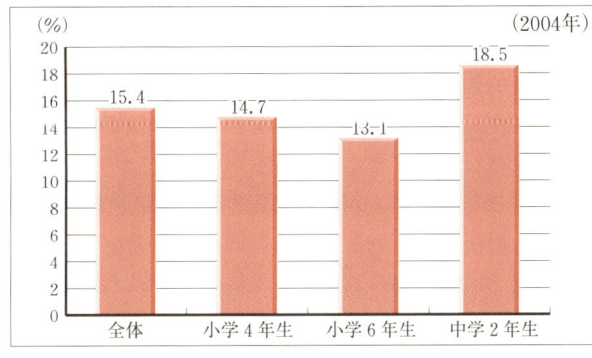

● 「生き返る」と思っている理由の内訳 ●　（2004年）

- 本や人の話など 50％
- テレビや映画などで見た 29％
- ゲームではリセットできる 7％
- その他 14％

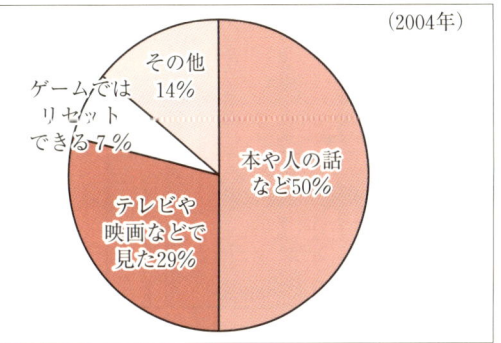

（長崎県ＨＰより作成）

大学全入時代へ……

定員割れ3割

2005年度の4年制私立大学入試

KEY WORD
● 大学受験
● ゆとり教育

コラム／受験生に人気の学部

近年は実学志向の傾向が見られ、法学部や商学部、経済学部といった実学系の学部に人気が集中している。一方で、文学部のような非実学系の学部は人気を落としており、一部では文学部の廃止を考える大学もある。

データを読む

大学・短大の志願者と入学者の推移予測

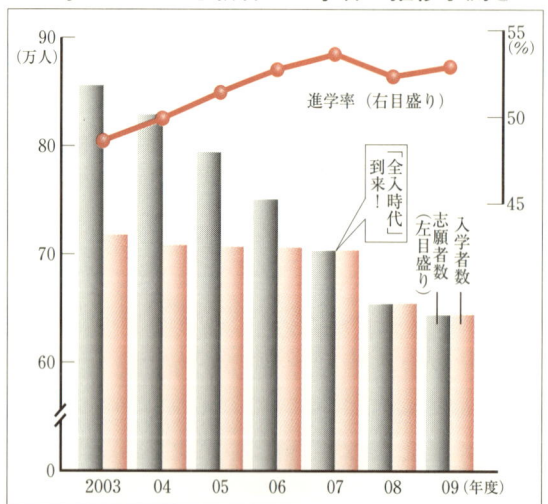

（「朝日新聞」2004年7月24日より作成）

　少子化による同世代の減少、**ゆとり教育**による学校での拘束時間の変化など、子どもをめぐる環境は変わってきている。2007（平成19）年度には、志望者全員が4年制大学・短大に入れる「**大学全入時代**」がやってくるという試算を、文部科学大臣の諮問機関である中央教育審議会が出した。この現象は、国民の大学志望率が頭打ちになることと、大学数の増加によるものだ。ただし、各予備校の調査によれば、大学全入時代とはいえ、それは数字上のことで、有力大学への入学は依然として高倍率を保ち続け、人気大学とそうではない**大学の二極化が進む**という。

　実際に2005年の大学入試を見ると、私立4年制大学で**定員割れをしたところが約3割**もあった。大学経営がうまくいかずに経営難に陥り、民事再生法の適用を受けている大学も出てきており、大学間の格差は確実に広がっている。2004年に法人化された国立大学とて安心はできない。他大学との競争は激化しているのだ。

　各大学では生き残り策として、ユニークな入試制度の導入や、受験料の割引をはじめている。国内の大学卒業生の8割は私大出身であり、たしかに大学産業というものは大きなマーケットではある。しかし、少子化による受験者数の減少にともない、学部や学科の定員を縮小して、規模に見合った経営を心がけるなどの工夫が必要だ。学科や学部にまたがって単位取得ができるなどの新たな試みによる魅力アップが急務となっている。

　また、**ゆとり教育**による**学力の低下**が指摘されており、2003（平成15）年度に経済協力開発機構がおこなった、世界41の国と地域での「生徒の学習到達度調査」では、日本の高校2年生の場合、**数学的応用**という分野が前回調査時の1位から6位に、**読解力が8位から14位へ後退**した。大学全入時代を迎え、基礎的知識が十分ではない生徒が入学してくると、大学が基礎学力向上の役目を担う場として機能しなければならなくなる可能性もある。

　もっとも、エネルギー問題や高齢化、食糧危機など、解決しなければならない問題の研究をすることも大学には求められており、いままで以上に厳しい状況のなか、さらに多くの役目を担う必要が出てくるかもしれない。

公共放送の意義問い直す
3件に1件
不祥事に伴う支払い拒否で増大した、NHKの受信未契約者数

KEY WORD
- NHK
- 受信料
- 多チャンネル時代

コラム／スクランブル化

電波を暗号化して、音声や映像をわからなくすること。視聴するには、暗号を解く装置が必要となる。そのため、料金を払う視聴者にだけ暗号を解く装置が働くようにすれば、不払いの視聴者は番組を視聴することはできない。

データを読む

●NHK受信契約をめぐる状況●

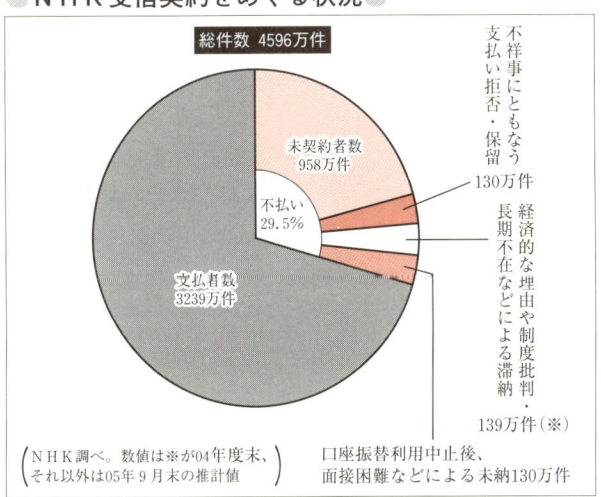

総件数 4596万件
- 未契約者数 958万件
- 不祥事にともなう支払い拒否・保留 130万件
- 不払い 29.5%
- 経済的な理由や制度批判・長期不在などによる滞納 139万件（※）
- 口座振替利用中止後、面接困難などによる未納130万件
- 支払者数 3239万件

NHK調べ。数値は※が04年度末、それ以外は05年9月末の推計値

（「朝日新聞」2005年9月30日より作成）

　NHK（日本放送協会）は民放のように特定のスポンサーに頼らず、**公共の福祉、文化の向上に貢献**することが使命とされている。そのためには財政上の自立が必要であるとして、NHKは国からの出資を受けておらず、その分を、**国民からの受信料**で補っている。実際に放送法第32条第1項において、「NHKの放送を受信できる受信設備を設置した者は、NHKと受信契約をしなければならない」と定められてある。つまり、NHKを視聴するしないにかかわらず、テレビがあればNHKの受信料は支払わなければならないのだ。ところが、2004（平成16）年に相次いで発覚した**NHKの不祥事**を受け、NHKの受信料についての論議が持ち上がっている。

　NHKによると、受信契約をしていない一般世帯や事業者は約960万件（2005年9月現在）にものぼる。また、受信契約をしているが、不祥事にともなう支払い拒否や経済的な理由で未払いなのが約400万件にもなった。このふたつを合わせると、**総件数のうち不払いは約3割**にもなる。

　NHKは受信料不払いの視聴者に対し、最終的には法的手段に訴える意向を2005年9月に発表した。この法的手段は、受信契約を結んでいるのに払わない約400万件が対象。具体的には、民事訴訟法制度を活用して、簡易裁判所から視聴者へ督促状を送る。視聴者側は不服があれば異議を申し立てることができる。放送法の受信料支払いの義務をたてにした処置だが、放送法には罰則の規定はない。約960万件の未契約者については、転居によって住所が不明だったり、訪問しても会えずに契約できないといった事情があり、このケースに関しては**契約を求める法的手段**を検討しているようだ。

　しかし、未払い・未契約の理由はもっと根本的なところにもありそうだ。テレビ放送がはじまった1953（昭和28）年当時は、日本のテレビ局といえばNHKと日本テレビの2局だけだったが、多チャンネル時代を迎えた現在、NHKの存在意義自体を疑問視する意見も多い。政府は、受信料問題解決のために画面のスクランブル化の検討も視野に入れているが、NHKは導入に消極的である。

人材の育成急げ！
アメリカの20分の1
人口10万人あたりの弁護士数

KEY WORD
- 司法試験
- 弁護士数

コラム／人口10万人あたりの弁護士数の地域差

日本国内においても弁護士数には地域差が見られる。『日本国勢図会2005／06版』によると、もっとも弁護士が多いのは東京都で、人口10万人あたり79.34人、逆にもっとも少ないのは青森県で人口10万人あたり3.01人となっている。

日本の司法制度に関しては、「諸外国に比べて、弁護士などの法曹人口が大きく不足している」「裁判にかかる日数が長すぎる」などの問題が指摘されている。

内閣府の調査によると、人口10万人あたりの弁護士数を見ると、日本はわずかに16人で、アメリカの349人に対し、20分の1にすぎないことがわかった。イギリスの183人、ドイツの154人に比べても、はるかに少ない。

その理由として、日本における**司法試験の合格率の低さ**があげられる。司法試験管理委員会によると、2004（平成16）年の司法試験では、約5万人が出願して、最終合格者はわずかに1483人。**最終合格者率は、ここ数年3％に満たない**という厳しさである。

また、現在の司法試験では、初受験から合格するまでに要する年数は、**平均5.49年**もかかり、非常に狭き門となっている。検察官、裁判官も弁護士同様に不足している。

しかし、犯罪の多発、社会の高度化、複雑化にともない、刑事訴訟も民事訴訟も今後ますます増加が予想される。そこで、内閣府では司法制度改革委員会を組織し、法曹人口を増加し、迅速な裁判手続きを目指した**司法制度の改革**を推進している。

その一環として、2004年4月から、法律家養成のための**法科大学院（ロースクール）**が開校された。高度な専門知識を必要とする法曹人口を増やすために、これまでの大学や大学院と異なる**専門職大学院**、具体的には、法曹家養成のための専門教育をおこなうのが法科大学院である。その修了者の**約3割**が司法試験に合格するような教育システムを採用し、2010年頃には、司法試験合格者も**年間3000人**までに**増加**させる計画になっている。

そのほか、弁護士が公共機関や民間企業で自由に働けるような制度を設けたり、弁護士資格の特例を拡充するなどの、弁護士制度の改革に取り組んでいる。

データを読む

●主な国の人口10万人あたりの弁護士数●

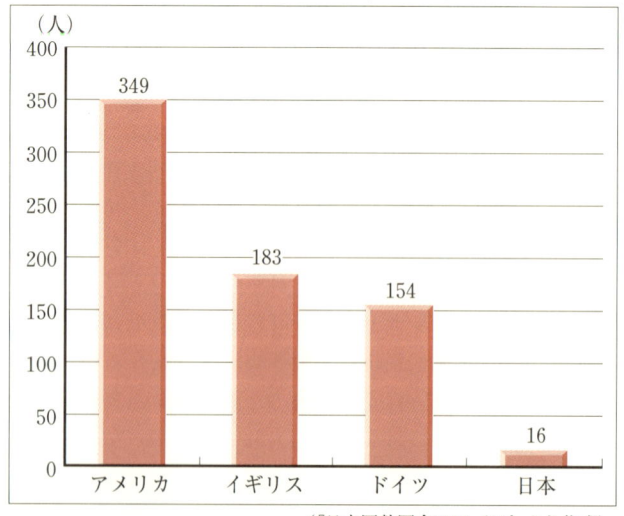

国	人口10万人あたりの弁護士数（人）
アメリカ	349
イギリス	183
ドイツ	154
日本	16

（『日本国勢図会2005／06』より作成）

国民にも開かれた議論を
85％が賛成
女性天皇に賛成する人の割合

KEY WORD
- 皇室
- 女性天皇論

皇室に男児の誕生が絶えて久しいことから、皇位は皇統に属する男系の男子が継承するとした『皇室典範』を見直して女性天皇を容認するかどうかで揺れていた世論に、「皇室典範に関する有識者会議」が報告書をまとめて、ひとつの解答を投げかけた。

報告書には、男女にかかわらず長子が次代の後継者になるという基本路線が提案されている。長子が女の子なら、その女の子が生まれたときから次代の天皇になることが運命づけられ、女性でも天皇になれるよう改めるというものだ。

ところが、この女性天皇容認に異論を述べる人も少なくない。過去に10代8人の存在がある女性天皇は過去の例から否定はしないが、その子が皇位を継承するのは、「男系天皇」を守ってきた伝統を崩すというのである。過去の女性天皇は、次代の天皇までのつなぎとして、独身か未亡人に限られており、女性天皇が即位後に子どもを産むことはなく、その子が天皇になることもなかったのだ。

報告書の完成後に毎日新聞がおこなった世論調査では、**85％の人が女性天皇を容認**している。ただ皇位継承順位は、**長子優先に賛成する者が54％**に対し、**男子優先がいいとする者が39％**おり、この歴史的背景が日本人の心に重く受け止められていることがわかる。女性の社会進出が進んだこと、外国の王室も女王を容認しているといった状況にあっても、男系を守ってきた日本ならではの伝統を守りたいという思いによるのだろう。

ただ、天皇に即位するための教育は幼いときからはじめられるべきであり、あとから男児が誕生したからといって後継者を変更するのは、皇室に親しみを抱く国民にもとまどいを与えかねないという論も根強い。女性天皇容認にともない、女性皇族の皇籍離脱も考慮されることになる。まだようやく報告書が国会にまとめられたという段階であり、これからも論議は続きそうである。

コラム／ヨーロッパの王室

日本同様に立憲君主制で王室を持つ欧州諸国では、男子優先はイギリス、スペイン、デンマークで、第1子優先がオランダ、ベルギー、ノルウェー、スウェーデンだ。スウェーデンでは、1980年に男子優先から第1子優先に法律が改正されている。

データを読む

女性天皇容認に賛成する人の割合
- 2001年12月（愛子さま誕生）: 86％
- 2005年2月（皇室典範に関する有識者会議発足）: 87％
- 2005年12月: 85％

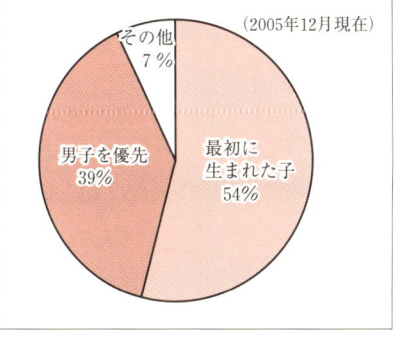

（毎日新聞社の全国世論調査の資料より作成）

皇位継承順位についての意見（2005年12月現在）
- 最初に生まれた子 54％
- 男子を優先 39％
- その他 7％

（「毎日新聞」2005年12月14日より作成）

改善の兆しはあるが……
4.5%
若年層が数値を上げている完全失業率

KEY WORD
- 完全失業率
- フリーター

「働きたくて仕事を探しているが就職先がない」という人の数を、就労可能な15歳以上の人口で割ったのが**完全失業率**だ。総務省が定期的におこなう労働力調査結果が毎月発表されるが、その率の高低が、そのまま景気の状態を示していることになる。

いわゆるバブル崩壊以降の日本では、この完全失業率が右肩上がりに上昇し、一時は5.5％にまで達した。ただ最近は、東京都の地価が上昇するなど、景気がいくらかの回復の兆しを見せている。

完全失業率も2005（平成17）年に入って4％台を記録することが多くなり、同年10月には3か月ぶりに悪化したとはいうものの、4.5％にとどまり、**雇用情勢は回復基調にある**という厚生労働省の判断も下された。

ただ問題視されているのは、**若年層における失業率の高さ**だ。倒産やリストラで高齢者の働き口がないという例は多い。ところが、有効求人倍率が上昇傾向にあるなか、同年10月の、15～24歳男性の完全失業率だけが、9.4％と飛び抜けて高いのである。

彼ら失業者のなかには、「**自発的失業者**」と呼ばれる、自分から職を辞めたり、会社を離れた者が多い。要するに、求人があるのに仕事に就くことを拒否する者が多いのである。一方、求職しているのに採用されない者も少なくない。このように、若年層における失業率の高さの背景には、「雇用の不適合」と呼ばれる労使間の思惑の不一致があるとの指摘がされている。

ある調査では、**大卒学生の30％**、**高卒で50％**の生徒が、新卒就職後、3年以内に離職するという結果もあるという。仕事が合わない、職場の人間関係がいやになったとの理由で離職するようだ。その結果、ニートになったり、とりあえずフリーターで生活費を稼ぐといった若者が増加している。

経済産業省ではこの事態を重視し、企業の人事担当者など、外部人材による新しい就職プロセスを探る研究会を設置し、対策に努めることにしたという。

> **コラム／フリーターとニートの違い**
> フリーターとニートは混同されやすいが、両者は区別されるべきものである。実際に働いているフリーターとは違い、ニートは就労意欲や就学意欲のない若者のことである。

データを読む

●若年者の完全失業率（年平均）の推移●

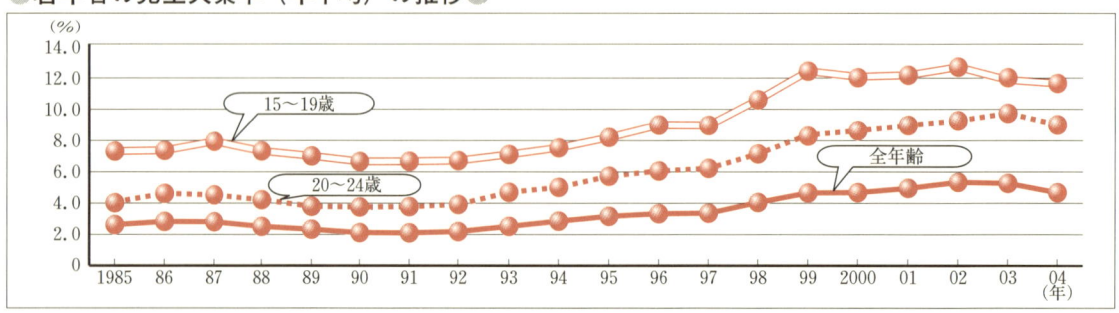

（総務省「労働力調査」より作成）

保証のない労働

1割増

雇用形態の変化で増える非正社員

KEY WORD
- 雇用形態の変化
- 派遣社員

コラム／非正社員から正社員への道

派遣社員から正社員として採用になる道は険しいが、逆にその道筋ができつつあることも事実だ。派遣社員として就労したあと正社員採用する「紹介予定派遣」が、新卒者採用の新方法として模索されている。企業も学生も互いを見極めることができ、効率的といわれている。

データを読む

増加する非正社員

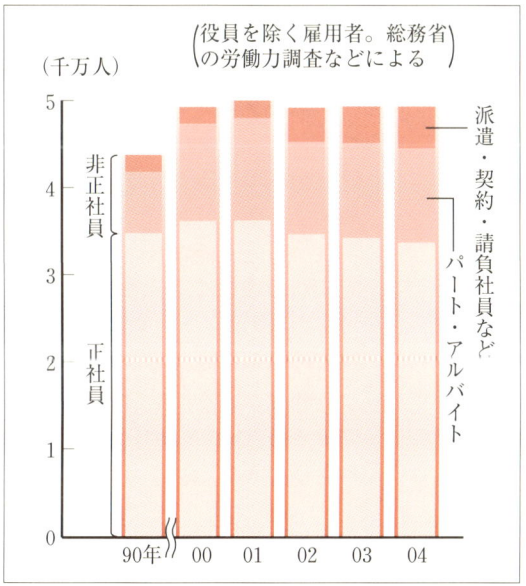

（千万人）
（役員を除く雇用者。総務省の労働力調査などによる）

派遣・契約・請負社員など
パート・アルバイト
非正社員
正社員

90年　00　01　02　03　04

（「朝日新聞」2005年9月18日より作成）

　未曾有の不況が日本列島を襲った90年代以降、各企業は生き残りをかけてさまざまな対策を講じた。そのなかには、従業員と会社との関係を見直す動きも見られた。結果、終身雇用制という雇用形態が崩れることになる。**終身雇用制の崩壊**とともに、脚光をあびるようになったのが**派遣社員**だ。もともと派遣社員はバブル崩壊以前から存在していたが、90年代からしだいに数が増えていった。2004（平成16）年に**労働者派遣法が改正**されたことを受け、派遣できる業種が拡大したことにともない、さらに増加している。

　企業は派遣社員を抱える派遣会社と契約し、人材の提供を受ける。派遣社員は派遣会社と雇用関係にあるが、実際の就業に関しては派遣された先の企業の指揮・命令下に置かれるというシステムだ。

　企業にしてみれば、すでに社会人教育を受けた即戦力の人材を、必要に応じて提供してもらえ、**人件費のムダを省くことができる**というメリットがある。同様のシステムに契約社員という存在もあるが、育成の手間のかからない分だけ、派遣社員の人気が高まっているようだ。

　最初は事務職員での派遣が多かったが、最近では生産工場などでも派遣労働者が増えつつある。正社員より人件費が安くてすむからという理由は当然として、**生産量に応じて人員の増減が容易**だというのも大きな理由になっているという。実際に派遣社員が就業している企業は、2004年8月末日の時点で、金融・保険業で63.8％、情報通信業で50.3％、不動産業で48.6％、製造業でも38.5％を占める。

　こうした派遣社員が働く場所の広がりは、雇用実態の数字となってあらわれてきた。不況を受けてのリストラも含めて、企業の雇用する正社員の数は、1997年から2004年までに**400万人の減少**を見ている。その半面で、派遣社員や契約社員などの占める割合が、1990（平成2）年には2割だったものが、2004年には3割と、1割も増加している。労働者がライフスタイルに合わせて就労形態を選択できる点を長所とする見方もあるが、不安定で将来の保証がない雇用であることに変わりはない。

2章　現在の社会　115

食生活の多様化
約938万t
減少し続ける米の年間消費量

KEY WORD
- 米離れ
- 生活習慣病

コラム／平成の米騒動

1993（平成5）年の米の作況は、戦後2番目という凶作だった。備蓄米で補っても追いつかず、タイ米をはじめアメリカ、中国などから米を緊急輸入するという措置がとられた。日本の農業の弱体化があきらかになった出来事でもある。

　かつては主食である米が作況によって大きく価格変動するのを防ぐため、一括して政府が米を買い上げる形がとられていた。米市場が開放されたのは1995（平成7）年のことである。

　それ以前、政府が買い上げた米に余剰米が出すぎるため**減反**という生産調整策がとられるようになった。1970（昭和45）年のことである。背景にあったのは、**日本人の食生活の多様化による米離れ**だ。「とにかくご飯でおなかをいっぱいにする」食事から、おかずを豊富にとるようになり、また、パンや麺類を主食にしたり、間食をとることも多くなったりして、米を買わなくなったのである。

　日本での主食の変遷がわかるのが、**国内での年間米消費量**のグラフが示す右肩下がりだ。1963（昭和38）年度の1341万tをピークに、2003（平成15）年度には約938万tまで減った。これは加工食品用に使われる分まで含んだ数字で、単純に国民1人あたりの年間消費量を見ると、61.9kgにしかならない。およそ米俵1俵分である。ピーク時の118.3kgと比べると**半減している**。

　食生活の多様化による米離れは、半面で**生活習慣病の蔓延を招く結果**になっている。そのため、バターやマーガリンなどを合わせることの多いパン食に代わって、ご飯を主食とした日本食の見直しがはじまっている。栄養摂取を主眼に「1日30品目」と副食を豊かにすることをすすめてきた厚生労働省も、あらためてご飯の大切さを説く方針に変えた。

　ご飯は**タンパク質が豊富**で、ビタミンやミネラルも含み、**食物繊維も摂取できるという優れた食べ物**だ。ご飯といえば炭水化物で太るという先入観が強いが、そもそも脂肪の燃焼には炭水化物が必須である。ダイエットを目指すなら、脂質の過剰摂取になりやすい洋食より和食がよく、**生活習慣病も予防できる**というのが、新しい方針の骨子である。

データを読む

●米の生産・消費・輸入量の推移●

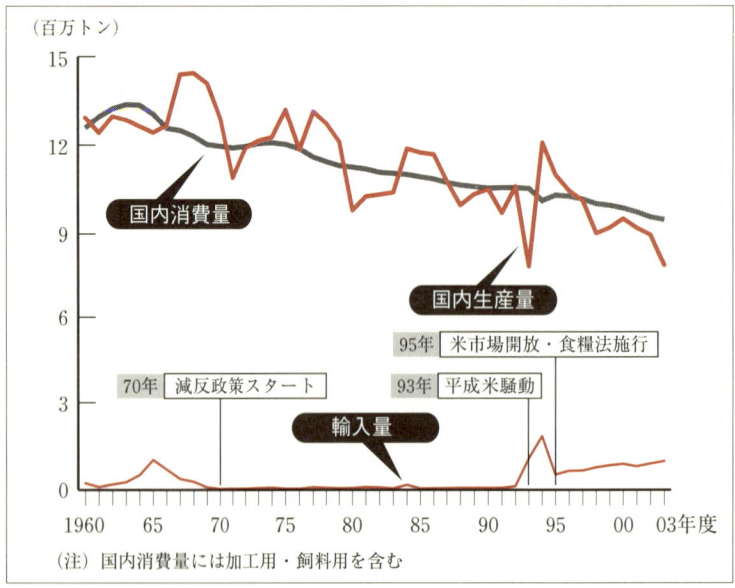

（百万トン）縦軸：0〜15
横軸：1960〜03年度

国内消費量／国内生産量／輸入量

70年 減反政策スタート
93年 平成米騒動
95年 米市場開放・食糧法施行

（注）国内消費量には加工用・飼料用を含む

（「毎日新聞」2005年10月17日より作成）

減ってはいるものの不安は増すばかり
1日あたり7000件
2004年の刑法犯の認知件数

KEY WORD
- 刑法犯認知件数
- 知能犯
- 犯罪の複雑化

コラム／振り込め詐欺の被害額

警察庁の調べで、ある意味で恐喝にもあたるとしていることがわかった。振り込め詐欺の被害額は、2004年で約283億7900万円にも達した。振り込め詐欺はいわゆるオレオレ詐欺、架空請求詐欺、融資保証金詐欺の3つに分類され、被害額の内訳はそれぞれ約52％、約20％、約28％となっている。

警察庁の発表によると、2004（平成16）年、日本国内で警察が認知した刑法犯罪の件数は約260万件だった。1996（平成8）年以降、漸増していた**刑法犯認知件数**は、2002（平成14）年まで、7年連続で戦後最高件数を記録し続けてきた。翌年には、2.2％減と減少に転じ、2004年はさらに8.1％減となってこの数字を記録したものだ。

減少傾向にあるとはいっても、1日あたりで換算すると7000件以上の事件が、どこかで起こっていることになる。**1時間の間に300件近い被害が生じている**わけだ。

それに比べて検挙件数は伸び悩んでおり、かつては40％を超えていた検挙率も、近年は20％台で推移している。

原因は、犯罪の広域化や複雑化だ。2005年上半期には、凶悪犯、粗暴犯、窃盗犯が軒並み減少しているのに対し、**知能犯のみが増加傾向を示している**。統計を見ても、前年同期比9.6％増となっている。とくに身内の事故などを口実に金銭を要求する、**振り込め詐欺**（いわゆるオレオレ詐欺）に代表される詐欺犯は、前年同期に比べ14.5％増を記録している。

振り込め詐欺のほかにも、架空請求詐欺、融資勧誘書を送りつけて申込者から保証金を騙し取る融資保証金詐欺などその**手口は巧妙化**しており、こうした詐欺による被害者は全国的に見られ、**被害金額も高額**になっている。

犯罪が多様化する社会は国民の不安を駆り立てていることが、2005年3月におこなわれた野村総研の調査にはっきりあらわれた。「2～3年の間に**治安が悪化した**」と感じている人が**9割**にも達したのである。さらに犯罪防止と治安のために、社会的な対策強化がおこなわれることは、「好ましくないが、安全になるならしかたない」と答えた人も半数近くに上った。**多少の生活の窮屈さより安全優先**という国民の不安の強さがあらわれた数値といえる。

データを読む

●刑法犯の認知件数と検挙率の推移　●知能犯の認知件数の推移

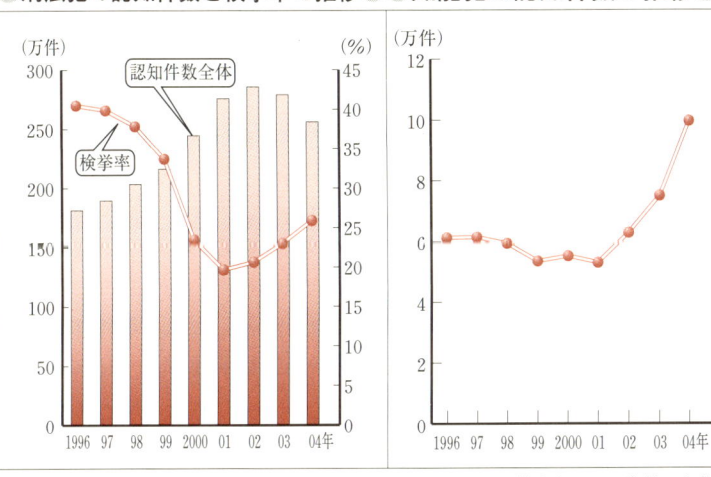

（警察庁HPの資料より作成）

2章　現在の社会

子どもを守れ
2年で約4.5倍増
防犯ボランティアの数と参加人数

KEY WORD
- 子どもの安全
- 防犯ボランティア組織

コラム／危機管理は地図作りから

子どもの通学路を含む自分たちの居住地域の、どこが危険な場所なのか、どこがリスク回避に最適な通学路かなど、子どもの安全対策の第一歩は、周辺の地図作りからはじめると効果的だという。完成した「地域安全マップ」は、子どもたちにも身近にある危険を意識させるきっかけにもなる。

1959（昭和34）年に子どもたちの通学の交通安全を守る「緑のおばさん」が誕生した。戦後復興期に、女性の職場が少なかったため、雇用対策として創設された職である。通学路上にある交通の激しい場所の横断歩道などで、**子どもたちの安全確保**のために緑の旗を振った指導員のことだ。

最近ではあまり姿を見かけなくなった「緑のおばさん」だが、これからは彼女たちに代わる人々の姿を見かけるようになるかもしれない。というのも、下校途中に誘拐や監禁など、小学生を狙った犯罪が増加している近年は、その防犯対策が急がれているからだ。そのような状況のなかで、自然発生的に組織され増加中なのが、**防犯ボランティア組織**だ。小学生の児童を持つ親、小学校の所在地付近の住民らが立ち上がり、通学路での警備、パトロールなどで子どもを守ろうという防犯ボランティアである。

2001（平成13）年に大阪府池田市で起こった**小学校乱入児童殺傷事件**を機に増加をはじめ、3年後に奈良県で起こった下校途中の女児誘拐殺人事件のあとに急増した。

防犯ボランティアの数は2003（平成15）年末から2005（平成17）年6月末までに、警視庁が把握しているだけでも**約4.5倍も増加**していて、組織数は**1万4000近くに達している**。なかでも保護者が組織する団体の増加率が高く、**2年で約18倍の2000団体**を数えることができるという。

地道な活動で組織数や協力者数を増やしているが、ボランティアゆえの活動資金不足、人員のやりくり、またボランティア参加者の共有意識の統一など、誕生間もないだけに、抱えている問題も多い。

ただ、子どもの安全のためには、予算の出し惜しみはできず、2006（平成18）年度から大幅増での援助を決めた。警察庁と法務省の子どもの安全に関する事業に対して、2割増の予算が、文部科学省は2.6倍の予算がそれぞれ計上されたのである。約26億円を得た文科省では、地域住民への支援費など新規事業に7億円の予算を配分する。警察庁も**地域安全ステーションの設置**を決め、防犯ボランティアを援助するという。

データを読む

●防犯ボランティアの数と参加人数●

	03年末	04年末	05年6月末
団体数	3100団体	8100	1万4000
参加人数	17万7800人	52万1700	80万300

（いずれも累計。警察庁調べ）

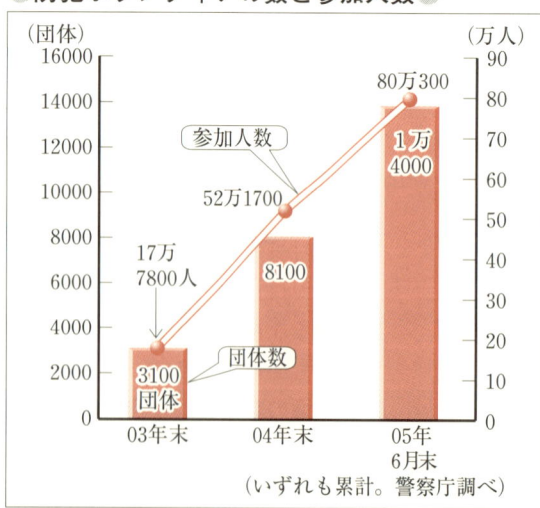

（「朝日新聞」2005年12月11日より作成）

若者への広がり深刻化
前年同期の10倍
急増する合成麻薬押収量

KEY WORD
- 合成麻薬
- 麻薬取締法

コラム／MDMA

化学薬品から合成された麻薬で、錠剤の形で出回り、通称エクスタシーとして知られている。幻覚作用が強く、乱用により錯乱、記憶障害などを引き起こす。オランダをはじめとするヨーロッパ諸国からの密輸が多い。

　日本では麻薬の使用は**麻薬取締法**により禁じられている。その起源は明治初年にまでさかのぼり、まずは**アヘン**の使用が禁じられた。その後、アヘン以外の麻薬も法によりなんらかの規制を受けるようになる。戦後になると、さらに幾度かの法律改正がなされ、現在では許可を受けた者以外が麻薬を取り扱うことは禁止されている。

　ところが、近年、**MDMA（通称エクスタシー）**という**合成麻薬**が、ごく普通の青春を楽しむ少年少女を中心に、急速に蔓延している。

　MDMAは日本に流入して間もない1989（平成元）年に麻薬に指定され、すぐに取り締まりがはじまったが、数年前から押収量が急増。2005（平成17）年上半期だけを見ても、35万8000錠と、前年同期の10倍増になっている。前年も過去最高の押収量を記録しているが、すでにその76％に達している数字だ。

　いまや大きな社会問題となっているMDMAは、クラブやライブハウスに出入りする若者の間で希少価値を持って使われていたが、資金源になるとみた**暴力団の介入**のために一気に広まった可能性が考えられる。2000（平成12）年には検挙者の1割程度だった暴力団関係者が、**5年間で4割近く**を占めるようになったという数字が、それをうかがわせる。また前年度には28万錠（末端価格で11億円相当）を隠していた、暴力団組長らの逮捕という事実もある。

　2005年度上半期のMDMA所持での摘発数は459件、検挙人数は204人だったが、このうち78％が**未成年か20代の若者**で、若年層への広がりが目立つ。

　若者の薬物乱用は、肉体も精神も蝕み、さらには新しい形の犯罪発生に結びつくおそれもある。現在のところ、摘発担当の警察庁だけでなく、厚生労働省や自治体なども連携して、将来のある若者たちの暴走を抑止する策を講じる必要が叫ばれている。

データを読む

●MDMA等合成麻薬事犯検挙状況●

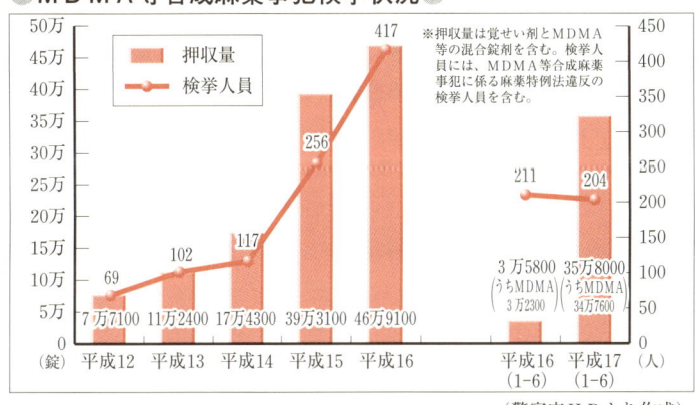

※押収量は覚せい剤とMDMA等の混合錠剤を含む。検挙人員には、MDMA等合成麻薬事犯に係る麻薬特例法違反の検挙人員を含む。

（錠）	平成12	平成13	平成14	平成15	平成16	平成16（1-6）	平成17（1-6）
押収量	7万7100	11万2400	17万4300	39万3100	46万9100	3万5800（うちMDMA 3万2300）	35万8000（うちMDMA 34万7600）
検挙人員（人）	69	102	117	256	417	211	204

（警察庁HPより作成）

個人情報の扱いにピリピリ

半年で3200件

国民生活センターや消費者センターに寄せられた苦情相談件数

KEY WORD
- 国民生活センター
- 個人情報

コラム／個人情報保護法

行政機関や企業が、個人の情報を不適正に取り扱わないように定めた法律。情報取得時に利用目的を本人に明示し、請求に応じて情報を開示、訂正する義務などを課す。最初は国や自治体が対象だったが、2004年から民間にも全面施行された。

個人情報保護法が2005（平成17）年4月に全面施行されてから、個人情報の取り扱いに関する苦情や相談件数が急増している。**国民生活センター**の調査によると、同センターや、全国の消費者センターに半年間に寄せられた苦情・問い合わせは、3200件にのぼった。そのうち、苦情は3000件である。同センターによると、相談件数は、5年前に比べ、30倍に増えたという。

苦情の対象としては、放送や通信事業者などの「**情報通信**」が660件でもっとも多く、次いで「**金融・信用**」の480件、「**医療・福祉**」の90件であった。

相談内容でもっとも多かったものは、金融商品販売のしつこい勧誘やダイレクトメール、電話勧誘などで、住所や電話番号などの**情報を不正に入手された消費者からの苦情**（1010件）だ。

次に多かったのが、**第三者への個人情報などの同意のない提供**（610件）。保護法に触れることを恐れる教育関係者が、個人の名前や写真の取り扱いに過剰に反応し、慎重になりすぎるケースが増えている。

具体的には、幼稚園の卒園アルバムに載せる写真や運動会の写真撮影で、本人の同意を得なければならないと、保護者の同意を得る作業に追われる。また、小・中学校のクラスの連絡網を廃止したり、同窓会名簿に住所氏名を掲載するのも、掲載者全員の了解をとる作業に追われる、などだ。これでは、作業が煩雑すぎて、名簿づくり、アルバムづくりも廃止になる傾向にある。

また、一方で**5000人以上の個人情報を持つ民間企業**や団体は、その漏洩防止を義務づけられ、顧客名簿やメールアドレス、名刺などの管理と**漏洩防止**の対策に追われ、混乱を避けられずにいる。

保護法施行からまだ間もないこともあり、社会も企業も手探りの状態にある。今後は、その解釈や取り扱いに一層の検討が必要とされている。

データを読む

● 主な苦情の対象 ●

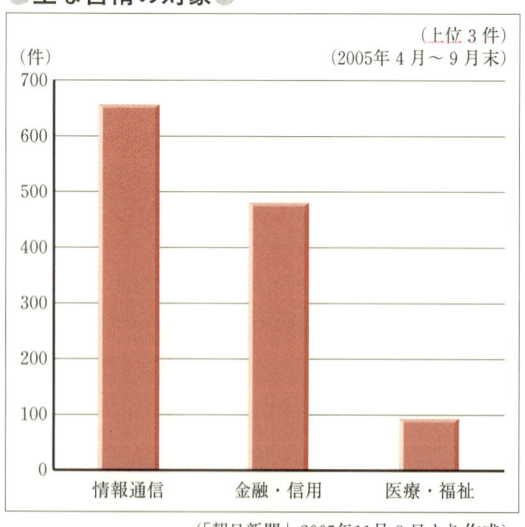

（上位3件）
（2005年4月～9月末）

対象	件数
情報通信	約660
金融・信用	約480
医療・福祉	約90

（「朝日新聞」2005年11月8日より作成）

増えるボランティア
約2万5000
ＮＰＯ法人の申請数　増加の一途をたどる

KEY WORD
- ＮＰＯ
- 社会的使命

　ＮＰＯとは、「Non-Profit Organization」の略称で、**民間非営利組織**と訳されている。政府が組織したものでなく、あくまで**市民たちが自発的意思によって活動に参加したり、拠出金を負担したりする団体**のことである。「非営利組織」というのは、企業のように利益を上げるために組織されたものではなく、社会的使命を果たすことを目的とした団体であることを意味している。

　その社会的使命とは、貧困や災害救助、医療福祉あるいは自然保護、国際交流から人権・平和、さらには文化・芸術・スポーツといった分野での活動で成果をあげることだ。企業では利益の望めないこうした分野には手を出しにくい。それを個々人の意思で補おうとする人たちの集団がＮＰＯである。

　現在、日本には約10万ものＮＰＯ団体が存在すると推定されている。それらのなかには、定款や規約を設けて組織を整備し、**ＮＰＯ法人**として認証を受けた団体が存在している。ＮＰＯ法人とは、所轄官庁に申請、認証を受ける「ＮＰＯ法」にのっとった団体のことだ。

　制度によりＮＰＯの分野は17分野と決められている。たとえば、「福祉」や「環境」といったよく知られているものから、「情報化社会の発展」「科学技術の振興」「経済活動の活性化」「消費者保護」といったものまで、その分野は多岐にわたる。これら17の分野のうち、いずれかを約款にうたって申請した団体は、2005（平成17）年9月末までに2万5112団体、そのうち2万3615団体が法人格を得ている。特定非営利活動促進法（ＮＰＯ法）が施行されてからわずか7年ということを考えると飛躍的な伸びである。2006（平成18）年末には2万8000団体が認証される見込みという。

　これほどまでにＮＰＯ団体が増えている理由にはさまざまなものがあるだろうが、**「生きがい」や「やりがい」**を求めてＮＰＯ団体に身を置こうとする**若者**が増加していることも、そのひとつと考えられる。また、ＮＰＯが人々に認知されたことで社会的信用度が上昇し、活動がしやすくなったり、人員を集めやすくなったりしたことも、その理由にあげられるかもしれない。

コラム／ＮＰＯとＮＧＯ

　ＮＰＯに似ていて混同されやすいのがＮＧＯだ。こちらはNon-Govermental Organizationの略語で「非政府組織」と訳される。政府とは別に民間の立場から国境を越えて国際協力などに活躍する団体を指す場合に使われている。

データを読む

●認証ＮＰＯ数の推移と予測●

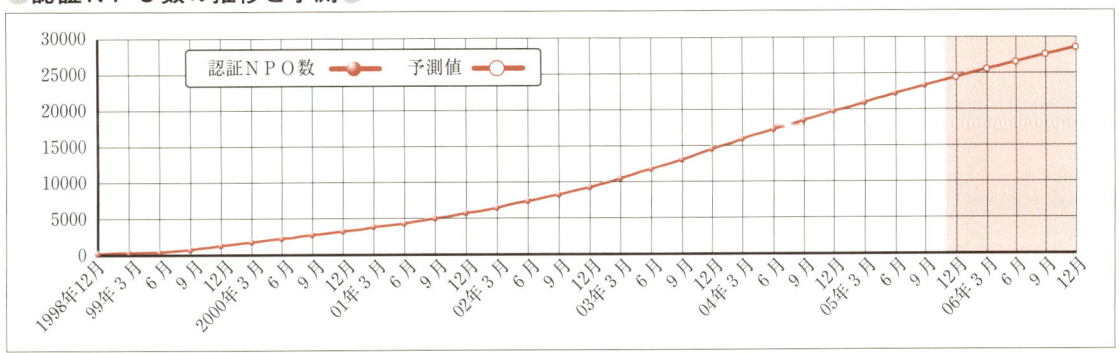

（『imidas 2006』集英社より作成）

2章　現在の社会

災害時のライフライン
10年で6割減
携帯電話の普及で激減する公衆電話施設数

KEY WORD
- 公衆電話
- 携帯電話
- 災害時優先電話

日本にはじめて**公衆電話**が設置されたのは、1900（明治33）年のことで、戦後の復興期に飛躍的に広まった。タバコ屋の店頭に置く赤電話からはじまり、その後、赤電話は駅や映画館などの公共施設に設置された。喫茶店にはピンク電話が置かれ、1955（昭和30）年には青電話が、1957（昭和32）年には列車電話が設置された。1982（昭和57）年にはテレホンカード式電話が設置されて利便性が高まり、公衆電話はさらに増えて**1984（昭和59）年には設置台数が最高**になった。

しかし、1990（平成2）年の後半から利用者が激減しはじめ、1995（平成7）年からは赤字に転落。採算性が重視される公衆電話は急速に撤廃が進み、ＮＴＴによると、2004（平成16）年末には44.2万台に減った。これは1990年に比べると、ほぼ半数で、前年度の50.3万台と比較しても12.1％減となっている。

急減の理由は、公衆電話よりもコンパクトで利便性の高い**携帯電話の普及**によるもので、いまや**3人に2人が携帯電話を使用**するようになったためといわれる。こうして公衆電話の利用は大幅に減り、採算がとれなくなって撤廃が急速に進められているという。

ただし、公衆電話にも大きなメリットがある。大規模災害の発生時には、一般加入電話や携帯電話が通話不能になっても、公衆電話は使用できるのである。大災害時には、被災地に安否確認のための電話が殺到し、一般加入電話と携帯電話は通話できなくなる。その際、**公衆電話は災害時優先電話に準じる扱いで、被災者が使える唯一の通信手段となる**。阪神・淡路大震災でも、2003（平成15）年5月の宮城県連続地震でも、公衆電話に長い列ができた。

そこで、ＮＴＴでは、「災害時伝言ダイヤル171」のサービスや、「災害時伝言板サービス」で、加入電話や携帯電話からでも通信できるシステムをはじめたが、これは、伝言を聞くことができても、通話はできない。このまま公衆電話の撤廃が続くと、災害時の被災者の通信手段がなくなる恐れもあり、公衆電話を維持する対策の取り組みが急がれている。

コラム／災害時伝言ダイヤルの仕組み

災害時に一般加入電話が通話不能になっても、伝言を録音し、聞くことができるサービス。自宅の電話で「171」にかけ、伝言をしたければ、その後「1」を押し、続けて自宅の電話番号をダイヤルする。逆に伝言を聞きたいときは、「2」を押し、その後自宅の電話番号をダイヤルする。

●公衆電話施設数の推移●

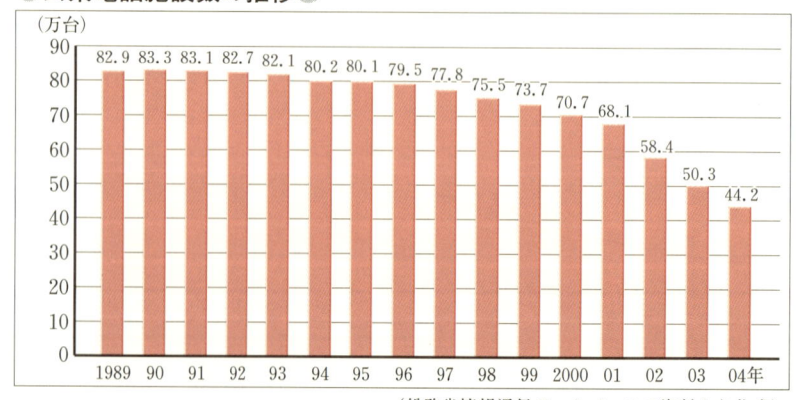

（万台）

年	施設数
1989	82.9
90	83.3
91	83.1
92	82.7
93	82.1
94	80.2
95	80.1
96	79.5
97	77.8
98	75.5
99	73.7
2000	70.7
01	68.1
02	58.4
03	50.3
04年	44.2

（総務省情報通信データベースの資料より作成）

いざというときのために！
10年で6割増
年間500万件を突破した救急車の出動回数

KEY WORD
- 救急車
- サポートCab

　日本最初の**救急車**は1933（昭和8）年、横浜市と名古屋市に備えられたものである。1963（昭和38）年に救急運搬業務が消防業務として法令化。以来、救急車と救急隊員は増え続け、救急車による救急出動回数は増加の一途をたどっている。『消防白書』の2005年度版によると、2004（平成16）年の救急車の年間出動回数は、全国で502万9000件（前年比約4％増）と初めて500万件を突破した。**10年前の304万9000件と比べ65％増**という多さで、これは6.3秒に1台、どこかで救急車がサイレンを鳴らして出動していることになる。対して全国の救急隊数は、10年前の約9％の増加にとどまっており、それにともなって、救急隊1隊あたりの年間平均出動回数は増加しており、平均到着時間も通報を受けてから6.4分（前年比0.1分増）と遅延傾向にある。

　500万件を超える出動で搬送された人の数は、約475万人で前年比3.7％増。実に国民の27人に1人が運搬された計算になる。とくに近年、**高齢者の搬送件数が増えている**。高齢化・住民意識の変化などにより、今後も救急出動の需要は増加が予想され、厳しい財政事情もあって救急車や人員などの整備は困難と考えられている。

　東京都医師会の調べでは、救急車での**搬送患者の3分の1は救急車を利用するまでもない軽症**だった。白書では、こうした現状を踏まえ、民間運搬業者の活用や緊急度の低い出動の有料化を議論していることを紹介している。

　そんななか、安易な利用で飽和状態に達した救急車の出動件数を減らし、一刻を争う患者に早く救急車を回そうと、**東京消防庁のタクシー救急「サポートCab」制度**が始まっている。救急車を呼ぶほど重篤でない患者が、コールセンターを通してタクシー会社に連絡。「救命技能認定者」の講習を受けた運転手が運転するタクシーを、依頼するというものだ。

コラム／9月9日は救急の日

東京消防庁が、サポートCab制度の開始を発表したのが2005年の9月9日だったが、この日が「救急の日」。救急業務の周知、救急医療関係者の意識高揚を目的に、9月9日を含む1週間に、さまざまなイベントがおこなわれている。

データを読む

●救急自動車による救急出場件数と救急隊数の推移●

年（平成）	救急出場件数（万件）	救急隊数（隊）
6	304万9000	4331
7	328万	4387
8	337万3400	4416
9	347万6500	4483
10	370万1300	4515
11	393万	4553
12	418万2700	4582
13	439万7500	4563
14	455万6000	4596
15	483万800	4649
16	502万9000	4711

●救急自動車の現場到着所要時間の推移●

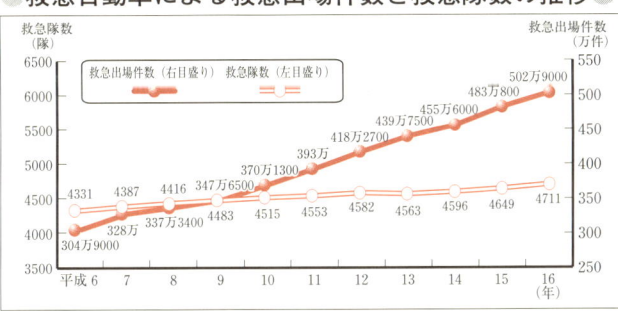

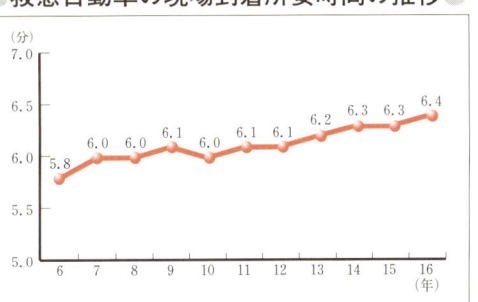

年（平成）	所要時間（分）
6	5.8
7	6.0
8	6.0
9	6.1
10	6.0
11	6.1
12	6.1
13	6.2
14	6.3
15	6.3
16	6.4

（消防庁HPより作成）

学力の低下に拍車をかける!?
1000時数以上減
小・中学校の授業時数、最長の時代と現在の比較

KEY WORD
- 標準授業時数
- ゆとり教育

1968（昭和43）年、学習指導要領は「教育の現代化」に向けて、高度で濃密なカリキュラムに改訂された。要領が実施された1971（昭和46）年度から1979（昭和54）年度までの期間は、小・中学校の標準授業時数が最長であった。小学校が5821時数（1単位時間は45分）、中学校が3535時数（1単位時間は50分）で、**合計9356時数**である。

しかし、加熱する受験戦争や詰め込み教育、「**新幹線授業**」と揶揄された速すぎる授業についていけない生徒が問題となり、1977（昭和52）年の改訂（1980年度から実施）で、「ゆとりと充実」を図るためとして算数・数学や国語などの基礎教科の授業内容と授業時数が削減された。以降、**学校週5日制の導入や「総合的な学習の時間」新設**などのいわゆる「ゆとり教育」によって、授業内容と授業時数はさらに削減され続けてきたのである。

現在の小・中学校の標準授業時数は、小学校が5367時数、中学校が2940時数で、**合計8307時数**。最長の時期の小・中学校の標準授業時数と比べると、実に1000時数以上の減少となっている。「算数・数学」に限って比較すると、現在小学校の算数の総授業時数は869時数で、最長の時代より、現在の小学校算数科の1年分の授業時数を上回る178時数も少ない。一方、中学校の数学の総授業時数は315時数で、最長期より、現在の中学校数学科1年分の授業時数にあたる105時数少なくなっている。

2004（平成16）年には、各国の15歳の生徒を対象として実施された2003年度のOECD学習到達度調査結果が公表され、**日本の学生の学力低下が進んでいる**ことが明らかになった。学校週5日制や学習指導要領の削減が、必ずしも望ましい結果になっていないのである。この結果を受けて、中山文部科学大臣は「対策を講じる必要がある」と述べ、方針転換を打ち出した。

2006（平成18）年2月8日、文部科学省の諮問機関である中央教育審議会の教育課程部会は、国際的学力調査での順位の低下と授業時数が国際平均より短いことなどを理由にあげ、小・中学校で「国語」と「算数・数学」「理科」の授業時間増を求める審議経過報告書案をまとめた。文部科学省は今後、学習指導要領の見直しに反映させる方針で、実現すれば**1977年の改訂以降減り続けていた授業時数が、約30年ぶりに増加**に転じることとなる。これまで推進されてきた「ゆとり教育」の方針も事実上転換されることとなる。

コラム／授業時数の国際比較

国立教育政策研究所2003（平成15）年3月に発表した「学校の授業時間に関する国際比較調査」によると、日本の小学校算数科の総授業時数は654時数で、アメリカの1080時数、フランスの952時数、イギリスの870時数（いずれも1単位時間60分換算）など他の先進国に比べても極端に少なく、OECD（経済協力開発機構）先進10か国平均の803時数も大幅に下回っている。

政策は進んでいるが……
30年連続1位
「ひったくり半減」を掲げた大阪のひったくり件数

KEY WORD

- ひったくり
- 30年連続ワースト1

　全国でもっとも多くひったくりが発生している都道府県は、大阪府である。2005（平成17）年に大阪府内で発生したひったくりの件数は5542件で、2位の神奈川県の発生件数は3000件台と、2位との間に歴然とした差をつけている。しかも、**30年連続で全国ワースト1**という不名誉な記録となった。

　そんななかにあって、大阪府警は最重要課題として、ひったくりをはじめとした街頭犯罪の抑止を掲げ、総力をあげて対策に取り組んできた。おこなわれた対策の特徴は、ソフト・ハード面の両方からの取り組みがなされたことである。

　ハード面としては、**60地域で「安全なまちづくり推進協議会」**を組織して自治体・事業者・地域住民・警察との連携を図り、犯罪多発地域には特別警戒隊を配置。15地区をひったくり防止パイロット地区に指定し、スーパー防犯灯などの街頭緊急通報システムを設置するなどの防犯環境の整備も推進した。

　一方のソフト面では、犯罪の被害者は財産の損害を受けるだけでなく、転倒による怪我や、精神的な被害を受けることを指摘するなどして**自主防犯**への関心を高める呼びかけをするとともに、自主防犯行動の促進として、**事件が発生した場所を「犯罪発生マップ」**としてホームページに公開した。また、事件発生の時間帯や、状況、被害者の性別、年代別傾向の情報を公開し、被害にあわないための日常の注意事項などの情報提供もおこなってきた。

　太田府知事は、2004（平成16）年の府知事選で「ひったくり半減」の公約を掲げて当選を果たした。結果、依然として全国ワースト1ではあるものの、2000（平成12）年の1万978件という史上最多件数から、2005年はほぼ半減し、目標よりも2年早く公約は達成されたのである。

　大阪府警街頭犯罪・侵入犯罪総合対策本部は、2006（平成18）年はひったくりを10％減らしたい、としている。現在府警は毎月5日、15日、25日を**「ひったくり撲滅デー」**に指定して、スーパーマーケットや駅前など人が多く集まる場所で、ワンポイント防犯指導や、「ひったくり防止ネット」の配布などさまざまなキャンペーンをおこなっている。2006年からは、ひったくり等の犯罪発生情報をリアルタイムで携帯電話のメールに配信するサービスも開始されるなど、ひったくり犯罪抑止への取り組みもさらに本格的になっている。

コラム／防犯情報メール

　2006年1月に大阪府警は、ひったくりや痴漢などの街頭犯罪と不審者の情報を、リアルタイムで携帯電話にメールで配信するサービスを開始。配信希望者を募ったところ、申し込みは3日間で約6万6000人にのぼった。そのうち9割が、就学期の子どもを持つ30〜40代で、身近な治安への関心が高まっているといえる。

2章　現在の社会

まだまだこれから！
政府目標のわずか20分の1
男性労働者の育児休業取得率

KEY WORD
- 次世代育成支援対策推進法
- 育児休業

コラム／国家公務員の取得率は0.9％

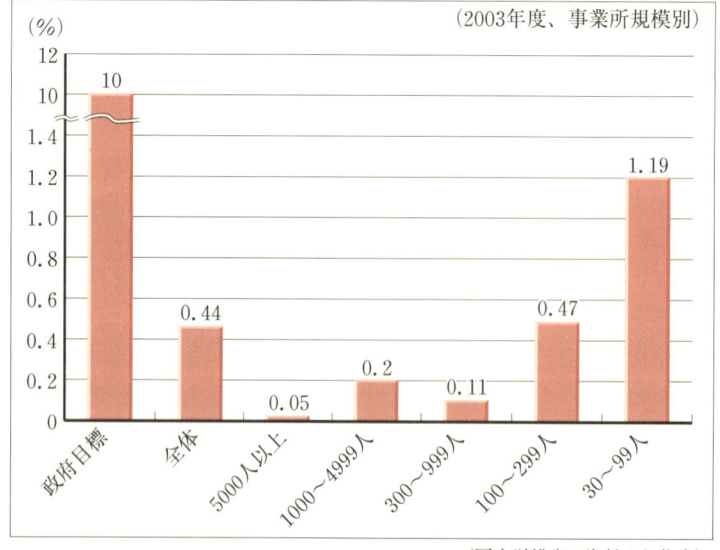

男性の育児休業取得率が伸び悩むなか、国家公務員限定で見てみると、2004（平成16）年度の取得者がはじめて100人を超え、取得率は0.9％となった。要因としては、制度の浸透が広まったことに加え、休業期間が最長3年に延長されたことがあげられる。

近年、急速な少子化は社会問題になっているが、その大きな原因が子育て環境の不整備である。そんななか、子育てと仕事の両立を支援するという目的で定められたのが「**次世代育成支援対策推進法**」である。同法により、従業員301人以上の企業や国、自治体では、育児休業取得率などの目標や、その目標を達成するための対策などの計画策定が義務づけられた。ただし、計画を届け出なくても罰則がないためか、消極的な企業も多く、2003（平成15）年度の育児休業取得者の割合は、女性が73.1％だったのに対し、男性は0.44％にとどまった。2002（平成14）年度の0.33％よりは0.11％増えたものの、**政府の目標である10％には遠くおよばない**。

男性の育児休業取得率が上がらない背景には、男性自身の多くが、依然として育児は女性の仕事であるといった認識があることや、職場の環境自体が男性の育児休業は不要であるといった考えが主流であることがあげられる。また、競争が激しい経済界において、主戦力である男性の働き手に休業されると、生産性が落ちるのではないかといった懸念もある。さらに、男性の育児休業者自体の前例がないために、育児休業を申し出るには、心理的なハードルが高く、取得したくてもできないといった事情もある。

そこで、厚生労働省がまず基準としてあげたのが、「**男性の育児休業取得者を1人以上出すこと**」「**女性の育児休業取得率を70％以上にすること**」の2点である。子どもが生まれたら、育児休業を取得できるという前例づくりからはじめることで、人々の意識改革を狙っている。

なかには、この取り組みをうまく利用して、「子育てと仕事の両立を支援する、人に優しい職場」をアピールし、**イメージアップを図っている企業もある**。これは、社員の福利厚生の充実とともに、社会に対しても、少子化問題に真っ向から取り組んでいる企業であることを宣伝できる「**経営戦略**」の手段としても有効であるとの考えからだ。

データを読む

●男性の育児休業取得率●

（2003年度、事業所規模別）

区分	取得率(%)
政府目標	10
全体	0.44
5000人以上	0.05
1000～4999人	0.2
300～999人	0.11
100～299人	0.47
30～99人	1.19

（厚生労働省の資料より作成）

60年で約22倍
年間8.9kg
日本人1人あたりの年間牛肉消費量

KEY WORD
- 輸入
- 食料需給表

コラム／BSE
1986年にイギリスではじめて確認された牛の病気。タンパク質の一種であるプリオンの異常により、立てなくなったり、奇声を発するなどの症状があらわれ、発病から6か月以内に死んでしまう。俗称は狂牛病。人へは感染しないといわれているが、詳しいことはわかっていない。

　アメリカでは牛の全頭検査を実施していないことから、安全性を疑問視する声が出て、**アメリカ産牛肉の輸入**が2003（平成15）年12月から2005（平成17）年12月までの2年間、禁止された。その間、大手牛丼屋で牛丼の販売ができなくなり、その味を懐かしがる人も多かった。

　このように、現代の日本人の食卓に欠かせない牛肉だが、一般家庭に普及したのは、1960年代からである。それまでは、牛肉といえば高級食材で、「すき焼き」は憧れのメニューだった。農林水産省の**食料需給表**によると、1946（昭和21）年の牛肉の年間消費量は1人あたり400g。それが、2004（平成16）年には8.9kgに増えた。国内で**牛海綿状脳症（BSE）**が発生して消費量はやや下がったものの、わずか60年での増加量としては劇的といえる。

　日本人が牛肉をよく食べるようになったきっかけは、1960年頃から、大手スーパーのダイエーが一般人の手の届く値段で牛肉を売りはじめたことだった。それまで高級食材だった牛肉が、「並」クラスで100g約40円程度で売られていたが、高度経済成長期で庶民の暮らしが年々豊かになってくると、牛肉が人気の食材となった。1971（昭和46）年には、ファーストフードのマクドナルド1号店がオープン。**1991（平成3）年には、牛肉の輸入が自由化**され、外国産の牛肉が安価で買えるようになった。その一方で、国内の畜産農家では、外国産牛肉への対抗策として、霜降りで旨みの多い和牛肉の飼育に力を入れたのである。

　しかし、2001（平成13）年に国内でのBSEが発生し、牛肉の買い控えが起こった。その後、**全頭検査**を実施することにより、安全性での信頼は回復したかに見えたが、今度はアメリカでBSEが発生し、牛肉の消費量を落ち込ませることになった。2005（平成17）年12月に輸入は再開されたものの、危険部位の削除のおこなわれていない実態があきらかとなり、再び輸入が禁止となった。

データを読む
●日本人の牛肉消費量の推移●

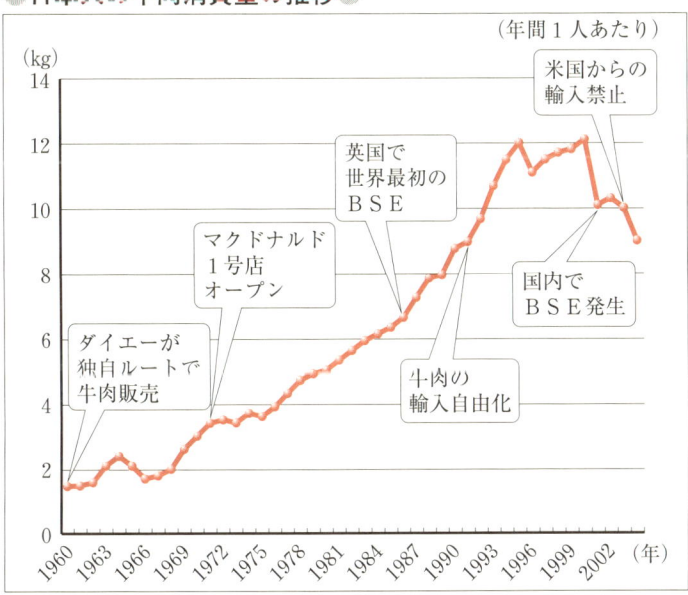

（年間1人あたり）

グラフ内の注記:
- ダイエーが独自ルートで牛肉販売
- マクドナルド1号店オープン
- 英国で世界最初のBSE
- 牛肉の輸入自由化
- 国内でBSE発生
- 米国からの輸入禁止

（農林水産省「食料需給表」の資料より作成）

意外と少ない
7.2%

過去5年間にNPO活動に参加した経験のある人

KEY WORD
- NPO
- ボランティア

　内閣府の2005（平成17）年の世論調査によると、過去5年間で、**NPO（民間非営利組織）**に参加したことがある人は7.3％、一方、参加したことがない人は91.8％だった。その理由を聞いたところ、複数回答で「きっかけや機会がない」がもっとも多く、50.5％にのぼった。そのほか、「NPOに関する情報がない」が29.6％、「参加する時間がない」が28.8％で、どちらも約3割になった。また、NPOに関する信頼度調査では、「信頼できる」と答えたのは30.6％にとどまり、「信頼できない」15.7％、「どちらともいえない」40.7％と、**信頼してない人は約6割**という結果が出た。その背景には、NPOに関する情報があまりないことをあげている人が多く、その割合は6割を超えた。対して、NPOの情報は十分と感じている人は8.9％しかおらず、大半の人にとって、NPOはよくわからない存在という認識である。

　NPOは**阪神・淡路大震災のボランティア活動**をきっかけにして生まれた**NPO法**の制定によって市民権を得た。当初は、NPOといえば、**善意のボランティア団体**というイメージで高い期待が寄せられたが、NPO設立には「認証」というゆるやかな審査だけで法人資格を取得できることから、設立数が急増。なかには介護報酬の不正受給などを起こす団体もあり、信頼度が落ちた。2003（平成15）年からは、NPOの適用範囲が、福祉や環境に加えて産業や経済、労働などの17分野に広がったため、さらにNPOのイメージを複雑なものにしている。

　世界的な貧困根絶キャンペーンの一環として、日本国内だけで約450万個（2005年12月31日時点）販売された「**ホワイトバンド**」を募金活動の一種だと勘違いして購入した人も多かった。実際には、材料費や流通費などを除いた売り上げの44％を、キャンペーンの活動費や事務局の人件費にあてるもので、「知らなかった」との批判が出た。

　NPOがどんな活動をしているのかといった情報提供や、評価基準などの基盤整備を進める必要などNPOへの課題は多い。

コラム／ホワイトバンド

「ほっとけない 世界のまずしい国」をキャッチフレーズに、70か国の市民団体が貧困根絶キャンペーンを展開。その象徴として1個300円で販売。腕輪をつけることは、この運動に賛成しますという意思表示となるとしている日本では約60の市民団体が事務局を結成した。

データを読む

●NPOへの参加率●

- 参加したことがある 7.3%
- わからない 0.9%
- 参加したことがない 91.8%

参加しない理由
・きっかけや機会が少ない
・NPOに関する情報がない
・活動に参加する時間がない

●NPO法人への信頼度●

- 信頼できる 30.6%
- 信頼できない 15.7%
- どちらともいえない 40.7%
- その他 13%

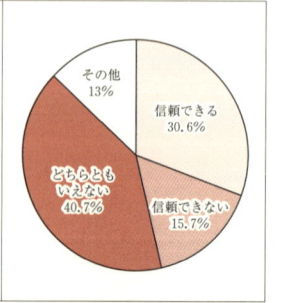

（内閣府HPより作成）

先進国で最低レベル
アメリカの3分の1
輸入に頼る日本の食糧自給率

KEY WORD
●食糧自給率

日本の**食糧自給率**は年々減少し続けていて、1998（平成10）年度には、カロリーベース換算で40％となり、その後は7年連続40％と横ばいになっている。1965（昭和40）年度には73％だったことから、**40年間で30％以上も減った**のである。

食糧自給率のこうした急速な低下の背景には、欧米型の食事が主流になり、**自給率の高い米の消費が減る一方、自給率の低い畜産物や油脂の消費が増えてきた**ことがあげられる。また、こうした急激な食生活の変化に、生産者側が対応できず、輸入に頼ってしまったこともある。さらに、野菜、果実は、冷凍や乾燥といった加工品が輸入の大半だった過去に比べ、日本と同じ品種のものを海外で栽培し、生鮮品として輸入することができるようになったことから、**国内生産者が価格競争に勝てず、野菜の自給率が急速に低下した**ことも一因である。2002年の主な国の食糧自給率と比較しても、50％にも満たないのは日本だけである。

以前から、生活に欠かせない食糧の大半を海外からの輸入に頼るのは危険だとの指摘はされてきた。2000（平成12）年におこなった世論調査では、**約8割の人が将来の食糧供給に関して「不安を抱いている」**と回答していた。

地球全体に視野を広げると、人口はいまだに増加を続け、天候不順や気象災害による農作物の不作、ＢＳＥ問題、禁止農薬の残留問題など、質・量ともに満足できる食糧を、これからも必ず輸入できるとはいえない状態になっている。政府は、食糧自給率を5割以上にすることを目指して、まずは**2015年度には45％まで回復させることを目標**とした。食糧自給率を高めるためには、生産者の努力はもちろんだが、消費者側の協力も不可欠である。ご飯を中心とした和食に切り換える、食べ残しを減らす、地元で取れる農産物を進んで買う、"旬"の農産物を選ぶようにするなど、食生活に気をつけるだけでも、食糧自給率の底上げをサポートできるのである。

> **コラム／世界人口の増加**
>
> 2005年の世界の総人口は62億人。この40年間で2倍になったが、国連の人口推計では、2050年には91億人に達するという。また、生活が豊かになるにつれて、食生活の変化が起こり、アジア地域を中心に畜産物の消費が増加すると見られている。将来的には食糧の必要量はさらに増すと予想される。

データを読む

●日本の食糧自給率の推移●（カロリーベース）

年	1970	1980	1990	2000	2005
％	60	53	48	40	40

●主な国の食糧自給率●（2002年度）

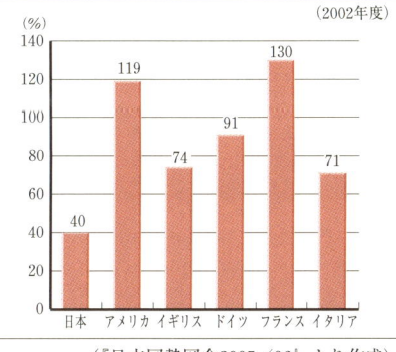

国	日本	アメリカ	イギリス	ドイツ	フランス	イタリア
％	40	119	74	91	130	71

（『日本国勢図会2005／06』より作成）

農業の危機を救え！
40年で半減
減少し続ける農家数

KEY WORD
- 農家
- 耕地利用率

かつては600万戸（1960年）を超えていた総農家戸数は、2004（平成16）年には293万戸と**半減**した。農林水産省によると、2015年には、210万〜250万戸にまで減少するとの予測も出ている。農産物は、価格の乱高下が激しく売り上げの見通しが立ちにくいうえ、天候の変化によって豊作・不作が左右されやすい。**安価な輸入作物との価格競争も激化**している。こうした事情から、農家の**経営が難しくなってきている**のである。また、**農業従事者の高齢化**にともなって、急な傾斜地などにある農地の管理ができなくなり、休耕田になってしまうケースも少なくない。全作付面積と耕地面積を比較した「**耕地利用率**」は1993（平成5）年に100となって以降下がり続け、2003（平成15）年には94.0％にまでなっている。実際には、二期作、二毛作などもあるから、まったく生産をしていない耕地は数字以上に広がっている。総農家数293万戸のうち約4分の1の77万戸は、経営耕地面積が30a未満、年間の農産物販売金額が50万円未満の**自給的農家**で、**農家数の減少以上に農業生産力の低下が進んでいる**ことがうかがえる。

こうした農業の危機的状況を打破するために、政府は2005（平成17）年度から、国内農業を活性化する新しい担い手として、株式会社による本格的な農業経営を全国的に解禁した。従来は、農地の賃借利用は、経営陣の過半数が農業関係者である農業生産法人か農家しか認めなかったが、これによりそれ以外の法人も進出できるようになった。また、従来は、株式会社が農業法人に出資する場合も25％までしか認められなかったため大規模な資本投資ができなかったが、今後は資本力のある株式会社の参入で、効率的な農業経営が可能になった。ただし、この制度では、賃借対象となるのは、あまり条件のよくない耕作放棄地に限定されている点が不安要素ではある。そのほか、新たな農業の形態として、ハイテクを駆使して農産物を育てる「**植物工場**」が話題になっている。

コラム／植物工場

閉鎖的、または半閉鎖的な空間で、自然光や人工光を使い、温度などを制御しながら、天候に左右されずに農産物を育てる空間のこと。露地物やハウス物よりも短期間で、農薬もほとんど使わずに供給できるが、価格は5割ほど高くなる。バイオ分野に強い食品メーカーなどの進出が目立つ。

データを読む

●総農家数の推移●

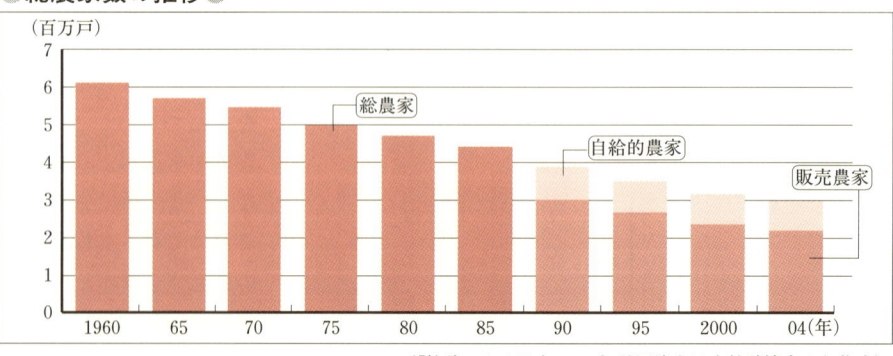

（『統計でみる日本 2005』財団法人日本統計協会より作成）

子供よりも多い
5年連続で7万人超
ストレス社会を反映して急増する大人の家出

KEY WORD
- 家出
- 不況
- リストラ

コラム／プチ家出

完全に家を出て戻らない家出と違って、少年少女が外泊を繰り返し、1～2週間に一度家に帰るというケースがこう呼ばれる。少女の場合は、援助交際でお金を稼いで過ごし、少年の場合は、万引き、強盗、引ったくりなど非行の温床となる遊興店に出入りすることが多い。

警察庁の調査によると、2000（平成12）年から2004（平成16）年の5年間、**毎年7万人を超える大人が家出**していることがわかった。

未成年の家出が近年、減少傾向にあるのとは対照的に、**10年前にくらべて約30％も増加**している。家出は、これまでは未成年者が多く、その理由も、親子関係の問題や、家庭内の孤独、暴走族や暴力団との関係などが通常であったが、近年の大人の家出は、従来の子どもの家出とはまったく異なる側面が見える。

同庁によると、2004年に全国の警察で捜索願を受理した家出人は、9万6000人。このうち、20歳以上の大人の家出者は、7万4500人と全体の77.6％を占めた。全体数は、10年前の1995（平成7）年は8万人で、10年間で19.9％の増加を見た。20歳以上は、10年前は5万6000人で、10年間で32.7％も増加している。大人の家出者のうち、男性は6万1000人と、女性よりはるかに多く、10年前より1万5000人も増えている。

年齢別に見ると、2004年の家出人のうち、19歳以下が2万1500人と22.4％を占めたが、20歳代は1万8300人の19％、30歳代が1万6600人の17.3％、60歳以上も1万5800人で16.5％とわずかの差で続いている。家出の理由でもっとも多いのは、「家庭関係」で19.8％。次いで「事業・職業関係」の13.8％。「疾病関係」の12.4％となっている。これに「異性関係」、「学業関係」、「犯罪関係」が続く。

大人の家出が増加した理由として、不況による事業の失敗や倒産、リストラなどによるストレスで、中高年の男性が人生を放棄するケースが多く、自殺が相次いでいるのと共通していると指摘する専門家もいる。**60歳以上の高齢者層に家出者が多い**ことから見ても、現在の社会が、高齢者や弱者にとって生きづらい世の中であり、大人の家出は深刻な問題であることを物語っている。

データを読む

年齢別家出人の割合（2004年）

全体 9万6000人
- 0～9歳 800人 1％
- 10～14歳 7300人 8％
- 15～19歳 1万3400人 14％
- 20～29歳 1万8300人 19％
- 30～39歳 1万6600人 17％
- 40～49歳 1万2900人 13％
- 50～59歳 1万1000人 11％
- 60歳以上 1万5800人 17％

家出人数の推移

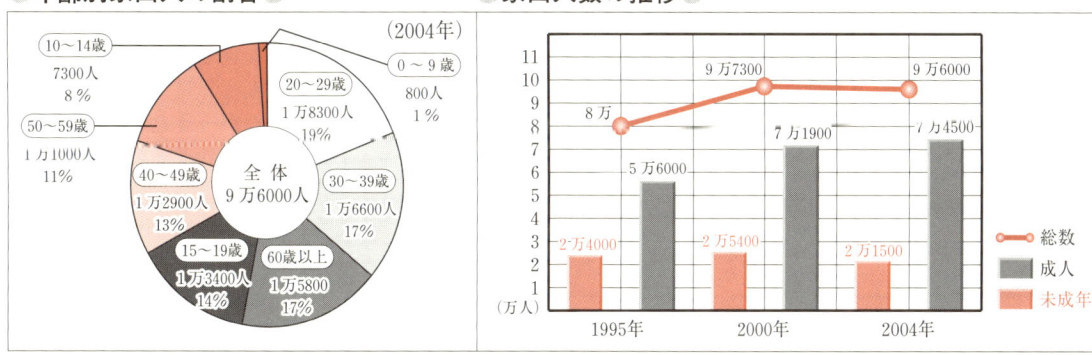

	1995年	2000年	2004年
総数	8万	9万7300	9万6000
成人	5万6000	7万1900	7万4500
未成年	2万4000	2万5400	2万1500

（警察庁の資料より作成）

20年前の女児並み
9.69秒
「男の子」の50m走の平均記録

KEY WORD

● 運動能力の低下

コラム／中高年の運動能力は上昇している

この調査によると、青少年（6〜19歳）の体力は落ちているのに、中高年層は、反復横跳びなどが一部で過去最高を記録するなど、敏捷性が向上していることがわかった。同省は、中高年層は、運動の重要性を理解し、日ごろから体を動かしているためではないか、と分析している。

小学生の運動能力の低下が続いていることが、文部科学省の2004（平成16）年度「体力・運動能力調査」で明らかになった。

同調査は2004年5月〜10月に、6〜79歳の男女合計約7万2800人を対象に実施された。それによると、小学3〜4年生にあたる**9歳男子の走ったり、跳んだりする能力が20年前の女子レベルまで落ちている**ことがわかった。

運動能力の低下が始まったとされる1985（昭和60）年度と2004年度の記録を比べると、9歳男子の「50m走」は、1985年度が9.40秒だったのに比べ、2004年度は9.69秒と遅くなった。この記録は、1985年度の女子の9.74秒とほぼ同タイムだ。2004年度の女子の「50m走」は9.93秒だった。

「立ち幅跳び」は、9歳男子は85年度が158.53cmだったのが、04年度には146.24cmと12.29cmも短くなった。女子は、85年度の147.30cmが137.57cmと、9.73cmも落ちた。「ソフトボール投げ」の距離も、85年度の距離を毎年下回っている。

一方、中高生男子の「50m走」は85年度とほぼ同水準。ハンドボール投げもほぼ同水準で、**中高生男子は運動能力を維持している**ことがわかった。また、20〜64歳の成年についてここ10年の傾向を見ると、「握力（筋力）」「反復跳び（敏捷性）」が緩やかに向上している。

これらの結果から、同省の生涯スポーツ課や専門家は、「小学生は、昔の子どもと違って、外を走り回って遊ぶことがなくなった」「テレビ、ビデオ、パソコン、ゲームなど室内で体を使わず遊ぶことが多くなった」「移動も親の車で移動するようになった」ことなどによって運動能力が低下したと分析。中・高生は、「部活動で運動する機会が多いから維持できている」、成年層は「体力の低下を防ぐため、日ごろから運動するよう、努めている」と見ている。成人は体を動かそうという意識が高まっている半面、身体の活動を必要としない生活に慣れきっている子どもたち。親子が一緒になって運動できる環境整備の重要性が問われている。

データを読む

● 小学生（9歳）の体力・運動能力の変化 ●

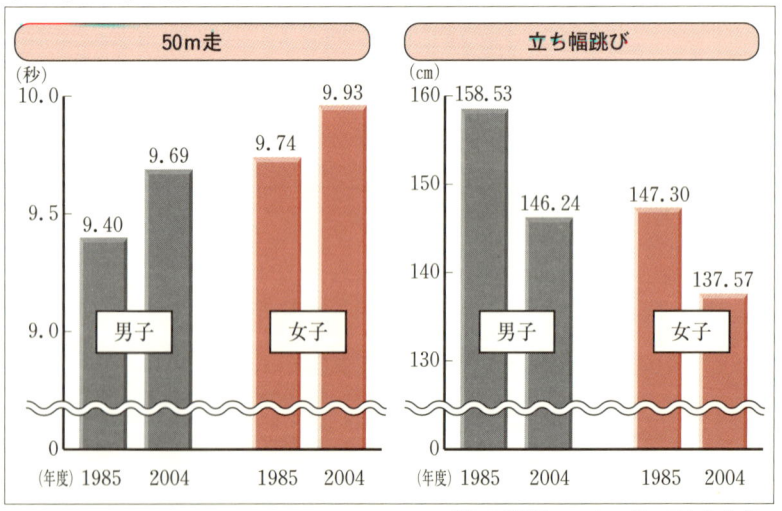

50m走（秒）
- 男子 1985：9.40　2004：9.69
- 女子 1985：9.74　2004：9.93

立ち幅跳び（cm）
- 男子 1985：158.53　2004：146.24
- 女子 1985：147.30　2004：137.57

（「毎日新聞」2005年10月10日より作成）

ヒートアイランド現象が生む熱帯夜
気温43℃
2030年、18時の東京の気温

KEY WORD
- 地球温暖化
- ヒートアイランド現象

コラム／打ち水大作戦

伝統的な「打ち水」の科学的検証をおこなうための社会実験。2003年8月25日に第1回目がおこなわれ、2004年には8月18〜25日までを打ち水週間とした。決められた時間に皆で一斉に打ち水をすることで、その効果を測る。打ち水には雨水や残り湯などを使用し、水の再利用意識の喚起にも一役買った。

データを読む

東京都心（大手町）の年平均気温と「熱帯夜」の年間日数の推移

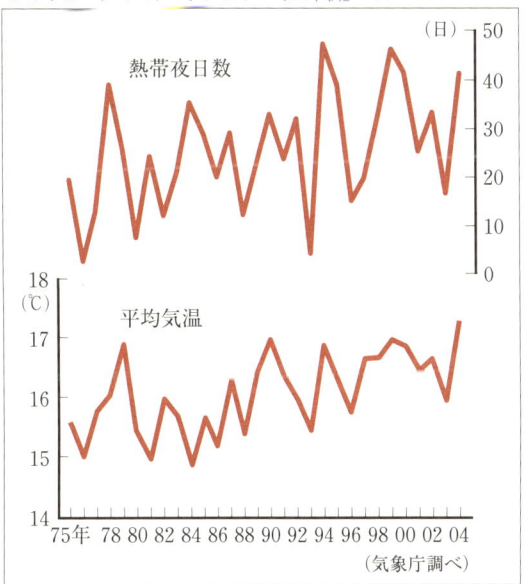

（「朝日新聞」2005年8月13日より作成）

　気象庁によると、この100年間で東京都の年平均気温は約3.0℃上昇した。問題になっている二酸化炭素やメタンガスなどによる**地球温暖化**の影響も考えられるが、その影響は100年間で約1.0℃とされているから、原因はそれだけではない。これは、都市の中心部の気温が周辺より高くなる**ヒートアイランド現象**によるものとされている。

　この現象を等温線であらわすと、海に浮かぶ島のような形になることから、「熱の島」という意味で、「ヒートアイランド」と呼ばれる。現に、2005（平成17）年8月上旬の東京の平均気温は29.2℃。周辺地域の横浜28.1℃、千葉28.3℃と比較しても、約1℃高い。この気温は、マニラのもっとも暑い時期の29.4℃と同じ暑さである。

　ヒートアイランド現象が起こる原因としては、舗装道路により地表面の熱の逃げ場がないこと、クーラーによる熱の放出、自動車の排ガスなどにより汚染物質が放出され、それらが都市を覆って**温室効果を促進**すること、高層建築物は凹凸が多いことから換気されにくいなどが考えられる。このままの状態だと、2030年頃の東京の夕方6時の平均気温は43℃にも上るとの予測も出ている。最高気温が**30℃**を超えると**熱中症患者が急激に増え**、**33℃**を超えると**死者が出る可能性が高くなる**ことからも、43℃という気温が、人体に大きな影響をおよぼすことは容易に想像できる。

　政府は2004（平成16）年3月に、ヒートアイランド対策大綱を閣議決定し、気温を下げるための施策を打ち出した。建物の屋上や壁面の緑化促進や低公害車の普及推進による人工排熱低減、**クールビズファッション**などである。

　東京都でも、保水性のある道路の整備、散水車を使った下水の散布、校庭の芝生化などを進めている。これにより、ヒートアイランドの特徴のひとつである**熱帯夜**（夜になっても気温が下がらず、最低気温が25℃以上の日）を2015年までに、**年間20日程度**に減らす目標を打ち立てている。

いざというとき心配？
1000人に2人
地域格差も見られる医師数の全国平均

KEY WORD
- 医師不足
- 地域格差
- へき地医療

厚生労働省が2年に1回おこなう医師数の調査結果では、2004（平成16）年末の時点で27万400人だった。このうち病院と診療所で働いているのは25万6700人。全国平均で見ると**人口1000人につき2人**の医者が存在することになる数字だ。

これはあくまで全国平均の数で、**地域間の格差**が存在する。

たとえば、これを都道府県別に人口10万人あたりの数値で見ると、最多の東京は264.2人の医者がいることになるが、最少の埼玉は129.4人しかおらず、130人以上の差がある。埼玉は首都圏であり、都心の大学病院や総合病院を利用する人も少なくないとはいえ、かなりの格差だ。

最新医療の知識や技術を身につけるためには、どうしても都市部の病院勤務でいたい医師側の事情が生み出した格差ともいえる。同様のことは同一府県内でも見ることができ、県庁所在地に医師が集中しがちである。これも**へき地医療を避けたがる医師**が多いからだ。

医師数の少なさは、病院での待ち時間増加にもつながる。加えて、現在では**医療の高度化・専門化**が進んだ結果、分業が進み、1人の医師が診察できる範囲が狭くなっている。**インフォームドコンセント**（医師による患者への病状・治療法などの説明）が重視されるようになったため、1人の患者にかかる診療時間も長くなり、患者の側も病院では待たされるのがあたり前という感覚になってしまっている。

また、**診療科目別の格差**も顕著にあらわれているようだ。小児科と産婦人科は医学生でも希望者が減る傾向にあるといい、都市部でも実際にこの科目の医師不足が目立ってきている。

毎年4000人近くの新しい医師が誕生しているというから、今後、事態がどのように推移していくのか、見守りたいところだ。

コラム／世界の医師数との比較

日本の人口1000人あたり2人という医師数は、OECD（経済協力開発機構）加盟30か国中27位という低さだ。1位のギリシャは4人を超えていて日本の倍以上。とはいえアメリカは2.3人、イギリスは2.2人だから、日本の医師数が極端に少ないわけではない。

データを読む

●医師数の推移

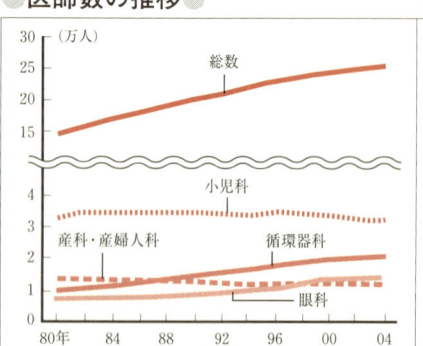

（グラフ：1980年～2004年の医師数推移。総数、小児科、産科・産婦人科、循環器科、眼科）

●都道府県別の医師数●

	ベスト5			ワースト5	
①	東京	264.2人	①	埼玉	129.4人
②	徳島	262.4	②	茨城	142.3
③	高知	261.4	③	千葉	146.0
④	京都	258.3	④	青森	164.0
④	鳥取	258.3	⑤	岐阜	165.0

（10万人あたりの医師数、2004年）

（「朝日新聞」2005年12月11日より作成）

まずは身近な心がけから
世界4位
日本の二酸化炭素排出量

KEY WORD
- 京都議定書
- 地球温暖化
- 温室効果ガス

コラム／京都議定書

1992年の地球環境サミットで、世界188か国で気候変動枠組条約を締結。この条約の目的を達成するために、先進国に対して、2008〜2012年の間に1990年比で温室効果ガスの削減が数値として義務づけられ、日本を含む140か国とECが締結し、2005年に発効した。

　地球温暖化の原因のひとつである**二酸化炭素排出量**を各国で割合比較してみると、2002年度調べで1位はアメリカ、2位は中国、3位はロシアだった。**日本は4位**となっていて、1人あたりの年間排出量は**9.4t**にもなる。温暖化防止を目的に締結された「**京都議定書**」では、1990年を基準として、日本は2002年から2008年の間に**温室効果ガス**の平均排出量を**6％削減**することを義務づけている。しかし実際には、2002年度時点で7.6％も増えており、目標を達成するためには、**13.6％の削減**を実現させなくてはならない。

　政府は、温暖化政策に取り組むための法規制や税制優遇措置、情報提供などを積極的におこなっている。たとえば、国会に提出した**温暖化対策推進法改正案**では、一定量以上の温室効果ガスを排出している事業者に排出量の算定と報告を義務づけ、それを国が公表することとしている。これは、事業者自身に、どのくらい温室効果ガスを排出しているかといった自覚を促し、効果的な対策を講じてもらう狙いがある。そのほか、二酸化炭素排出量に応じて課税する**環境税**や、企業間で二酸化炭素の排出枠が取引できる**国内排出量取引制度**の導入なども検討されている。

　温室効果ガスには二酸化炭素やメタン、代替フロンなど6種類が指定されているが、日本で排出される温室効果ガスの9割以上は二酸化炭素である。内訳では、工場などの産業部門38％、運輸部門21％、ビルや店舗などの業務・その他部門16％とともに、家庭部門でも13％の排出となっている。二酸化炭素排出を減らすためには、一人ひとりの努力が必要なのである。具体的には、「冷暖房の設定温度を1℃控える」だけで1世帯あたり年間約31kgの二酸化炭素の削減ができる。ほかにも、「水道の蛇口をこまめにしめる」と約65kg、「1日5分アイドリングをやめる」と約39kg、「コンセントをこまめに抜く」と約87kg、「過剰包装を断る」と約58kgの二酸化炭素の削減になる。

データを読む

●世界の二酸化炭素排出量に占める主要国の排出割合と各国の1人あたりの排出量の比較●

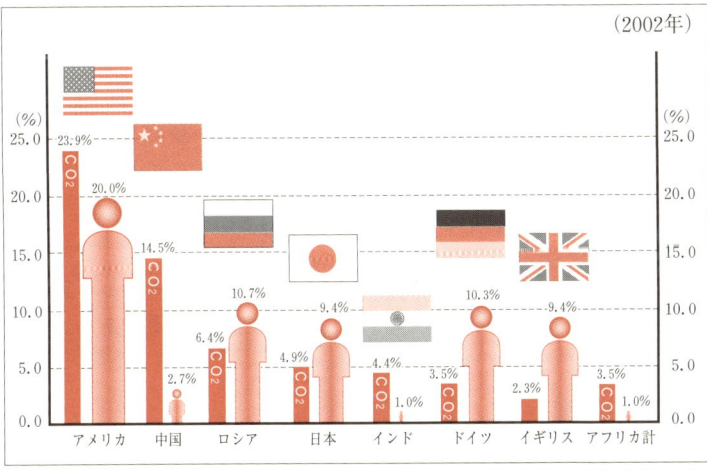

(2002年)

国	排出割合(%)	1人あたり(%)
アメリカ	23.9	20.0
中国	14.5	2.7
ロシア	6.4	10.7
日本	4.9	9.4
インド	4.4	1.0
ドイツ	3.5	10.3
イギリス	2.3	9.4
アフリカ計	3.5	1.0

（JCCCA HPより作成）

3章　健康と環境

まずは正しい知識を持つことから
3人に1人「関心がない」
HIVエイズに関する意識調査

KEY WORD
- HIV
- エイズ

コラム／HIVとエイズ

HIVというのはヒト免疫不全ウイルスのことで、おもに性交渉や輸血などでウイルス感染する。その結果として発病するのがエイズという病気で、後天性免疫不全症候群というのが正式な病名だ。体内でHIVが増殖してリンパ球を攻撃することにより、人間が持つ免疫力が低下し、さまざまな症状が出現するのがエイズである。

目下のところ治療に特効薬はなく、不治の病として世界中に蔓延することが恐れられているのが**エイズ、HIV感染症**だ。おもに性交渉により感染するが、感染してもすぐには発症せず、長い潜伏期間があるため、感染したことに気がつかない人も多い。

加えて、これまでにもエイズで死亡した有名人が話題になったり、さまざまな啓発運動がおこなわれてきたが、自分は関係ないと決めつけている人が多い。それを示す調査結果が2005（平成17）年に出ている。

調査はポータルサイト「goo」を通じてのアンケート形式でおこなわれ、3万8500人からの回答が統計データとしてまとめられている。

それによれば、HIV感染者や発症した人の数が増えているという事実について、94.1％の人が認識していた。にもかかわらず、「**身近に起こりうる**」**と考えている人は50.5％**と半数にすぎなかったのだ。「**関心がない**」**と答えた人も34.5％**おり、新聞や雑誌で読むニュースとしてしかとらえていない人のほうが多い現状がうかがえる。

日本のHIV感染者とエイズ発症者の数は年々増加していて、2004（平成16）年1年間に報告された数は、それぞれ780人と385人。感染者・患者とも**8割を男性が占めている**。検査を受けていないために判明していない感染者数を考慮に入れると、かなりの数にのぼると見られる。

HIVに感染すると、最初にインフルエンザに似た症状が出る場合もあるが、ほとんどの人が感染に気づかず、そのまま第三者を感染させてしまうことがある。10年という長い潜伏期間を経て発病し、はじめて感染していたことを知るという人も少なくないという。

不特定多数と性交渉を持つといった性の乱れが蔓延している現状を考えると、エイズへの関心を身近なものとしてとらえ、**予防法の知識を徹底して意識させる必要がある**と思われる。

データを読む

●日本のエイズ患者・HIV感染者の推移●

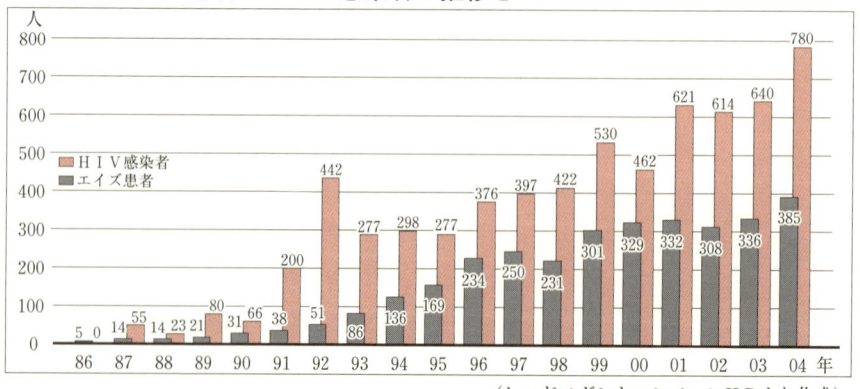

年	HIV感染者	エイズ患者
86	5	0
87	14	55
88	14	23
89	21	80
90	31	66
91	38	200
92	51	442
93	86	277
94	136	298
95	169	277
96	234	376
97	250	397
98	231	422
99	301	530
00	329	462
01	332	621
02	308	614
03	336	640
04	385	780

（レッドリボンキャンペーンHPより作成）

高まる天災への不安
1万1000人
首都直下地震が起きた場合の死者の想定数

KEY WORD
- 首都直下地震
- 東京湾北部地震

コラム／東京湾北部地震

中央防災会議の首都直下地震対策専門調査会は18種類の地震を首都直下地震に想定。そのうちのひとつ東京湾北部地震は、北米プレートと沈み込むフィリピン海のプレートの境界で発生する地震。その規模はマグニチュード7.3で、首都機能に大打撃を与えることが予想されている。

日本列島は、海のプレートと陸のプレートの4つのプレートがぶつかり合う境界の上にあり、いつ大地震が発生してもおかしくないといわれている。新潟県中越地震や福岡沖地震など、2004（平成16）年から2005（平成17）年にかけて大地震が発生し、国民の危機感も高まっている。

国の中央防災会議は、近い将来、東京と首都圏に大地震が発生する切迫性があり、発生した場合はきわめて大きな被害になるという観点から、**首都直下地震**が起きた場合の被害想定と対策をまとめた大綱を発表した。

なかでも、とくに発生率が高いといわれている**東京湾北部地震**では、**死者は1万1000人**、**負傷者は21万人**にのぼると想定されている。建物の倒壊や企業の生産停止などによる経済被害は、直接被害67兆円、間接被害45兆円の合わせて112兆円にもなる。

大綱では、国、自治体、企業は建物の耐震化と最低3日間の非常用電源や食料の確保を求めている。**死者のうち半数は火災**によるもので、建物の焼失は65万棟におよぶ。このため、延焼をくい止める公園や河川を整備し、沿道建築物の不燃化を促して「**防災環境軸**」をつくることを決定。帰宅困難者は最悪で650万人、避難生活者は400万～450万人と、阪神・淡路大震災の10倍以上になると想定していることから、避難所の確保とともに、住民や児童・生徒の疎開、食料の備蓄、家族への安否確認態勢を図ることが取り決められた。

また、内閣府はこうした被害想定が発表されるなか、「地震防災対策に関する世論調査」をおこなった。調査によると、自分が住んでいる地域で10年くらいの間に大地震が起こる可能性があると思う人は**64.4%**。同じ質問があった1997（平成9）年調査の36.2%の**2倍近く**になった。また、自宅の耐震性については、約60%が自宅は危ないと思っているものの、**約80%が耐震のための診断や改修をしていない**と答えた。

内閣府では、地震への関心をさらに予防措置につなげる施策を進める。

データを読む

首都直下地震で想定される被害

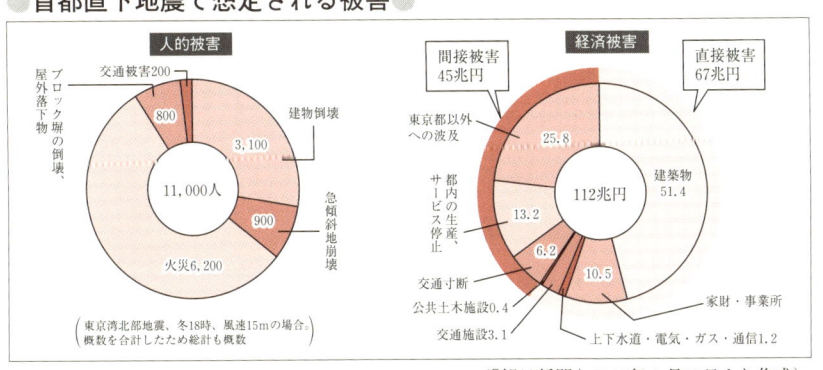

人的被害 11,000人
- 交通被害 200
- ブロック塀の倒壊、屋外落下物 800
- 建物倒壊 3,100
- 急傾斜地崩壊 900
- 火災 6,200

（東京湾北部地震、冬18時、風速15mの場合。概数を合計したため総計も概数）

経済被害 112兆円
- 間接被害 45兆円
  - 東京都以外への波及 25.8
  - 都内の生産、サービス停止 13.2
  - 交通寸断 6.2
- 直接被害 67兆円
  - 建築物 51.4
  - 家財・事業所 10.5
  - 上下水道・電気・ガス・通信 1.2
  - 公共土木施設 0.4
  - 交通施設 3.1

（「朝日新聞」2005年9月28日より作成）

大きな落とし物
約25％増
急増するパソコンの不法投棄

KEY WORD
- 家電リサイクル法
- 不法投棄

コラム／パソコンのリサイクル

「資源有効利用促進法」により、2005（平成17）年10月からパソコンのリサイクルがはじまった。廃パソコンはメーカーが回収するため、消費者はメーカーへ直接、回収依頼をし、メーカーの指示に従い、パソコンをゆうパックで送るシステム。PCリサイクルマークの有無により多少手続きに違いがある。

　家電リサイクル法（特定家庭用機器再商品化法）により、2001（平成13）年から、家庭用エアコン、テレビ、冷蔵庫、洗濯機の家電4品目について、メーカーには使用済み製品から有用資源を取り出して活用し、再商品化をすることを、消費者には、収集運搬とリサイクルの料金を負担することが義務づけられた。さらに、2003（平成15）年からは、メーカーによる家庭用パソコンの回収もはじまった。

　しかし、こうした環境に配慮した取り組みに反して、**リサイクル対象商品の不法投棄が問題になっている**。2004（平成16）年度の家電4品目の不法投棄総台数は17万2300台。内訳は、エアコン1万5800台、テレビ8万6600台、冷蔵庫・冷凍庫3万8600台、洗濯機3万1300台だった。前年度の不法投棄のデータを持つ2228の自治体で比較したところ、総計で290台の減少だった。しかし、冷蔵庫・冷凍庫では1000台、洗濯機で300台の増加となったが、家電4品目の不法投棄については、**ほぼ横ばい**といえる。

　一方、目立ったのが**パソコンの不法投棄**である。2004（平成16）年度に不法投棄されたパソコンは合計6400台にのぼり、デスクトップ型2800台、ブラウン管型ディスプレー2600台などが主であった。これは2003（平成15）年度のデータを持つ1175自治体で比べてみると、410台も増加しており、その割合は**24.8％**にあたる。パソコンは家電4品目に比べると普及率が低いので、現在では数は少ないが、2004（平成16）年度のように約25％もの急激な増加がおこなわれると、今後、不法投棄の数が一挙に増加するのではないかと懸念されている。

　パソコンの不法投棄増加の要因としては、家電4品目のように、回収制度の施行にあると一概にはいえない。パソコンの場合、中古マーケットが発達しており、そうした需要があるからだ。環境省は、家電4品目およびパソコンについても、引き続き監視を強めて、不法投棄の根絶に努めている。

データを読む

●不法投棄の増減台数●

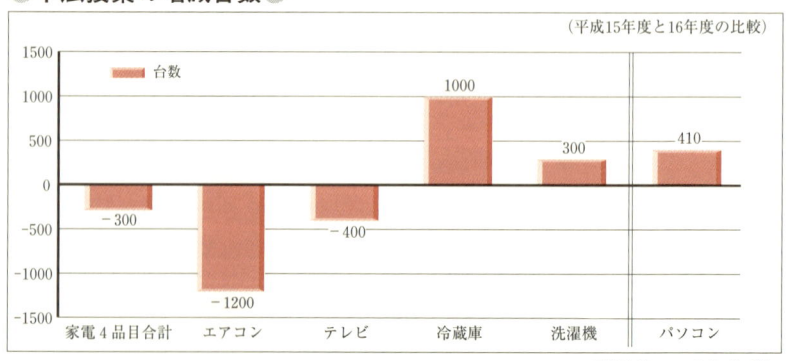

（平成15年度と16年度の比較）

区分	台数
家電4品目合計	-300
エアコン	-1200
テレビ	-400
冷蔵庫	1000
洗濯機	300
パソコン	410

（環境省HPより作成）

憩いの場所はどこへ？
10年前から5％減
減少する東京23区内の緑地面積

KEY WORD
● 緑地面積
● 自然への関心

コラム／都民の自然への関心

東京都のおこなった意識調査でも、自然に対する関心の深さがあらわれており、東京を代表する景観として後世に伝えていきたいものとして、日比谷公園、浜離宮庭園など都心にある緑と憩いの場があげられている。

日比谷公園、新宿御苑、神宮外苑に皇居と、高層ビルが林立しながらも、意外と緑にも恵まれているのが東京である。

空中撮影などをもとに、**区のなかで緑に覆われた土地の割合を示すものに緑地率**という指標がある。これによると、つい10年前までは23区総面積の約22％を「緑地」が占めていた。それが、2005（平成17）年の都の調査では約17％になっており、5％も減少していることがわかった。

調査は都の依頼で区ごとにおこなったものの集計で、「緑地」と見なす最小面積を1㎡とした区と、10㎡とした区とバラつきがあり、どこまでを「緑地」ととらえるかに差はある。

それでもやはり住宅地を多く持つ区のほうが「緑地」を残していることが調査結果からわかっている。大田区や世田谷区などの山の手地区では、個人宅の庭の緑も十分にうるおいとなっているのだ。

一方都心では、景気の回復基調を受けてビルやマンションの建設が増え、**緑が失われていく傾向**にある。このような緑の減少は、**東京のヒートアイランド現象**に拍車をかけるものになりそうだ。

内閣府では、国民の「緑地」を含めた**自然への関心**についての調査をおこなっているが、関心があると答えた人の数は81.9％を数えた。自然とふれあう機会を増やしたいと考えている人の数も、72.8％と多い。そんな人の半数近くが、自宅や勤務先の近くに身近な自然を求め、公園や遊歩道の整備を望んでいることも、調査結果にあらわれている。

多くの人が樹木や花によって癒やされたいと考えているようで、東京23区に自宅や職場を持つ人にとって、この緑の減少は憂鬱な状態といえる。

データを読む

●主な区の緑地面積●

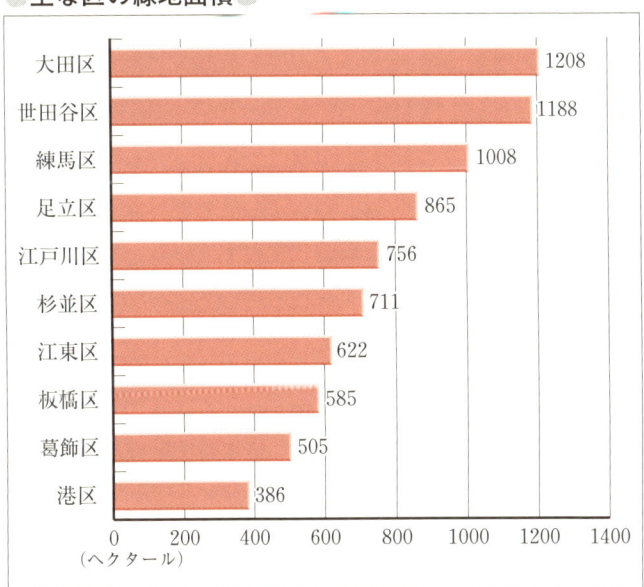

区	面積（ヘクタール）
大田区	1208
世田谷区	1188
練馬区	1008
足立区	865
江戸川区	756
杉並区	711
江東区	622
板橋区	585
葛飾区	505
港区	386

（「朝日新聞」2005年9月16日の資料より作成）

3章　健康と環境

一人ひとりの努力が必要
1日1人あたり約1kg
全国の一般ゴミ総排出量

KEY WORD
- ゴミの量
- 産業廃棄物

コラム／処分場の余剰能力

年間で900万tあまりが最終処理場で埋め立てられるが、大都市圏では予定している最終処理場の容量は残り少ない。首都圏の予定地は、あと11.2年分、近畿圏では、あと10.8年分しか余裕がなく、そのあとどうするのかの問題を抱えている。

文明の進歩につれて、人間の出すゴミの量は増えた。首都・東京ではゴミによる埋め立てで湾岸に新しい土地が誕生している。すでに江戸時代からはじまっていたゴミによる埋め立てだが、増える一方のゴミに、埋め立てを予定している**最終処分場の許容量が限界に近づいている**という。東京に限らず、こうしたゴミ事情は、どこの自治体でも同じである。

いったい、国内で年間に出されるゴミの量がどれくらいかというと、2003年度で一般家庭からでるゴミの総量が5160万tだ。これは東京ドーム140杯分にあたる。

ここに、工場などから出る**産業廃棄物**の約4億1200万tが加わる。合計すると、25mプールで123万杯分になるのだそうだ。

家庭から出るゴミは、焼却、破砕といった処理のあと残った900t余りが最終処分場へ運ばれて埋め立てられている。**総排出量を人口で割ると、国民1人あたり、1日1kgほどをゴミとして捨てている**計算になるが、この処理にかかっている費用は、焼却用の燃料費などを含めて、1人あたりで年間1万8800円と計算されている。それだけの税金が投入されているわけだ。

ゴミとして出すしかない**容器包装の占める割合の大きい**ことが、ゴミ増量の最大の原因で、とくにプラスチックの多さが目立つことが統計からわかっている。各自が積極的にパッケージの簡略化された商品を買うといった意識を持たないと、ゴミの減量、ひいては処理費の減少にはならない時代を迎えている。

さらに問題になっているのが、**産業廃棄物の不法投棄**である。撤去費用を国が負担する法律が成立して、税金が投入されることになったが、生産者側に処理責任を持たせることも視野に入れたシステム構築がはかられている。

データを読む

●ゴミ総排出量と1人1日あたりのゴミ排出量の推移●

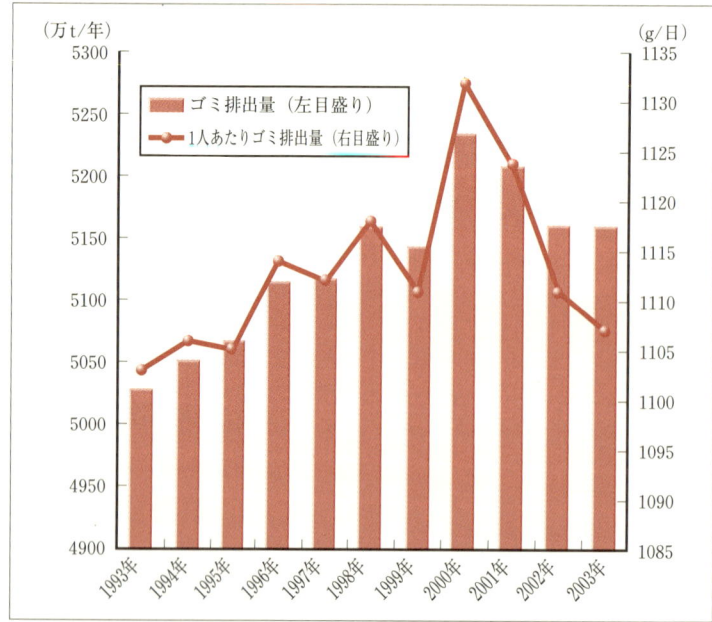

（環境省HPの資料より作成）

危ぶまれる食の安全
アメリカの3倍以上
9000億t・kmを超える日本の「フードマイレージ」

KEY WORD
● フードマイレージ

牛海綿状脳症（BSE）、鳥インフルエンザ、中国産野菜の多量の農薬使用など、2001（平成13）年来、日本の食の安全を脅かす事件が相次ぎ、食卓に影響をおよぼしている。食糧自給率の低い日本では、魚介、肉、野菜など**すべての食材を海外からの輸入にたよらなければならない**。スーパーに並ぶ刺身も、回転寿司の魚も海外から輸入したものだ。国内産のものより、海外の安い労働力で水揚げし、大量輸送で輸入したもののほうが、ずっと低価格だからである。

しかし近年、生産地が遠い海外の食品の安全性が疑問視されている。農畜水産物が生産されてから消費者に届くまでの距離を「**フードマイレージ**」といい、「輸入食材料×輸送距離」で算出する。距離が長くなればなるほど、当然、その途中で危険な要素が入り込む機会が増えるという。

農水省農林水産政策研究所の2001年の試算によると、**日本のフードマイレージは、年間9000億t・km**で、韓国の3170億、アメリカの2960億と比べると、約3倍、ドイツの5倍、フランスにいたっては9倍にもなる。1人あたりの年間輸入距離は、東京～ケープタウン（南アフリカ）間に相当し、これはフランス、ドイツの約3倍、アメリカの約10倍に相当するといわれる。日本のフードマイレージが、諸外国にくらべても大きく、長距離を輸送された食糧が輸入され、それを食卓にのぼらせている実態が浮き彫りにされた。

また、食の輸送距離が長ければ、そのために**消費するエネルギーもおのずと大きくなり、環境負荷の重要な問題にも関わってくる**。高級生鮮食材などは、冷凍にして空輸されるため、消費される二酸化炭素排出量も相当大きい。日本のフードマイレージ約9000億t・kmは、国内における食料輸送量（推計570億t・km）の約16倍に相当し、二酸化炭素排出総量で比べると、約1.87倍となる。**食糧自給率の低さが、食卓の安全・安心を脅かし、さらには地球環境の劣化をも招いている**のだ。これからは、消費者も、生産地が近い食材を選ぶ視点を持つことが必要とされる。

コラム／主な食べ物のフードマイレージ

大地を守る会によると、小麦の輸送距離は輸入で10327km（アメリカ・モンタナ～東京）、国内で831km（北海道～東京）。マグロは輸入で2433km（台湾～東京）、国産で306km（宮城～東京）。牛肉が輸入で9847km（オーストラリア・タスマニア～東京）、国産で955km（鹿児島～東京）である。

データを読む

● 各国のフードマイレージ ●

（2001年）

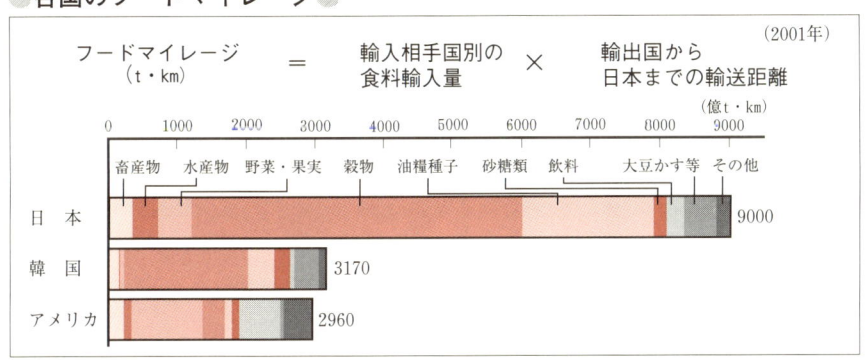

フードマイレージ（t・km） ＝ 輸入相手国別の食料輸入量 × 輸出国から日本までの輸送距離

（億t・km）

区分：畜産物／水産物／野菜・果実／穀物／油糧種子／砂糖類／飲料／大豆かす等／その他

国	フードマイレージ
日本	9000
韓国	3170
アメリカ	2960

（『imidas2005』集英社より作成）

やめたいけどやめられない？
喫煙者の7割
たばこを吸う人で、ニコチン依存症の人の割合

KEY WORD
- たばこ
- ニコチン依存症
- 禁煙

コラム／ニコチン依存症

喫煙により、たばこの煙に含まれたニコチンが繰り返し体に吸収される。ニコチンは習慣性があり、切れると体がそれを欲するようになる。禁煙によってイライラするのが禁断症状で、喫煙で煙を体内に入れると禁断症状が緩和され、落ち着いた気分になったように錯覚してしまう。

現在、たばこのパッケージには**体に害をおよぼす**とはっきり印刷してある。2006年には増税され、値上げすれば経済的にも禁煙せざるを得なくなるからもっと上げろという声もある。何より吸える場所が少なくなって喫煙者は肩身の狭い思いをすることが多くなった。

いいことは少しもないのに、たばこをやめられない人は数多い。

大阪府立健康科学センターでおこなったアンケート調査では、**たばこを吸う人の7割がニコチン依存症**で、さらにそのうち7割の人が禁煙を試したものの**失敗**したというデータが出ている。

「禁煙やたばこの本数を減らそうと試みて、できなかったことがあるか」といった内容の10項目の質問により、この数値が出た。

喫煙は、**肺ガンや脳卒中、心筋梗塞などの病気**の引き金になるとされている。副流煙を吸うだけでも肺ガン発症率が高くなるといわれ、分煙が進んだが、喫煙者は自分がガンに倒れるのだから勝手だと、禁煙など眼中にないという人も少なくなかった。

また禁煙しようとしても、調査結果のようにニコチン依存症であれば、イライラが募りやめようとしてもやめられないという状態になる。

そこで厚生労働省は、ニコチン依存症を病気と位置づけ、**禁煙に保険適用、公的医療保険の給付対象**とすることを決定した。

これは、高齢化社会で肥大化する一方の医療費削減につながると考えているからだという。喫煙習慣をなくすことで、たばこが原因といわれる病気の患者が少なくなれば、結果的に医療費の削減に結びつくというわけだ。

禁煙治療に保険を適用してその費用がかかったとしても、15年後には少なくとも約1846億の医療費抑制になると試算している。

データを読む

●医療費削減額と禁煙治療費の推移予測（単年）●

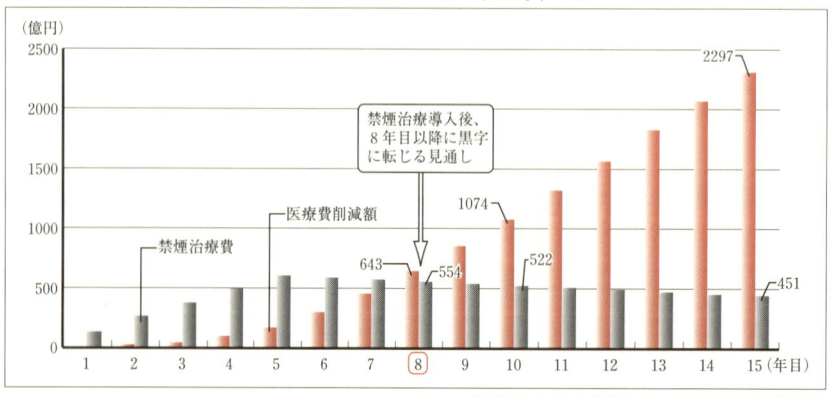

（億円）
禁煙治療導入後、8年目以降に黒字に転じる見通し

禁煙治療費
医療費削減額
643　554　522　1074　2297　451

1　2　3　4　5　6　7　8　9　10　11　12　13　14　15（年目）

（大阪府立健康科学センターHPより作成）

10年間で倍増
年間約1000人
アスベストが原因とされる中皮腫による死亡者数

KEY WORD
- アスベスト
- 中皮腫

コラム／アスベスト利用の歴史

アスベストとは、火山活動のマグマが冷えて固まった岩石のひとつ。イタリアで4000年以上前に発見された。エジプトのミイラを包む布やローマ・ギリシャ時代にはランプの芯として使われた。日本では江戸時代に、平賀源内が使用したとされる。

データを読む

●中皮腫による死亡者数の推移●

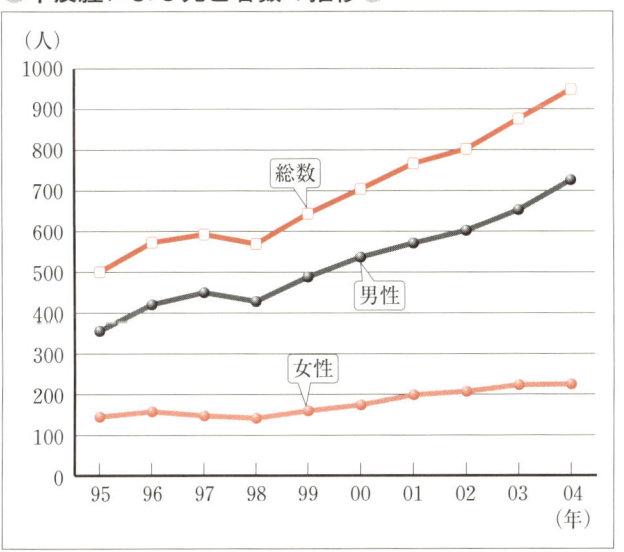

（厚生労働省ＨＰより作成）

　環境省は、アスベスト（石綿）が原因と見られる中皮腫と肺ガンの死亡者数が、2006～2010年までの5年間で、最大約1万5000人を超えるとの試算を公表した。

　アスベストとは、天然の鉱物で、燃えず、耐久性に優れてすり減らないことから、1960年代から、屋根や壁などの材料や、鉄骨や天井の吹きつけ材として利用されていたもの。ところが、アスベストの繊維は、髪の毛の約5000分の1の細さのため、吸い込むと、その細い繊維が肺などに突き刺さり、中皮腫（臓器を包んでいる膜にできるガンの一種）や肺ガンの原因となることが明らかにされた。

　そのため、1975（昭和50）年からは建物の吹きつけ作業にアスベストを使うことが禁止され、1995（平成7）年には、人体への影響が強いとされる青石綿と茶石綿（ともにアスベストの一種）の使用が禁止された。

　アスベストの使用が禁止されているにもかかわらず、現在、アスベスト問題が浮上しているのは、**アスベストが原因とされる中皮腫は、30～40年かけて発症**するからである。2004（平成16）年に中皮腫で死亡した人は953人。これは、2003（平成15）年度よりも75人増加しており、統計をとりはじめた**1995（平成7）年の500人に比べて、ほぼ2倍になっている**。今後、さらに死亡者数が増えるとの予測がたつために、前述のような試算になったのである。

　アスベスト被害は、当初はアスベストを使用する作業に従事していた人が対象と考えられていたが、作業服を洗濯した家族が、服についていたアスベストを吸い込んで発症した例や、アスベストを使う工場近辺の住人が被害にあったケースも報告され、深刻化している。

　国が、公立の小学校から高校までを調査したところ、教室や廊下などに使われたアスベストが飛び散る危険性のある箇所が142校も見つかり、その除去作業がおこなわれている。

3章　健康と環境　143

一時は減少したものの……
10万件を突破
増加傾向にある、公害の苦情件数

KEY WORD
- 経済成長
- 典型七公害

コラム／越境公害

日本の大気汚染は減少傾向にあるが、近年、近隣諸国で発生して日本に影響をおよぼす越境公害が問題視されている。たとえば2000～2002年に観測日数が増加した、中国やモンゴルから飛来する黄砂である。かつては季節的な気象現象としてとらえられていたが、近年は大気汚染の一種として認識されるようになった。森林の減少、土地の劣化、砂漠化に要因があるとして共同調査が進められている。

日本では、1950～60年代の**高度経済成長**とともに、未曾有の**環境汚染と公害病**が発生した。しかし、公害規制行政の徹底などにより改善され、地方自治体が受理した苦情件数は1972（昭和47）年度の8万7800件をピークに、減少となっていた。ところが、環境省の公害等調整委員会によると、1983（昭和58）年度からは、再び増加に転じ、2003（平成15）年度は、はじめて10万件の大台を突破した。

その理由として、公害ははじめは産業廃水による「四大公害」（熊本水俣病、四日市喘息、新潟水俣病、イタイイタイ病）などの**産業型**であったが、その後、「**典型七公害**」に代表される**都市生活型**に変わっていったことがあげられる。七公害とは、①**大気汚染**、②**土壌汚染**、③**水質汚濁**、④**騒音**、⑤**振動**、⑥**地盤沈下**、⑦**悪臭**である。これらの公害も1972年度の7万9700件をピークに減少傾向を示していたが、2000（平成12）年度以降は、増加に転じている。

七公害のなかでは、大気汚染がもっとも多く、次いで騒音、悪臭となっている。大気汚染に関しては、主要な発生源である自動車の技術進歩や規制強化が奏功し改善傾向にある。

このほか、「**典型七公害以外**」と呼ばれる公害があり、これが増大していることが、最近の公害苦情の件数を引き上げている大きな原因になっている。

その苦情件数は2003年度には3万3100件となり、**1999年のほぼ倍**の数にのぼった。

典型七公害以外は具体的には、廃棄物の不法投棄、火災の危険、糞尿の害、害虫などの発生、動物の死骸の放置、電波障害、土砂の散乱などである。近年、なかでも廃棄物の不法投棄は、大幅に増加している。

これは、家庭が出すゴミの大型化と、粗大ゴミ廃棄の有料化とつながる問題である。今後、政府が取り組まねばならない環境対策の、大きな課題となっている。

データを読む

●公害苦情受理件数の推移●

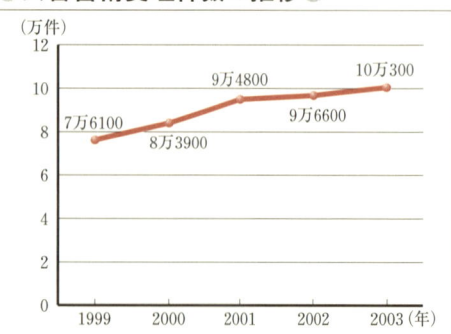

（万件）
- 1999: 7万6100
- 2000: 8万3900
- 2001: 9万4800
- 2002: 9万6600
- 2003: 10万300

●公害苦情の内訳（2003年）●

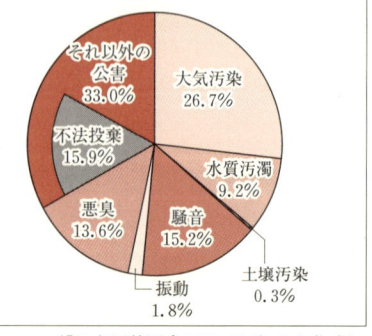

- それ以外の公害 33.0%
- 大気汚染 26.7%
- 水質汚濁 9.2%
- 土壌汚染 0.3%
- 振動 1.8%
- 騒音 15.2%
- 悪臭 13.6%
- 不法投棄 15.9%

（『日本国勢図会2005／06』より作成）

目標達成は困難か!?
70項目中20項目

政府が推進する健康づくり計画「健康日本21」のなかの目標から遠のいている項目数

KEY WORD

● 健康日本21

コラム／健康増進法

高齢化社会のなかで、国民の健康増進の重要性は増大した。健康増進法は、2001（平成13）年に策定された「医療制度改革大綱」で求められた「健康寿命の延伸と生活の質の向上を実現するための法的基盤作り」を受け、翌年に成立、8月2日に公布された。「健康日本21」を中核とする国民の健康づくりの推進を目的とする。

　厚生労働省は2000（平成12）年、「21世紀における国民健康づくり運動（健康日本21）」を作成した。特徴としては、ますます進む高齢化社会において、痴呆や寝たきりにならない健康寿命の延伸などを実現するために、従来の健康対策の中心であった早期発見や早期治療などの二次予防ではなく、**疾病の発生を防ぐ一次予防に重点を置いている**ことがあげられる。運動の具体的な目標としては、食生活・栄養、身体活動・運動、休養・心の健康づくり、たばこ、アルコール、歯の健康、糖尿病、循環器病、ガンの9つの分野からなる、全70項目の目標数値が具体的に定められた。目標達成のために、自己管理能力の向上、専門家等による支援と定期管理、保健所等による情報管理と普及啓発の推進を、3つの柱とした対策がおこなわれている。

　70項目の目標数値は、2010年までの達成を目指したものだが、2005年5月までの数値（暫定）を厚生労働省がまとめたところ、**70項目のうちの約20項目が、計画時の国民健康・栄養調査などの数値よりも悪化している**ことがわかった。

　20歳から60歳代の男性の肥満の割合は、15％という目標値からはさらに遠のき、24.3％から29.5％に悪化している。日本酒換算で1日3合以上飲む男性の割合の目標値は3.2％以下にもかかわらず、4.1％から5.3％へ増加している。乳製品などのカルシウムを含む食品の摂取量の目標値は、1日あたり130g以上とされたが、107gから97gへと減少している。朝食を食べない中・高生の割合はもちろん0％を目標としているが、こちらも6.0％から8.7％へと増えている。運動の目安となる1日あたりの歩数も、男性の目標は9200歩だが、8202歩から7575歩へと後退しており、女性も8300歩という目標からさらに遠のき、7282歩から6821歩となっている。

　一方で、幼児の虫歯や食塩摂取量など、目標値に近づいた項目もあった。しかし、**その他多くの項目が横ばいの状況**で、調査中のために比較できない項目が3割以上あったことから、**70項目中20項目で悪化した**という状況は深刻であり、目標は達成が困難になってきていることは明らかだ。

　厚生労働省は2006年度中をめどに、目標数値の修正も視野に入れた**計画の中間見直し**を進めている。

データを読む

● 健康日本21の主な目標と実数値 ●

項目	目標値	00年（策定時）	03年（暫定値）
肥満者の割合（20～60歳代男性）	15％以下	24.3％	29.5％
朝食を食べない中・高生の割合	0％	6.0％	8.7％
日常生活での歩数【男性】	9200歩以上	8202歩	7575歩
〃　　　　　　【女性】	8300歩以上	7282歩	6821歩
多量に飲酒する人の割合　【男性】	3.2％以下	4.1％	5.3％
〃　　　　　　【女性】	0.2％以下	0.3％	0.8％
ストレスを感じた人の割合	49％以下	54.6％	62.2％

（「朝日新聞」2006年2月3日より作成）

「飽食ニッポン」を反映する数字
48g
1人1日あたりの食べ残しの量

KEY WORD

- ●輸入
- ●食品ロス率
- ●食品廃棄物リサイクル法

コラム／1年間に排出される食品廃棄物量

日本の食品廃棄物量は、年間約2200万 t である。そのうち、家庭から排出されるのが1200万 t、飲食店・食品流通からが550万 t、食品製造業からは400万 t となっており、もっとも多いのは家庭から出されるゴミなのである。

　「飽食ニッポン」といわれる日本は、現在、**世界最大の食料輸入国**で、消費する**食料の60％を海外から輸入**している。ところが日本人は、世界中から輸入してまで集めた食料をずいぶん粗末に扱っている。家庭や飲食店での食べ残しや、製造から流通の過程で返品や賞味期限切れで**廃棄される食品は年間2000万 t 以上**におよぶ。

　これらの、家庭や飲食店などで食べ残しや廃棄された食品の重量を「食品ロス」といい、これを使用した食品量で割った数値を**食品ロス率**という。2004（平成16）年度の『食品ロス統計』によると、家庭での1人1日あたりの**食品ロス量は48.0ｇ**、食品使用量は1141ｇで、食品ロス率は4.2％となった。外食でのロス率は3.3％で、どちらの場合でも、食べ残しや調理の失敗などにより相当量の食べ物が捨てられていることがわかる。思っていたより少ないと思うかもしれないが、同調査の過去のデータによると、結婚披露宴で捨てられる食べ物の量は24％にものぼるという。

　さらに深刻なデータもある。消費者に供給されている国民1人あたりの1日のカロリーと、実際に摂取しているカロリーとの間には、約3割の差があるという。つまり、この差とは、食べ残しである。この**食べ残しは、40年前の2倍強も多くなっており**、現代日本人は、ますます食べ物を無駄にしていることがわかる。

　これを受けて、2001（平成13）年には、スーパーや飲食店など食品関連業者に生ゴミの削減を義務づける「**食品廃棄物リサイクル法**」が施行され、食品の有効利用を促している。同時に、食料の買い過ぎを控えたり、料理の作りすぎに気をつけるなど、国民一人ひとりが食生活を見直す必要がある。

データを読む

●供給カロリーと摂取カロリーの推移●

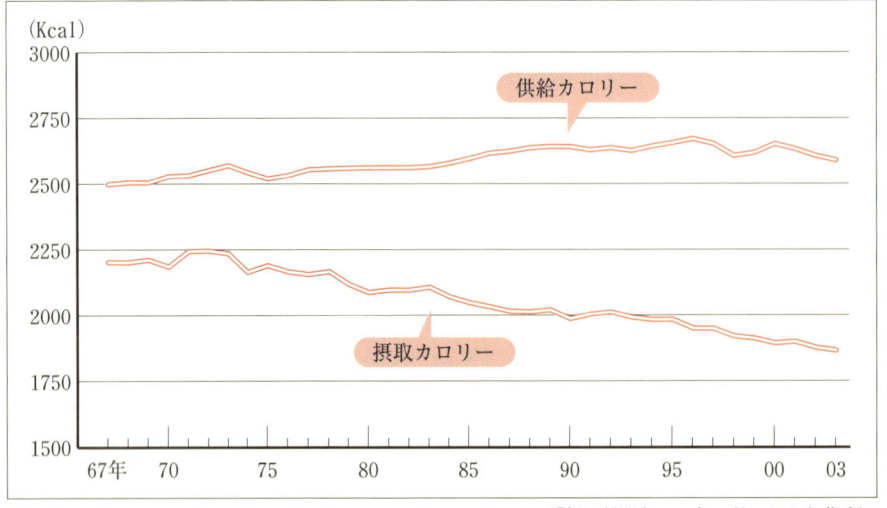

(「朝日新聞」2005年10月16日より作成)

社会の歪み、反映か？

20人に1人

中学生の片頭痛、学校生活に支障が出る可能性も

KEY WORD
●片頭痛

コラム／片頭痛の原因

片頭痛の誘発因子としては、ストレス、精神的緊張、疲れ、睡眠不足、月経周期、天候の変化、温度差、頻繁な旅行、アルコールなどがあげられ、特定の状況下で症状が出ることが多い。また、片頭痛持ちの人は、脂肪・油脂の多い食べ物やコーヒー、お茶の摂取が多いことも報告されている。

日本人の約3000万人が、慢性頭痛の患者であるといわれている。慢性頭痛を大別すると、「**緊張型頭痛**」「**片頭痛**」「**群発頭痛**」の3つがあり、なかでも、若者に多いのが「片頭痛」である。「片頭痛」とは、頭の片側だけが痛んだり、吐き気や光過敏をともなったり、心臓の拍動とともにズキズキと痛む頭痛をさす。数時間から数日の間、激しい痛みが続くことが多い。

名古屋市立大小児科グループの調査によると、**中学生の20人に1人が「片頭痛」持ち**であることがわかった。これは、愛知県春日井市の中学生6900人（有効回答6500人）を対象にアンケートを実施したところ、男子110人、女子200人が片頭痛の診断基準にあてはまった。片頭痛持ちは、男子で3.3％、女子で6.5％となり、平均では4.8％に至り、大人と同様に、片頭痛患者は、男子よりも女子に多く見受けられた。「片頭痛は1～4時間も続く」と答えた生徒が過半数を占め、頭痛だけでなく、吐き気やめまいの症状も併発することが多く、学業に支障をきたすこともあるという。大人の片頭痛患者では、7割以上の人が、片頭痛により日常生活に支障が出るとの報告もあり、中学生だからといって、見過ごすことはできない深刻な問題である。

適切な診断と治療をおこなう必要があるのだが、周囲の認識不足から「仮病」と決めつけられたり、痛みを訴えても「我慢しなさい」と取り合ってもらえなかったりといったケースも少なくない。子どもの頭痛は大人のものに比べると、症状が軽いものが多く、鎮痛剤を服用すると、比較的容易に痛みが抑えられてしまうことから、軽視されがちな傾向にある。しかし、慢性的な頭痛を抱えている人は、頭痛がない人よりも「不安」や「抑うつ」の症状を起こす可能性が高いともいわれている。周囲の理解が得られないと、頭痛の辛さに加えて、「仮病」と思われるストレスがかかり、子どもの健康に大きなダメージを与えかねない。

データを読む

●片頭痛持ちの比率●

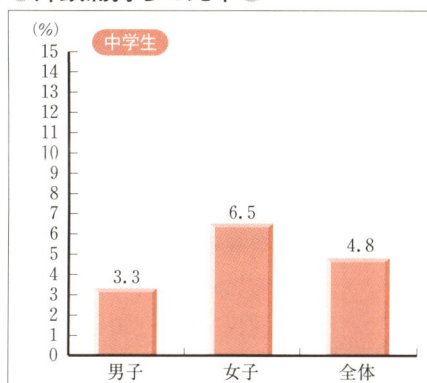

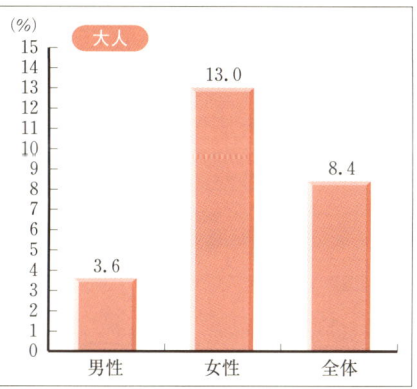

中学生 (%)
- 男子: 3.3
- 女子: 6.5
- 全体: 4.8

大人 (%)
- 男性: 3.6
- 女性: 13.0
- 全体: 8.4

（「慢性頭痛診療ガイドライン2005年3月」日本頭痛学会より作成）

カラスはなぜ増える？
約2万羽
東京都に生息するカラス

KEY WORD
- カラス
- 環境問題

コラム／対策に乗り出す東京都

東京都の新宿区では、ゴミの収集時間を6時半に繰り上げ、防鳥ネットやカラス対策に効果があるとされる黄色いゴミ袋の利用を促進するなどさまざまな対策を練っている。2001年からはじめたカラス対策で都内の生息数は04年度にほぼ半減。しかし、区が収集するゴミは全体の約3割にすぎず、飲食店から出る残りの事業ゴミは民間業者が収集しているため対策に懐疑的な声もある。

近年、**東京都のカラスが増加**し、ゴミ集積所のゴミが荒らされたり、人が襲撃されるなどの被害が増え続けている。環境保全局の「東京都の鳥類繁殖状況調査」によると、カラスの繁殖は1970年代には山手線の内側ではほとんど確認されなかったが、1990年代には、多数確認されるようになった。

日本野鳥の会東京支部の2001（平成13）年の調査によると、都内全域で約2万5000羽、東京から50km圏内では8万羽も生息していると推定されている。

このようにカラスが東京に増加した最大の要因は、**人が出す生ゴミや残飯が多い**ために、カラスにとっては安定したエサの供給源となっていることだ。国内で捨てられる残飯は年間約700万tにものぼるといわれる。

都市部のカラスは栄養状態がよく、繁殖のペースが速く、自然界では考えられないほど固体数が増えたとされる。

さらに、都市部にはカラスにとって安全な住環境があることがあげられる。カラスの天敵であるオオタカ、フクロウなどの動物がほとんど存在せず、夜間に人が出入りしない樹林が豊富にあり、集団で夜をすごすカラスにとって、格好のねぐらとなっているのだ。また、カラスは針金ハンガーなどを使って鉄塔やビルなどに巣作りをするなど、人が作り出したものを巧みに利用して繁殖してきた。このように都内には、**カラスにとって安全で快適な住環境がある**ため、急増しはじめたといわれる。

東京都に寄せられた**カラスに関する苦情等**の件数は、産業労働局の資料によると、2001年は2940件にのぼり、これは1998（平成10）年の590件に比べると、**約5倍に増えている**。人を襲う、公園などで子どもが持っている食べ物を奪う、ゴミ集積所の生ゴミを荒らす、羽音や鳴き声が騒音となる、などの被害が問題になっている。さらに、カラスが人に感染する可能性のある病原菌を運ぶ恐れも懸念されている。

そこで、東京都では、生ゴミ集積所の徹底した管理や、本格的な捕獲作戦に乗り出しているが、住民一人ひとりがゴミ出しのマナーを守ることが、まず必要とされている。

データを読む

●東京都のカラス数の推移●

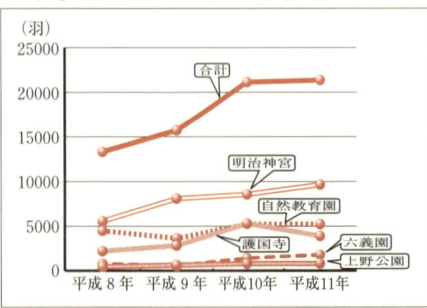

●東京都に寄せられた苦情等の件数

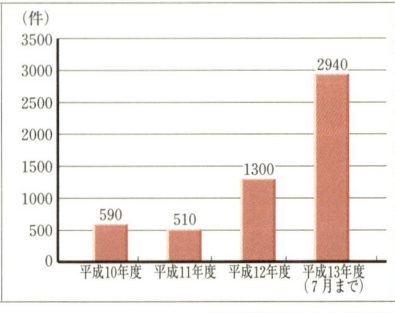

（東京都HPより作成）

悩みを共有できる社会づくりが必要
1日平均90人
3万人を超える日本の自殺者数

KEY WORD
- 世界保健機関
- 自殺率
- 経済協力開発機構

日本は自殺者の多い国である。**世界保健機関（WHO）**が2002年にまとめた世界99か国の自殺率を見ると、日本は11位。ワースト10のうち7か国は旧ソ連の国であることを考慮すると、日本の自殺率はかなり高い。実際、G7各国内では1位、**経済協力開発機構（OECD）**加盟国中でも2位である。

2004年度の日本の自殺者数は3万2300人にのぼり、7年連続で3万人を超えた。これは、**1日平均90人が自殺**していることになる。原因としては、遺書のない場合も含めると、経済・生活問題（生活が苦しいなど）と勤務問題（仕事がらみ）の増加が顕著である。とくに1997年から98年にかけては、一気に8000人も増加した。背景には、企業がアメリカ型の個人能力主義を導入し、**ストレスの高い社会**になったことがあげられる。現に、自殺者の多くは、うつ病などの心の病を抱えているケースが少なくない。

専門家によると、**自殺は予防できる**という。その方法は大別するとふたつ。自殺の危険がありそうな人を早急に見つけ出し、適切な治療を施すことと、万一、うつ病などになった場合にはどのような対処法があるかを事前に知識として教えておくことである。中高年を中心に、心に問題を抱えたら、我慢せずに専門家に助けを求めることが大切だという。

行政がこうした自殺予防対策をおこなっているところでは、明らかに自殺者は減っている。たとえばフィンランドでは、自殺率20％減を目標に、市民への啓発活動を地道に続けたところ、十数年後には最悪期に比べ約3割減を達成した。新潟県の旧松之山町では、高齢者を対象にうつ病のスクリーニング検査を実施し、必要と判断した場合には面接などでケアをした。その結果、10年後には自殺率を3割減らすことができた。

厚生労働省でも自殺対策が急務との見解から、2001年度より予算を計上して、対策を本格スタートさせ、**2005年度は8億5500万円**を投入している。

コラム／国の自殺予防対策

2001（平成13）年度より本格スタート。当初は3億5000万円の予算だったが、2005年度は8億5500万円を計上。自殺の実態調査や予防対策研究に3億円を投入した。そのほかは「いのちの電話」支援や、メンタルヘルス対策が多く、うつ病対策に重点を置いている。2010年までに3割減を目標としている。

データを読む

自殺者数の推移

（1990年～2004年、人数20000～35000程度で推移、1998年頃に急増）

自殺の原因（遺言書ありの場合）（2004年）

原因	件数
家庭問題	1010
健康問題	4090
経済・生活問題	3440
勤務問題	630
男女問題	310
学校問題	80
その他	590
不詳	300

（警察庁HPより作成）

3章　健康と環境

これがなければ生きていけない？
3人に2人
累計加入数約8500万台を超えた携帯電話所持率

KEY WORD
- ●携帯電話
- ●社会問題

コラム／携帯電話のマナー

読売新聞の調査によると、携帯電話の使用で迷惑だと感じるのは、電車や飲食店など公共の場での使用についてで、78％の人が迷惑だと答えている。とくに、若い女性の迷惑行為が目に付くと答えた人が83％にものぼっている。

　日本で**携帯電話**が発売されたのは1987（昭和62）年4月だが、その国民への普及率と機能の向上には目を見張るものがある。『日本国勢図会2005／2006』によると、2004（平成16）年12月末現在の携帯電話の契約者数は、約8550万台。日本の総人口の7割近く、**国民の3人に2.3人が携帯電話を持っている**ことになる。

　この普及の加速度的な伸びは、1994（平成6）年からで、大幅な値下げと新規参入した事業者間の販売競争、機種の高性能化、多機能化が進んだことによる。携帯電話の契約数は、1990（平成2）年に90万台だったのが、1995（平成7）年に1020万台、2000（平成12）年には6100万台となっている。

　携帯電話は、1979（昭和54）年に旧電電公社（現ＮＴＴ）が自動車電話事業に乗り出したのがはじまり。自動車電話からショルダーホン、携帯電話へと進化した。1988（昭和63）年から事業者が複数になり、料金の引き下げ競争がはじまった。さらに端末の軽量化、電池の長寿命化が進み、爆発的に普及。1999（平成11）年からはじまったインターネット接続サービス、Ｉモード開始により、携帯電話の利便性はさらに向上し、**2000年度末には、携帯電話の契約数は固定電話を上回るまでになった**。

　2000年頃から携帯電話の多機能化が飛躍的に進み、インターネット接続のほか、デジタルカメラ内蔵、動画撮影、テレビ電話搭載、ドラゴンクエストなど有名ＲＰＧの搭載、電子マネー機能の搭載、高齢者・学童向けのシンプル機種開発、決済サービスのモバイルコマース、家やマンション、コインロッカーのカギの機能、定期券機能など、多種多彩な機能を搭載するようになった。

　しかし一方では、こうした爆発的な普及にともない、さまざまな**社会問題**も起こってきた。ワン切り、架空請求メールや090金融詐欺などの迷惑メール、出会い系サイトを悪用した犯罪、デジタル万引きなどの犯罪と、運転中の使用による事故、公共の場、医療の場での**使用マナーの問題**など、今後は、**携帯電話の安全強化、犯罪防止対策**が重要になってきている。

データを読む

●携帯電話契約数の推移（累計）●

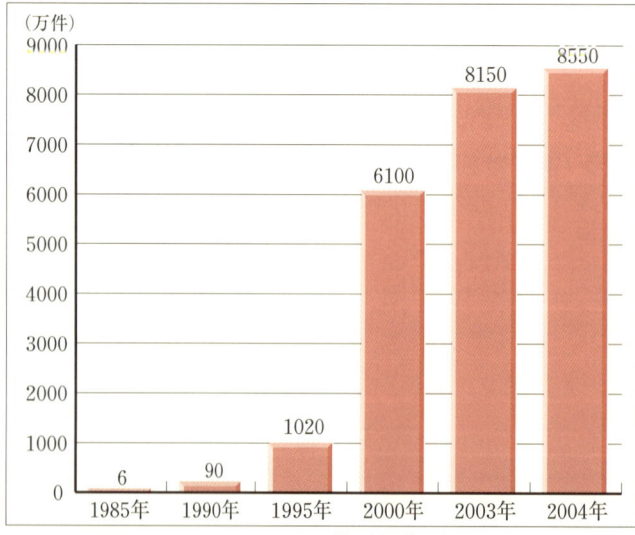

年	万件
1985年	6
1990年	90
1995年	1020
2000年	6100
2003年	8150
2004年	8550

（『日本国勢図会2005／06』より作成）

生活も変化
5人に3人
6年間で7倍にもなった、日本のインターネット普及率

KEY WORD
- インターネット
- 低価格化

コラム／利用のピークは22時台

社団法人日本広告主協会の2005（平成17）年の調査によると、インターネット利用者数のピークは、1日のうち22時台がピークで、400万人を突破した。休日では朝8時台から深夜0時台まで常時200万人以上が利用している。これは、利用者のうち、男性の35〜49歳の層が、平日の昼間の在宅率が低いため、夜間や休日に利用が集中するためと推定されている。

　日本での**インターネット普及率**は、ここ数年で目を見張る勢いで急増している。総務省の「通信利用動向調査」によると、2004（平成16）年末のインターネット利用者数は、7948万人で、これは日本の総人口の62.3％にあたる。なんと**日本人の5人に3人がインターネットを使っている**ことになる。

　同省の「情報通信白書」によると、1997（平成9）年の利用者は1155万人であったので、2004年と単純に比較すると、この**6年間で7倍にも増加**している。

　日本でインターネットが使われはじめたのは、1980年代のこと。当初は研究機関での利用だけであったが、1993（平成5）年に、商用プロバイダーサービスがはじまり、一部の企業も利用するようになった。その後、当初は高額だった接続料の低価格化が進んだことが、家庭での普及率の急激な伸びにつながった。また、携帯電話での電子メール利用が増加したことも大きな要因となっている。

　同省の統計によると、2003（平成15）年末のインターネット普及率は従業員300人以上の企業では92.8％、世帯数での普及率も90％に達している。

　インターネット利用の急増は、国民の生活行動にも大きな変化をもたらしている。総務省によると、2004年に国民1人がインターネットにさいた時間の平均は、携帯電話を含めて1日あたり37分で、メディア利用時間の調査を開始した2000（平成12）年以来、はじめて新聞の閲覧時間の31分を上回った。

　日常生活の変化でもっとも大きいのが、**睡眠時間の減少**である。さらに、雑誌やテレビを見る時間、家族や友人と対面で話をする時間、外出する回数、買物をする時間などがいずれも減少した。反対に、**家族や友人と通信手段を使って連絡する回数は増加**している。

　新聞やテレビを見るよりも、外出や買物よりもインターネット、しかも、家族や友人と会う時間や、寝る間を惜しんでネットサーフィン……という日本人の新しいライフスタイルが明らかになった。

データを読む

●インターネット利用人口および人口普及率の推移●

年末（平成）	インターネット利用人口（万人）	人口普及率（％）
9	1,155	9.2
10	1,694	13.4
11	2,706	21.4
12	4,708	37.1
13	5,593	44.0
14	6,942	54.5
15	7,730	60.6
16	7,948	62.3

●インターネット利用による生活の変化●（2年前との比較）

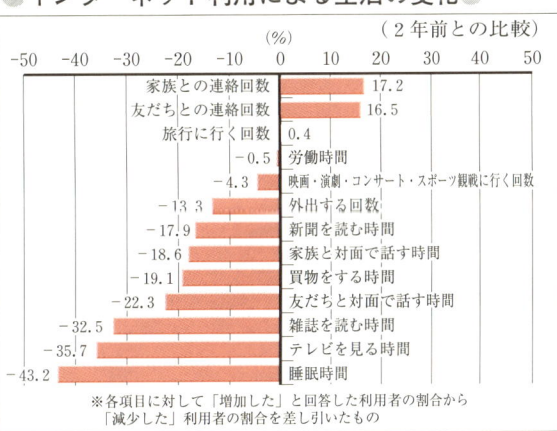

項目	％
家族との連絡回数	17.2
友だちとの連絡回数	16.5
旅行に行く回数	0.4
労働時間	-0.5
映画・演劇・コンサート・スポーツ観戦に行く回数	-4.3
外出する回数	-13.3
新聞を読む時間	-17.9
家族と対面で話す時間	-18.6
買物をする時間	-19.1
友だちと対面で話す時間	-22.3
雑誌を読む時間	-32.5
テレビを見る時間	-35.7
睡眠時間	-43.2

※各項目に対して「増加した」と回答した利用者の割合から「減少した」利用者の割合を差し引いたもの

（総務省HPより作成）

発明大国ニッポン！
世界1位
日本の特許出願件数

KEY WORD

● 特許

● 出願件数

コラム／ビジネスモデル特許

情報技術を活用した新事業方法に与えられる特許。モノや技術の発明ではなく、斬新なアイデアを特許にできる。審査基準としては「ＩＴを使った、専門家でも容易に思いつかないアイデア」としている。たとえばインターネットでの「逆オークション」などが、それに該当する。

「発明したものを真似されないようにする権利」を特許という。特許として登録された発明を、もしほかの人が使う場合、発明した人に「特許料」を支払わなければならない。日本では特許取得の際に、発明の内容を特許庁へ申請し、それが「新しい発明である」と認められると特許を取得できる。しかし、**特許の期限は20年間**。20年間を過ぎた発明に関しては、誰でも無料で真似することができる。これは、優れた発明は皆で共有して、さらなる開発を目指そうとの狙いからである。

主要国の特許出願・登録状況を比較してみると、**2002年度の出願件数は、日本が年間約49万件**。アメリカの約38万件を大きく離して**世界１位**である。登録件数については、日本が約12万件に対して、アメリカは約17万件で、日本は世界２位となった。「技術大国・日本」は、アジア諸国の台頭でその地位を脅かされつつあるとはいえ、まだまだ健在ぶりをアピールした形となった。しかしながら、件数では上回っているものの、ＩＴやバイオといった先端技術分野での特許は、アメリカが圧倒的に強く、日本は太刀打ちできていない。今後は、量だけではなく**質の高い発明・開発**が望まれている。

また、日本国内でも特許を巡る深刻な問題が起きている。会社員の発明により特許を取得した場合、発明した社員の取り分がいくらかといったことで争いが起こっている。中村修二氏の青色発光ダイオードをめぐる訴訟のように、発明者が企業を相手取って訴訟を起こすケースも出ている。

こうしたトラブルを避けるために、2005年４月から施行された**改正特許法**では、会社と従業員は、合理的なプロセスで契約や勤務規則を決め、発明の対価については、会社が受ける利益と発明への会社の貢献度、開発費用などを考慮して決めることとした。しかし、メーカー側は事前に対価額を取り決める方式に改めるよう要求しており、この問題はまだまだ議論を呼びそうである。

データを読む

●主な国の特許出願件数と登録件数（2002年）●

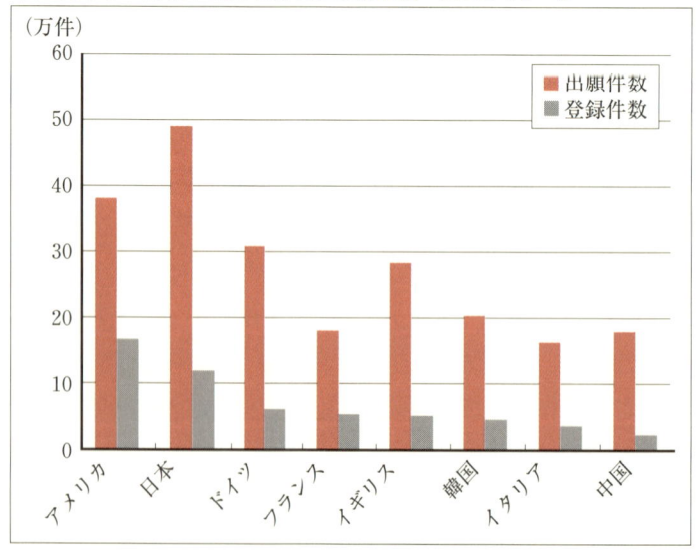

（万件）

国	出願件数	登録件数
アメリカ	38	17
日本	49	12
ドイツ	31	6
フランス	18	5
イギリス	28	5
韓国	20	4
イタリア	16	3
中国	17	2

（『世界国勢図会2005／06』より作成）

注目される水の力

石炭火力の86分の1

水力発電1kWhあたりの二酸化炭素排出量

KEY WORD
- 地球温暖化
- 水力発電

コラム／石油の節約

水力発電所の存在は、結果的に火力発電所をより長く稼動させることにつながるかもしれない。というのも、現状だとあと41年分しか埋蔵量がないといわれる石油だが、水力発電所のおかげで、日本は年間の石油輸入量の9％を節約していることになるからだ。

地球温暖化の最大原因は、増え続ける二酸化炭素量である。火力発電にともなって排出される二酸化炭素の減量が目指されている。

2005年度にクールビズやウォームビズが提唱されたのも、消費電力を減らせば、結果的に二酸化炭素減量につながるとされたからだ。

火力発電に代わるものとして注目されているのが、**水力発電**である。水力発電により排出される二酸化炭素の量は、1kWhあたり11.3g。これは石炭を使う火力発電の975.2g、石油を使う火力発電の742.1gと比べて、劇的に少ない。石炭火力の86分の1、石油火力の66分の1の排出量である。このように、水力発電は二酸化炭素排出の心配がないが、ダム建設による**環境破壊**という問題を抱えている。

そこで注目されることになったのが、**小水力発電**である。第二次大戦前までは日本各地に見られたもので、あるがままの地形を生かして水の力を利用する仕組みである。わかりやすいのが水田の水路に設けられることの多かった**水車で、落下する水の力を使って発電機をまわす仕組み**が小水力発電だ。自然のままの川の堰を使ったり、用水路の水を上流で引いて発電に利用したあと下流に流すという方法が一般的である。

こうした発電システムのうち、出力が1000kWh以下のものが小水力発電と呼ばれているが、すでに日本各地でこの小水力発電を実用化しようという試みがはじまっている。世界遺産に指定された合掌造りのある**岐阜県白川村**では、関西電力のダムが放水する水をもらい水して、その力で発電するという方式の発電所を建設した。まかなえる電力はわずかでも、発電施設が自治体内に設けられれば、電力会社からの電力供給量を減らすことが可能だ。

こうした発電設備の設置可能な場所は多く、300万〜400万kWhの発電が可能になるともいう。これは**原発3〜4基分の発電量にあたる**。設備の建設費が負担になるという自治体には、国庫補助を出すなどの法律ができれば、原発のようなリスクを恐れる必要がなく、火力発電のように大量の二酸化炭素を排出しない、安全でクリーンな発電が可能なのである。

データを読む

● 1kWhあたりの二酸化炭素排出量 ●

	(g)
石炭火力	975.2
石油火力	742.1
原子力	21.7
水力	11.3
太陽光	53.4

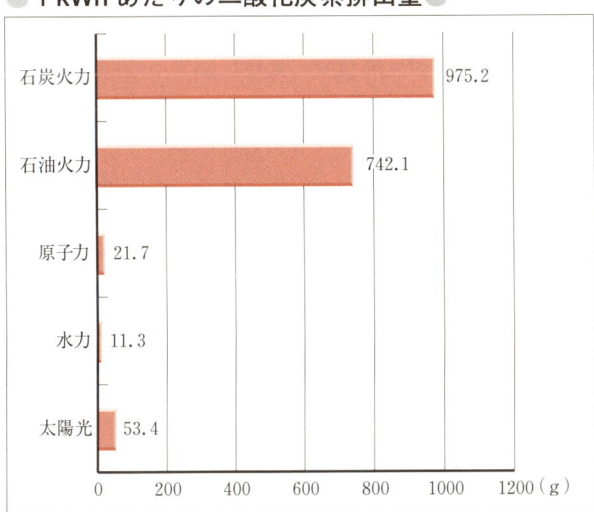

(「朝日新聞」2005年10月30日より作成)

危険もともなうけれど……
世界3位
日本の原子炉保有台数

KEY WORD
- 原子力発電所
- 核
- 平和利用

コラム／原子力の平和利用

第二次大戦後の1953年、アメリカのアイゼンハワー大統領が、原子力の平和利用を呼びかけたのを受けて、56年にイギリスで世界初となる原子力発電所1号基が稼動した。アメリカでの稼動開始は57年だった。近年はインド、中国などアジア諸国でも建設が進み、2003年末で434基が世界で稼動中だ。

人類の長い歴史のなかで、唯一の被爆経験を持つ日本人。そのためだろうか、日本人のなかには原子力と聞くだけでも尻込みしてしまう人がいるかもしれない。「核兵器は持たず、作らず、持ち込ませず」のいわゆる**非核三原則**が存在するわが国では、核の持ち込みに反対し、アメリカの原子力潜水艦の日本寄港に大反対デモが起こったこともある。

しかし、戦後60年を経て、核はいつの間にか日本にとけ込んでいる。原子力発電という形で、平和的に利用されているのだ。**日本にある原子炉の数は53基にのぼり、これはアメリカ、フランスに次ぐ世界第3位の数**になる。

日本の原子力発電所は、1966（昭和41）年に、日本原子力発電株式会社東海発電所の第1号炉が国内初となる商業運転を開始した。以来、次々に建設が進み、ここまでの数になった。これら原子炉から生み出される電力は、2005（平成17）年1月末で約4700万kWhに達し、国内の総発電量の26.7％に達している。

原子力発電のほかには天然ガス、石炭、石油、地熱などを利用する火力発電が国内の総発電量の63.1％を占め、かつて国内の多くの電気供給を担った水力発電は、現在見なおされてはいるものの、10.4％でしかない。

原子力発電の割合が増えたのは、ガスにしろ石油にしろ、日本には発電のためのエネルギー資源が少なく、増え続ける一方の電力消費量を、火力・水力発電だけでは供給しきれなくなったからだ。

しかし、いくら平和利用とはいえ問題がないわけではない。**原子力発電に利用したあとの核燃料の再処理にかかる費用や、使用ずみの放射性廃棄物の処理に関する問題**である。現在までのところ、原子力発電所はあっても、使用ずみ核燃料の再処理はヨーロッパの工場に依頼しているのが実状だ。その運搬にかかる費用は、運搬費のほかに運搬中のテロ防止策費用まで含んで莫大である。青森県六ヶ所村に再処理工場を建設中だが、その費用も巨額にのぼる。それがいつの日か電力料金にはねかえってくることも考えられる。いずれも**エネルギー自給率を高めるための投資**という受け止め方をするしかないようである。

データを読む

●主な国の原子力発電所保有数●

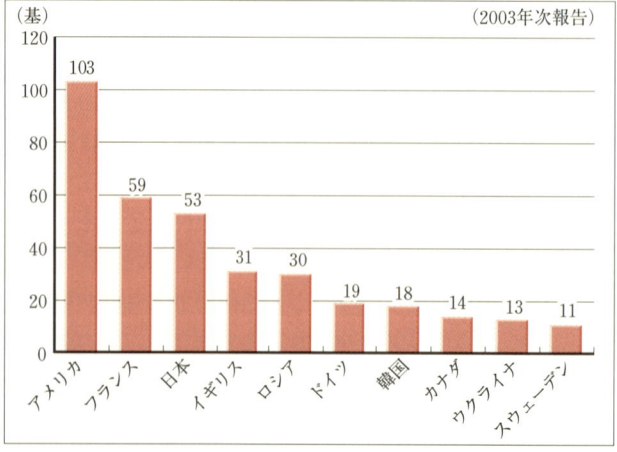

（2003年次報告）

国	基数
アメリカ	103
フランス	59
日本	53
イギリス	31
ロシア	30
ドイツ	19
韓国	18
カナダ	14
ウクライナ	13
スウェーデン	11

（「世界の原子力発電開発の動向」社団法人日本原子力産業会議より作成）

お財布いらず
ふたつ合わせて約2500万枚
便利な電子マネー、スイカとエディの発行枚数

KEY WORD

●電子マネー

コラム／電子マネー

お金と同じに使える電子媒体のこと。おもにインターネット上で流通しているネットワーク型電子マネーと、ICカードのチップに記憶させるカード型電子マネーの2種類がある。セキュリティの問題や、グローバルに使えるかなどの課題はあるが、利用は急速に広がる見込み。

現金を持ち歩かなくても、カードや携帯電話を読み取り機にかざすだけで支払いがすむ「電子マネー」が人気だ。電子マネーとして急速に普及しているのが、JR東日本が発行する「**Suica（スイカ）**」と、ソニーなど11社が出資するビットワレットの「**エディ**」だ。2005年12月現在、電子マネー対応のSuicaの発行枚数は948万枚（電子マネーに対応していない初期の頃のSuicaをあわせると1435万枚）、エディは約1400万枚。ふたつ合わせると、2500万枚近くになる。

Suicaは、カードを改札機にかざすだけでよく、切符をわざわざ買う必要がない。また、JR駅付近の約1200の店では、Suicaを使って支払いができる。エディを使える店は全国で2万件以上。そのなかには、大手コンビニのサークルKサンクスなどがある。**電子マネーは年配者にも人気で、利用者の13%以上が60歳以上**だ。さらなる拡大戦略としては、SuicaはJR東日本管内のイオンの店全店で2007年1月をめどに使えるようにする予定である。

電子マネーとクレジットカードの違いは、**電子マネーはプリペイド式**であること。はじめに希望額をカードに入金しておき、支払いごとに入金額が減っていく仕組みだ。入金額が少なくなったら、専用の入金機で追加入金ができる。使い捨てのプリペイドカードと違い、1枚のカードを何度でも使える。電子マネーを使うと、割引サービスが受けられる、ポイントがたまるなどの特典もあるので、現金払いの魅力と特典がつく、支払いが瞬時に終わるなどのメリットがある。ただし、残高が印字されないカードもあるので、レシートなどで残高の確認をしておくことや、紛失や盗難にあったときは、現金と同じ扱いになるなどのデメリットもある。もっとも、Suicaの場合は、定期券などと一体型であれば、紛失・盗難を届けた時点でカードの利用を止め、同時点での残高分のカードを再発行（要手数料）してくれる。

データを読む

●スイカとエディの発行枚数●

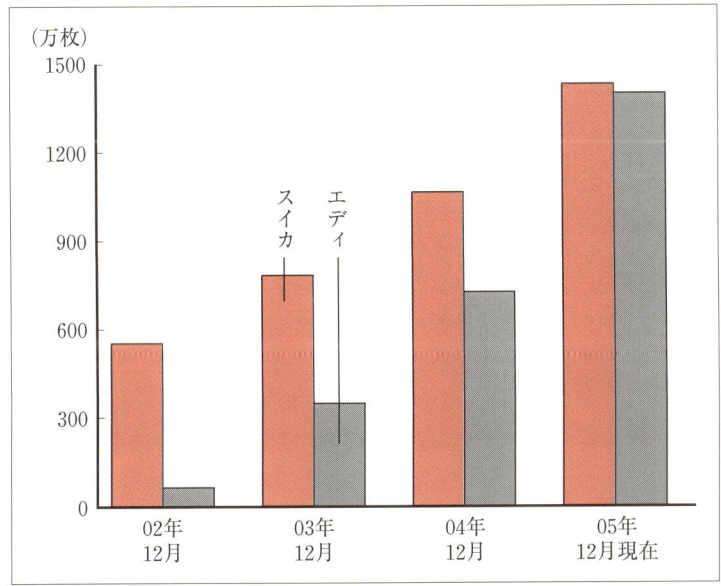

（万枚）

スイカ／エディ

02年12月／03年12月／04年12月／05年12月現在

（「朝日新聞」2005年8月14日、12月14日より作成）

4章　技術の進歩

手軽な自己表現の場
約335万人
自分のブログを開設した人

KEY WORD
- ブログ
- インターネット

コラム／小中校生向けブログ

NTTデータとサンリオは、小・中学生向けにブログ「magnet（マグネット）」を開設し、インターネット上で自己表現や情報発信するブログの楽しさや、社会の出来事、ネチケット（ネット上のエチケット）を学び考える場を提供し、反響を呼んでいる。http://www.magnet.ne.jp/

　個人や数人のグループで運営される日記的なウェブサイト「**ブログ**」の利用者が急増している。総務省によると、国内でサービスがはじまってから1年が経過した2005（平成17）年3月末現在で、ブログを開設した利用者は延べ約335万人、アクティブブログ利用者（ブログ利用者のうち、少なくとも月に1度はブログ更新しているユーザー）は約95万人、ブログ閲覧者数は約1651万人にのぼった。2007年にはそれぞれ約780万人、約300万人、約3500万人に達すると予測されている。

　ブログは、インターネット上の日誌のことで、社会的出来事に関する意見や物事に対する考えなどを、ほかのサイトの著者と議論したりする形式が多く、従来からあるホームページの日記サイトとは区別される。ブログ利用者が急増しているのは、ホームページと違って、パソコンに詳しくなくても簡単に開設、更新できるからだ。HTMLファイルの知識やホームページの作成ソフトの利用方法を知らなくても、簡単に情報を公開するウェブサイトをつくることができる。また、ブログは、書き込まれた情報に対してコメントを投稿して掲載できる掲示板的な機能もある。

　最近では、ブログによる口コミで生の情報が広がり、マスメディアが後追いするという現象が起こっており、**新しいコミュニケーションツールや媒体として注目**されている。

　個人のブログだけでなく、**商品のPR用にブログを開設した企業も増えている**。ホームページを更新するためにかけていたコストがブログの利用で削減できるため、**企業のブログ関連市場の伸びも大きい**。総務省は、2004年度のブログ市場は約6億8000万円、広告、出版、電子商取引などの関連市場を含めると約34億円と推計。2006年度にはそれぞれ約140億6000万円、約1377億円に達し、個人、企業ともに今後も利用者は急増していくと予測している。

データを読む

●ブログの利用者数●

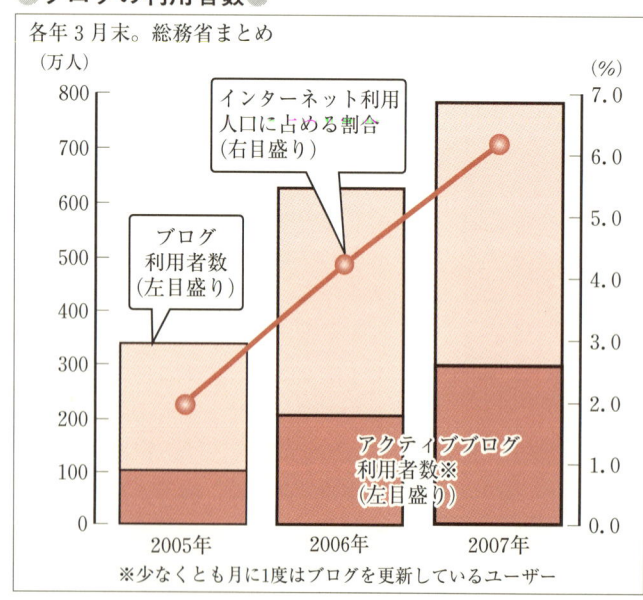

各年3月末。総務省まとめ

（「読売新聞」2005年7月26日より作成）

※少なくとも月に1度はブログを更新しているユーザー

ドイツに抜かれて世界2位

太陽光発電の年間設置量

KEY WORD
- 太陽光発電
- ソーラー大作戦

コラム／ソーラー大作戦

2006（平成18）年度から、太陽光発電設備設置により二酸化炭素削減に努力したとして各家庭に補助金を出す。具体的には、設備は自費。その後3年間、電力使用量をもとに二酸化炭素削減量を算出し、その値に応じて補助金が出る。また、宅地開発時や学校、自治体などへの大規模システムの導入にも補助金が出る。

日本では、「世界一の太陽光先進国」を掲げ、1990年代半ばから、**太陽光発電への取り組みを国の脱石油戦略のひとつとして位置づけてきた**。具体的には、国は太陽光発電システムを設置する家庭に補助金制度を設けて普及を促し、電力会社は太陽光発電による余剰電力に対して優遇価格での買い取り制度を設けた。これらの支援策により、日本は太陽光発電の年間設置量を着実に伸ばし、1995（平成7）年にはアメリカを抜き、**世界1位**の座についた。

しかし**2004（平成16）年にはじめて太陽光発電の年間設置量がドイツに抜かれた**。日本の約27万kWに対して、ドイツは約36万kWと、かなりの差が見られた。これは、同年8月からドイツでは、太陽光発電による電力の買い取り価格を大幅に引き上げたことによる。もともと電力会社が、これらの電力を優遇価格で買い取る制度はあったのだが、**価格引き上げ**の効果は大きい。住宅用だけでなく、サッカー場の屋根や鉱山跡などの広い範囲での太陽光発電設置が一気に進んだ。

反対に、日本では住宅用太陽光発電システムの価格低下などを理由に、補助金の額は年々減り、2005（平成17）年度で打ち切りになった。急速な伸び率を記録したドイツだが、急激な設置に太陽パネルの生産が追いつかないため、2004年末で約113万kWある日本の累積設置量（ドイツは約79万kW）に関しては、すぐには抜かれないのではとみられている。

しかしながら、このままでは太陽光発電世界一の先進国の座が危うくなることに変わりはなく、2006年度からは、**「ソーラー大作戦」**と銘打った、新たな太陽光発電促進のための補助金制度をスタートさせた。前回の補助金制度は設置に関する補助だったが、今回は設置によって二酸化炭素を削減したことに対して補助する形となり、ハード面だけでなく、インセンティブ（動機づけ）をつけるといったソフト面をも期待した制度となっている。

データを読む
● 日本とドイツの太陽光発電年間設置量の推移 ●

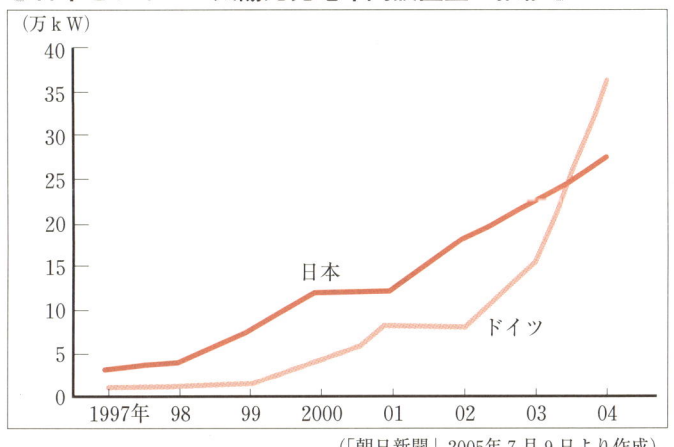

（「朝日新聞」2005年7月9日より作成）

4章 技術の進歩

21世紀の日本を支える！
世界1位
産業用ロボットの使用台数

KEY WORD
- 万博
- ロボット

好評を博した2005（平成17）年の**愛知万博**で、**精巧な人型ロボットたちが会場をにぎわせた。**デパートの受付嬢顔負けのロボットが流暢な言葉で会場を案内すれば、リズムに合わせて踊るロボットが人々を沸かせた。

多くの日本人が知っている漫画、鉄腕アトム。物語の設定上、彼が誕生したとされるのが2003年のことだ。愛知万博に集まったロボットたちは、まさにアトムが現実のものになる日もそう遠くないと思わせるものであった。

もっとも、日本におけるロボットの活躍は最近にはじまったものではない。それが産業用ロボットの存在である。

産業用ロボットとは、JIS（日本工業規格）によれば「**自動制御によるマニプレーション機能又は移動機能を持ち、各種の作業をプログラムによって実行でき、産業に使用される機械**」ということになる。ようするに工場の生産ラインなどに置かれて、種々の作業を人間に代わっておこなう装置だ。ロボットとはいえ、実際に人間の腕のように伸びて作業をするところから、**ロボットアーム**と呼ばれるような装置もある。

世界ではじめて開発された産業用ロボットは、1961年にアメリカのふたつの会社が、「ユニメート」「バーサトラン」という商品名で発表した、プログラム制御型ロボットだ。

日本でも、このアメリカ企業と技術提携して国産機製造がはじまっているが、導入のきっかけは、生産工場の流れ作業という単純さ、あるいは労働環境の劣悪さから労働者を解放するためだった。それが進歩して、検査・保全作業、建築・土木作業から農林・水産業にまで進出、いまでは原子炉の保守・点検や水中作業のような**人間には危険をともなう作業を代行**できるまでになっている。日本は、こうして産業用ロボットに関する特許を、国内ばかりかアメリカ、ヨーロッパでも取得、産業界での導入に力を注いだ。

その結果、いまでは**産業用ロボット使用台数で群を抜いた世界一の座**を占めるまでになった（2003年時で全世界の43.5％）。団塊の世代が定年を迎える2007年問題を抱えて、活躍するロボット台数は、まだまだ増えそうである。

コラム／劇曲から生まれたロボット

ロボットという言葉をはじめて使ったのは、旧チェコスロバキアの劇作家カレル・チャペックだった。『ロボット』という劇曲のなかで人造人間を意味する造語として使っている。語源は「労働」を意味するチェコ語の"robota"だといわれている。

データを読む

●主な国の産業用ロボット使用台数●

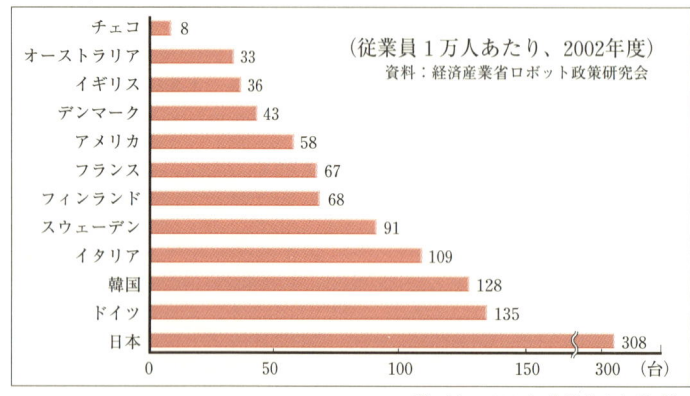

（従業員1万人あたり、2002年度）
資料：経済産業省ロボット政策研究会

国	台数
チェコ	8
オーストラリア	33
イギリス	36
デンマーク	43
アメリカ	58
フランス	67
フィンランド	68
スウェーデン	91
イタリア	109
韓国	128
ドイツ	135
日本	308

（『imidas 2006』集英社より作成）

日本発の世界潮流
4年で3.5倍増
13万台を超えた、日本のハイブリッド車年間保有台数

KEY WORD

- ハイブリッドカー
- 低燃費商品
- 地球温暖化

コラム／電気自動車

ハイブリッド車につづく究極のエコカーといわれているのが、電気自動車だ。水素を燃料とした燃料電池で走るもので、今その価格は数億円にのぼる。法人や官公庁向けなどにリース販売されているのが現状で、一般向けには2010年以降をめどに開発が進んでいる。

トヨタ自動車は1997(平成9)年、世界に先駆けて**ハイブリッドカー・プリウス**を発表した。**低燃費・低排出ガス**をうたった新時代の自動車であったが、当初の評判は芳しいものではなかった。

欧米では、車用化石燃料の枯渇に備えて燃料電池車の開発に力を注いできた。だからガソリンエンジンと、走行形態によって蓄電までできる電気モーターとの併用で効率よく走るというハイブリッドカーは、将来の究極の省エネカー登場までのつなぎでしかないと考えられていたのである。

ところが、車の排気ガスによる地球温暖化が問題になり、排ガス規制は急務となった。また、原油の高騰で低燃費商品への消費者のニーズも高まる。そんな状況下で、ハイブリッドカーはにわかに注目を浴びるようになった。

そのきっかけはハリウッドだった。初代プリウスの欧米発売開始は2000(平成12)年からだが、自動車産業界や専門家からは評価されないなか、低公害車ということに注目した**ハリウッドスター**が、**アカデミー賞授賞式会場に、次々とプリウスで乗りつける**映像が流れ、消費者の知るところとなったのである。

以後、しだいに売り上げを伸ばし、2005年8月までに**北米で13万台、世界では27万台**を売り上げるほどハイブリッドカーは人気を集めた。いまでは欧米での低公害車の主流になっている。

2005年秋までに、ハイブリッドカーの累計販売台数は国内外合わせて51万台を超えた。年間販売台数も右肩上がりで伸びており、トヨタ以外のメーカーも含めた売り上げ台数は2004年度で前年比56.8％増という。

日本国内でのハイブリッド車保有台数は、4年間で3.5倍増である。それでも、ハイブリッドカーは市場の1％未満。メーカー同士の技術供与などで価格が下がれば**100万台市場も望める**ともいわれる。

データを読む

●日本のハイブリッド車保有台数の推移●

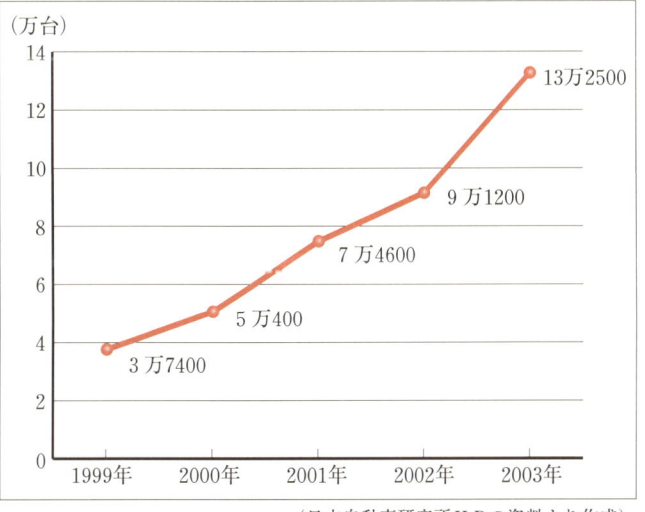

（万台）

- 1999年 3万7400
- 2000年 5万400
- 2001年 7万4600
- 2002年 9万1200
- 2003年 13万2500

（日本自動車研究所HPの資料より作成）

4章　技術の進歩

4年で16倍
約29万件
国民生活センターに寄せられたネット関連の相談件数

KEY WORD
- ネット詐欺
- 架空請求
- 国民生活センター

コラム／ワンクリック詐欺

利用者に、間違って有料サイトに登録してしまったと錯覚させる、もっとも単純なネット詐欺。1回でもクリックした後ろめたさから請求を受け入れる人もいるが、警察庁は「ワンクリックでの契約成立はない」と明言している。

パソコンが一家に1台ともいえる時代になって、多くの人がインターネットを楽しむような時代を迎えている。それにつれて増えてきたのが、**ネット関連のトラブル**だ。

2004（平成16）年、国民生活センターに寄せられたネット関連の相談件数28万6800件という数字が、それを如実に示している。前年12万4900件からの、倍以上の増加である。2000（平成12）年には約1万7800件だったことと比べると、4年で16倍にもなっている。

なかでもいちばん多いのが、**架空請求被害**である。身に覚えのないサイトからの請求なら無視もできるが、**最近は手口が巧妙化**して、なかば**強引に利用したという事実をつくらせる手法が蔓延**しているようだ。

たとえば、無料と表示しておきながら、クリックを繰り返しているうち、なんの前触れもなく突然「無料のレベルを超えました」という表示が出て、法外な料金請求画面が表示されるようなサイトが存在するとの話もある。

一方で、検索中に興味を引かれたタイトルがあったので、ちょっとクリックしたら、それだけでアダルトサイトの会員登録したことにされてしまうというような古典的な方法も、まだまだ健在である。

不安になって相手に問い合わせメールでも送ろうものなら、よけいな個人情報を相手に与える結果を招きかねない。**ワンクリックによる請求、錯誤を利用しての誘い込みなどは無視するのがいちばんいい**、というのが国民生活センターの原則的なアドバイスだ。給料を差し押さえるというような脅し文句も、実行された例はこれまでになく、**個人情報さえ与えなければ心配無用**と相談者には応じるそうだ。

ネットオークションを利用しての詐欺も増加中である。評判のいい出品者になりすまして、品物の代金だけをとり、品物は発送しないというケースも少なくない。ネットトラブルに対する法整備が立ち遅れているだけに、ネットオークションの利用にはそれなりの心構えが求められる。

データを読む

●国民生活センターに寄せられたネット関連の相談件数

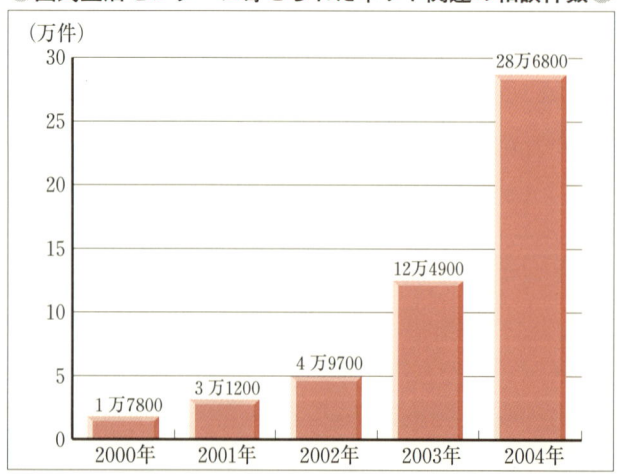

（万件）
- 2000年: 1万7800
- 2001年: 3万1200
- 2002年: 4万9700
- 2003年: 12万4900
- 2004年: 28万6800

（「朝日新聞」2005年8月6日より作成）

新聞離れは進んでいるけれど……

2人に1部以上

国民1人あたりの新聞発行数

KEY WORD
- 新聞離れ
- インターネット

インターネットが登場したとき、やがて新聞は消えていく運命にあるといわれた。ネットでニュースを検索すれば、前日までの出来事しか載っていない新聞より速報性は高い。インターネット登場以前、テレビやラジオなどと新聞を比べるときは、新聞の記録・保存性で対抗できたが、インターネットに対しては必要に応じてプリントアウトできる特性により、それが大きな利点とはなりえない。おまけに手に入る情報量は、紙面が限られた新聞よりネットのほうが豊富だ。

こうした懸念がささやかれるなか、「日本経済新聞年鑑」によると、2000年の新聞発行部数は7190万部であった。4年連続で前年割れの部数であり、新聞が読まれなくなっていることを証明している。それでも、この数字は世界一の発行部数に値し、**日本人2人あたり1部以上**が読まれた計算になる。この順位は外国の人口1000人あたりの発行部数で比較しても変わらない。

これだけの部数をもたらしたのは、全国紙という日本全国の記事を網羅する**大新聞の存在**と、宅配という日本独特の**新聞配達システム**である。アメリカやイギリスでは地方都市ごとに新聞が作られたり、専門紙に分かれていたり、加えて、スタンドでの立ち売りが基本だから、家庭に居ながらにして手にできる日本で、部数が伸びたのは、その利便性のたまものともいえる。

しかし、そんな日本の新聞も、その存在意義は確実に薄れつつある。2001（平成13）年に朝日新聞がおこなった国民意識調査の結果から、情報入手の媒体として各メディアの接触時間を比較すると、1位の座はテレビに占められておりニュースもテレビで知るという人の割合が増えているのだ。現在は2位の座を死守している新聞だが、いずれその座も現在3位のインターネットに奪われそうな感もある。とくに若者の間でその傾向が強いため、**今後も新聞離れは加速**しそうだ。

これからは、新聞の果たす社会的役割を読者に再確認させることと、いかにして若年層に新聞購読の習慣を持たせるかが新聞業界の命題となりそうである。

コラム／アメリカでも進む新聞離れ

2005年の4月から9月までの半年間の平均で、アメリカの主要紙の発行部数は1日あたり4515万3000部だった。これは米国新聞協会（NAA）がまとめたもので、前年比の2.6％減に相当する。やはりテレビやインターネットに押されての部数減だと発表されている。

データを読む

主な国の人口1000人あたりの新聞発行部数（部）（数字は直近の報告に基づく）
- 中国：86.3
- フランス：160.3
- ドイツ：313.0
- イタリア：154.4
- 日本：644.2
- イギリス：351.7
- アメリカ：232.5

媒体別1週間の平均接触日数（日）（2003年）
- 新聞（朝刊）：5.7
- テレビ：6.7
- ラジオ：2.5
- 雑誌：1.4
- インターネット：3

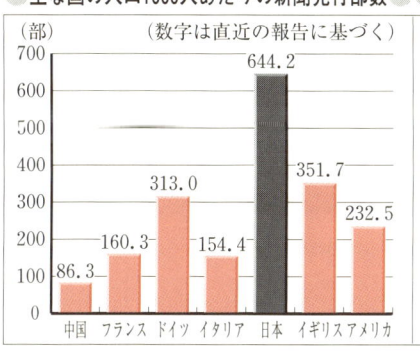

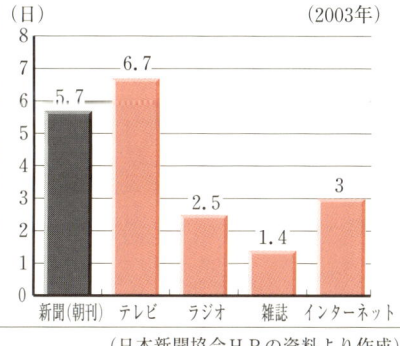

（日本新聞協会HPの資料より作成）

4章　技術の進歩

第4部　国際

1章　国際化の波……164

2章　国際比較……174

3章　国家と国際社会……191

4章　人類の課題……205

角界でも進む国際化
幕内42人のうち12人
国技存続の危機？躍進する外国人力士

KEY WORD
- 国際化
- 外国人力士

大相撲は日本でもっとも歴史の古いスポーツであり、国技となっている。しかし、その相撲を支えているのは外国人力士で日本人ではない。ここ数年の大相撲の横綱も賜杯レースも、**主役は外国人力士**たちばかりだ。

相撲協会によると、2005（平成17）年現在、力士の総数は735人。このうち、外国出身力士は12か国から59人である。1998（平成10）年には15人であったから、2005年の59人という数は約4倍になる。幕内力士では、総数42人のうち外国出身力士が12人にもなり、実に28.6％を占めている。十両以下には、さらに47人の力士がいる。外国人力士が幕内に占める割合は1965年秋場所は0％（40人中0人）であったが、75年秋には2.8％（36人中1人）、95年秋には7.5％（40人中3人）、2000年秋には12.5％（40人中5人）と確実に増加している。

もっとも多い出身国は朝青龍を筆頭に35人を抱える**モンゴル**で、次に続くのが**欧州圏**。琴欧州のブルガリア、白露、露鵬などがいるロシア、グルジア、エストニア、ハンガリー、チェコの6か国で10人におよぶ。小錦、曙、武蔵丸らハワイ出身力士が活躍した時代から、モンゴル勢全盛の時代に変わり、さらに欧州出身力士に相撲界は席巻されている。

欧州圏の力士が増えたのは、琴欧州をはじめ、大半がレスリング出身者で、レスリング仕込みの足腰の強さが相撲でも生かされるからだという。実際には、欧州ではレスリング選手をプロとして育てる土壌がないので、日本の相撲界で勝てれば稼げるという魅力がある。また、レスリングには階級によって重量制限があるため、**減量ができない選手が相撲への転進**をはかるという。彼ら外国人力士の活躍はめざましく、日本人力士が**横綱になる確率は308分の1**という狭き門だが、**外国出身者は52分の1**で、日本人力士の6倍に相当する。

こうした外国人力士の活躍は、国技継承と相撲界の維持発展にマイナスだという意見と、**角界の国際化を歓迎する声**の両者がある。

コラム／外国人力士の出世率

相撲協会によると、日本人力士が大関に昇進する出世率は、日本人が141分の1なのに対し、外国人が39分の1で日本人の3.7倍。三役・幕内・十両で見ても外国人が2.5倍ほどの高い確率を示している。

データを読む

●過去10年間の外国出身力士数と幕内の外国出身力士数の推移●

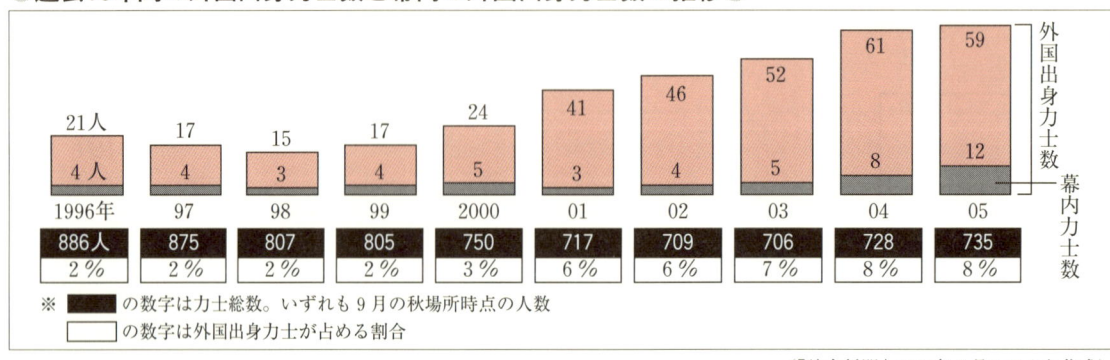

年	1996年	97	98	99	2000	01	02	03	04	05
外国出身力士数	21人	17	15	17	24	41	46	52	61	59
幕内力士数	4人	4	3	4	5	3	4	5	8	12
力士総数	886人	875	807	805	750	717	709	706	728	735
外国出身力士が占める割合	2％	2％	2％	2％	3％	6％	6％	7％	8％	8％

※ ■の数字は力士総数。いずれも9月の秋場所時点の人数
　□の数字は外国出身力士が占める割合

（「読売新聞」2005年9月25日より作成）

外国に渡航する日本人は多いが……
745万1000人
日本を訪れる外国人は日本人の海外渡航者の半分以下

KEY WORD
- 海外旅行
- 観光立国

毎年、大型連休の時期になると、決まってニュースで取り上げられるのが、**海外旅行のために成田空港に集う人々の姿**である。法務省入国管理局の統計によると、日本人の海外渡航者は、2005（平成17）年で1740万4000人だった。この人数が多いのか少ないのか、国別の出国者数を調べたデータを国際比較できる2002（平成14）年で見ると、**日本人の海外旅行者数**は1652万人で**世界13位**である。世界有数の海外渡航者の国であることは間違いない。

一方、**日本へ入国する外国人は2005年で745万1000人**となっており、海外へ出国する日本人と比べると、その半数にも満たない。

入国者の国籍別では1位韓国、2位中国（台湾）、3位アメリカ、4位中国、以下フィリピン、中国（香港）となっていて、**アジア諸国とアメリカが多い。とくに韓国**は新規入国者が過去最高であった2003（平成15）年を上回り、対前年比で9.7％も増えた。一方、インドネシアは2003年までは増加傾向にあったが、2004年は2.9％の減少となった。在留資格としてもっとも多いのが、観光、商用、親族訪問などが目的の短期滞在で、新規入国者の93.2％を占めている。2位は興行だが、前年比では微増程度である。以下、研修、定住者、日本人の配偶者等、留学、就学などとなっている。

日本は自国を**観光立国**として世界にPRしようと、**官民一体となった訪日販促キャンペーン「ビジット・ジャパン・キャンペーン（VJC）」**を2003年度から実施している。そのなかで、日本を訪れる外国人旅行者を2010年までに倍増させ、1000万人に押し上げたいとの目標を掲げている。とくに、経済成長の著しい中国を大マーケットとして注目している。また、2004年7月より週休2日制が導入された韓国には、週末を利用した近距離海外旅行地としての売り込みをおこなっている。こうした**アジア地域の海外旅行ブーム**には欧州諸国も目をつけており、そのなかで日本をどううまくアピールするかが課題となっている。

コラム／不法滞在の外国人数

2005年1月1日現在の不法残留者数は20万7299人。前年比1万2119人の減少だった。ピーク時の1993年比では9万1347人の減少である。国籍では1位韓国、2位中国、3位フィリピンで、不法滞在となったときの在留資格別では短期滞在、続いて興行だった。1993年以降減り続ける不法滞在者だが、訪問者が増加すれば不法滞在者数が増加に転じるのではないかと懸念されている。

データを読む

● 訪日外国人旅行者数及び日本人海外旅行者数の推移 ●

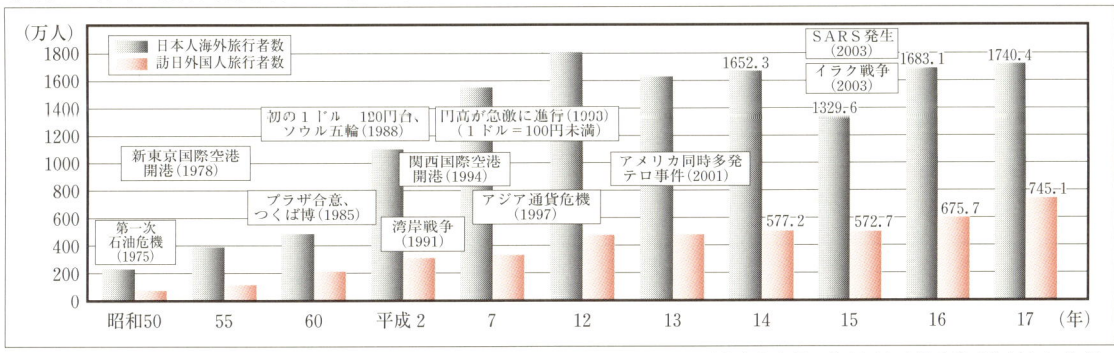

（法務省資料に基く国土交通省作成資料より作成）

1章　国際化の波

国際貢献の大きな柱

世界2位

アメリカに次いで多い日本のODA出資額

KEY WORD
- ODA
- アフリカ

コラム／ODAとは？

ODAとは、Official Development Assistanceの頭文字をとった略語。開発途上国に対しての直接援助である「二国間援助」と、国際機関を通じての「多国籍援助」の2種類がある。

日本が、開発途上国援助のための国際機関のひとつ「コロンボ・プラン」への加盟を閣議決定したのは1954（昭和29）年。これが日本の**政府開発援助（ODA）の実質的なスタート**である。同時に、日本が戦後の混迷期から立ち直り、援助する立場の先進国に仲間入りしたことを証明するものだった。

ODA額は日本の発展と歩調をそろえるように増え続け、**1991（平成3）年から2000（平成12）年までの10年間は、世界一のODA出資国**だった。財政が厳しくなった国内経済の影響でその座をアメリカに譲ったとはいえ、2004（平成16）年も**約89億ドル**を拠出して2位である。

日本のODA対象国は、アジア諸国をはじめ中南米、中東、欧州など広範囲にわたるが、**もっとも大きな援助対象はアフリカ**の55に及ぶ国や地域だった。それは、アフリカに**貧困・飢餓・感染症・紛争**といった問題が山積している地域が多いためだ。日本のアフリカに対するODA出資額は1995（平成7）年には13億3100万ドルにまで達して、フランスに次ぐアフリカ援助国となっていた。とはいえ、それもしだいに減っており、2003（平成15）年の実績では5億2900万ドルと**最多期の4割**にまで落ちてしまった。

途上国への援助には、資金援助してその返済を求めない無償援助、低金利で貸し付ける有償援助の円借款のほかに、技術指導などにあたる技術協力があるが、日本はアフリカに対しては民間投資を促して円借款は増額しない方針だったのである。

ところが、2005（平成17）年の主要国首脳会議で、**小泉首相は2010年までにアフリカ向けODAの増額**を約束した。国連常任理事国入りのためにアフリカ諸国の票が必要、あるいはエネルギー権益の確保のためという思惑の存在がささやかれているものの、2004（平成16）年の出資額と比べ倍増となる額である。出資額の総額が減っているなか、アフリカに対する出資を増やすという日本に対し、ほかの途上国から不満の声が上がるのではないかとの見方もある。

データを読む

●主要国のODAの推移●

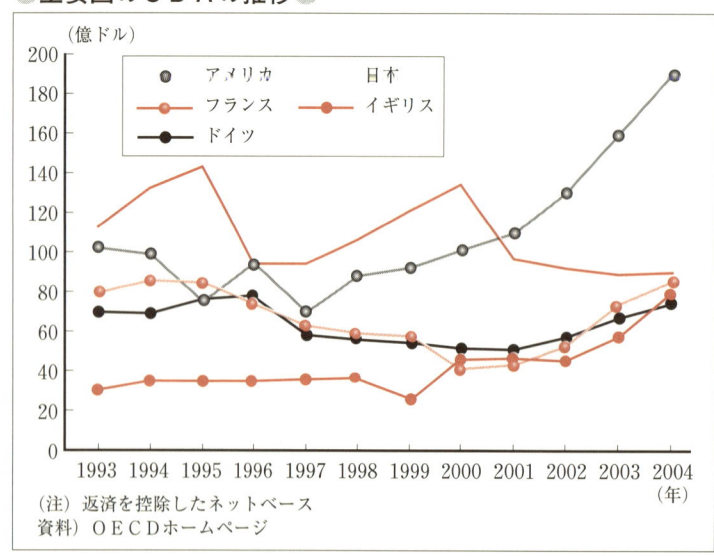

（億ドル）／アメリカ／日本／フランス／イギリス／ドイツ／1993〜2004年

（注）返済を控除したネットベース
資料）OECDホームページ

（『2006年日本はこうなる』講談社より作成）

新たな世界へ
20年で5倍増
年間3万件を超えた国際結婚数

KEY WORD
- 国際結婚
- 国際交流

コラム／海外送金がもたらす弊害

発展途上国が外貨を獲得する手段のひとつに送金がある。国際結婚や出稼ぎなどで海外に在住するようになった自国民が、海外で得た金銭を本国に送ることだ。フィリピンの場合、国内総生産の1割を海外からの送金が占めているが、この送金を将来のための投資資金とせず、衣食住費などに費やしてしまい、相変わらず送金に頼らなければならない構図から抜け出せないとの指摘がある。

　国際交流は、学術や芸術、スポーツといった文化面だけでなく、個々の交流においてもしっかり根づきつつある。なにより**国際結婚数の増加**が、それを示している。

　1970（昭和45）年の5000件あまりから、1980（昭和55）年までの10年をかけて、2000件ほどしか増えなかった国際結婚が、その後の20年で急増し、5倍増になったのだ。厚生労働省の人口動態統計では、2003（平成15）年に結婚した夫婦のどちらかが日本国籍でない国際カップルの総数は、3万6039組ということがわかった。過去最高だった2001（平成13）年の数字にはかなわなかったが、引き続き増加傾向にある。

　相手の国籍別に見ると、**日本人の妻に対する夫は韓国・朝鮮籍**がもっとも**多く**、アメリカが続く。**外国人の妻は中国籍が1位、フィリピン籍が2位で**ある。

　国際交流が深まるなか、外国人と接する機会が増えたことが国際結婚増加に拍車をかけたことは間違いないが、別の事情もこのデータからはうかがえる。日本の**農家の後継者**が、**嫁不足解消**のために中国やフィリピンから花嫁を迎えるというケースが見られることだ。

　男女とも納得しての国際結婚ではあっても、各人が持つ風習の違いなどは大きく、双方の努力が求められるのも国際結婚の実情である。同じ日本人同士でさえ、結婚後にはじめてわかる家風の違いというのがあるのだから、お国柄の違いというのは、推して知るべしである。

　また、結婚の形態も多様化し、未入籍のまま子どもが生まれた場合、**子どもの国籍問題**が生じるケースもある。日本国内の**法整備**も、国際化時代に合わせたものが望まれている。

データを読む

●国際結婚件数の推移●

（件）
- 1970年　5546
- 1975年　6045
- 1980年　7261
- 1985年　12181
- 1990年　26626
- 1995年　27727
- 2000年　36263
- 2001年　39727
- 2002年　35879
- 2003年　36039

（厚生労働省の資料より作成）

1章　国際化の波

高まる反日感情
約8割
日本政府の歴史認識に異を唱える中国の大学生

KEY WORD
- 日中関係
- 歴史認識問題

コラム／靖国神社とは？

明治維新の戊辰戦争で命を落とした新政府軍の軍人の魂を祀ったのが起源の靖国神社。のちに日清・日露戦争での軍人・兵士や第二次世界大戦に徴兵された民間人までが祀られることになった。のちにA級戦犯として罰せられた軍人も合祀され、そのことが現在の参拝問題を生む原因となっている。

古代における倭の奴国王の朝貢にはじまり、唐の都を模した平安京の造成、平清盛が試みた日宋貿易など、日本と中国は長い交流の歴史を積み重ねてきた。そのような過去の友好の歴史が、21世紀に入ってゆらいでいる。

中国の学生に日本を紹介する教材を贈る活動を続けている東京在住の夫妻は、日本語を学ぶ中国の大学生の対日意識調査をおこなっている。その結果に少しずつだが変化があらわれてきているという。

調査結果をまとめた『中国の大学生2万7187人の対日意識』(大森弘子・日本僑報社刊)によると、はじめての調査がおこなわれた1999 (平成11) 年には、「日本に親しみを感じる」という学生が、「どちらかといえば感じる」と合わせて**60%**いた。それが3回目の2005 (平成17) 年には**48.6%**に減ったのである。

逆に「親しみを感じない」「どちらかといえば感じない」を合わせた数値は、**27.5%**から**38.8%**に増えた。

意識調査の質問は、ほかにも、日本と中国の相互理解はできているか、10年後の**日中関係**はどうなっていると思うか、日本政府にいいたいことはあるかなどの項目があったが、その回答のどこかで、**中国人学生の約8割が「歴史認識」**についてふれたという。

さらに「靖国神社参拝」問題に言及した学生が、第2回調査では9.7%だったものが、**第3回では40.2%**と急増している点が特筆される。おそらく小泉政権になってからの、首相や与党幹部の言動が大きく影響したもののようである。

とはいえ、第3回の調査ではじめて出された質問、「日本人に親しみを感じますか？」に対する回答の数値は、けっして低くはないのである。「日本人に親しみを感じる、どちらかといえば感じる」を合計した数字は**60.7%**を示し、日本そのものに対する感情より12.1ポイントも高い。日本語を学んでいるという条件を考えると、必ずしも中国人一般の考えを代弁しているとはいえないが、中国人の日本に対する悪感情は多分に日本政府の動向に左右されているといえるかもしれない。

データを読む

●「日本」に親しみを感じますか？●

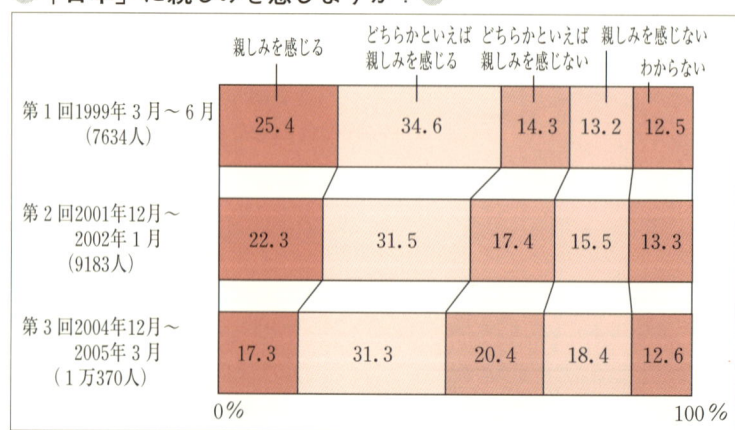

	親しみを感じる	どちらかといえば親しみを感じる	どちらかといえば親しみを感じない	親しみを感じない	わからない
第1回 1999年3月～6月 (7634人)	25.4	34.6	14.3	13.2	12.5
第2回 2001年12月～2002年1月 (9183人)	22.3	31.5	17.4	15.5	13.3
第3回 2004年12月～2005年3月 (1万370人)	17.3	31.3	20.4	18.4	12.6

(『中国の大学生2万7187人の対日意識』日本僑報社より作成)

期待される人的貢献

望ましい数の3分の1

国連事務局で働く日本の職員の数

KEY WORD
- 国連職員
- 採用

コラム／著名な日本人国連職員

幹部職員経験者としてよく知られている日本人に、緒方貞子国連難民高等弁務官や明石康ユーゴスラビア問題担当国連事務総長特別代理などがいる。ほかにも中島宏WHO事務局長、赤谷源一国連広報局担当事務次長らがいる。

　国際連合の事務局では加盟各国出身の約8700人が通常の予算での職務を、約5700人が特別プロジェクトや特別資金供与のもとでのプログラムで職務を遂行している。国連システム全体では、6万4700人が雇用されている。職員の国籍は160か国にもなり、当然日本人職員もいる。専門職以上の職員で、2004年度の日本人職員数は110人だが、これは**国連が求めている日本人スタッフ数の約3分の1**にしかあたらない。日本人が少ない原因は、**単純に語学力不足**のためだと思われる。

　事務局の職員数は、加盟国の全体的な構成を反映した数が望まれている。世界中のさまざまな政治形態、社会・文化体系に対応して、全加盟国からの信頼を得られなければならないからだ。

　そのような観点から、分担率、人口などを基礎にして、事務局が職員採用ガイドラインに算定した望ましい日本人スタッフ数は、**約250〜350人**となっている。

　職員の採用は不定期で、職種により空席があったときに公募される。空席とは、辞任、他の国際機関への転出、任期つき職種の任期満了、新しいポストの創設などである。

　ただ日本は望ましい職員数に大幅に満たないため、若い職員採用を目的に、たびたび採用試験がおこなわれている。**国連職員採用競争試験**という名の試験で、個人の能力、専門分野に応じて試験のランクが決められるが、**受験資格は学士以上**である。ただ、かなり難しいこの試験に**合格するのは、ほとんどが修士号保持者**という。また、職務経験者は専門家集団の国連から歓迎される傾向が強い。

　非常に難関である国連への就職だが、大学院生を対象とした**インターシップに参加すると採用に有利**であるという話もある。

データを読む

●国連事務局に勤務する日本人職員数●

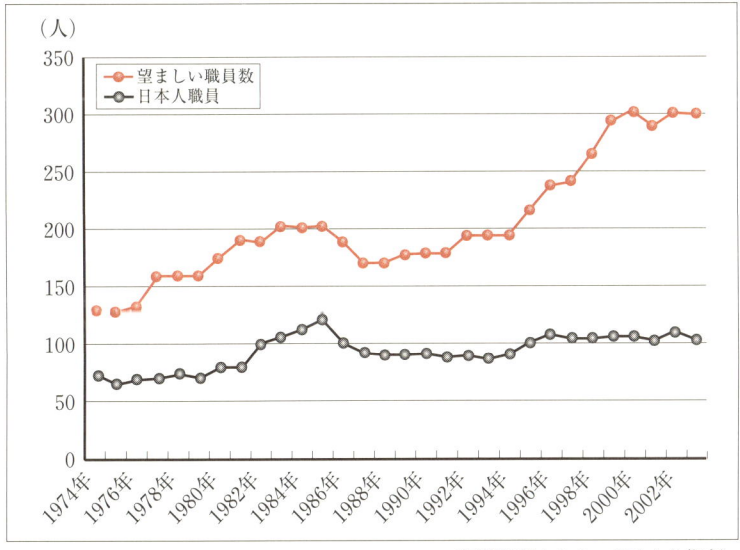

（国連広報センターHPより作成）

1章　国際化の波　169

日本語も立派な国際語
127の国・地域で236万人
30年で20倍になった、海外で日本語を学ぶ人の数

KEY WORD
- 国際語
- 日本語学習者

コラム／人口に対する日本語学習者数の割合

日本語を学んでいる人が、その国や地域の人口全体に占める割合がどのくらいかを見ていくと、オーストラリアで52人に1人、韓国で53人に1人である。中国は学習者は多くても母体となる総人口が多いため、3400人に1人でしかない。ちなみに、オーストラリアでは、今後世界のコミュニケーションで必要になると思われる言語として、日本語が2位の座にある。

　国際連合の内部で公用語とされているのは、常任理事国の言語である**英語、フランス語、ロシア語、中国語**の4言語と、それに加えて世界で広く使われている**スペイン語、アラビア語**の計6言語である。これらは**国際語**といえるだろう。残念ながら日本語はこのなかに入っていない。

　しかし、日本語もある意味で国際語となりつつあることをうかがわせるデータがある。

　国際交流基金が2003（平成15）年に海外日本語教育機関を対象として、日本語を学んでいる人の数を調査したところ、意外な数字が浮かび上がったのである。

　海外に開かれた日本語教育機関の数は、120の国と7つの地域に1万2222か所、ここで**日本語に取り組んでいる人の数は235万6700人**だった。これだけの数の生徒を3万3100人の日本語教師が教えている。

　国際交流基金がこれまでにおこなった同種の調査から計算すると、過去30年足らずの間に**機関数は10.7倍、学習者数は18.5倍、教師数は8.1倍**に増えている。

　機関数、学習者数とも**東アジア**がもっとも多く、アジアにおける日本の存在の大きさがうかがえる。国別に見ると韓国での日本語学習者が第1位で、約90万人が学んでいる。2位が中国で約38.8万人、3位のオーストラリアが僅差で約38.2万人と続く。アメリカ、ヨーロッパでもかなりの人が日本語を学習している。

　日本語学習の動機は、**日本との経済関係**が基本にあって、それが動機とも密接に結びついている。一方、マンガ、アニメ、映画といった**文化面**からの興味で取り組んだという例も少なくない。

　これからの経済交流などで、さらに生徒の増減を生む国や地域も出そうだが、外国人の学習意欲に応えられる**教材の開発**、高水準の**日本語教師の派遣**などの対応が迫られている。

データを読む
●海外の日本語学習者数の推移●

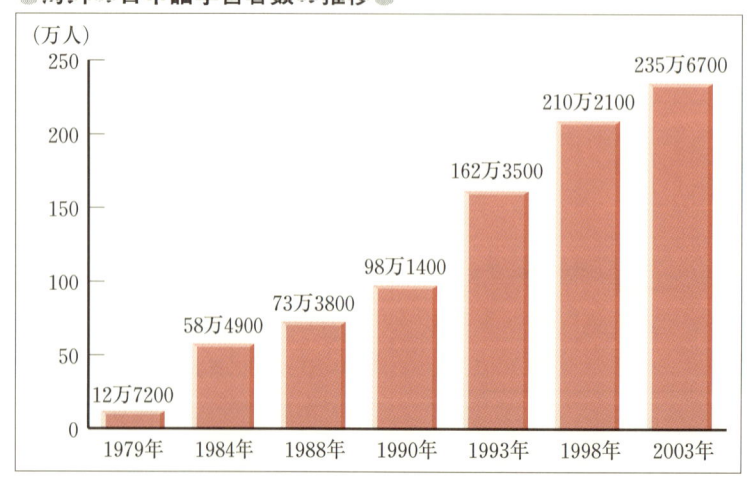

年	学習者数
1979年	12万7200
1984年	58万4900
1988年	73万3800
1990年	98万1400
1993年	162万3500
1998年	210万2100
2003年	235万6700

（国際交流基金HPより作成）

労働力としても必要に

20年で2倍増

日本における外国人登録者数

KEY WORD
- 外国人登録者数
- 労働力不足
- 外国人労働者

日本に在住する外国人の数は確実に増え続けている。2003（平成15）年末、日本在住の**外国人登録者数**は約192万人を記録し、前年に続いて過去最高記録を更新した。

1980（昭和55）年に約78万人だったのが、**20年を経る間に倍以上になった**のである。

それでも、**全人口に占める割合は1.5％**にしかならず、欧米諸国の総人口に対する外国人の割合と比べると、その差は歴然である。ＯＥＣＤ（経済協力開発機構）調べによると、2001年の各国の全人口に占める外国人数は、ドイツが8.9％、フランスが5.6％（フランスは1999年調査）、イギリスが4.4％、アメリカが11.1％となっている。これらと比べると、日本がいかに低い割合であるかがわかるだろう。

20年間に増えた外国人登録者は、永住者74万人とその配偶者・家族のほか就学・留学・研修といった学術面での国際化の波を受けての人を除くと、17万人が純粋に就労目的での来日である。これは全外国人登録者のうちの9％に過ぎないものの、1995（平成7）年からの10年足らずで、やはり倍増している。

今後も、就労目的での来日外国人数は増加が見込まれている。**少子化**が進む日本では、**いずれ労働力不足の時代が訪れる**。それを見越して、外国人労働者を受け入れる仕組みを整備すべきだという議論がおこなわれているからだ。すでに専門的・技術的分野では**外国人労働者を積極的に受け入れる方針**は決まっている。

高齢化社会を迎え、**外国人看護師・介護福祉士**などの受け入れも検討されており、現状では単純作業につく割合が多い外国人労働者のあり方に変化が出そうである。

コラム／在日外国人の国別比較

現在の日本での登録外国人国籍は、186か国と国際色に富んでいる。アジアが74％、南米が18％、欧・米が各3％といったところだ。アジアはフィリピン、中国からの来日が増加していて、南米はブラジル、ペルー国籍の人が多い。

データを読む

●日本における外国人登録者数（1980～2003年）

（『統計でみる日本　2005』財団法人日本統計協会より作成）

●主な国の人口に占める外国人人口の比率

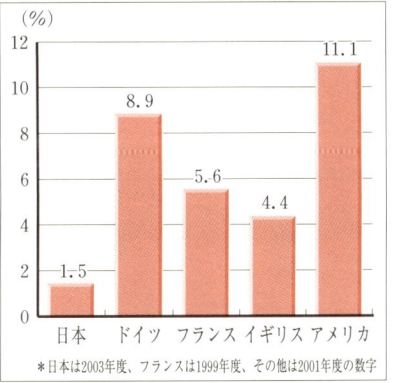

国	％
日本	1.5
ドイツ	8.9
フランス	5.6
イギリス	4.4
アメリカ	11.1

＊日本は2003年度、フランスは1999年度、その他は2001年度の数字

（厚労省ＨＰの資料より作成）

1章　国際化の波

教育界にも"韓流"ブーム？

2位

高校の外国語科目、韓国・朝鮮語の開設が増加

KEY WORD
- 外国語
- 韓国・朝鮮語

文部科学省がまとめた「高校での国際交流状況調査」によると、高校（中等教育学校の後期課程を含む）に開設された英語以外の**外国語科目**では、**トップが中国語、次いで韓国・朝鮮語、3位にフランス語**となった。2年前の調査では、2位はフランス語で、今回はじめて韓国・朝鮮語が2位を獲得した。英語以外の外国語を開設している高校は、2005（平成17）年5月1日現在で公立、私立を合わせて748校。うち、中国語が553校、韓国・朝鮮語が286校、フランス語が248校だった。（複数言語を開設している高校もある）

同省国際教育課によると、韓国・朝鮮語の開設が増加した原因としては"近隣諸国の言葉を学ぼうという流れが出てきたため"という。その背景には、2002（平成14）年の**サッカーワールドカップ日韓共同開催**や**韓流ブーム**による韓国映画・ドラマ・ポップスなどのヒットがあげられる。これらのイベントや文化交流を通して、日本の若者にとって韓国が身近な存在になってきた。

ただし、実際の履修者数で比べてみると、トップは中国の2万2161人だが、フランス語と韓国・朝鮮語の順位は入れ代わり、2位はフランス語で9427人、3位に韓国・朝鮮語で8891人と続く。これを生徒1000人に対する履修者の割合にしてみると、中国語で5人、フランス語で2.1人、韓国・朝鮮語で1.7人となり、まだまだフランス語の勢いは強いといえる。授業内容では、「韓国に旅していることを想定しての会話の練習」「韓国のアニメや歌を教材にする」「韓国料理の調理実習をする」「韓国独自の楽器や舞踊を学習する」など、**たんなる言語の学習ではなく、韓国の文化を学べるような工夫**がなされている。また、英語以外の外国語履修率は公立よりも私立のほうが高いが、韓国・朝鮮語の履修率に関していえば、公立、私立の差がほとんどないのが特徴だ。

コラム／"韓流ブーム"とその経済効果

韓国ドラマの人気が火付け役となった2004（平成16）年の"韓流ブーム"。この年韓国への経済効果は1兆4339億ウォンにも上った。日本円にすると1500億円の効果で、これは韓国の国内総生産（GDP）を0.18％押し上げるほどの規模。おもな経済効果アイテムとしては映画・放送プログラム、関連商品の売り上げ、観光などがある。

データを読む

●高校の外国語別の開設学校数の推移●

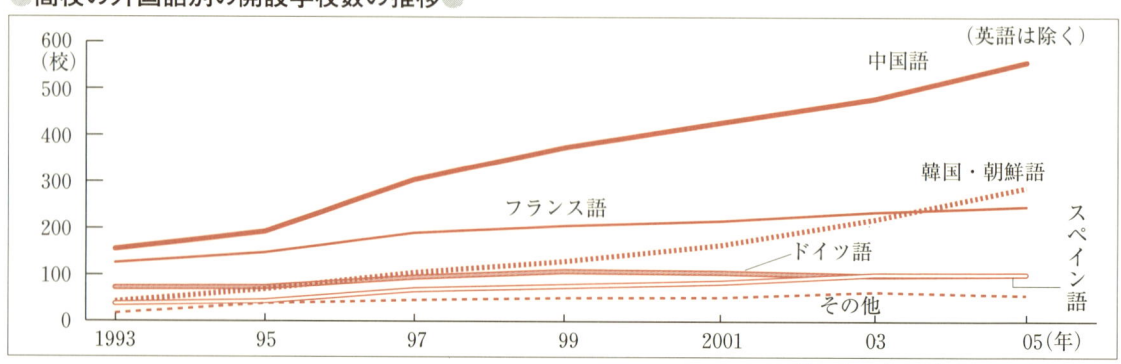

（英語は除く）

中国語、フランス語、韓国・朝鮮語、ドイツ語、スペイン語、その他（1993年～2005年）

（「毎日新聞」2005年10月26日より作成）

過去最高を記録
約3000人

入国管理局に送致される、余罪ない不法滞在の外国人

KEY WORD
- 不法就労外国人
- 入管難民法65条

　国際化の進展にともない、**不法就労外国人**が急増し、これらの不法滞在者が、大きな社会問題になっている。

　2000（平成12）年、日本政府は、**第二次出入国管理基本計画**を策定し、社会の安全と秩序を維持しながら、人権尊重の理念のもとで、日本人と外国人が心地よく共生する社会の実現を目指してきた。しかし、依然として不法滞在者の数は減らず、2005（平成17）年1月には**20万人を超えた**。

　そこで警察庁は、法務省、東京都と「5年間で不法滞在者を半減させる」とする共同宣言を発表し、**入管難民法65条の適用拡大をスタート**させた。

　入管難民法65条は、刑事訴訟法の特例として、警察が摘発した不法滞在者がほかの犯罪に関与していない場合、刑事手続きを適用せず、48時間以内に入国警備官に引き渡すことができると規定したもの。警察庁によると、2005年上半期に全国の警察が65条を適用して入管当局に引き渡した不法滞在者は、**約3000人と大幅に増加**し、過去最高となった。**前年同期比52.7％という伸び**である。また、不法滞在者全体の摘発率が18.4％増になっているなど、効果をあげているようだ。

　2004（平成16）年の1年間に摘発された外国人のうち、不法滞在者は1万2000人と6割近い。**不法滞在者が犯罪の温床になっている**ことを示している。

　こうした状況下で、65条の適用が増加した背景には、警察庁が、送検にともなう負担が軽減された「警察力」を、重要事件の捜査に移行し、悪質な犯罪摘発に尽力する方針であることがあげられる。不法滞在者は、いったん送検されると、最大20日間、警察の留置場に拘置される。その負担を軽減し、限られた警察力を、組織性・背景性のある事件の摘発にまわしたいという考えである。

コラム／不法滞在外国人の人数

　法務省の調べによると、正規のパスポートで入国しながら、滞在期限が切れた後も国内にとどまっている不法滞在者の数は、2005（平成17）年1月で20万7300人にのぼる。4年前と比べ約11％減っているがこのほかにも密入国した不法滞在者は数万人はいるとみられている。

データを読む

入管難民法65条の適用状況

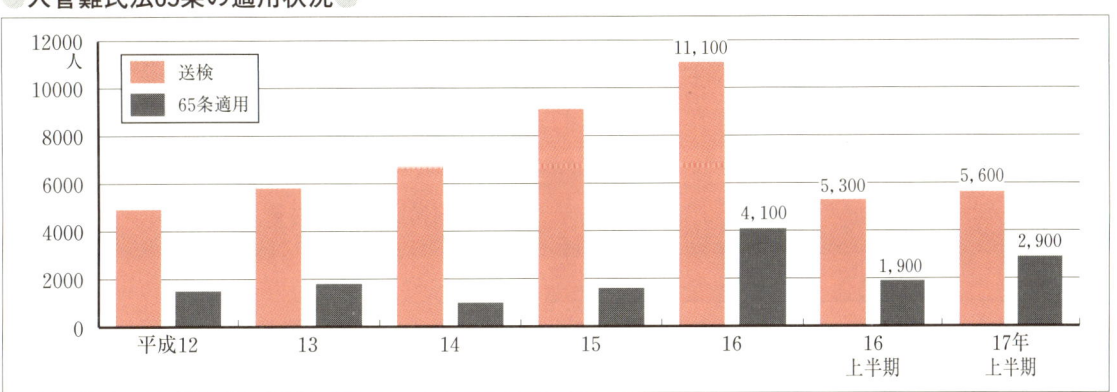

年	送検	65条適用
平成12	約4,900	約1,500
13	約5,800	約1,800
14	約6,700	約1,000
15	約9,200	約1,600
16	11,100	4,100
16 上半期	5,300	1,900
17年 上半期	5,600	2,900

（「産経新聞」2005年9月17日より作成）

女性の社会進出を妨げている現状
デンマークの6分の1
日本が保育施設にかける金額

KEY WORD
- 女性の社会進出
- 保育制度

世界中の先進国では、いまや**女性の社会進出**は当然の現象だ。そこで問題になってくるのが、子育てと仕事の両立が困難なことによる、出生率の低下である。この**課題を克服したのが北欧の国、デンマーク**だ。

デンマークでは、20年前は1.37だった出生率が、2001年には、1.72と回復している。デンマークが出生率上昇のために、もっとも力を入れた政策は、女性が安心して働ける環境を整えることだった。**保育所の整備、産休・育児休暇制度の充実、教育費の軽減、男性の育児休暇**などで、こうした努力を国をあげて進めた結果、出生率が上昇し、女性の社会進出にもつながった。

デンマークでは、女性も男性も子連れ出勤できる企業が多い。保育園に預けなくても会社内の施設に預けられる。男性も女性同様に育児休暇を取れる。保育園の費用は国民3割負担だが、小学校から大学まではほぼ無料だ。

このように、**女性の社会進出を支援する保育制度**にかける国の費用は、ヨーロッパ、とくに北欧の国々が上位を占める。2003年の経済協力開発機構（OECD）の調査によると、年間1人あたりにかける費用は、デンマークが8009ドル、ノルウェーが6085ドル、スウェーデンが5330ドル。日本は1252ドルで、デンマークの**約6分の1**にすぎない。

日本の保育は、各都道府県知事の認可保育園が主だが、施設の受け入れ可能人数の関係上、誰でも利用できるわけではない。無認可保育園もあるが、保育料は補助されないし、保育の質もまちまちだ。

一方、海外の保育事情に目を転じてみると、たとえば働く女性が多いフランスでは保育サービスが充実している。その代表が「保育ママ」で、在宅で保育サービスを提供する人が、県に登録する制度。2001（平成13）年現在、34万2000人が登録しており、働く女性のサポートにあたっている。

日本でも、女性の社会進出の急増と少子化はますます大きな問題となっていくと予想され、諸外国にならった対策が急がれている。

コラム／ドイツの保育事情

ドイツは保育サービスの整備が低い水準にある。その背景には、子どもの保育は家庭内でおこなうべきだという考えが根強いためだ。地域別で見ると、旧東ドイツ地域より旧西ドイツ地域のほうがサービス整備が遅れている。

データを読む

主な国の国が保育施設にかける金額（年間1人あたり） （2003年）

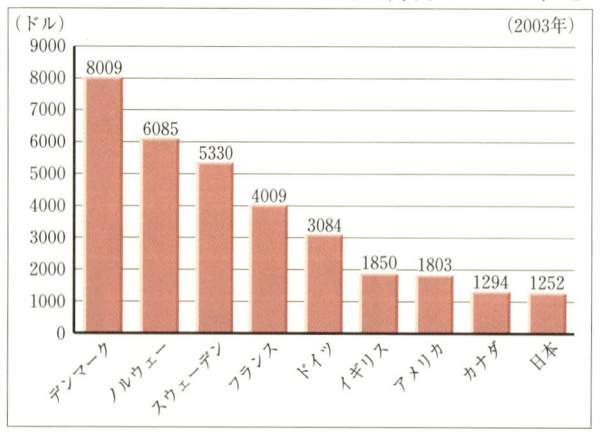

国	金額（ドル）
デンマーク	8009
ノルウェー	6085
スウェーデン	5330
フランス	4009
ドイツ	3084
イギリス	1850
アメリカ	1803
カナダ	1294
日本	1252

（『データマップ63億人の世界地図　経済の地図帳』アスコムより作成）

世界に誇る日本の宝
50年で30人が目標
日本のノーベル賞受賞者の目標人数

KEY WORD
- ノーベル賞
- 科学技術

ノーベル賞は、1901年にはじまった世界的権威のある賞である。**設立時は物理学・化学・生理医学・文学・平和学の5部門**だったが、1969年に**経済学**を加えた**6部門**となった。

日本の受賞者は、1949年に物理学賞を受賞した**湯川秀樹氏が最初**で、以来、2006年現在までに12人が受賞している。近年では、2002年に小柴昌俊氏が物理学賞、田中耕一氏が化学賞を受賞し、大変な話題を呼んだ。

ノーベル賞の選考は、それぞれの賞に選考委員会がある。委員会が毎年、世界中の学者や専門家に前年度に偉大な業績をあげた候補者を推薦する依頼をし、推薦された数百人の候補者のなかから選んで発表する。**委員がどのようにして選考したかは、公表されない**ことになっている。

受賞者の数の上位5国は、2005年12月現在で、1位がアメリカで284人、2位がイギリスの101人、3位がドイツの77人、4位はフランスで49人、5位がスウェーデンの29人となっている。各国と比べると、日本の12人という数は、まだまだ少ない。

その理由のひとつに、政府が近年さまざまな**科学技術**の普及をはかって取り組みをおこなってきたにもかかわらず、日本人、とくに**若者の科学離れ**が進んでいることがあげられる。そこで日本政府は、2001（平成13）年に「今後50年間で30人の受賞者を出す」ことを目標とし、科学技術の研究開発に力を入れることを決定した。

また財務省が**科学技術予算**を2001年以降、削減対象に含めていることを受けて、2005年12月、ノーベル賞受賞者の江崎玲於奈氏、野依良治氏、小柴昌俊氏の3名が財務省を訪れ、科学技術予算増の要望書を提出した。

文部科学省は、科学技術分野で活躍する人材育成を目指した「スーパーサイエンスハイスクール」（SSH）事業を2002年からスタートさせた。これは、全国の高校から選ばれた72校が、助成金を受けて、科学技術分野の研究に取り組むものである。若年層の科学離れの改善が期待されている。

コラム／ノーベル賞創設の理由

スウェーデンの化学者アルフレッド・ノーベルが、ダイナマイトを発明、科学技術の発展に貢献した一方で、戦争で多くの人命を奪うことになったことから、世界の平和、科学、文学のために優れた研究をした者に与えることを目的に創設。200億円以上といわれる遺産をもとに、ノーベル財団が設立された。

データを読む

●日本人のノーベル賞受賞者●

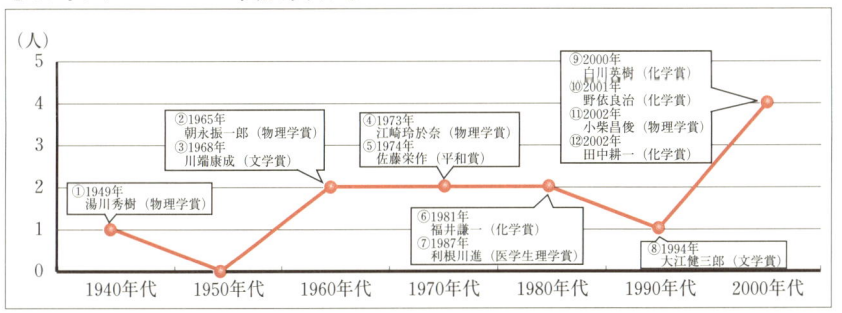

①1949年 湯川秀樹（物理学賞）
②1965年 朝永振一郎（物理学賞）
③1968年 川端康成（文学賞）
④1973年 江崎玲於奈（物理学賞）
⑤1974年 佐藤栄作（平和賞）
⑥1981年 福井謙一（化学賞）
⑦1987年 利根川進（医学生理学賞）
⑧1994年 大江健三郎（文学賞）
⑨2000年 白川英樹（化学賞）
⑩2001年 野依良治（化学賞）
⑪2002年 小柴昌俊（物理学賞）
⑫2002年 田中耕一（化学賞）

（「朝日新聞」2003年10月4日より作成）

人類最大の夢までもう少し
5分で1100万円
宇宙の入り口を体験する弾道飛行にかかる費用

KEY WORD
- 宇宙旅行
- 高額商品

人類がはじめて空を飛ぶようになってから約100年、すでに誰もがお金さえ払えば、**宇宙旅行**できる時代を迎えている。

アメリカのスペースアドベンチャーズ社が一般人相手に宇宙旅行を売り出し、2005(平成17)年までに、アメリカの大富豪や南アフリカの実業家など3人が宇宙の旅を経験している。日本でもJTBがこの会社の設定した旅行商品販売権を入手、同年秋に募集をはじめた。

とはいえ、料金は一般人が気軽に手を出せるものではない。ロケットに乗って宇宙の入り口だけを体験する弾道飛行で**10万2000米ドル(約1160万円)**、国際宇宙ステーションに滞在して地球の周囲をまわる軌道旅行だと**2000万米ドル(約23億円)**が必要。月旅行に至っては**1億米ドル(約114億円)**だ。

弾道飛行とは、高度100kmの超高空まで一気に上昇し、再び下降するというもの。真っ暗な宇宙空間のなかで青い地球を見下ろすことができる。もっとも、スペースシャトルのように地球のまわりを飛び続けるわけではないので、現実に宇宙で無重力を体験できる時間はたった**5分**という。

それでもJTBには100件を超える問い合わせがあり、同様の弾道旅行を2008年に開始する予定のイギリスの航空会社にも、20万米ドル(約2280万円)という料金にもかかわらず日本人からの予約が入っているらしい。

ここまで本格的でなくとも、宇宙飛行士訓練用プログラムで無重力体験をするだけなら、3750米ドル(約43万円)というコースもあるし、超音速ジェット機に同乗して、高度約25km付近から地球表面を見るという体験なら1万9995米ドル(約228万円)から可能である。高度25kmは宇宙空間にはあたらないが、地球の丸さを感じるには十分だ。

いまはどれも高額商品には違いないが、宇宙旅行が数社の独占ではなく、参入する企業が増えれば競争原理が働く。近い将来、100万円を切る料金で宇宙旅行ができる時代がくると予測する専門家もいるという。

コラム／日本人宇宙飛行士

これまで宇宙飛行士となった日本人は5人。毛利衛氏が1992年に第1号として生命科学実験をしたのにはじまり、向井千秋氏が医学分野の研究、ロボットアーム操作にチャレンジした若田光一氏、船外活動をおこなった土井隆雄・野口聡一両氏がいる。

データを読む

● 宇宙体験費用 ●

プログラム	値段
無重力体験	約43万円
超音速ジェット機2機種を体験	約228万円
宇宙体験旅行(弾道飛行)	約1160万円
本格宇宙旅行(軌道飛行)	約23億円
月旅行	約114億円

＊2006年1月現在、1米ドル＝114円で換算

(JTB HPより作成)

海域を含むのは日本初
13件目
知床登録で増えた、日本の「世界遺産」登録件数

KEY WORD
- 世界遺産
- 漁業
- 環境保護

> **コラム／世界遺産の総数**
> 知床が自然遺産に認定された2005年7月の時点での登録数は、文化遺産が628件、自然遺産が160件、複合遺産が24件の計812である。世界遺産は条約締結国180か国のうち137か国で認定されている。

　国連教育科学機関（UNESCO）が、地球規模で人類の財産として守られるべきものと認定したのが「**世界遺産**」である。普遍的価値のある歴史的遺跡や建造物が対象の「**文化遺産**」、地球の歴史がわかる地形や自然が残り、貴重な動植物が生息する地域が対象の「**自然遺産**」、これら両者のそろった「**複合遺産**」の3種類に分けられる。

　2005（平成17）年7月、日本では**北海道の知床**が、かねてからの申請が認められて自然遺産として登録された。**国内では第1号の文化遺産・法隆寺**の登録から数えて**13件目**である。自然遺産としては、鹿児島県の屋久島、青森・秋田県境の白神山地に次いで3件目だ。

　知床が世界遺産と承認された理由は「海洋生態系と陸上生態系の相互関係が顕著に示されている」というものだが、その理由のとおり、**海域を含んだ世界遺産認定**は日本でははじめてのケースとなった。

　知床の豊かな自然は、知床近海に訪れる流氷がもたらしている。毎年1～2月にオホーツク海沿岸で流氷を見られる知床は、流氷到達の南限地帯にあたる。その流氷に含まれるプランクトンを食べてサケやマスが育ち、川をさかのぼったサケやマスがヒグマやオジロワシ、シマフクロウといった陸上動物の食生活を支えるといった**食物連鎖**が、いまも残っているのが知床一帯の特徴である。

　オホーツク海沿岸は、日本の食卓を支える優秀な漁場でもある。ところが近年、海温の上昇によって、かつては豊富だったスケトウダラの漁獲量が減るといった漁民の生活を脅かす状態が生じている。

　さらに、世界遺産に登録されると、**その遺産の保全・保護が義務づけられる**。**漁業と環境保護**の両立という悩みが生まれるのだ。登録によって増加する観光客がもたらすゴミなどによる自然汚染も懸念され、喜びの半面、悩みも抱えることになった。

データを読む
●日本の世界遺産（登録順）

物　件　名	所在地都道府県	登録年
(1) 法隆寺地域の仏教建造物	奈良県	1993
(2) 姫路城	兵庫県	1993
(3) 屋久島	鹿児島県	1993
(4) 白神山地	青森県・秋田県	1993
(5) 古都京都の文化財	京都府・滋賀県	1994
(6) 白川郷・五箇山の合掌造り集落	岐阜県・富山県	1995
(7) 厳島神社	広島県	1996
(8) 広島の平和記念碑（原爆ドーム）	広島県	1996
(9) 古都奈良の文化財	奈良県	1998
(10) 日光の社寺	栃木県	1999
(11) 琉球王国のグスクおよび関連遺跡群	沖縄県	2000
(12) 紀伊山地の霊場と参詣道	三重県・奈良県・和歌山県	2004
(13) 知床	北海道	2005

2章　国際比較

後退を続ける 11位

人間の豊かさをあらわす人間開発指数の日本の順位

KEY WORD
- 人間開発指数
- 国連

コラム／ミレニアム開発目標

2015年までに「極度の貧困・飢餓を半減させる」「乳幼児死亡率を3分の2削減する」「普遍的初等教育を達成する」など18の項目目標が盛り込まれた宣言。2000年の国連ミレニアムサミットで採択された。しかし50か国において現状のペースでは目標が達成できないとの報告（2005年）もある。

データを読む

●人間開発指数ランキング（2005年）

順位	国名	前年度からの変動
1	ノルウェー	→1位
2	アイスランド	↑7位
3	オーストラリア	→3位
4	ルクセンブルク	↑15位
5	カナダ	↓4位
6	スウェーデン	↓2位
7	スイス	↑11位
8	アイルランド	↑10位
9	ベルギー	↓6位
10	アメリカ	↓8位
11	日本	↓9位

人間開発指数（HDI）は、パキスタンの経済学者マブーブル・ハクによって1990年に考案された、人間の豊かさをあらわす指数である。**国連開発計画（UNDP）**から毎年発行される人間開発報告書に記載され、途上国などの開発援助をおこなう際の尺度として使用される。

具体的には、平均寿命、1人あたりのGDP（国内総生産）、就学率・成人識字率のそれぞれにおいて基準値を決め、基準値のうち最高ランクを1、最低ランクを0として指数を算出する。これらをそれぞれの比重に基づいて加算したものが、HDIだ。

たとえば、長く健康な生活の指標として用いる平均寿命は、85歳以上で指数1、25歳以下なら0となる。**日本の平均寿命は81.5歳**で、指数は0.94となった。生活水準の指標となる1人あたりのGDPでは、4万ドル以上で指数1、100ドル以下で0。日本は2万7967ドルで、指数は0.94だった。知識の指標となる就学率・成人識字率では、ともに100％で1、0％で0で、日本は成人識字率99.0％、総就学率が84.0％で、合わせた指数は0.94となった。すべての要素を加算した全体の日本の指数は0.943（以上、すべてのデータは2005年「人間開発報告書」に基づく）だった。

日本は、1990年の第1回報告から2年連続で1位。その後、順位を下げたが、2004年までは5年連続の9位で、トップ10内を保っていた。しかし、2005年は**11位**と初めてトップ10外へ落ちた。世界177か国を対象とした報告では、世界1位はノルウェー（0.963）、2位アイスランド（0.956）、3位オーストラリア（0.955）、**アメリカは10位（0.944）**。最下位はニジェール（0.281）だった。とくにサハラ以南アフリカと旧ソ連諸国の多くは1990年よりも生活水準が低下しており、これらの国への早急な援助が必要であるとしている。

「人間開発報告書」では、このほか男女間の平等・不平等をあらわす「ジェンダー開発指数（GDI）」と「ジェンダー・エンパワーメント指数（GEM）」も報告されたが、日本はGDIでは**14位**（2004年は12位）、GEMは**43位**（同38位）で、先進国のなかではきわめて低い評価となった。

白球の普及に一役買った
125人
青年海外協力隊の野球指導専門隊員数

KEY WORD
- 国際協力
- 青年海外協力隊

コラム／海外協力隊の活動範囲

協力隊の活動分野は、農林水産、加工、保守操作、土木建築、保健衛生、教育文化、スポーツの7分野に分けられ、技術の種類は140種。技術指導といっても資格の必要なものばかりでなく、青少年活動、環境教育、生活改善普及のようなボランティア色の濃いものもある。

　政府の国際協力事業の一環として、1965（昭和40）年に発足したのが**日本青年海外協力隊（JOCV）**だ。現在では1974（昭和49）年に設立された国際協力事業団（JICA）の傘下に置かれる組織である。

　発足当時は、若者たちの思いに応えて海外進出の道を開くと同時に、アジア諸国を対象に技術指導を中心とした海外協力を目指すものだった。それが40年を経る間に、アフリカ、東欧、中近東、中南米、大洋州と、対象国の範囲を広げ、**協力対象80か国**という実績をつくった。

　協力の内容も専門職の技術指導に加え、教育・文化やスポーツ指導にまで広がっている。ただし、「つねに現地の人々とともに」という基本理念に変わりはなく、生活をともにしながらの活動が続いている。

　スポーツ指導のなかのひとつに、**野球**がある。日本では国民的スポーツともいえる野球だが、世界的にはそれほどまでに人気のあるスポーツではない。野球がアメリカに次いで隆盛を見ているという自負もあって、競技人口も多い日本から、諸外国へ野球のおもしろさを伝えようと意欲に燃える人も多い。

　これまでに**24か国へ125人が派遣**され、野球の楽しさを教えながら技術指導をおこなっている。なかには政情不安定なジンバブエなどの国に派遣された隊員もいる。

　しかしそのようなところでは、いくら技術指導を受けて上達したとしても、生活の方が優先事項となり、野球は二の次になるという厳しい現実を知った隊員がいるという。

　一方で、反日感情の強い中国・重慶での指導では、野球があるからこそ、日本人と中国人の間にある距離感が縮まっているとの話もある。

データを読む

青年海外協力隊の野球指導回数（上位10か国）

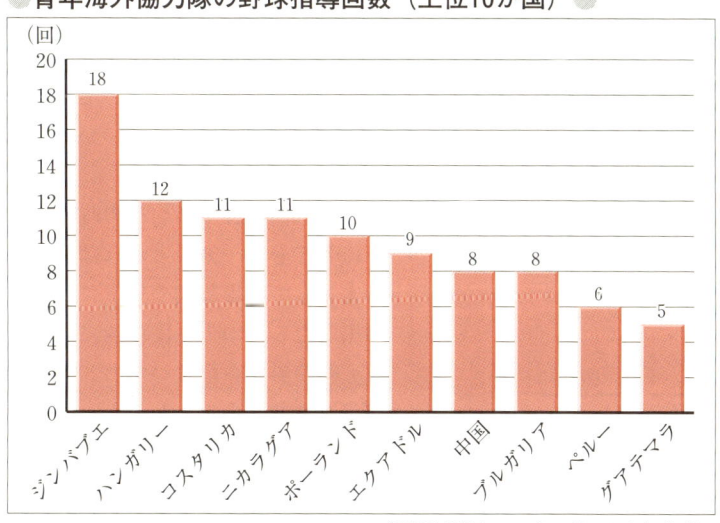

国	回数
ジンバブエ	18
ハンガリー	12
コスタリカ	11
ニカラグア	11
ポーランド	10
エクアドル	9
中国	8
ブルガリア	8
ペルー	6
グアテマラ	5

（「朝日新聞」2005年8月5日より作成）

2章　国際比較

海外と比べると低い？
スウェーデンの5分の1
日本と世界の消費税率

KEY WORD

● 消費税率

● 増税

コラム／総額表示制度の導入

2004年4月から、商品の価格表示が総額表示に変わった。それまでは消費税分はレジで加算されていたが、はじめから消費税込みの価格で表示するよう義務づけられた。この制度化は、消費税アップ時に増加した税率を意識させないようにするためという見方もされている。

日本に**消費税**が導入されたのは1989（平成元）年、竹下内閣のときだった。導入時は国民に拒否感が強く、衆議院選挙の争点になったこともある。1997（平成9）年には5％に引き上げられたのは記憶に新しい。そして現在、財政赤字解消の切り札としてまたも**消費税率引き上げ**が議論されている。

国民の側も導入当時は抵抗感があったとはいえ、税制に不平等感がないところから拒否感も消えている。というより、累積する赤字解消のためにはやむをえないという覚悟があるようだ。注目が集まっているのは、その税率と引き上げの時期といえる。

現在のところ、消費税による**国庫収入は税収全体の2割強**を占めていて、平均して年間10兆円前後あるという。仮に税率を1％引き上げると2兆5000億円近い額になると推定されており、さらに2ケタの税率にすれば、20兆円の増収になるとの試算がある。

この額は、ちょうど社会保障費を補填できると計算されているようだ。

野党のなかには、**増税**より歳出削減を図るのが先決で、導入時期や税率はそのあとで論じられるべきという意見もある。しかし一方で、歳出削減は行政サービスの低下を招くという不安の声もある。

現実には、**日本の5％という税率は、**消費税を導入している**諸外国のなか**では低い。スウェーデン、デンマークが25％、フィンランドで22％と、福祉政策の充実していることで知られる北欧諸国は、軒並み20％を超えている。そこから、日本でも消費税引き上げとしてではなく、福祉目的税の名での増税にすればいいとの論も出ている。

いずれ消費税率2ケタの時代が来るにしても、一気に上がれば消費が冷え込んで回復基調の景気に悪影響が出るだろうから、段階的にという声も経済界から出ている。2007年に参議院選挙もあることから、いくら上がるかは別にして、消費税の引き上げの時期は2008年という観測がしきりである。

データを読む

●主な国の消費税率（付加価値税率）●

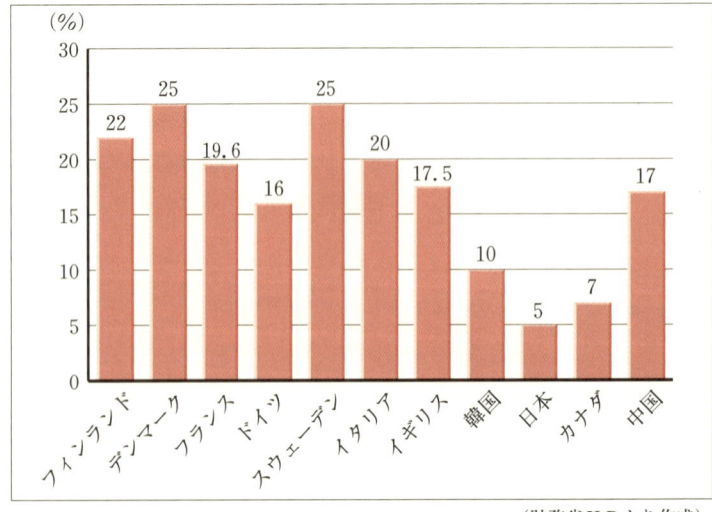

国	税率(%)
フィンランド	22
デンマーク	25
フランス	19.6
ドイツ	16
スウェーデン	25
イタリア	20
イギリス	17.5
韓国	10
日本	5
カナダ	7
中国	17

（財務省HPより作成）

まだまだ働きすぎ？
フランスより7時間多い
日本人の実労働時間

KEY WORD
- 労働時間
- 時短促進法

コラム／フランスの週35時間労働制

12％を超える失業率対策として、1人あたりの労働時間を減らし、皆で仕事を分担するワークシェアリングの手法を取り入れるためにフランスで2000年から施行された。2005年には、条件が緩和され週40時間労働が可能になったが、人件費が抑えられるなど企業側にもメリットがあるため時間延長の動きは鈍い。

　日本人の**労働時間**は、高度経済成長期頃から、機械化などにともない生産効率が向上し、年々低下したが、第一次オイルショック以後から1989（昭和64／平成元）年までは月に**175時間**前後のままだった。その後、欧米諸国から"働きすぎ"との批判が出て、1992（平成4）年に**時短促進法**が制定され再び低下した。2003（平成15）年度の日本の実労働時間は**週42.1時間**。月換算で**153.8時間**にまで短縮された。

　確実に労働時間は短くなったのだが、それでも40時間未満の欧米諸国に比べると、かなり長く働いていることになる。とくに、週35時間労働制を実施した経験のあるフランスと比較すると、**フランスの週平均35.5時間より約7時間**も長く働いていることになる。かろうじて韓国45.9時間、シンガポール46.0時間など、アジアの国々よりは時短が進んでいるというのが現状だ。

　2000年から週35時間労働制を施行したフランスでは、生活にゆとりができ、環境のよい田舎へ引っ越す人が増えている。2003年の調査では、過去5年以内に都会から田舎（人口2000人以下の自治体）へ引っ越した15歳以上の人は約200万人に達した。静かな環境の中、余暇は日曜大工やガーデニングをして過ごす人が増え、映画鑑賞やスポーツのテレビ観戦に匹敵するほどの人気である。フランスでは女性の80％が働き、そのうちの85％がフルタイムである。そのため、週35時間労働で多少年収が少なくなっても、夫婦ふたりなら十分生活していける。フランスの**出生率**（女性が一生に産む子どもの数の平均）は**1.9人**で、EU平均の1.5人より多いのも、こうした生活のゆとりのためと考えられる。

　それに比べて日本の出生率は1.29人（2005年）である。なかでも注目すべきは、「男性が長時間働く人の割合が高い地域ほど出生率は低い」傾向にある点だ。少子化対策には労働時間の短縮など生活のゆとりを実現する必要がありそうだ。

データを読む

●日本とフランスの実労働時間の推移●

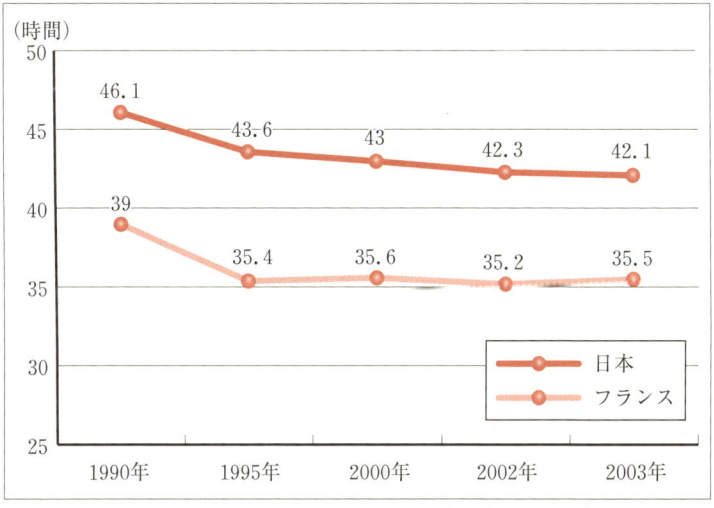

年	日本	フランス
1990年	46.1	39
1995年	43.6	35.4
2000年	43	35.6
2002年	42.3	35.2
2003年	42.1	35.5

（『世界国勢図会　2005/06年』より作成）

「軍隊を持たない」は本当か
世界で5位
軍事大国・日本の軍事費

KEY WORD
- 軍縮
- 軍拡
- 軍事費

日本国憲法第9条には、戦争の放棄、陸海空軍その他の戦力の不保持を謳っている。この条文があるために、日本国憲法は平和憲法と呼ばれる。

ところが、『The Military Balance 2004／2005』によると、2003（平成15）年時における日本の軍事費は**428億ドル**で、**世界で5番目に高額**であることがわかった。この数値は核保有国であり、2003年にはじまったイラク戦争にも出兵しているイギリスとほぼ同額である。

ソ連崩壊による**冷戦終結後、世界の国々は軍縮の傾向**にあった。2003年のストックホルム国際平和研究所の発表によれば、2002年のイギリスの軍事費は、1993年時と比べて13％削減、同じくフランスは10％、ドイツは14％、スペインとオランダは3％、スイスは25％も削減していた。

そうした状況にあって、**一貫して軍事費を増大させていたのが日本**である。日本には軍隊はないというが、2003年までの過去10年間、軍事費は年平均3億ドル強の割合で増加し続けていたのだ。

その背景には、**高額な兵器の継続的購入**がある。さらに、在日米軍の駐留経費を負担する**「思いやり予算」**（2005年度で2378億円）の存在も大きい。

日本とは対照的に、中米の国・コスタリカは、軍隊を持つことを憲法で禁止して中立宣言をし、軍事費にあてるべき予算を教育、医療、福祉に使っている。こうした取り組みにより、コスタリカは安定した平和な国をつくったとして世界から注目を浴びているのだ。コスタリカは日本と同じように、有事の際にはアメリカと協力するなどの仕組みを構築してはいるが、その政策はまったく違っている。

ところが、2002年9月に発生したアル・カーイダによるアメリカ同時多発テロ以降、それまで軍縮の流れにあった世界各国は、再び軍拡の気配を見せはじめている。2002年までは軍縮傾向にあった欧州各国も、2003年には軒並み軍事費が前年と比べて増加している。日本もアメリカからあらたに最新鋭戦闘機を購入する計画があり、今後も軍事費の増加傾向は変わらないかもしれない。

コラム／兵器の値段

90式と呼ばれる戦車は1両8億円。空母護衛のための最新鋭のイージス艦は一隻1365億円。F2戦闘機は1機127億円。空中給油機は248億円。敵国から発射されたミサイルを上空で打ち落とすMD（ミサイル防衛）システムは1兆円である。

データを読む

● おもな国の軍事費（2003年）

（億ドル）
- アメリカ: 4049
- ロシア: 652
- 中国: 559
- フランス: 457
- 日本: 428
- イギリス: 428
- ドイツ: 351
- イタリア: 278
- サウジアラビア: 187
- インド: 155
- 韓国: 146
- 北朝鮮: 55

※『The Military Balance 2004／2005』をもとに、当該年の公式換算レートを用いて換算した額

大切なのは順位ではないが……
3年で1位から6位へ後退
国際学習到達度調査における日本学生の学力

KEY WORD
- 国際学習到達度調査
- 家庭教育
- ゆとり教育

コラム／学習時間の調査

OECDの学習到達度テストと同時におこなわれたのが、家庭での学習時間に関するアンケートだ。その結果、日本の高校1年生が自分の勉強や宿題に使う時間は、週に平均6.5時間だった。これは世界平均の8.9時間に比べるとかなり短いものである。

経済協力開発機構（OECD）が、2003年に加盟国の15歳の学生を対象におこなった**国際学習到達度調査**で、世界における日本の学生の学力レベルが明らかになった。

2000年に続く2回目の調査だったのだが、加盟41か国中、8位だった**読解力は前回からは順位を下げ、14位**になってしまった。**数学的応用力は、前回の1位が6位に転落**、教育界に少なからぬショックが走った。

日本でテストを受けたのは、高校1年生の男女およそ4700人だったが、読解力のテスト結果は加盟国平均点より少し下回り、大きく上回っていた前回からの**下落幅は、参加国中いちばん大きかった**。数学的応用力の6位への陥落は、点数から見れば日本の学力が落ちたのではなく、他国がトップレベルだった日本に追いついた結果とされた。

ただ国際比較である以上、相対的に学力が落ちたとする見解は間違いではなく、他国並みの学力向上が進んでいないということだ。

その原因は、小中学校に導入された「**ゆとり教育**」による学科の授業時間減少にあるという声を当時の文科省大臣も認めた。ただ、今回のテストで、読解力で1位、数学的応用力で2位となったフィンランドは、「総合性教育」という名の、一種のゆとり教育の成果だとしている。

OECDのテスト内容は、身につけた知識や技能を実生活でどれだけ応用できるかを見るものである。ただ授業時間を増やしたり、詰め込み教育することで身につく能力ではない。

近年の**家庭教育**がなおざりになりがちなことと合わせ、学校・家庭が一体となった新しい教育の形を整えることが人材を育てることになるという主張もいわれる。文科省によっておこなわれるゆとり教育の見直しに、家庭が果たす役割が盛り込まれれば、日本の未来を担う人材育成の道が開けるかもしれない。

データを読む

前回調査との比較（日本）

	2000年	2003年
読解力	8位	14位
数学的リテラシー	1位	6位
科学的リテラシー	2位	2位
問題解決能力	..	4位

国際学習到達度調査における平均得点の比較

	〈数学的リテラシー〉		〈読解力〉	
①	香港	550	フィンランド	543
②	フィンランド	544	韓国	534
③	韓国	542	カナダ	528
④	オランダ	538	オーストラリア	525
⑤	リヒテンシュタイン	536	リヒテンシュタイン	525
⑥	日本	534	ニュージーランド	522
⑦	カナダ	532	アイルランド	515
⑧	ベルギー	529	スウェーデン	514
⑨	マカオ	527	オランダ	513
⑩	スイス	527	香港	510
⑪	オーストラリア	524	ベルギー	507
⑫	ニュージーランド	523	ノルウェー	500
⑬	チェコ	516	スイス	499
⑭	アイスランド	515	日本	498
⑮	デンマーク	514	マカオ	498

（15位まで。小数点以下省略）

意外と高い？

世界で21位

2004年より改善した日本の汚職清潔度

KEY WORD
- 汚職
- NPO

コラム／10大腐敗疑惑事件

TIの日本支部では、12月9日の国際腐敗防止デーにちなんで「10大腐敗疑惑事件」を発表している。2005年の1位は「大型の官製談合の摘発相次ぐ」、2位は「小売酒販政治連盟、不正支出疑惑」、3位は「通産省裏金、外郭団体職員が管理に協力」であった。

データを読む

●世界の汚職清潔度ランキング●

順位	国名	汚職清潔度※
1位	アイスランド	9.7
2位	フィンランド	9.6
	ニュージーランド	9.6
4位	デンマーク	9.5
5位	シンガポール	9.4
6位	スウェーデン	9.2
7位	スイス	9.1
8位	ノルウェー	8.9
9位	オーストラリア	8.8
10位	オーストリア	8.7
17位	アメリカ	7.6
21位	日本	7.3
40位	韓国	5.0
126位	ロシア	2.4
137位	イラク	2.2
158位	バングラデシュ	1.7
	チャド	1.7

※汚職清潔度は0～10であらわされ、数値が高いほど清潔度が高い

（TIの資料より作成）

　世界各国の**汚職**・腐敗を調査、監視している**非政府組織（NPO）**のトランスペアレンシー・インターナショナル（TI）は、2005年10月、イギリスのロンドンにおいて、同年版「汚職指数」を発表した。TIによると、日本の「清潔度」は、対象になった世界159か国・地域のうち**21位**で、前年の24位よりやや上昇した。

　清潔度1位はアイスランドで、2位はフィンランドとニュージーランドが並び、4位はデンマーク、5位はシンガポールだった。イラクはインドネシアなどと並ぶ137位で、最下位は、バングラデシュとチャド。石油産出国のナイジェリア、アンゴラ、アゼルバイジャンなども下位に並んでいる。

　汚職とは、私利私欲のために、公的立場の者がその職権や地位を濫用することだが、TIは、世界の国内外の汚職・腐敗防止のため、非営利で国際的に活動している。1993年に設立され、本部はベルリンにある。世界の100余国に支部を持ち、日本にも東京に支部が置かれている。毎年、「**汚職・腐敗度指数**」（CPI）を調査・発表し、**贈賄指数（BPI）**は3年ごとに発表している。

　TIのアイガン会長は、「世界中で年間4000億ドルが汚職で失われており、産油国では、石油会社幹部のポケットに入るケースもある」と指摘し、フセイン後の法整備が続くイラクにも汚職防止の規則が必要だと訴えている。

　このCPIは、多くの国において汚職防止改革のための議論を促し、そのための基礎を提供してきた。しかし一方で、各国でおこなわれる**調査の規模が統一化されていないので指数にはゆがみがある**。また、指数が具体的な実証データではなく、各者の認識に基づいているため、信頼性が低いとの批判もある。さらに、収賄側だけで贈賄側は除外されているので、ランクでは、汚職の多い国は貧しい国に多い。**腐敗度の低い国はすべて先進工業国**だ。

　しかし、**賄賂を贈るのは豊かな国**である。こうした点を考えると、日本の順位は清潔度が高いのか、一概に判断はできないという声もある。そこでTIはこの現状をふまえ、主要輸出国における賄賂の傾向を正しく評価するために、1999年以降、BPIを発表している。2005年には国連腐敗防止条約が発効されたことから、外国公務員らに対する賄賂などの抑止が期待されている。

公正中立な情報を

4年連続最下位

北朝鮮の報道の自由度

KEY WORD

- 報道の自由度
- 国境なき記者団

コラム／国境なき記者団

言論・報道の自由を守るために、フランスのジャーナリスト、ロベール・メナールが1985年に設立した国際的非政府組織。世界で弾圧・拘禁されているジャーナリストを救出支援し、世界の報道の検閲・弾圧、メディア規制に監視、警告を発している。

国際的なジャーナリスト団体である**「国境なき記者団」**は、2000年から、**世界の報道の自由度ランキングを発表している。**

このランキングは、毎年、14の団体と130人の特派員、ジャーナリストらが、世界各国の報道の自由のレベルを評価するため、50の質問に回答する形式で指標を作成する。2005年10月20日に発表された世界報道ランキングでは、167の国と地域を対象におこなわれている。

発表によると、**北朝鮮は167位の最下位にランクされ、4年連続最下位を記録した。**同記者団は、「北朝鮮には言論の自由が存在しない」と評価し、金正日を言論の自由を弾圧する最悪な指導者の一人にあげている。金正日総書記は、「国民の偉大な指導者」であり、国民はその指導に対する無条件で絶対的な服従を求められ、報道機関は、「金正日の偉大性や国民に対する恩恵」についての報道を活発に展開している。

北朝鮮はとくに外国に関しての報道を強力におこなっているが、逆に国内には、報道されていない実態が指摘されている。**金正日体制は、表現の自由をまったく認めておらず、**記者は政府のプロパガンダを伝えるのみで、日常的に当局の脅しや監視に直面しているという。

同記者団の発表では、北朝鮮のほかに**自由度が低い国は東アジアや中東に多く、イラクが157位、中国が159位にランクづけされた。**逆に**自由度が高い国は北欧に多く、**1位は**デンマーク、**2位は**フィンランドで、**3位には**アイスランド、アイルランド、オランダ、ノルウェー、スイス**が並んだ。上位は裕福な国が占めているものの、ベニン、マリ、モザンビーク、東ティモールなどのＧＤＰが1000ドル以下の国も60位以内に入っており、報道の自由と経済的発展は必ずしも一致していないことがわかっている。

アメリカは比較的報道の自由度は高かったが、中央情報局（ＣＩＡ）工作員情報漏洩疑惑で米紙記者を収監した事件が影響して、2004年度の22位から44位へと大幅にダウンした。日本は37位で、前年度の42位からは上昇しているが、2002年の26位からは順位を下げている。

データを読む

報道の自由度ランキング

1位	デンマーク
2位	フィンランド
3位	アイスランド
〃	アイルランド
〃	オランダ
〃	ノルウェー
〃	スイス
18位	ドイツ
21位	カナダ
24位	イギリス
30位	フランス
34位	韓国
37位	日本
40位	スペイン
44位	アメリカ
157位	イラク
159位	中国
167位	北朝鮮

（「国境なき記者団」ＨＰより作成）

上位に名を連ねるも……
世界で12位
財政赤字や公的債務悪化が指摘される国際競争力ランキング

KEY WORD
- 国際競争力ランキング
- 世界経済

コラム／ダボス会議

世界経済フォーラムが毎年1月にスイスのダボスで開く、年次総会の略称。各国の政財界指導者、文化人、学識経験者らが集まり議論する場として知られている。1994年には、パレスチナ解放機構の故アラファト議長とイスラエルのペレス外相（いずれも当時）がパレスチナ暫定自治合意をした舞台として話題を呼んだ。

ダボス会議を主宰するなど、世界経済の動向に強い影響を持つ世界経済フォーラムが2005年に発表した「**国際競争力ランキング**」によると、日本は世界で**12位**だった。1996年以来、発表されている「国際競争力ランキング」において、日本は2004年にはじめてトップ10内の9位にランクインしたが、わずか1年で順位を3つ下げてしまった。トップはフィンランドで、2位アメリカ、3位スウェーデン、4位デンマーク、5位台湾、6位シンガポール、7位アイスランド、8位スイス、9位ノルウェー、10位オーストラリアの順となっている。

日本がトップ10落ちした理由としては、技術力では世界でもトップレベル（技術適応力・特許登録数ともに、アメリカに次いで2位）だが、**財政赤字（114位）**や**公的債務**（113位）が**世界でも最悪の水準**なことにある。この「国際競争力ランキング」は、各国の経済力を国民1人あたりの収入のみで算定しても実情はわからないとの考え方から発案されたもので、健全な経済政策や安定的な政治的環境、インフラ、企業が競争できるビジネス環境の整備状況、関係機関の質などの視点も重要な要素として算出の基準としている。

そのほか、同様のランキングである、国連開発計画の「**人間開発報告書**」では**11位**、社会経済生産性本部による「**国民の豊かさの国際比較**」では**10位**と、2005年に発表されたリポートでは、いずれも10位あたりに日本はランキングされた。

90年代初頭には、世界的な比較では1位、2位が当たり前だった日本だが、現在は10位あたりが相応の実力であるのかもしれない。もっとも、一時は20位以下の格付けをされたこともあり、政府のグローバルスタンダードに立った、てこ入れ策が功を奏し、10位あたりまで盛り返してきたともいえる。ただし、日本経済が成熟しきった感は否めず、今後、急速な経済的な伸びは期待できないことから、伸び悩みの時代に入ったとの見方が一般的だ。

データを読む

●国際競争力の変遷●

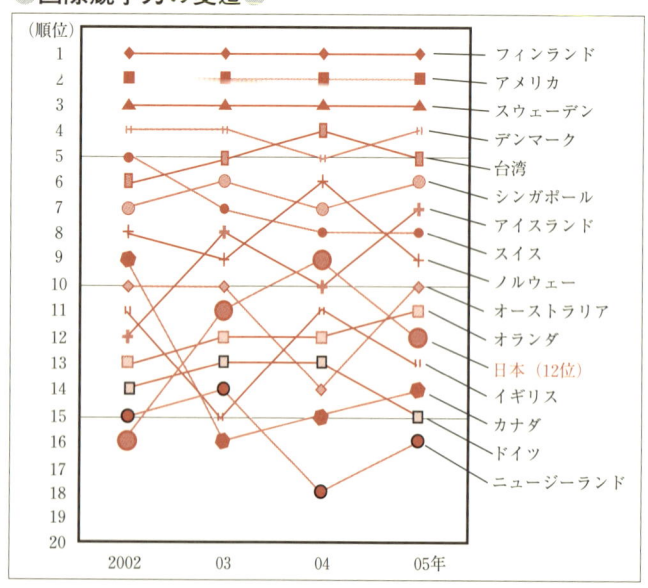

本当に豊かな国？

世界2位

世界の15%を占める、日本のＧＤＰ

KEY WORD
- 経済力
- ＧＤＰ

国家間の**経済力**を比べるときには、ＧＤＰという指標を使う。ＧＤＰとは、**Gross Domestic Product**の略で、「国内総生産」と訳される。これは、国内で生産された商品やサービスをお金に換算したもので、国内で、どれだけのお金が使われたかをあらわしている。

2004（平成16）年の統計では、日本のＧＤＰは4兆6694億ドル（約502兆円）。これはアメリカの11兆7349億ドル（約1262兆円）に次ぐ、世界**第2位**である。3位はドイツで2兆6767億ドルだった。**アメリカと日本の2国だけで、世界のＧＤＰの約半分を占め**、そのうち日本は15%を占める。文字どおり、経済大国といえる。しかしながら、ＧＤＰの伸び率（経済成長率）を見ると、日本は1〜2%程度しか伸びておらず、いずれ中国やインドに抜かれるだろうと予測されている。

特筆すべきことは、日本のＧＤＰの半分以上は**個人消費**であることだ。景気がよいと、個人の収入も増える。収入が増えると、個人消費が伸びる。個人消費が伸びると、企業は儲かるから、設備投資や雇用にお金をたくさんかける。すると、また個人の収入が増えて…という具合に循環し、これが好景気の源となる。

まさに理想的ともいえる状況なのだが、日本のＧＤＰの半分以上が個人消費なのは、ほかにも**物価自体が高い**という要因も存在する。ある調査（2005年）では、世界一物価が高い都市は東京、2位が大阪という結果になった。物価が高いので生活費も多く必要となり、結果、個人が使うお金も多いともいえる。そのため、世界第2位の経済大国でありながら、「世界第2位の豊かさ」を実感している国民は少ない。

また、ＧＤＰは国単位の数字であって、これを1人あたりのＧＤＰに換算すると、日本は3万5809ドル（約385万円）で、**世界第9位**となる。トップはルクセンブルク（6万9929ドル）で、日本の倍近くだ。以下、ノルウェー、スイス、デンマークとヨーロッパ諸国がランクインしている。物価が世界一高く、1人あたりのＧＤＰは9位というのが日本の本当の姿といえる。

コラム／ブータンのGNH

ブータンには、ＧＮＨという指標がある。これは、「Gross National Happiness」の略で「国民総幸福量」のことだ。豊かさをお金に換算するのではなく、暮らし方自体に焦点を当てようとして、現ワンチュク国王が作った。大学までの無料教育、低犯罪率、環境優先の政策を実現している。

データを読む

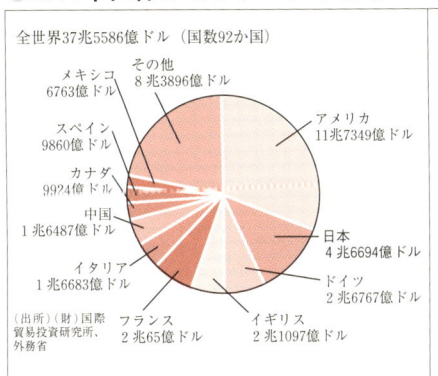

●2004年世界のＧＤＰベスト10●

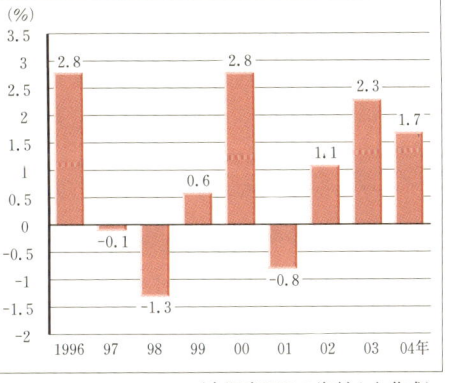

全世界37兆5586億ドル（国数92か国）
- アメリカ 11兆7349億ドル
- 日本 4兆6694億ドル
- ドイツ 2兆6767億ドル
- イギリス 2兆1097億ドル
- フランス 2兆65億ドル
- イタリア 1兆6683億ドル
- 中国 1兆6487億ドル
- カナダ 9924億ドル
- スペイン 9860億ドル
- メキシコ 6763億ドル
- その他 8兆3896億ドル

（出所）（財）国際貿易投資研究所、外務省

（『すっごくよくわかる日本経済』日本実業出版社より作成）

●日本の経済成長率の推移●

年	成長率(%)
1996	2.8
97	-0.1
98	-1.3
99	0.6
00	2.8
01	-0.8
02	1.1
03	2.3
04	1.7

（内閣府ＨＰの資料より作成）

世界の夢のお値段は……
15か国で総額5兆円
国際宇宙ステーションの建設費

KEY WORD
- 国際宇宙ステーション
- 宇宙旅行

かつての米ソ冷戦時代に、両国が競ってロケットを飛ばしたような一時ほどの勢いはないが、人類の夢である宇宙旅行実現へ向けての取り組みは、着実に歩みを進めている。いまは世界各国が協力しあって、宇宙への夢を馳せる時代である。

1998年から建設がはじまっている**国際宇宙ステーション**が、その夢の形の第1号であり、本格的な**宇宙旅行**への第一歩につながるものだ。アメリカ航空宇宙局（NASA）が発案し、それに賛同した日本や欧州諸国、カナダ、やがてロシアが参加した計画である。

宇宙ステーションは、地上約400km地点に建設される巨大有人施設で、地球の軌道上を1周およそ90分かけて回る予定だ。**完成は2010年**、日本は、宇宙ステーションの一部である**実験棟「きぼう」**を建造した。ほかにも地球とステーションを往来する**無人補給機（HTV）を日本が開発担当**している。

このように、日本を含む参加15か国が各パーツを担当してひとつの宇宙ステーションを完成させるのだ。

日本は、これまでに「きぼう」に**約3300億円**、HTVには**約6500億円**をかけており、建設総額は、**15か国を合わせると5兆円**ほどになると見込まれている。また、完成後にも宇宙ステーションの維持費を各国で分担することになっており、日本は「きぼう」の運用経費を負担することになっている。その額は**年間約400億円**という。

宇宙ステーションの規模は、完成すれば横約110m、縦約70m。完成後は人間が常駐することになる。宇宙という特殊環境のなかでさまざまな実験や研究を長期間おこなうには、これくらいの大きさが必要だそうだ。科学や技術を進歩させ、その成果を地球上の生活に生かすための実験や研究がおこなわれる。

実験内容は無重力を利用してのタンパク質の結晶化や金属合成、放射線や微小重力が人体に与える影響の研究など、具体的な目標も立ててあり、あとは完成を心待ちにする状態である。

しかし、この巨大宇宙ステーションの建設には、スペースシャトルのトラブル多発で不安が生じてもいる。

計画を縮小させる案も出ていて、大金をつぎ込んだ「きぼう」の出番があるかどうか不透明な状態ですらあるとの声もあがっている。

コラム／宇宙飛行士の1日

現在開発中の宇宙ステーションに常駐している宇宙飛行士は1日8時間の作業に、週2日の休日のスケジュールで勤務している。作業終了後は2時間の筋力トレーニングをおこなって、1時間の夕食時間、1時間の自由時間をとり、その後就寝となっている。

訴訟社会アメリカを象徴
42人中24人
6割近い弁護士出身のアメリカ大統領

KEY WORD
- 訴訟社会アメリカ
- 弁護士数

コラム／陪審制度

通常、一般市民から無作為に選ばれた12名のメンバーが、事件を審査して無罪か有罪かの評決を下す「小陪審」をさす。これは、植民地時代に、イギリスから派遣された裁判官に裁かれるよりは、自分たちのコミュニティーの人に判断してほしいということではじまった。本来は「大陪審」との2本立て。

　アメリカでは、すぐに自分の権利を主張して訴訟を起こすのが一般的である。これは、イギリスから独立したというアメリカの歴史とも大いに関係があり、イギリスから派遣された行政や司法官に対して、平等主義、個人主義、自由主義、人民主義を声高に主張する必要があったためである。だから、アメリカでは政府であっても個人を干渉することはできず、**市民は政府に対しても自由に訴訟を起こせる「訴訟社会」**となった。この流れから、政府だけではなく、他人に対しても同じ対応となった。個人が権利を主張する社会では、法律が主権となる。法に照らして、どちらの言い分が正しいかを判断するからである。そのため、**アメリカでは「法律」の意義が大きく、「法律」**に詳しい弁護士が社会において重要な役割を果たしている。弁護士の総数は100万人ともいわれ、**国民1人あたりの弁護士数は世界一**である。

　アメリカ社会では、弁護士が重要なポジションを占め、連邦議会議員や大統領という要職に、**弁護士出身者**が多い。連邦議会議員の約4割、**大統領では、42人中24人、つまり6割弱が弁護士出身**である。議員や大統領は、法案の作成や審議に関わる職業なので、法律の専門家である弁護士の適職ともいえるが、それにしてもこの数の意味は大きい。実際、法律の変更や新法律が制定されると、必然的に弁護士の仕事が増えることから、弁護士協会（バー・アソシエーション）は、政治において強力な圧力団体のひとつといわれている。

　また、アメリカではあらゆる紛争が裁判となるため、政治的な争いも裁判所に持ち込まれる。2000年の大統領選挙においては、フロリダ州の再集計が有効かどうかについて最高裁で争われた。裁判官は中立の立場であるはずだが、実際は政治とのかかわりが強く、大統領が判事を指名するときには、自分と同じ支持政党や所属の人を任命するといった**政治的判断**がおこなわれるケースが多い。

データを読む

●アメリカ歴代大統領の就任前の主な職業（計42人）

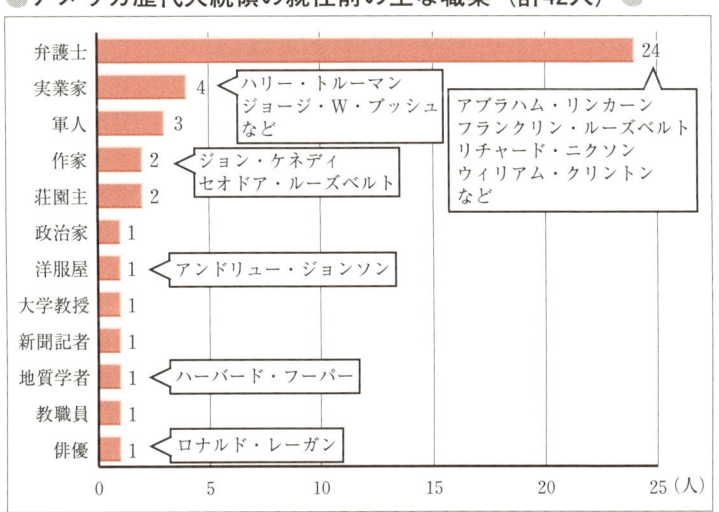

職業	人数
弁護士	24
実業家	4 （ハリー・トルーマン、ジョージ・W・ブッシュなど）
軍人	3 （アブラハム・リンカーン、フランクリン・ルーズベルト、リチャード・ニクソン、ウィリアム・クリントンなど）
作家	2 （ジョン・ケネディ、セオドア・ルーズベルト）
荘園主	2
政治家	1
洋服屋	1 （アンドリュー・ジョンソン）
大学教授	1
新聞記者	1
地質学者	1 （ハーバード・フーバー）
教職員	1
俳優	1 （ロナルド・レーガン）

（『図解　アメリカのしくみ version 2』中経出版より作成）

険しい道のり
35歳以上＆14年
アメリカ大統領になるのに必要な条件

KEY WORD
- 大統領
- スーパー・チューズデー

アメリカ大統領になるためには、一定の条件を満たさなければならない。その条件とは「**35歳以上で、アメリカに住んで14年以上であること**」「**アメリカ生まれのアメリカ人であること**」である。この条件を満たしさえすれば、性別や人種、宗教、資産の有無などの制約はまったくない。

しかし、この「アメリカ生まれのアメリカ人」の条件により大統領を断念せざるをえない人は多い。たとえば、人気俳優からカリフォルニア州知事となったアーノルド・シュワルツェネッガーは、どんなに望んでも大統領にはなれない。彼は、オーストリアからの**移民**だからである。移民はすべて大統領になれないわけではないが、移民一世は「アメリカ生まれ」ではないため、大統領資格を持たない。このほか、第二次クリントン政権のオルブライト元国務長官や、ニクソン、フォードの2人の大統領の下で活躍した**キッシンジャー元国務長官も、移民一世のため大統領**にはなれない。国務長官は、副大統領、下院議長、上院議長代行に次ぐ大統領継承順位4番目の要職であるが、この2人は、その権利を持てなかった。また、2期8年間大統領を務めた人は、大統領資格を失う。

アメリカの大統領選挙は、オリンピック開催年の11月の第一火曜日におこなわれるが、その前に**予備選挙**がおこなわれる。予備選挙とは、大統領候補者を決める選挙で、実質は**共和党、民主両党の大統領候補者選び**である。予備選で、各党員は、党の州代表の代議員を選ぶ。州代表となった代議員が党の全国大会に出席して投票し各党の大統領候補者が決まる。予備選挙は1～6月の6か月間おこなわれるが、なかでも3月上旬の火曜日に行う州が多いので、これを「**スーパー・チューズデー**」と呼ぶ。

各党の大統領候補者が決定されると、本選がはじまる。ここでも、一般有権者が直接大統領を選ぶわけではなく、大統領選挙をおこなう州代表の選挙人を選ぶ。選挙人は50州全体で538人。数は人口比で各州に割りあてられる。一般有権者は、自分が大統領になってもらいたい候補者へ支持を表明している選挙人を選ぶことで、大統領選挙の意思表示をする。そのため、実際には、どの選挙人が選ばれたかで、どの候補者が時期大統領になるかが決まる。本選で選挙人の過半数270人を獲得したほうが当選となる。大きな特徴としては、州代表の選挙人は、**勝者独占方式**になっていることがあげられる。これは、ある州での選挙人選挙で、多かったほうがその州に割りあてられている選挙人のすべてを獲得できる方式だ。たとえば、最多のカリフォルニア州の選挙人は55人。A候補派の選挙人に1万票、B候補の選挙人に1万1票入ると、B候補はカリフォルニア州の選挙人55人を獲得できる。このため、総得票数では上回っていても負けてしまう場合もある。

> **コラム／選挙戦でのジンクス**
>
> アメリカ大統領選で囁かれるジンクスには、背の高いほうが勝つ．夫人が美人なほうが勝つ．ハリケーンが3つ以上フロリダに上陸したら現職が負ける．投票直前にアメリカンフットボールのレッドスキンズが勝つと現職が勝つ．5月の世論調査で現職の支持率が50％未満だと現職は負けるなどがある。

BRICsって何のこと？
先進6か国の2倍

ブラジル、ロシア、インド、中国の平均経済成長率

KEY WORD
- BRICs
- 経済成長率

コラム／BRICsの人口増加

2000年から2005年にかけてのBRICsの人口増加率を見ると、インド1.6％、ブラジル1.4％、中国0.6％となっている。先進7か国の平均増加率約0.6％に比べて、その増加は著しい。また、もともとの母体数が多いために、たとえばインドの1.6％増は、現在の約11億人が2030年には約14億5000万人になるほどの増加となる。

近年、中国やインドといった国々が経済系の雑誌の表紙をにぎわせている。いずれも急速な経済発展により、経済界の注目を集めているためだ。この両国が属するグループに、**BRICs**と呼ばれるものがある。これは、**ブラジル**（Brazil）、**ロシア**（Russia）、**インド**（India）、**中国**（China）の国名を、英語表記したときの頭文字をつないだもので、2003年にアメリカの証券・投資銀行ゴールドマン・サックスが投資家向けリポートで使ったのがはじまりである。

同社は、BRICsが次の世代の経済大国になるとしている。2030年には、**BRICsのGDP（国内総生産）**は、先進6か国（アメリカ、日本、イギリス、ドイツ、フランス、イタリア）のそれを**合計した数値の50％を超え**、2040年には、6か国を上回り、2050年には、6か国合計の1.5倍になると予測されている。

BRICs4か国の、2004年の平均実質成長率は7.9％で、先進6か国の平均成長率3.3％の、2倍以上の勢いで発展している。日本を含めた海外からの投資も積極的におこなわれており、今後は予測以上に成長が加速することも考えられる。

BRICsに共通しているのは、広大な国土を持ち、**原油**や**鉄鉱石**などの天然資源が豊かなことである。そして、経済成長に欠かせない**労働力も豊富**（4か国で世界人口の42％を占める）なこともあげられる。人口は今後も増加することが予想され、人口減少傾向にある先進6か国とは、対照的である。

ただし、急激な経済発展にともなう環境の悪化や石油価格の高騰、人口増による食料危機など、懸念される問題もある。BRICsは、国土・人口ともに、スケールが大きいだけに、これらの国々の経済事情が世界全体に与える影響の大きさが懸念されている。

今後のBRICs諸国は、自国の経済発展だけではなく、自分たちの発展が世界にどのような影響を与えるのかについても気を配る必要があるのかもしれない。

データを読む

実質GDP規模の比較

（兆ドル）

年	G6	BRICs
2000	20	3
2050	54	84

注：G6は、アメリカ、日本、イギリス、ドイツ、フランス、イタリアの6か国

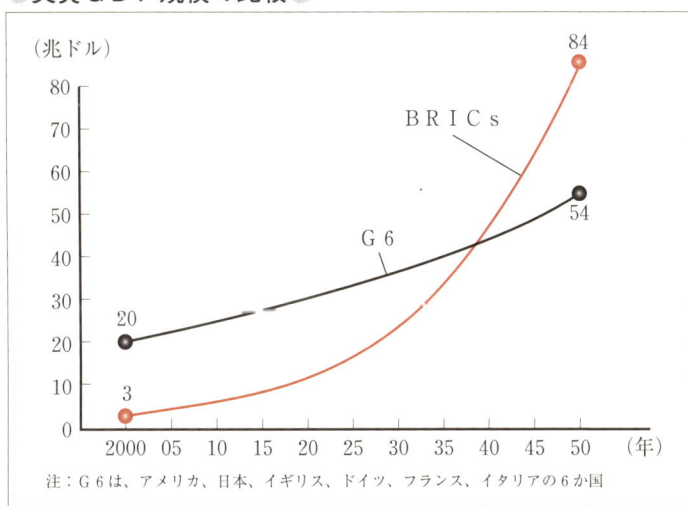

（『日本の論点』文藝春秋より作成）

目指せ21世紀の「鉄の女」
わずか10人
世界の女性国家指導者の数

KEY WORD

- 女性指導者
- 世襲

　政治の世界で活躍する女性が増え、先進諸国では、女性の国会議員や閣僚は当然のことになった。しかし、**女性の国家指導者**となると、まだまだ男性主体が続いており、2005年末現在、**世界全体でもわずか10人にすぎない**。モザンビークのルイサ・ディオゴ、ドイツのアンゲラ・メルケル、フィリピンのグロリア・マカパガル・アロヨ、スリランカのチャンドリカ・クマーラトゥンガ、フィンランドのタルヤ・K・ハロネン、アイルランドのメアリー・マッカリース、バングラデシュのベグム・カレダ・ジア、ニュージーランドのヘレン・クラーク、ラトビアのヴァイラ・ヴィチェ＝フレイベルガ、リベリアのエレン・ジョンソン・サーリーフ（就任は2006年）である。

　国家指導者の権力の座を持つためには、主に次の３つの方法があげられる。**①親から引き継いだ世襲によるもの。②他者から担ぎ上げられたもの。③自らの力で勝ち取ったもの**。この３種のケースがあるが、自らの力で首相の座を勝ち取るには、本人の実力はもちろんのこと、**世界の強い後ろ盾**が必要になる。女性が政治の世界で男性と対等に渡り合う実力を備え、かつ、強力な後ろ盾を得るには、先進国であってもまだ困難なことといわれている。

　これまで諸外国で首相になった女性では、2005年11月にドイツ首相に就任した**アンゲラ・メルケル**、「鉄の女」と称されたイギリスの**マーガレット・サッチャー元首相**が有名である。そのほか、世襲によって親から引き継いだ者に、インドのインディラ・ガンジー、パキスタンのベナジル・ブット、インドネシアのメガワティ・スカルノプトゥリ、フィリピンのグロリア・マカパガル・アロヨなどが挙げられる。このような世襲によるケース以外では、女性が首相になるには、確実な後ろ盾が不可欠といわれる。

　ドイツのメルケル首相は、男性政治家と同様に、経験、機会、野心、後ろ盾などがそろっていた。なかでも、鍵を握ったのは既成の権力者による後ろ盾で、メルケルの場合、**東西ドイツ統一を成し遂げたヘルムート・コール**だといわれている。サッチャー元首相には、保守派の黒幕アイレ・ニーヴの一派がいたといわれている。

　アメリカのマスコミは、2008年の大統領選で、女性同士の一騎打ちになると予測している。クリントン前大統領夫人の**ヒラリー上院議員**と、**ライス国務長官**である。民主党候補の先頭を走るのはヒラリー夫人で、それを制することができる共和党の候補はライス国務長官しかないといわれている。

　アメリカのリーダーに女性が就任することは、政界への女性進出の一大試金石になると、世界の注目を集めている。

> **コラム／ヒラリーとライス**
>
> 　ヒラリー・ロダム・クリントンは、名門ウェルズ大を経てイエール大ロースクールに進み、弁護士に。クリントン前大統領夫人。現ニューヨーク州上院議員。コンドリーザ・ライスは若くして政界入り。語学が堪能でＩＱ200以上の天才といわれる。

先進国共通の悩み？
日本のほぼ2倍
欧州諸国の失業率

KEY WORD
- EU
- 失業率

　EU各国の失業率は、1980年代前半にピークとなり、その後低下したが、1990年代前半の欧州通貨危機による不況で、再び上昇した。1990年代後半になって、また下がってきたものの、2002年よりゆるやかな上昇をはじめている。2004年のEU加盟国の平均失業率は **8％**。日本4.7%、アメリカ5.5%に比べて、**かなり高い**。とくにEU加盟国の中でも、フランス10%、ドイツ10.5%、スペイン11.3%が目を引く。これらの国々は、**日本のほぼ2倍**にもあたる。

　欧州諸国の失業率が高い理由としては、**伝統的な高賃金構造と厳格な解雇規制があるため**、企業側がなかなか雇用を拡大したがらないことや、失業給付制度が整備されているため労働者の就業意欲が低いことがある。また、日本やアメリカに比べて早くから**高齢化**が進んだため、成長したIT産業では雇用の需要があるが、それに相当する労働者が少ないなどのミスマッチも起きている。EU統合により、ヒト・カネ・モノ・サービスの移動が自由化され、こうした問題は各国で補完関係が成り立つと思われたが、実際には言語、宗教、生活習慣の違い、住宅事情などから、期待どおりに移行してはいない。そこで、これらの国では、**ワークシェアリング**をおこなうなどの対策に乗り出している。

　EU全体の動きとしては、2010年までに就業率を70%に高めることを目標とした「**欧州雇用戦略**」を策定した。これは、失業率の低下に目を向けるというよりは、就業意欲の向上、高齢者、女性などの非就業者の就業を狙った新しい雇用の創出などを目的としている。EU全体としての戦略だが、各国はそれぞれの事情により、計画をモニタリングし、検証し、再調整することができるなど、自主性が尊重されている。たとえば、EU諸国にあって2.7%という低い失業率であるイギリスでは、全国最低賃金を確立し、失業者の就業意欲を高めるとともに、再就職のマッチング機関を設置している。さらに、**パートタイム労働**を促進することで、就業率アップを実現している。

コラム／ワークシェアリング

社員1人あたりの労働時間を減らして、多くの人で仕事を分け合うことで、失業（リストラなど）を解消しようとするもの。そのほか、定年後にも少しだけ働きたい人や子育て中の女性など、フルタイムで働くのが難しい人の新たな雇用形態として期待されている。

データを読む

●主な国の失業率（2004年度）

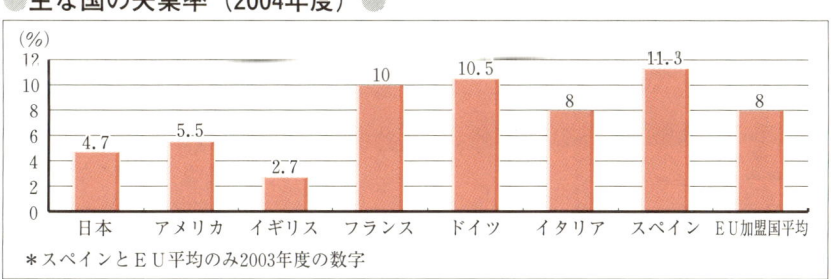

国	失業率(%)
日本	4.7
アメリカ	5.5
イギリス	2.7
フランス	10
ドイツ	10.5
イタリア	8
スペイン	11.3
EU加盟国平均	8

＊スペインとEU平均のみ2003年度の数字

（総務省統計局HPより作成）

国全体ではイタリアを抜いたが……
世界107位
1人あたりで見ると途上国水準にある中国のGDP

KEY WORD
- 中国のGDP
- 経済発展

外国からの投資の急増や国内の固定資産投資拡大などで、中国経済は飛躍的に成長している。2004年のGDPは、従来の予測から16.8％もの上方修正をおこなった結果、15兆9878億元（約231兆8200億円）となり、イタリアを抜いて世界第6位となった。これは5位のフランスにも迫る勢いである。2006年も**経済成長率9％**程度が見込まれ、フランスを抜くのもそう遠くない。

大幅な修正となったのは、従来、把握しにくかったIT関連企業やサービス業の実態を調査し、GDPに反映させたためである。世界でトップクラスのGDPを誇る中国ではあるが、1人あたりのGDPをはじき出すと、**1490ドル（約17万4000円）**となり、**一気に世界107位まで下降する**。加えて、年収が924元（約1万3300円）に満たない「**貧民層**」が推計で1億人に達するとの指摘もある。

中国経済景気観測センターが中国電視台と共同でおこなった調査によると、「今後も収入の格差が広がると思う」と答えた中国人が76％にものぼった。**外資企業**や**三資企業**（合資・合弁・独資）の社員は高給がもらえるが、地方へ行くと賃金も安いといったことが背景にある。

2007年以降も、2008年の北京オリンピックや2010年の上海万博が控えていることから、公共事業が拡大され、中期的には8％台の経済成長が続くと予想されている。政府は、中西部や東北地区での公共事業の拡大や、**三農**（農民、農村、農業）分野に多くの財政支出をして、所得格差の是正に乗り出す。

中国政府は、経済の中心をこれまでの輸出から内需へ持ち込もうとしており、雇用の効果が大きい**第三次産業**の改革・育成に取り組んでいる。ただし、ITサービス、インターネット、交通、小売りといった第三次産業の増加のほとんどは大都市に集中しており、これらの産業の急激な発展が、さらなる地域間の**収入格差**を生み出す恐れもある。

経済成長とともに、上海市、杭州市、寧波市などの大都市では一気に不動産価値が上がり、2005年には住宅購入価格が年収の10倍以上になったなどのデメリットも無視できない。

コラム／首都、北京の1人あたりのGDP

2004年の中国の首都、北京市の1人あたりのGDPは4970ドル（約58万円）だった。中国全体では1490ドル（約17万4000円）だから、3倍を超える。それでも全国では2位で、1位は上海となっている。

データを読む

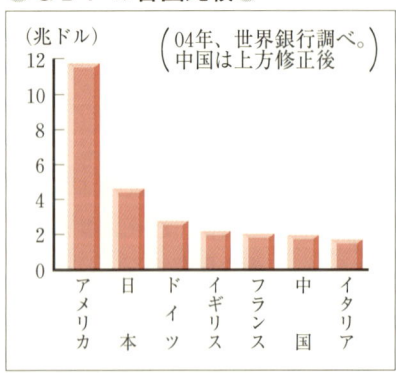

●GDPの各国比較●
（04年、世界銀行調べ。中国は上方修正後）
アメリカ、日本、ドイツ、イギリス、フランス、中国、イタリア

●中国のGDP総額と1人あたりのGDP●

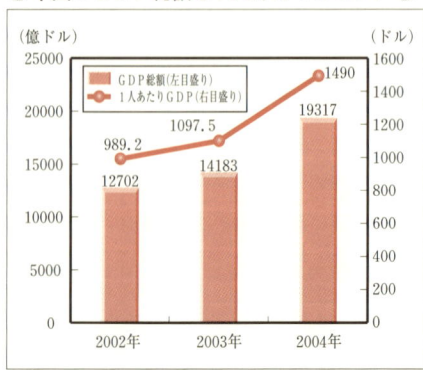

年	GDP総額（億ドル）	1人あたりGDP（ドル）
2002年	12702	989.2
2003年	14183	1097.5
2004年	19317	1490

（「朝日新聞」2005年12月21日より作成）

もはや浪費の域？

世界全体の4分の1

世界における石油消費、トップを走るアメリカ

KEY WORD
- 石油消費
- 省エネ対策

コラム／中国・インドの石油消費量

近年、両国ともに急速な経済成長にともなって、エネルギー消費量も増加の一途をたどっている。中国では経済成長にともない国民の自動車保有率が高まり、それが石油消費量の増加を招いている。インドも中国ほどではないが石油消費量が急増しており、その大部分を中東からの輸入に頼っているため、将来日本の輸入枠を脅かすのではないかとささやかれている。

データを読む

世界の石油消費量の割合（2005年1月〜3月）

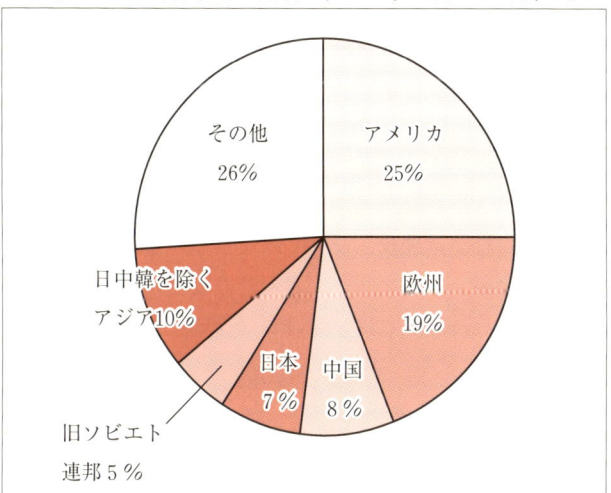

- アメリカ 25%
- その他 26%
- 欧州 19%
- 日中韓を除くアジア 10%
- 中国 8%
- 日本 7%
- 旧ソビエト連邦 5%

（「読売新聞」2005年10月17日より作成）

　遠くない将来に石油資源が枯渇するといわれてからすでに久しい。日本では1970年代に発生したオイルショックの影響で、政府が率先してエネルギー資源の節約を国民に呼びかけるようになった。国内ではエネルギー資源をほとんど採掘できないため、いざというときに困らないよう、過度の石油使用を控えようと考えたのである。

　ヨーロッパでも省エネ対策には重点が置かれており、ドイツでは地球温暖化防止の観点から、ベルリン州などで建築会社に対し、資材を運搬する際に、できるだけ道路を使わないよう求めているという。

　こうしたドイツや日本から見ると、なんとも遅きに失するような感のある国が存在する。2005年になって**ようやく省エネ対策に取り組もうと試みているアメリカ**である。

　アメリカエネルギー情報局の調べによると、2005年1月から3月までの間、世界の石油消費量の割合で、アメリカは第1位に君臨している。その割合は全体の約25％に達する。なんと1国だけで世界全体の石油消費量のうち、4分の1を占めているのだ。

　そのアメリカの省エネ対策だが、これも日本人の目から見ると、有効性に首を傾げたくなるようなものである。たとえば、アメリカ政府は冬場の空調の設定温度を低くするようにと国民に呼びかけている。しかし、その内容は「快適な範囲でできるだけ低く」というように、かなり具体性に乏しいものである。はたしてこれで省エネになるのだろうかと思えるような内容だ。

　そもそも、**アメリカ人は省エネの意識が低い**ようである。現在は燃費の悪い車を敬遠しがちなアメリカ人だが、それは省エネ意識の高まりからではなく、高騰しているガソリン価格に嫌気がさしているからともいわれている。加えて、現在急速な経済成長を遂げている**中国やインド**といった国々の**エネルギー消費量の増加**も懸念される。これからも世界全体のエネルギー消費量の増加には、歯止めがかけられそうにないのが現状だ。

3章　国家と国際社会

複雑な思惑からむ

4年で3倍

中国による北朝鮮への投資額

KEY WORD

- 経済交流
- 北朝鮮

コラム／日本人拉致問題

北朝鮮が工作員養成などの目的のため、1970年代後半〜80年代にかけ、日本人を拉致した事件。金正日は、日朝首脳会談で拉致の事実を認め謝罪したが、未解決の事件や安否不明者などの課題がまだ多く残されている。

データを読む

●北朝鮮の対外貿易額の推移●

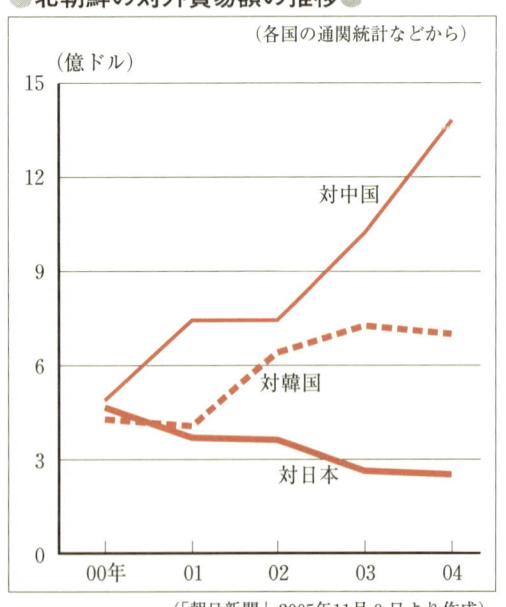

（各国の通関統計などから）

（「朝日新聞」2005年11月9日より作成）

　日本と北朝鮮の貿易規模は2000年以降、縮小を続けているが、その一方で、**中国と北朝鮮の経済交流は年々増大**している。

　2004年度の中国の対北朝鮮投資額は、**2000年の3倍**近くにもなった。たとえば、政府投資を除いた民間貿易額は13億8500万ドルに達し、北朝鮮全体の貿易量の50％近くを占めている。

　2005年10月、北朝鮮の核問題を討議する**6か国協議**を前に、中国の胡錦濤国家主席の訪朝で、中朝の接近が注目された。両国は、**経済技術協力協定**に調印し、共同通信は、中国が約20億ドル（約2300億円）の**長期経済援助**を提案したと伝えている。

　北朝鮮の貿易総額は1998年に14億ドルまで落ち込んだが、その後回復し、2004年には、28億ドルにまで増加した。貿易相手国は、中国、韓国、タイが上位3か国で、総額の70％近く達している。

　一方、2005年の日本との貿易額は、**日本人拉致問題や核問題**の影響もあり、2億5000万ドルと、1980（昭和55）年の**最盛期から5分の1にまで落ち込んでいる**。貿易総額のシェアでみても、2000年の23％から2004年には3％にまで減少している。

　中国がこれだけ北朝鮮に投資する背景には、北朝鮮の**鉱物資源**がある。**北朝鮮には、鉄鉱石、亜鉛、鉛などの豊富な資源があり**、中国はこれらの資源を北朝鮮から調達するかわりに、合弁会社を北朝鮮に次々と設立、技術支援をおこなっている。その典型的なケースが、中朝国境にある**茂山鉱山連合企業所**で、このような、北朝鮮に進出し、大きな利益を上げている中国企業は増えている。

　今後10年間で、中国は北朝鮮に300億ドル（約3兆6000億円）を超える巨大な投資をおこなうという予測もある。

　アメリカから経済制裁を受けている北朝鮮にとって、中国との経済関係は、なくてはならないものになりつつある。今後、中国マネーが北朝鮮の政治経済両面に大きな影響力を持つことは、避けられない。

大国のエゴになるときも
計257回
国連安全保障理事会における拒否権発動回数

KEY WORD
- 安全保障理事会
- 拒否権

コラム／日本の常任理事国入り

ながらく常任理事国入りを目指すも実現されない日本は、安全保障理事会の構成を拡大する案を提出する予定だ。この案では、安保理構成国の上限を21に拡大することを盛り込んでいる。現在は常任5か国と非常任の10か国の計15か国だが、増える6か国を常任・非常任のどちらにするかは、加盟国による投票にゆだねるとした。だが、アメリカや途上国は同案に反発することが予想されている。

国際連合の**安全保障理事会（安保理）**は、国連のなかでもっとも大きな権限を持っており、5大国による常任理事国と加盟国のなかから総会で選ばれる10の非常任理事国からなっている。同理事会は世界の平和と安全の維持に関する主要な責任を持つことが、国連憲章に定められている。そのため、国連の機関のなかで、加盟国の拘束など強制措置を発動する権限を持つ数少ない機関である。

常任理事国は、アメリカ、イギリス、フランス、ロシア（旧ソビエト連邦）、中華人民共和国（当初は中華民国）の5か国からなり、「**5大国**」とも表記される。

安全保障理事会の意思決定には、多数決制度が採用され、9理事国の賛成票によってなされる。ただし、**軍事的措置などの重要問題の決定においては5大国の常任理事国が拒否権**を持っている。5か国のうち、1国でも反対すれば、決定できない。これを「**大国一致の原則**」といい、大国の反対により、安保理の決定の実効性が失われるのを防ぐ目的がある。

しかし逆に、常任理事国1国の反対だけで、決議案が否決されることも多いため、大国の意見を通すためだけで、国家主権の平等に反するという批判も多い。

冷戦時には米ソの対立によって、たびたび拒否権が発動され、安保理の機能が停止した。冷戦終結後は、**イスラエル問題でアメリカが拒否権を濫発**している。

国立国会図書館の「調査と情報第463号」によると、2004年までに、旧ソ連・ロシアが122回、アメリカ80回、イギリス32回、フランス18回、中国5回（うち1回は中華民国）の計257回発動されている。

常任理事国の国益のために拒否権が濫用されているとする批判もあり、安保理をより民主的に改革するためには、拒否権を制限する必要もあると検討されている。

データを読む

●常任理事国の拒否権発動回数

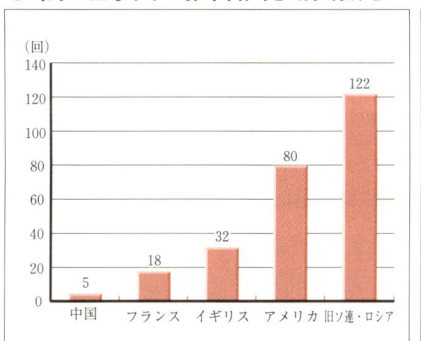

国	回数
中国	5
フランス	18
イギリス	32
アメリカ	80
旧ソ連・ロシア	122

●年代別の拒否権発動回数

年代	回数	注記
1946～55	83	冷戦のはじまり
1956～65	31	
1966～75	33	
1976～85	60	中東問題
1986～95	37	冷戦終結
1996～2005	13	

（国立国会図書館HPの資料より作成）

実は不満だらけ!?
60年で半減
アメリカの国連分担金負担率

KEY WORD

● 国連
● モンロー主義

コラム／モンロー主義

アメリカ第5代大統領ジェームズ・モンローが1823年、ラテンアメリカ諸国独立に対する欧州諸国の干渉を拒否すると宣言したことに基づく外交原則。次第に拡大解釈されるようになり、アメリカ諸国への影響力の行使に利用された。

　第二次世界大戦終結後、**戦勝国を中心に結成された国際連合**は、世界平和と経済・社会の発展のために協力することを誓った独立国の集まりで、加盟国は2006年現在、**191か国**にのぼっている。1945年に発足し、アメリカは、ソ連、イギリス、フランス、中国とともに常任理事国となった。国連の前身である国際連盟の設立に奔走したのは、アメリカの第28代大統領ウィルソンであり、国連も、フランクリン・ルーズベルト米大統領と、チャーチル英国首相が設立構想をまとめた。「国際連合」（United Nations）という名前もルーズベルトの提案である。

　これだけ国連の設立に寄与してきたアメリカだが、アメリカが現在の国連を主導しているかというと全くの逆で、**アメリカは国連の運営に不満を感じており、国連のなかで孤立を深めていっている**。

　それは、国連の活動資金の**分担金**割合に如実にあらわれている。国連広報センターによると、国連に加盟する191か国は、すべて国連の活動資金を拠出する義務があり、その分担割合は、各国の支払い能力、国民所得、および人口に基づいて、加盟国全体の合意のもとに決定している。

　国連設立直後の1946年は、アメリカの分担金負担率は**約40%**もあったが、60年間で半減し、2005年は**22%**となった。アメリカは加盟国のなかでもっとも分担金を支払ってきたのに、投票権は他国と同様に1票しかないことに不満を持っていた。

　さらに、1960年からの**ベトナム戦争**、1967年の**中東戦争**、2003年の**イラク戦争**など、国連の未承認のまま戦争をはじめ、国連内での立場を孤立させてきた。また、拒否権を持つほかの常任理事国4か国のうち、フランス、ロシア、中国の思惑に左右され、アメリカにとって有利な決定ができないなどの理由で、アメリカは国連を軽視するようになっている。

　「モンロー主義」と呼ばれる、他国の干渉を嫌い、アメリカがナンバー1だとする国民性と孤立主義が一部に根強く見られ、それも、国連との対立を深める要因となっている。

データを読む

●アメリカの国連分担金負担率の変遷●

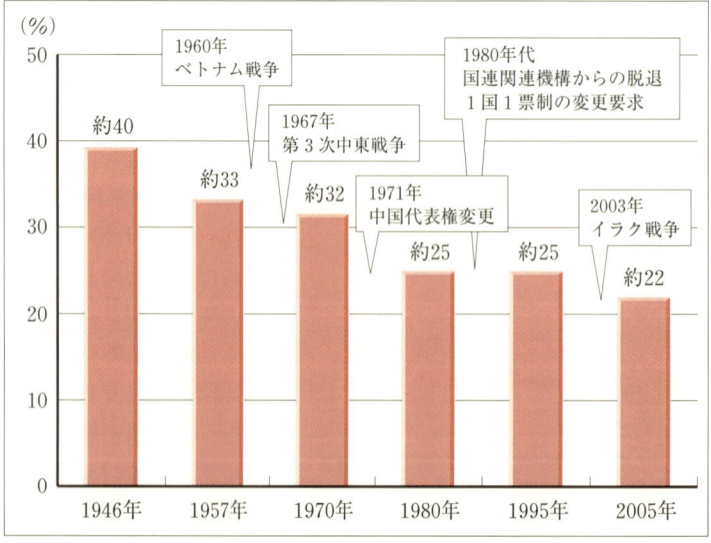

年	負担率(%)	出来事
1946年	約40	
1957年	約33	1960年 ベトナム戦争
1970年	約32	1967年 第3次中東戦争
1980年	約25	1971年 中国代表権変更／1980年代 国連関連機構からの脱退 1国1票制の変更要求
1995年	約25	
2005年	約22	2003年 イラク戦争

（『図説　ひと目でわかる！アメリカ大統領』学習研究社、『世界国勢図会2005／06』より作成）

4か国合計よりも高い
5分の1
国民総所得から算出した日本の国連分担率

KEY WORD
- 国連分担金
- ＰＫＯ

コラム／現在のＰＫＯ活動

ＰＫＯとは「国連平和維持活動（United Nations Peacekeeping Operations）」の略。2005年5月の時点で、16のＰＫＯが活動中で、105か国から約6万6000人が派遣されている。日本は1992（平成4）年の国連平和維持活動協力法成立により派遣可能となり2005年7月末現在45人が派遣されている。

　2005（平成17）年の**日本の国連分担金は、アメリカに次いで2位の3億4640万ドル**。分担率では**19.468％**にもなり、全体の約5分の1になる。各国が支払う国連分担金は、加盟国の国民総所得の比率をベースとして、一定の算出方法によって決定されるが、発展途上国に対しては対外債務や国民所得に応じた割引措置がとられている。また、分担率の上限は22％、下限は0.001％といった調整もされている。日本の分担率は、1956（昭和31）年の国連加盟時にはわずか1.97％だったが、経済成長にともない分担率が増加した。2000（平成2）年には20％を超え、2001（平成3）年からは19％台を保っている。これにより、日本は世界2位の経済大国としての責務を果たしていることになる。

　国連分担金の比率については、3年ごとに国連総会で見直すことになっており、日本政府は分担率の公正さを提案したい考えだ。というのも、アメリカ以外の、否決権を持つ4常任理事国の分担率合計は、**常任理事国ではない日本1国の分担率にもおよばない15.3％**だからである。その内訳は、イギリス6.127％、フランス6.030％、中国2.053％、ロシア約1.1％で、とくに**中国とロシアの分担率の少なさは顕著**である。国連での立場と分担率は必ずしも連動しないが、国連の議決に大きな影響力を持つ常任理事国については最低でも3～5％の負担はするべきというのが日本政府の考えだ。

　また、この国連分担率は、ＰＫＯ予算の分担率としても適用されるため、2004年のＰＫＯ分担率についても19.468％の国連分担率と同率を求められ、日本は9億9540万ドルを拠出している。ちなみに、ＰＫＯに関しては、国際の平和と安定に責任を持つ安全保障理事会の常任理事国に対して、その責務の大きさから通常の分担率よりも重い分担が求められているが、それでも常任理事国4国（イギリス・フランス・中国・ロシア）の分担率は、日本よりも低い18.4303％にとどまっている。

データを読む

●主要国の国連分担率●

順位	国名	分担率（％）	分担金額（100万ドル）
1	アメリカ	22.000	439.6
2	日本	19.468	346.4
3	ドイツ	8.662	154.1
4	イギリス	6.127	109.0
5	フランス	6.030	107.3
6	イタリア	4.885	86.9
7	カナダ	2.813	50.1
8	スペイン	2.520	44.8
9	中国	2.053	36.5
10	メキシコ	1.883	33.5

●国別ＰＫＯ派遣人数●

順位	国名	人数（名）
1	パキスタン	9883
2	バングラディシュ	8456
3	インド	6191
4	ネパール	3571
5	エチオピア	3419
6	ガーナ	3325
7	ナイジェリア	3157
8	ヨルダン	2618
9	ウルグアイ	2434
10	南アフリカ	2172
29	イギリス	349
30	アメリカ	345
64	日本	45
68	韓国	39

（外務省ＨＰより作成）

国内証券市場の不整備が要因？
46%
世界的に際立って高い中国の貯蓄率

KEY WORD
- 貯蓄率
- 個人投資家

コラム／低速する日本の貯蓄率

手取り収入である「可処分所得」の中で、貯蓄に回した割合を貯蓄率という。2002（平成14）年度には6.2%となり、過去最低を記録した。低下の原因としては、国民の高齢化が進み貯蓄できる余裕がないこと、不景気で所得が減少したことなどがあげられる。

アメリカの投資銀行リーマン・ブラザーズによると、2005年の**中国国民の貯蓄率は46%に達している**という。2003年のアメリカの貯蓄率は2.1%、日本の貯蓄率は7.5%であり、他国を圧倒している。また、かつて貯蓄大国といわれた日本の最盛期でも40%程度だったことと比べてみても、そのレベルは際立って高い。

中国国民がこれほど貯蓄に励む原因としては、第一に**国内証券市場の落ち込み**がある。上海証券取引所では、ピーク時には2125.72ポイントまで上がった株価（2000年11月23日）が、2005年10月21日現在で1141.32ポイントまで低落。46%減となった。このため、**個人投資家**たちが一斉に、貯蓄に資金を回したといわれている。中国の証券市場は9割が個人投資家だといわれているだけに、貯蓄に回された資金は莫大なものとなった。

第二の原因としては、**社会保障の不整備**があるという。急速に経済発展を遂げた中国だが、教育や医療、老後分野の社会保障制度の整備は十分とはいえず、国民は将来の不安から貯蓄に励んでいるという背景がある。

中国政府としては、さらなる経済発展のためには**内需拡大**が不可欠と考えており、国民が貯蓄を重視し、消費を控えると、経済面でマイナスになると懸念している。また、個人投資家が大多数を占める中国証券市場において、投資家が投資せずに貯蓄に資金を回してばかりいると、発展を目指す企業の資金調達手段が狭められることになる。どちらにしても、これ以上の貯蓄の増加は好ましくないとの意向から、**金利を下げる**ことで、国民の貯蓄熱を冷ませるのではないかといった意見まで出されている。これは、北京師範大学金融センターの鍾偉教授が、市場金利1%に比べて、預金金利は1年物で基準金利2.25%もあり、相対的に高いと指摘をしたことによる。もっとも、利下げを安易におこなうと、過剰な設備投資を引き起こすリスクがあることも無視できない。

データを読む

●主な国・地域の家計貯蓄率●

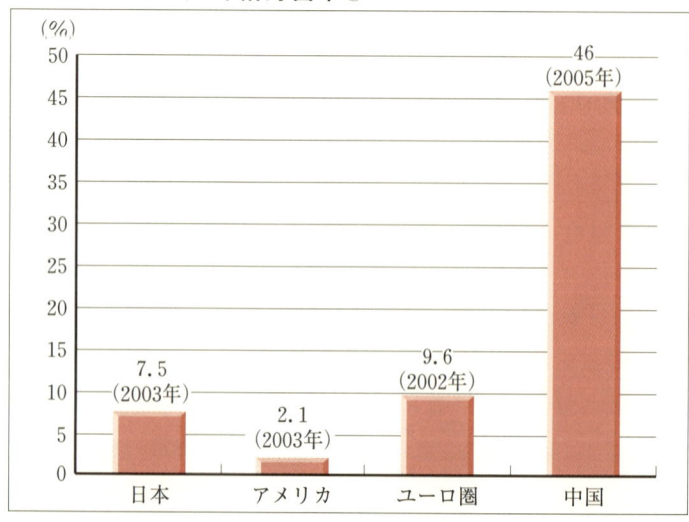

国・地域	貯蓄率
日本	7.5（2003年）
アメリカ	2.1（2003年）
ユーロ圏	9.6（2002年）
中国	46（2005年）

（NNAHPとOECD東京センターの資料より作成）

世界最大の政治経済統合体
25か国
拡大するEUの加盟国

KEY WORD
- EU
- GDP

コラム／トルコの加盟交渉の歴史

トルコは1987年に加盟申請をし、99年に加盟候補国に指定されたが、クルド人に対する弾圧などの人権問題やEU加盟国であるキプロスを国家承認しない、イスラム教徒であるなどの理由から、EU諸国間で加盟を反対する国も多く交渉は進んでいない。しかし2005年10月から交渉は再開されている。

　欧州連合（EU）とは、国という枠を超えて、加盟国全体で経済や外交政策を共有し、国際的発言力を高めていこうとの目的から構成された国家連合体である。1952年、EUの起源となる欧州石炭鉄鋼共同体（ECSC）が発足した。当時は6か国でのスタートだったが、その後は拡大を続け、2004年には、新メンバー10か国も加わって、**25か国**という大所帯となった。新メンバーは、チェコ、エストニア、キプロス、ラトビア、リトアニア、ハンガリー、マルタ、ポーランド、スロベニア、スロバキアである。これにより、EUの総人口は4億5000万人、国内総生産（GDP）は10兆840億ユーロとなり、アメリカを凌ぐ経済規模となった。

　EUが拡大し続ける一番の狙いは、国際社会の中で大国**アメリカに対抗**することである。一国では太刀打ちできないが、連合することにより、同等の国際的な地位や経済市場を持つためだ。さらに、加盟国間の移動は**パスポートが不要、共通の通貨であるユーロが流通**しているので両替が必要ない、警察・司法の連携により犯罪者逮捕が容易になるなどのメリットも大きい。

　ただし、課題もいくつかある。国が違えば、国内事情や政治・経済政策への考え方も違い、多くの国をひとつにまとめるのは至難の業だ。EU憲法を制定し、ルールを設けるなどの努力はおこなっているが、各国の思惑が交錯することもある。

　25か国もの加盟国があるため、**EUの公式言語だけでも20になる**。新たな加盟国10か国の1人あたりのGDPは、旧加盟国平均の半分にもならず、**経済格差が大きい**。EU加盟により、豊かな国への移住や就職が増え、**失業問題を引き起こし**かねない。さらに、**トルコの加盟問題**も発生している。トルコはEUへの加盟を望んでいるが、**イスラム教徒**の国であること、加盟国のひとつである**キプロス**を国として承認していないなどの理由で、加盟交渉が進まないのが現状である。

データを読む

●EU、アメリカ、その他の地域経済統合体の比較●

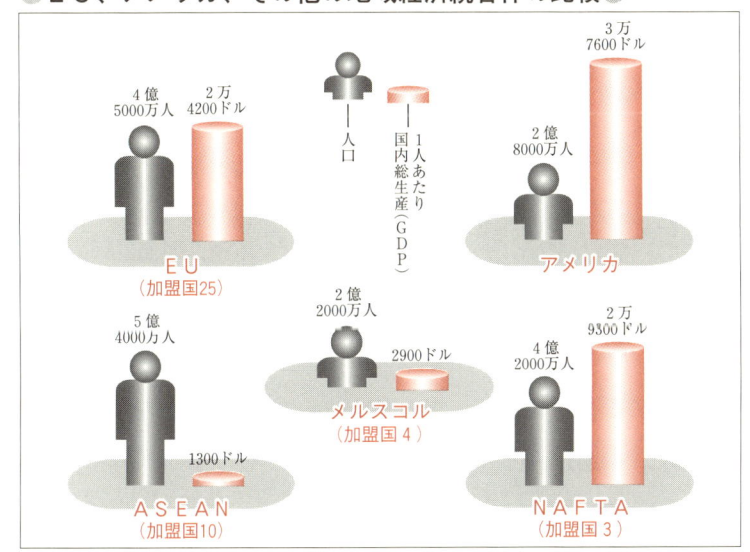

- EU（加盟国25）：4億5000万人、1人あたり国内総生産（GDP）2万4200ドル
- アメリカ：2億8000万人、3万7600ドル
- ASEAN（加盟国10）：5億4000万人、1300ドル
- メルコスル（加盟国4）：2億2000万人、2900ドル
- NAFTA（加盟国3）：4億2000万人、2万9300ドル

（外務省HPより作成）

3章　国家と国際社会　201

経済ではアメリカより中国と仲よし
24兆9400億円
対アメリカ貿易総額を上回る、対中国貿易総額

KEY WORD
- 貿易総額
- 自由経済
- 政冷経熱

コラム／政冷経熱
対中国貿易額が増加する一方という経済状況に反して、首相の靖国神社参拝問題、東シナ海における油田問題など政界での日中関係は解決の方向性が見えてこない。「政冷経熱」という表現は、このような二国間の関係を表現する言葉である。

イラク戦争後における自衛隊のイラク派遣に示されるように、小泉政権はアメリカとの友好関係を重視する政策をとってきた。そのため、小泉政権下の日本とブッシュ政権下のアメリカは、かつてないほど親密な関係にあるともいわれている。

一方、日本と中国の関係に目を向けると、小泉首相の靖国神社参拝に代表される両国の歴史認識問題により、その関係はきわめて冷め切った状態にある。

ところが、経済面での日本とアメリカ・中国の関係を見てみると、意外なことに中国との関係のほうが密になっていることがわかる。

財務省の発表した2004（平成16）年の貿易速報で、輸入額、輸出額を合わせた日中貿易（香港を含む）の総額が、日米貿易の総額をはじめて上回ったことがわかった。対アメリカ貿易の総額が約20兆4800億円だったのに対し、対中国貿易の総額は、約22兆2500億円だったのである。この傾向は翌2005（平成17）年にも続き、対中国貿易の総額は約24兆9400億円、対アメリカ貿易の総額は約21兆8000億円だった。前年と比べて、対中国貿易の伸び率のほうが、対アメリカ貿易の伸び率と比べても大きかったのだ。

中国は、香港返還を受けて自由経済を積極的に導入、市場を開放して2001年には世界貿易機関にも加盟している。日本は中国への投資に比重をかけるようになり、企業進出の増加がここ数年の傾向として見られていた。1999（平成元）年以降、貿易総額は6年連続増加して、記録を更新し続けてきたのである。

対アメリカ貿易に関しては、ＢＳＥ（牛海綿状脳症）問題にからんで、アメリカから日本への牛肉輸入が停止したという、日米間の貿易問題が裏にあることの影響もある。とはいえ、以前から対中国貿易総額が、対アメリカ貿易総額を追い抜くのではないかという見方は、時間の問題と見られていたことだったのだ。

データを読む
●対中・対米貿易総額の推移●

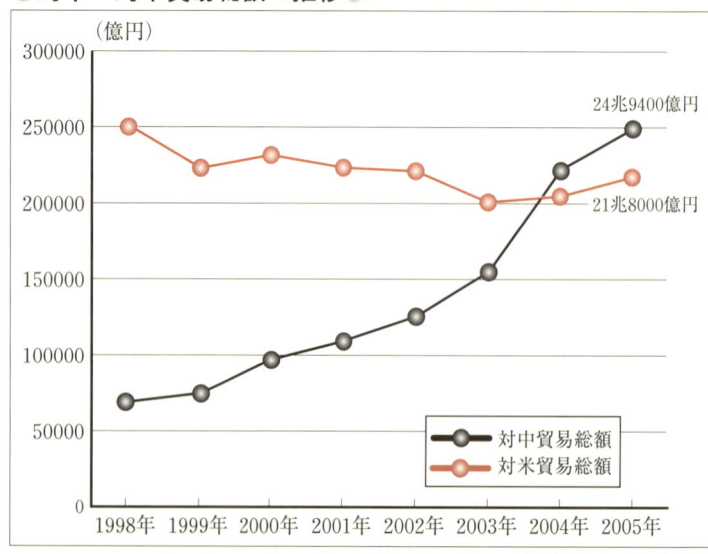

（財務省ＨＰより作成）

世界中が不安に……

5年で2倍増

高騰する原油価格

KEY WORD
- ●原油価格
- ●価格高騰

コラム／オイルサンド

石油の枯渇まで半世紀もないといわれはじめてすでにその半分の期間が過ぎたが、新油田の掘削などもあり、産油量に大幅な変化はない。そこにまた重油質を含んだ砂であるオイルサンドという新しい資源候補の開発が進み、注目を浴びている。精油に費用がかかるが、原油価格高騰のいまなら採算も合うという。

　マイカー族には切実な問題となる**ガソリン価格**が、日本では1992（平成4）年の**湾岸戦争後以来の高値**になっている。これは日本だけにとどまらず、21世紀に入ってから続いている**原油価格の高騰**を受けてのものだ。

　とくに2000年以降1バレルあたり30ドル前後で推移していた原油の国際指標価格が、2005年には60ドルと**倍増**した。原油価格の高騰は、直接のガソリンの値上げのほか、電気料金や航空運賃の値上げにも結びつき、個人消費の冷え込みまで招きかねない状態である。

　景気が回復傾向を見せている日本経済にとっては打撃だが、不安を隠せないでいるのは日本だけではない。世界中に不安が広がっていく気配を見せている状況だ。

　それは、誰もが**石油埋蔵量**に限りがあることを承知しているからで、原油の枯渇が近づけば需給のバランスから原油価格の高騰は避けられなくなる。だからこそ、これまで投機の対象になってきたこともあるのが原油である。

　石油生産は一定量が確保されており、その生産能力は安定しているはずなのだが、需要が拡大すると供給不安を招く。市場のそうした不安につけこむ投資家たちによる**投機的資金**が流入して、原油価格を左右するという現象が起こる。

　このところ続く原油高騰は、そうした経済活動によるものだが、**根本となる石油需要拡大の原因になったのは、中国やインドなどアジアの国の経済成長と発展**にあると見られている。

　日本は石油供給を産油国に頼りきっているため、諸外国に比べれば石油化学事業での原油消費を抑え込むノウハウを得ている。国民にも省エネの意識が浸透している。ガソリン業界も、値上げを抑制する企業努力に怠りないから、いたずらに不安に躍らされる必要はないといえよう。

データを読む

●原油価格の推移●

（ドル／バレル）縦軸：0〜80
横軸：1998年〜2005年
世界の原油市場の指標となる西部テキサス原油（WTI）の価格推移

（『すっごくよくわかる経済』日本実業出版社より作成）

3章　国家と国際社会

EUを困らせる
ギリシャなど4か国
「財政赤字隠し」をするEU加盟国の数

KEY WORD
- 資産の証券化
- EU

欧州連合（EU）の行政機関である欧州委員会高官が、2005年秋、EU加盟25か国のうち、**ギリシャなど4、5か国が赤字財政隠しの操作**をおこなっていることに関して、詳しい調査を開始することを決定した。

EUには、加盟国の統一通貨ユーロの導入を前に、過度の財政支出を抑えて財政を安定化させ、インフレやユーロの価値低下を防ぐために結んだ協定が存在する。それが、各国が単年度の財政赤字を、国内総生産（GDP）比で**3％以内**に抑えるというものだ。

協定違反をした場合、赤字削減策の報告義務があり、不十分だと認定されるとGDP比0.5％の預託金が求められる。2年たっても赤字が解消できなければ没収されるという罰則も規定されている。

1997年に結ばれた協定だが、景気低迷で経済が伸び悩む国が出現、赤字隠しの道を選んだのがギリシャである。

ギリシャのとった手法は、未回収の税金を担保にアメリカの銀行から融資を受け、歳入に組み込むというものだった。ギリシャ以外にも売却予定の政府不動産を担保に銀行から融資を受ける、破綻企業への政府出資金を、新設した別会社に資産と負債を移転して赤字解消するなど、さまざまな手法で赤字隠しをしている国が存在することが確認されたという。

「資産の証券化」と呼ばれるギリシャの使った手法は、銀行や企業が資金調達に使うことも多く、他国の赤字解消策も政府が民間投資銀行から示唆されておこなった可能性も否定できないという。

ドイツも2002年から3％以内という財政基準を順守できておらず、**フランス**も同様に2004年まで3年連続の違反だった。ユーロ圏で一、二を争う大国でこれだから、協定の見直し案という策も浮上している。国境を越えた巨大な共同体EU内で、経済的な足なみをそろえるのは今後の大きな課題となっている。

コラム／ユーロ

陸続きのヨーロッパ諸国で共通の通貨を持つことで経済発展を目指すために設けられた貨幣単位がユーロ。使用人口約3億人にのぼり、アメリカドル、日本円に対抗する有力通貨として、1999年に登場した。

データを読む

●欧州委員会の見直し案のポイント●

	現行協定	見直し案
違反基準	財政赤字の対実質GDP比が3％を超えれば違反	現行と同じ
赤字是正手続き	是正勧告を受けてから1年程度で過剰赤字の修正を完了する必要	不況期や累積債務が低い場合は一定の猶予を与える
早期警告	財政赤字の対GDP比が3％を超えそうな国には、欧州委が財務相理事会の承認を得た上で警告する	欧州委は財務相理事会の承認なしに警告できる
運用面の改善	罰則を厳格化させることによって協定順守を徹底させる	赤字国に対して他の国が批判を強めることが、プレッシャーとして効果的

（「読売新聞」2004年10月26日より作成）

発展途上国が特に深刻
約1万4000人
HIVに感染した人数、約490万人を1日あたりで考えると

KEY WORD
- HIV
- エイズ
- アフリカ
- 国連エイズ計画

コラム／抗HIV薬
エイズウイルスが体内で増殖するのを防ぎ、エイズの発症を抑える。一般には3種類を組み合わせて飲む。使用してもウイルスを殺すことはできず、副作用が多い、一生服用しなければならないなどのデメリットもある。高額なため途上国では普及が遅れており、支援が急務となっている。

　国連合同エイズ計画（UNAIDS）と世界保健機関（WHO）は、2005年に新たにHIVに感染した人が、推定で490万人、**エイズ**による死者は310万人になると発表した。総感染者数は4030万人となり、死者の累積は2500万人に達した。2003年の調査時に比べて、感染者、新規感染者ともに7％増で、**エイズ対策の効果があまり上がっていないことを露呈した**。WHOは、途上国の感染者のうち300万人を抗HIV薬によって治療することを目標としたが、2005年末で治療できた患者数は100万人にしかなっていない。

　エイズ感染者4030万人のうち、2580万人はサハラ砂漠より南の**アフリカ地域の住人**である。エイズ対策は世界規模でおこなわれているが、それ以上に感染の広がりとスピードが大きいのが現状だ。もっとも、カリブ諸国では03〜05年の間に感染者数を抑えることに成功している。反対に、東欧・中央アジアで160万人増（約33％増）、東アジアでは87万人増（約26％増）と、地域によってエイズ感染者の状況は異なっている。

　先進国のなかで唯一、エイズ感染者が増加しているのは日本である。10年前に比べて倍になっており、新規のHIV感染者とエイズ患者が年間1000人を超えた。累計での感染者数は1万人超である。新規感染者の約6割が男性の同性愛者で、感染者の3分の1は30歳未満の若者である。

　日本で感染者が増加した背景には、治療薬の進歩で、エイズによる死亡率が減少してきたために国民の関心が低くなり、危機意識が希薄になっていることがあげられる。

　国連エイズ計画によると**「今後5年間の新規感染者は1200万人になる」**との見方も出ている。エイズ対策はいまや、政治的なリーダーシップによる感染の阻止と、感染者への差別意識の解消、感染者を支援する民間活動団体との協調政策などが必要不可欠であるといわれている。

LOOK at a MAP!

●2005年のHIV／エイズMAP●

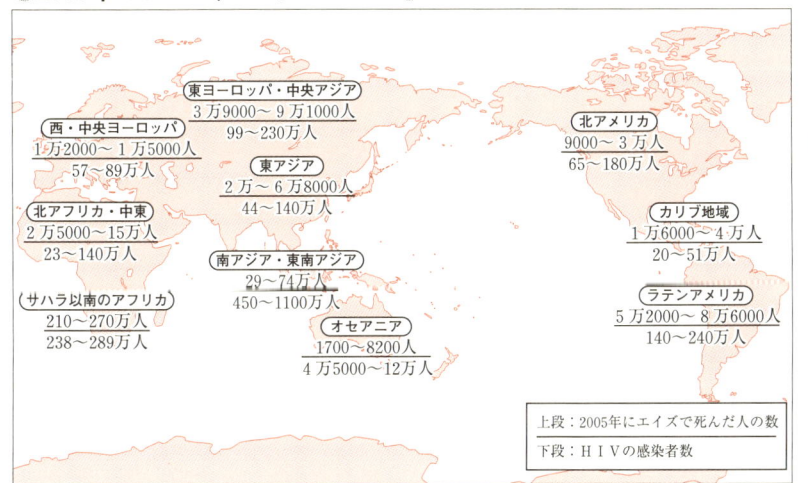

西・中央ヨーロッパ
1万2000〜1万5000人
57〜89万人

東ヨーロッパ・中央アジア
3万9000〜9万1000人
99〜230万人

北アメリカ
9000〜3万人
65〜180万人

東アジア
2万〜6万8000人
44〜140万人

北アフリカ・中東
2万5000〜15万人
23〜140万人

カリブ地域
1万6000〜4万人
20〜51万人

南アジア・東南アジア
29〜74万人
450〜1100万人

サハラ以南のアフリカ
210〜270万人
238〜289万人

オセアニア
1700〜8200人
4万5000〜12万人

ラテンアメリカ
5万2000〜8万6000人
140〜240万人

上段：2005年にエイズで死んだ人の数
下段：HIVの感染者数

（UNAIDS HPより作成）

4章　人類の課題

日本ではそろそろ減少しはじめるが……
8710万人

大部分はアフリカと南・西アジア　1年で増えた世界の人口

KEY WORD
- 少子高齢化
- 開発途上国

コラム／8710万人といえば…

同白書が推計した1年間で増えた世界の人口8710万人という数字は、フィリピンの人口の8150万人、ドイツの8250万人、ベトナムの8206万人（いずれも2005年）と1国の人口よりも多い。

データを読む

●2050年の人口推計●

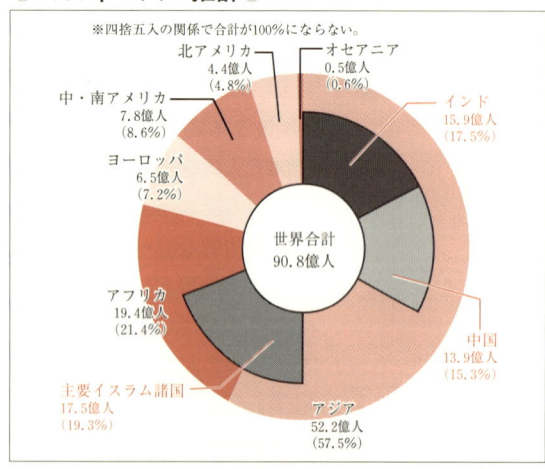

※四捨五入の関係で合計が100％にならない。

- 北アメリカ 4.4億人 (4.8%)
- オセアニア 0.5億人 (0.6%)
- 中・南アメリカ 7.8億人 (8.6%)
- インド 15.9億人 (17.5%)
- ヨーロッパ 6.5億人 (7.2%)
- 世界合計 90.8億人
- アフリカ 19.4億人 (21.4%)
- 中国 13.9億人 (15.3%)
- 主要イスラム諸国 17.5億人 (19.3%)
- アジア 52.2億人 (57.5%)

（国連「World Population Prospects」より作成）

　日本で**少子高齢化**が深刻化するなか、世界の人口増加が地球規模の重大な問題となっている。19世紀前半には10億人であった世界の人口は、1950年には25億人を超え、1999年には60億人を突破、2050年には90億人にまで増加すると、国連人口基金では予測している。同基金は2005年10月に、「世界人口白書」の2005年版で、**世界人口が同年7月時点で64億6470万人に達した**と発表した。

　6年間世界では6位にランクしていた日本は、1億2810万人と微増したが、ナイジェリアに抜かれ10位になった。2005年の調査では日本の人口はすでに減少しはじめたと報告されている。同白書は、世界人口はこの1年間に**8710万人増加**したと発表し、このうち、8200万人、**94％がアフリカや南・西アジアなどの開発途上国**で、2050年には、上位10か国は、アメリカとブラジル以外はアジア、アフリカ諸国になると予測している。

　同基金は、2005年と45年後の2050年の世界各国の人口の増減を比較しているが、それによると、世界全体の人口は40.4％の増加率。トップは**アフリカ諸国**で、05年の9億590万人から、50年は19億3700万人に膨れ上がり、実に、113.8％の増加率である。次は**イスラム諸国**で05年の14億2360万人が50年には26億1370万人と83.6％も増加する。

　これらは数か国の合計だが、1国で多いのは**インド**で、11億340万人が15億9270万人と44.3％増。反対に減少するのは、ロシアで1億4320万人が1億1180万人と21.9％も減少する。欧州諸国も7億2840万人が6億5330万人と10.3％減になると推計している。

　開発途上国の人口爆発は、**貧困の増加、食糧不足、環境破壊問題**などを引き起こし、**食糧支援、環境保護活動**が急がれている。また途上国の人口爆発の原因は、**女性の望まない妊娠**が多いことにより、世界全体では、2億100万人の女性が避妊方法を利用できず、望まない妊娠が途上国だけで年間7600万件、15〜19歳の女子の出産は年間1400万人と発表した。白書は、「女性がいつ何人の子どもを産むかを自由に決められるようになれば、人口増加は緩やかになる」（この概念を**リプロダクティブ・ヘルス**という）と指摘している。

今も助けを求める人がいる……
世界で約920万人
世界中にいる難民

KEY WORD
- 難民
- UNHCR

世界にはやむをえない理由から郷里を離れ、国外へ庇護を求めるべく他国に向かう人々がいる。こうした"難民"に対し、1951年に国連で採択され、54年から発効したのが「難民の地位に関する条約」だ。それにより、難民とは「人種、宗教、国籍、政治的意見や特定の社会集団に属していることを理由に、自国にいると迫害を受けるおそれがあるため他国に逃れた人」と定義された。

当初、この定義では戦争や内戦により自国を離れざるを得なくなった人々は難民にあてはまらず、「避難民」と呼ばれていた。しかし、のちに定義が拡大し、これらの人々も難民と見なされるようになっている。

難民の救済を職務とする**国連難民高等弁務官事務所（UNHCR）**によれば、本来の意味においての難民数は、2004年に970万人を数えた。2005年1月1日現在には**920万人**に減少して、過去25年間で最低の人数を記録している。とはいえ、国境は越えず自国内にとどまったまま難民状態にある人を加えると、**世界中の難民総数はまだ2000万人にのぼる**という試算もあるという。

2005年に減少を見たのは、**アフガン難民**のなかに、帰国を果たした人が多かったからだ。その数百万人といわれているが、それでもまだ200万のアフガニスタン人が国内帰還を果たせず、今でもアフガニスタンが世界最多の難民発生国となっている。

アフガン難民は、1989年にソ連が撤退したあとも内乱が続いていたため、増加の一途をたどり、もっとも多い時期は620万人いたこともあった。

他国には行かずとも、郷里を離れざるを得ない状況にある人々は、国内避難民と呼ばれる。これらの人々をいちばん多く抱えているのは、政情不安定な**コロンビア**で、その数は200万人とされている。彼らへの支援の道もUNHCRが模索中だ。

コラム／難民数と同じ国民数のスウェーデン

UNHCRが認定している難民数920万人というのは、人口901万人を数えるスウェーデン一国に匹敵する。日本国内でいえば神奈川県の人口が870万人となっており、日本でなら有力自治体一つが組織できることになる。

データを読む

●世界の難民数の推移（各年末現在）

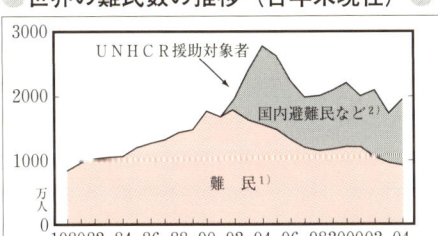

国連難民高等弁務官事務所（UNHCR）の資料による。UNHCRの庇護下にある難民のみで、パレスチナ難民などは含まない。1）自国を逃れほかの国の保護を受けている者。2）ほかに庇護希望者や帰還民などがある。

（『世界国勢図会2005／06』より作成）

●主な難民発生国・地域の難民数（上位10か国）

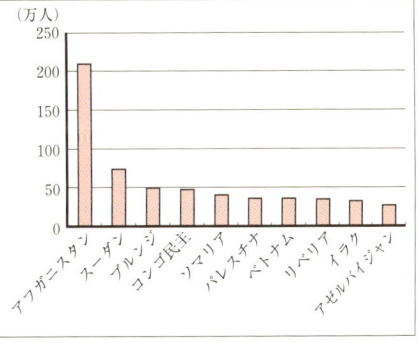

アフガニスタン、スーダン、ブルンジ、コンゴ民主、ソマリア、パレスチナ、ベトナム、リベリア、イラク、アゼルバイジャン

（UNHCR Japan HPの資料より作成）

日本は冷たい国？
426人中わずか15人
2004年度の難民申請者における認定者の割合

KEY WORD
- 難民認定制度
- 難民認定法

コラム／来日する難民のおもな国籍

日本に保護を求める難民で、とくに多いのはパキスタン、中国、ミャンマーだ。1970年代後半以降は、ベトナム、ラオス、カンボジアのインドシナ難民が増えた。2001年の米国同時多発テロ後は、アフガニスタンの難民も一時増えたが、現在は減少している。

日本は、先進各国から「難民鎖国」とレッテルを貼られるほど、**難民の受け入れに厳しい**。アメリカ、カナダ、ドイツ、イギリス、フランス、イタリアの日本を除くG7加盟国が、年間1万～3万人の難民を受け入れているのに対し、日本はわずかに1桁から2桁の数という少なさである。

入国管理局によると、2004（平成16）年度は426人という申請者に対して、認定されたのは、わずかに**15人**にすぎない。参考までに2001年のアメリカの難民受け入れ数を見てみると、5万9460人の申請者のうち、2万8300人を受け入れている。これに比べると、足元にもおよばない数字である。

このように、日本が受け入れる難民数がきわだって少ない理由のひとつは、日本での**難民認定制度**の利用が難民にとって困難であることだ。

日本の難民認定は、**難民認定法**に基づき、法務大臣の権限のもとに置かれている。認定申請は、東京、横浜、大阪、名古屋などの空港内にある入国管理局でおこなわれる。しかし、その**申請方法は日本人にもほとんど知られておらず**、まして日本語のできない難民が知ることは容易ではない。しかも、過酷な境遇を逃れてやってきた日本で、心身の疲れを癒す暇なく手続きに取り組まねばならない。**手続き中は一切の社会保障が受けられず、就労も許可されない**。申請が受理されるまでの時間は決まっておらず、何年も待たされることもある。

さらに、日本で難民が認められにくいのは、情報提供が不十分なこと、審査過程に不透明な点が多いこと、認定基準が厳しすぎることなどがあげられる。

そこで、法務省以外の第三者からなる「難民審査参与員」制度を2005年からスタートさせ、難民認定支援に向けての動きがはじまっているが、今後も難民申請者の権利保持など取り組むべき課題は多い。

データを読む

●難民認定申請数と認定数の推移●

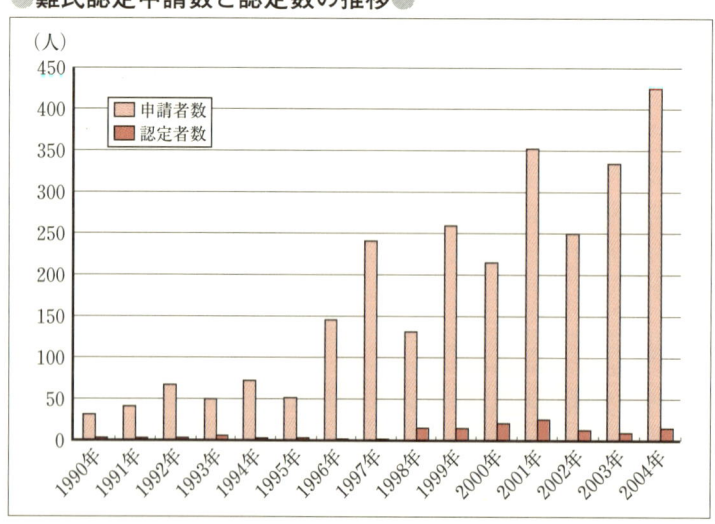

（入国管理局HPの資料より作成）

備蓄分を入れると倍以上
約1万6000発
世界で実戦配備されている核弾頭の数

KEY WORD

● 核弾頭
● 核抑止論

コラム／IAEA

国際原子力機関。世界各地で600名以上の専門スタッフが現地で査察活動をおこない、核拡散防止に取り組んでおり、「核の番人」といわれている。2005年にはこの機関がノーベル平和賞を受賞。一方、原子力発電、医学、鉱工業などにおける放射線利用など、原子力の平和利用を促進する活動もおこなっている。

「核弾頭」とは、ロケットに取り付けた核兵器のことである。ストックホルム国際平和研究所によると、2004年1月末で、実戦配備されている核弾頭の数は約1万6000発。そのうちの7802発（48.7％）を保有しているのが**ロシア**、7006発（43.7％）を保有しているのが**アメリカ**だ。これに中国の402発（2.5％）、フランスの348発（2.2％）、イギリスの185発（1.2％）が続く。そのほかイスラエル、インド、パキスタンなども核弾頭を保有している。また、各国の予備分や備蓄分を合計すると、核弾頭は3万6500発にも達すると推定されている。

核弾頭がこれほど多く保有されるのは、アメリカと旧ソ連（現ロシア）を中心とする東西冷戦時代の「**核抑止論**」に由来する。「核抑止論」とは、核を多く保有することで、万一戦争になったら相手国を滅ぼすだけの力があると見せつけ、戦争を防ごうというもの。相手から主導権を取るためには、より多くの核を保有することが必要とされたことから、核保有が広がり、1986年には米ソ両国の保有分だけで約7万発もの核弾頭が存在することになった。

その後、地球全体を滅ぼせるほどの核を各国が保有しているのは間違いであるという議論がなされ、アメリカ、ロシアの2大国を中心に、核軍縮がおこなわれている。しかし、1998年5月には世界からの非難にも関わらず、**インドとパキスタンが核実験をおこなってお互いに牽制し合う**など、核の脅威を抑止力として使おうとの考え方は依然生き続けていることを証明した。

核兵器の拡散を防止し、核の平和利用を訴える**核拡散防止条約（NPT）**は、1970年に発効。アメリカ、ロシアなどの核大国が核を減らす努力をしているのは、この条約に基づく。2005年6月現在で加盟国は189か国にものぼる。ただし、**北朝鮮は脱退**を表明した。このほか**包括的核実験禁止条約（CTBT）**では核爆発をともなうすべての実験を禁止しているが、アメリカと中国は署名しているが未批准、インドとパキスタンは未署名で、各国の足並みが揃わないために、未発効のままである（日本は1997年に批准済）。

LOOK at a MAP！

● 2004年の世界の核弾頭数 ●

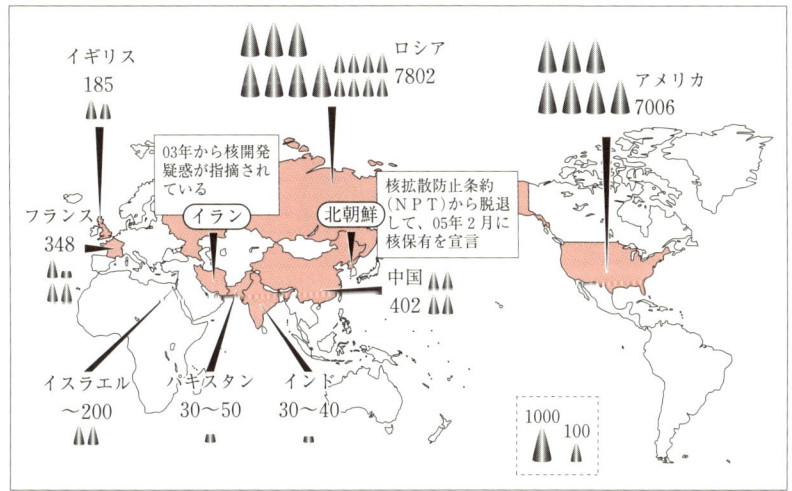

- イギリス 185
- ロシア 7802
- アメリカ 7006
- フランス 348
- イラン（03年から核開発疑惑が指摘されている）
- 北朝鮮（核拡散防止条約（NPT）から脱退して、05年2月に核保有を宣言）
- 中国 402
- イスラエル ～200
- パキスタン 30～50
- インド 30～40

凡例：1000　100

（ストックホルム国際平和研究所『SIPRI年鑑』より作成）

危険にさらされる子どもたち……
6人に1人
世界中で児童労働に従事している子どもたち

KEY WORD

- 児童労働
- 貧困
- 発展途上国

コラム／児童労働者

ネパールやインド、パキスタンなどのカーペット産業に従事する子ども、ブラジルのさとうきび畑で労働する子ども、タイの児童売春に従事する子どもなどが、よく知られた児童労働者である。

子どもでも「働く」ことは悪いことではない。お使いに行かされたり、植木鉢への水やりが日課だったりする家事の手伝いや、自ら進んでするアルバイトは、「子どもの仕事」として認められる。

しかしそれとは異なり、世界には子どもにとって肉体的、精神的害になり、教育の妨げにもなるような労働に従事している子どもたちがいる。このような労働を、「**児童労働**」と呼んでいる。

国連の「子どもの権利条約」で定義している18歳未満の子どものうち、こうした児童労働に従事しているのは、5～17歳で約2億4600万人もいる。これは世界中の子どものうち**6人に1人が働いている**という計算だ。

国際労働機関（ＩＬＯ）のリポートによると、なんらかの経済活動に従事している子どもは世界で約3億5200万人と発表されている。このふたつの数値に1億600万人分の差が出るのは、軽作業あるいは教育の一環とみなされる、許容範囲での労働に従事している子どもが「児童労働」から除外されているためだ。

児童労働をもたらす最大の原因は**貧困**である。そのため児童労働に従事する子どもの数は、**圧倒的に発展途上国に多い**。たとえば5～14歳の子どもたちに限ると、このなかで児童労働に従事している子どもたちのうち、60％にあたる約1億2730万人が**アジア太平洋地区**に存在している。ついで**アフリカ地域**の23％の6140万人。以下、ラテンアメリカ・中東・北アフリカ、といった地域が続くが、いずれも10％以下である。

児童労働の多い途上国では、地域社会で子どもの労働が慣行になっている、親自身にも教育がなく子どもに労働力を期待する、法律が不整備で教育へのアクセスがないといった状況が、児童労働者数の増加に輪をかけている。

雇用する側も子どもなら従順で使いやすく、しかも賃金が安くすむからと、率先して労働力として利用する。子どもに劣悪な条件での労働を強いた結果、病気やケガも多くなり、そのため貧困にさらに拍車がかかるという構図も、そこからは見えてくる。

データを読む

●児童労働をしている子どもの数●

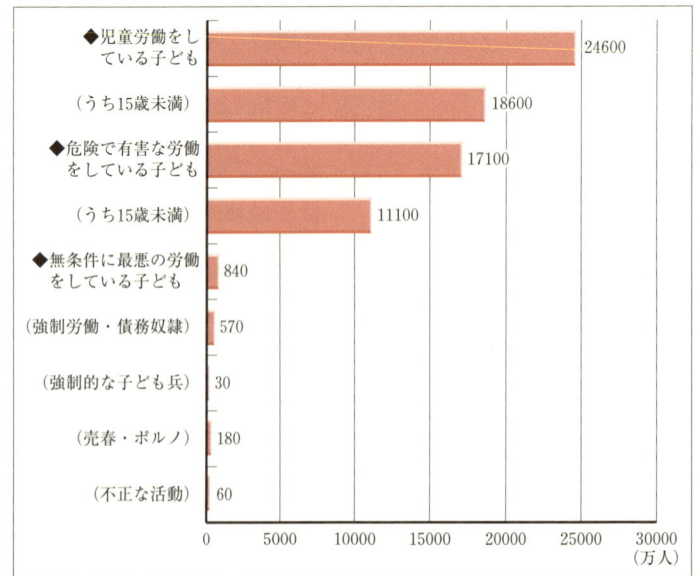

区分	人数（万人）
◆児童労働をしている子ども	24600
（うち15歳未満）	18600
◆危険で有害な労働をしている子ども	17100
（うち15歳未満）	11100
◆無条件に最悪の労働をしている子ども	840
（強制労働・債務奴隷）	570
（強制的な子ども兵）	30
（売春・ポルノ）	180
（不正な活動）	60

（ＩＬＯ駐日事務所ＨＰの資料より作成）

銃社会アメリカの暗い影
年間30万件以上
銃器を用いた犯罪件数

KEY WORD

● 銃規制
● ブレイディ法

コラム／ブレイディ法

短銃購入に際して5日間の待機期間を設け、その間に購入希望者の犯罪歴を調査し、前科のある者には販売しないことを義務づけた法律。レーガン大統領暗殺未遂事件で重傷を負い、のちに銃規制活動を始めたブレイディ報道官の名前からこう呼ばれる。

　アメリカは世界でも稀な、銃の一般所持が認められている「銃社会」である。米国司法統計局によると、現在、アメリカには約2億2300万丁の銃が私的に所持されている。アメリカの総人口約2億8000万人（2000年）から単純に計算すると、**5人のうち4人が銃を所持している**ことになる。

　アメリカでは、州によって**銃の販売規制**は異なるが、多くの場合は、銃の専門店に行き、書類に必要事項を記入して身分証明書を提示すれば、誰でも簡単に銃を購入することができる。

　しかし、**銃犯罪の増加、凶悪化、若年化は大きな社会問題**になっている。コロラド州のコロンバイン高校で1999年、2人の高校生が銃を乱射し、13人を射殺、23人を負傷させた事件や、2000年に、ジョージア州の高校で、19歳の少年が生徒2人を射殺した事件など重大事件が多発し、銃規制の運動も強まってきている。「市民の銃の保有と携帯は犯罪の増加に結びつかない。むしろその逆である」として銃を手放すことへの反発も根強い。アメリカでは、**開拓者時代から銃を保持し、銃によって自分の身の安全を守るという伝統**もある。アメリカ司法統計局によると、アメリカでは**毎年30万件以上の銃犯罪**が発生しており、銃による殺人事件の犠牲者は、年間1万人を超える。自殺、他殺、事故を含めると、毎年、約3万8000人が銃によって命を落としている。

　銃による犯罪件数が最も高かったのは、1994年で、60万件近い事件が発生している。

　1993年には、銃規制法である「**ブレイディ法**」が成立し、銃規制の必要性も叫ばれるようになり、95年以降は犯罪件数が減少の傾向にはある。しかし、一方では、銃規制に強行に反対する勢力も大きな力を持っている。その最大の組織で、3500万人を超える会員がいる**全米ライフル協会（NRA）**は、銃を所持する権利を主張して、豊富な資金をもとに議会に圧力をかけ、反銃規制運動を展開している。今後も、銃規制運動と、NRAをはじめとする反対派との争いは活発化し、世界の注目を集めていくと予想されている。

データを読む

●アメリカの銃による犯罪件数の推移●

（1993年 ブレイディ法成立／1994年 犯罪対策法／2001年 アメリカ同時多発テロ）

（Bureau of Justice Statistics HPより作成）

4章　人類の課題

飢餓に苦しむ人は多いのに……
6人に1人
世界で「太りすぎ」といわれる人々の割合

KEY WORD
- 肥満
- 成人型糖尿病

コラム／肥満の指標・BMI値
体重（kg）を身長（m）の2乗で割った数値。25以上を「太りすぎ」、30以上を「肥満」とする。ただし、日本肥満学会では、日本人は欧米人とは体格も体質も違うことから、この基準よりも厳しい基準を設けている。

肥満は、心臓病や脳卒中、乳がん、関節炎、成人型糖尿病になる要因のひとつといわれている。そんな肥満に関し驚くべきデータがある。先進国、途上国ともに「太りすぎ」の人が増えており、世界保健機構（WHO）の2005年の調査によると、なんと10億人以上の人が「太りすぎ」とされたのだ。全世界の人口が60億人であるから、**6人に1人**は「太りすぎ」ということになる。このままの勢いで増えると、2015年には「太りすぎ」の人は15億人に達するという。

肥満率1位のナウルや2位のサモア、3位のトンガでは、成人の10人に9人が「太りすぎ」で、肥満が社会問題となっている。WHOの調査により30歳以上の75％以上が「太りすぎ」と推定されるのは、男性ではアルゼンチン、ドイツ、ギリシャ、クウェート、ニュージーランド、イギリス、女性では、エジプト、マルタ、メキシコ、南アフリカ、トルコ、アメリカだった。

BMI（体格指数）30以上の「肥満」とされる人が人口に占める割合を「肥満率」としてあらわすと、アメリカは7位で30.9％。日本は3.1％で、アメリカの10分の1しかない。たとえば、1人の1日あたりのカロリー消費量を比べてみると、アメリカは3765.6kcal、日本は2745.7kcalで1000kcalもの差がある。1人の1日あたりの肉類供給量ではアメリカは442kcal、日本は161kcalだった。

肥満が目立つのは、肉食や加工食品を中心とした欧米型の食生活が浸透している太平洋上の島国と南アメリカ地域に集中した。アメリカでは、**子どもの肥満率が15％**にも達し、全体では900万人の子どもが肥満児である。

肥満率が低い日本ではあるが、国内での地域差を比べてみると、**男女ともに肥満が多いのは沖縄県**だった。これは、アメリカ軍基地があるため食生活が早くから欧米化したことが理由としてあげられる。男性は2位大分、3位長崎で、女性の2位は青森、3位は秋田だった。男性で肥満の人は九州に、女性は東北に多い結果となった。

データを読む
●世界の肥満率ワースト10●

順位	国名	％
1	ナウル	79.4
2	サモア	65.2
3	トンガ	56.0
4	クック諸島	43.0
5	仏領ポリネシア	40.9
6	パナマ	36.5
7	アメリカ	30.9
8	レバノン	30.5
9	トリニダード・トバゴ	30.0
10	パラグアイ	29.3

（WHO／IOTF 1982—2002より作成）

全廃の道は険しい
約6000万～7000万個
世界に埋められたままの対人地雷の数

KEY WORD
- 地雷
- オタワ条約

コラム／地雷を放棄した日本

日本もかつては100万個の地雷保有国だったが、1999年発効の「オタワ条約」に従い、2003（平成15）年2月までにすべての地雷を処理した。ただし、日本の地雷は、敵の襲来に備えて製造しただけで、第二次世界大戦後に使用されたことも輸出されたこともない。

近現代の戦争では、**地雷**がさかんに用いられてきたが、戦争終結後にすべてが撤去されるわけではない。

世界中に埋められている地雷の数は、アメリカ国務省の1998年の報告書によると、現在でも**6000万～7000万個**ある。少し前までは、1億1000万～5000万個といわれていたので、数の上では激減した。しかしこれは実数に近い数字に訂正されただけであって、実際には地雷の撤去が進んでいるわけではない。

地雷が埋設されている国は約70か国にのぼる。なかでも、アフリカのアンゴラには約1500万個、中東のアフガニスタンとイラクにはそれぞれ約1000万個、東南アジアのカンボジアに約400万～600万個、ヨーロッパのボスニア・ヘルツェゴビナには約300万～600万個あるといわれている。

被害に苦しんでいる国のほとんどは**途上国**で、地雷の**撤去資金**を自国で捻出できていない。いまでも毎年2万5000～2万7000人が地雷の犠牲になっており、**1日あたり70～80人**が命を落としている計算になる。

地雷は、**殺すためでなく相手の手足を失わせるのが目的の武器**である。これは、敵軍の進軍を遅らせるには、負傷兵を多く出すことが効果的で、死体ならば置き去りにできるが、負傷兵は置き去りにできないためである。また、目の前で手足がちぎれるさまを見せつけて、戦闘意欲をなくさせようとする狙いもあった。

地中に埋められている地雷は、そのまま20年でも、30年でも作動可能で、戦争終結後に、地雷があるとは知らずに踏んで爆発させてしまい被害に遭うケースが多い。地雷の被害者の8割は、戦争に関係のない非戦闘員で、そのうちの**3割は14歳以下の子ども**である。

このような惨状を繰り返さないために、1996年、カナダのオタワで採択、99年に発効された「**オタワ条約**」により、134か国の間で地雷の使用、開発、製造、取得、保有などが禁止された。しかし、例外的に訓練目的で保有することができるため、現在でも108か国、推定2億5000万個が貯蔵されているとみられる。**もっとも多く保有しているのは推定1億1000万個の中国**である。

データを読む

●主な地雷埋没国（地雷が埋没されている国の数は約70か国）

アンゴラ（アフリカ）	約1500万個
アフガニスタン（中東）	約1000万個
イラク（中東）	約1000万個
カンボジア（東南アジア）	約400万～600万個
ボスニア・ヘルツェゴビナ（ヨーロッパ）	約300万～600万個
ベトナム（東南アジア）	約350万個
クロアチア（ヨーロッパ）	約300万個
モザンビーク（アフリカ）	約300万個
エリトリア（アフリカ）	約100万個
スーダン（アジア）	約100万個
ソマリア（アフリカ）	約100万個
エチオピア（アフリカ）	約50万個

（ピースボートのHPより作成）

4章　人類の課題

10年でこれだけ減った
日本の国土の2.5倍
1990年代の10年間に減少した森林の面積

KEY WORD
- 森林喪失
- 温室効果

コラム／国連人間環境会議

「かけがえのない地球（Only One Earth）」を合言葉に、1972年にスウェーデンのストックホルムで開かれ、113か国が参加した。このとき採択された「人間環境宣言」では、天然資源や野生動物の保護、有害物質の排出の停止、途上国の開発の推進と援助などが盛り込まれている。

　世界の森林面積は約39億haであり、南極を除いた陸地面積の約3割を占めている。もっとも多いのが南アメリカ、アフリカ、東南アジアなどの熱帯林で、全体の47%がこれらの地域に集中している。次に多いのはロシア、北欧にある亜寒帯林で33%。3番目が北アメリカ、ヨーロッパ、アジアなどにある温帯林で11%を占める。

　森林には、二酸化炭素を吸って酸素を供給する「光合成」や、根が土壌に深く広がることで、根に土のなかの水分を吸収させて、洪水や土砂崩れを防ぐ働きがある。そのほか樹木が建材としても使え、パルプにすれば紙になる。果実の収穫もでき、長い年月がたてば木炭といった燃料にもなる。

　現在、世界の森林面積は減少傾向にあり、1990年から2000年までの**10年間で約9400万ha**もの森林が地球から姿を消した。これは、日本の総面積の**2.5倍**にもあたる規模である。とくに喪失が著しいのはアフリカで、5300万haも減少した。南アメリカでは3700万haもの減少が見られた。世界の森林が減少している理由としては、「伐採や森林火災」「焼き畑、または過剰な放牧」「森林開発」の3つがあげられる。実は、日本は、このような森林減少には大きく関わっている。というのも、日本はフィリピン、インドネシア、マレーシアなどから安価な輸入木材を仕入れており、**日本の需要の80%**は、こうした外国産の木材でまかなわれているからだ。

　森林喪失が進むと、土地は砂漠化し、**温室効果ガスである二酸化炭素の増加**を引き起こす。環境悪化の影響は国境に関係なく広がるだけに、地球規模での取り組みが急務である。

　地球上に生息する生物は数百万種いるが、そのうちの3分の2は森林に生息している。

　E・ウィルソンの推定によれば、森林の減少にともない、**1日あたり74種の生物が絶滅している**という。この絶滅へのスピードは、過去の平均的な生物の絶滅速度の1000倍から1万倍に相当するという。

データを読む

●世界の森林面積の変化（2000年までの10年間計）

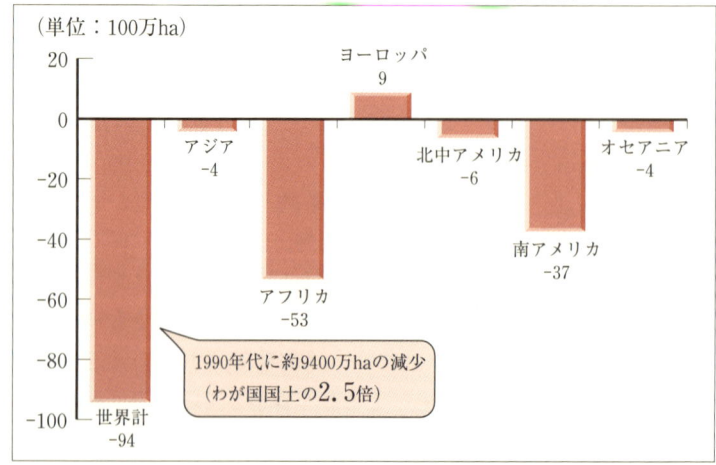

（単位：100万ha）

- ヨーロッパ 9
- アジア -4
- 北中アメリカ -6
- オセアニア -4
- 南アメリカ -37
- アフリカ -53
- 世界計 -94

1990年代に約9400万haの減少（わが国国土の2.5倍）

（『平成14年度森林・林業白書』より作成）

物にあふれている現代でも
7.5人に1人
世界で食糧危機に面している人々

KEY WORD
- 食糧危機
- アフリカ

コラム／世界食糧サミット

1996年の世界食糧サミットでは、185か国とEU各国の首脳たちにより、「2015年までに飢餓に苦しむ人々を半減させる」ことを目標に掲げた「ローマ宣言」と、具体的な方策を示した「行動計画」が採択された。2001年には、飢餓撲滅の進捗状況を評価し加速させるための「5年後会合」がおこなわれている。

国連食糧農業機関（FAO）では、1日あたりの食糧消費が最低必要量に達しない人口を、栄養不足人口（飢えに苦しむ人々）としている。2000～2002年の世界の栄養不足人口は8億5200万人と推定された。つまり、**7.5人に1人**は、飢えに苦しんでいることになる。

この8億5200万人のうち、8億1500万人は開発途上国に集中している。**食糧危機にある国は34か国**で、そのうち23か国がアフリカの国々である。

食糧危機の第一の原因は、内戦によって農民が避難民となり農地を離れ、農作物の生産ができないことにある。たとえ長い紛争が終わったとしても、手入れされずにいた農地では、すぐには生産性が上がらず、深刻な問題になっている。第二には、アフリカ諸国などに見られる、農業生産性の低さである。もともと肥沃な土地でない場合、生産性は低い。

1960年代からアジアで起こった**「緑の革命」**では、作物の品種改良をし、化学肥料による土地の肥沃化、さらに灌漑設備を充実させることで生産性を上げてきた。しかし、この方法には多額の費用がかかるため、現在のアフリカ諸国などでは採用できないというのが現実である。また、農業研究者や研究チームも少なく、土地ごとにあったノウハウの蓄積がない。しかも、いままでは生産性の低さを、耕作地の拡大化でカバーしてきたが、その方法も限界に近づいてきている。

1996年に開催された**世界食糧サミット**では、2015年までに「飢餓と貧困に苦しむ人口の割合を半減する」という目標を掲げているが、達成は難しそうである。FAOは、各国と連携して、マスメディアを通じてのメッセージを流し、募金を呼びかけるなどのテレフード・キャンペーンをおこなっているが、現在のところ、飢餓に苦しむ人口の減少は年間600万人ほどにとどまっており、目標達成に必要な年間2200万人の減少には遠くおよばない。

データを読む

飢えに苦しむ人々の割合（2000～2002年）

総人口に対する％
< 5　20　35 >　データなし

（FAO　HPより作成）

4章　人類の課題

生徒が輝くおもしろ授業シリーズ②
すぐに使える公民数字の話題

2006年6月5日　初　版　発　行

　　　編　著　者——社会科授業研究会
　　　発　行　者——星沢　哲也

　　　発　行　所——東京法令出版株式会社

〒112-0002	東京都文京区小石川 5 丁目 17 番 3 号	☎03(5803)3304
〒534-0024	大阪市都島区東野田町 1 丁目 17 番 12 号	☎06(6355)5226
〒060-0009	札幌市中央区北九条西 18 丁目 36 番 83 号	☎011(640)5182
〒980-0012	仙台市青葉区錦町 1 丁目 1 番 10 号	☎022(216)5871
〒462-0053	名古屋市北区光音寺町野方 1918 番地	☎052(914)2251
〒730-0005	広島市中区西白島町 11 番 9 号	☎082(516)1230
〒810-0011	福岡市中央区高砂 2 丁目 13 番 22 号	☎092(533)1588
〒380-8688	長野市南千歳町 1005 番地	

　　　　　　　　　　　　〔営業〕☎ 026(224)5411　FAX 026(224)5419
　　　　　　　　　　　　〔編集〕☎ 026(224)5421　FAX 026(224)5409
　　　　　　　　　　　　http://toho.tokyo-horei.co.jp/

Ⓒ SHAKAIKAJUGYOU KENKYUKAI Printed in Japan, 2006
・本書の全部又は一部の複写、複製及び磁気又は光記録媒体への入力等は著作権法上での例外を除き、禁じられています。これらの許諾については、当社までご照会ください。
・落丁本・乱丁本はお取替えいたします。
ISBN4-8090-6256-2

クータ・バインディング™
手で押さえなくても
閉じない製本